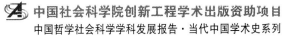中国社会科学院创新工程学术出版资助项目

中国哲学社会科学学科发展报告·当代中国学术史系列

CSSP

中国哲学社会科学学科发展报告

当代中国世界经济学研究

STUDY ON WORLD ECONOMICS IN CONTEMPORARY CHINA

张宇燕 ● 主编

中国社会科学出版社

图书在版编目（CIP）数据

当代中国世界经济学研究／张宇燕主编．—北京：
中国社会科学出版社，2016.11
（中国哲学社会科学学科发展报告）
ISBN 978 – 7 –5161 – 8933 – 7

Ⅰ. ①当…　Ⅱ. ①张…　Ⅲ. ①世界经济学—研究报告
Ⅳ. ①F11 – 0

中国版本图书馆 CIP 数据核字（2016）第 221707 号

出 版 人	赵剑英	
责任编辑	张　林	
责任校对	李　莉	
责任印制	戴　宽	

出　　版	中国社会科学出版社	
社　　址	北京鼓楼西大街甲 158 号	
邮　　编	100720	
网　　址	http://www.csspw.cn	
发 行 部	010 – 84083685	
门 市 部	010 – 84029450	
经　　销	新华书店及其他书店	

印　　刷	北京君升印刷有限公司	
装　　订	廊坊市广阳区广增装订厂	
版　　次	2016 年 11 月第 1 版	
印　　次	2016 年 11 月第 1 次印刷	

开　　本	710×1000　1/16	
印　　张	27	
插　　页	2	
字　　数	448 千字	
定　　价	99.00 元	

总　　序

当今世界正处于前所未有的激烈的变动之中，我国正处于中国特色社会主义发展的重要战略机遇期，正处于全面建设小康社会的关键期和改革开放的攻坚期。这一切为哲学社会科学的大繁荣大发展提供了难得的机遇。哲学社会科学发展目前面对三大有利条件：一是中国特色社会主义建设的伟大实践，为哲学社会科学界提供了大有作为的广阔舞台，为哲学社会科学研究提供了源源不断的资源、素材。二是党和国家的高度重视和大力支持，为哲学社会科学的繁荣发展提供了有力保证。三是"百花齐放、百家争鸣"方针的贯彻实施，为哲学社会科学界的思想创造和理论创新营造了良好环境。

国家"十二五"发展规划纲要明确提出："大力推进哲学社会科学创新体系建设，实施哲学社会科学创新工程，繁荣发展哲学社会科学。"中国社会科学院响应这一号召，启动哲学社会科学创新工程。哲学社会科学创新工程，旨在努力实现以马克思主义为指导，以学术观点与理论创新、学科体系创新、科研组织与管理创新、科研方法与手段创新、用人制度创新为主要内容的哲学社会科学体系创新。实施创新工程的目的是构建哲学社会科学创新体系，不断加强哲学社会科学研究，多出经得起实践检验的精品成果，多出政治方向正确、学术导向明确、科研成果突出的高层次人才，为人民服务，为繁荣发展社会主义先进文明服务，为中国特色社会主义服务。

实施创新工程的一项重要内容是遵循哲学社会科学学科发展规律，完善学科建设机制，优化学科结构，形成具有中国特色、结构合理、优势突出、适应国家需要的学科布局。作为创新工程精品成果的展示平台，哲学社会科学各学科发展报告的撰写，对于准确把握学科前沿发展状况、积极推进学科建设和创新来说，是一项兼具基础性和长远性的重要工作。

中华人民共和国成立以来，伴随中国社会主义革命、建设和改革发展的历史，中国特色哲学社会科学体系也处在形成和发展之中。特别是改革开放以来，随着我国经济社会的发展，哲学社会科学各学科的研究不断拓展与深化，成就显著、举世瞩目。为了促进中国特色、中国风格、中国气派的哲学社会科学观念、方法和体系的进一步发展，推动我国哲学社会科学优秀成果和优秀人才走向世界，更主动地参与国际学术对话，扩大中国哲学社会科学话语权，增强中华文化的软实力，我们亟待梳理当代中国哲学社会科学各学科学术思想的发展轨迹，不断总结各学科积累的优秀成果，包括重大学术观点的提出及影响、重要学术流派的形成与演变、重要学术著作与文献的撰著与出版、重要学术代表人物的涌现与成长等。为此，中国社会科学出版社组织编撰"中国哲学社会科学学科发展报告"大型连续出版丛书，既是学术界和出版界的盛事，也是哲学社会科学创新工程的重要组成部分。

"中国哲学社会科学学科发展报告"分为三个子系列："当代中国学术史""学科前沿研究报告"和"学科年度综述"。"当代中国学术史"涉及哲学、历史学、考古学、文学、宗教学、社会学、法学、教育学、民族学、经济学、政治学、国际关系学、语言学等不同的学科和研究领域，内容丰富，能够比较全面地反映当代中国哲学社会科学领域的研究状况。"学科前沿研究报告"按一级学科分类，每三年发布，"学科年度综述"为内部出版物。"学科前沿研究报告"内容包括学科发展的总体状况，三年来国内外学科前沿动态、最新理论观点与方法、重大理论创新与热点问题，国内外学科前沿的主要代表人物和代表作；"学科年度综述"内容包括本年度国内外学科发展最新动态、重要理论观点与方法、热点问题，代表性学者及代表作。每部学科发展报告都应当是反映当代重要学科学术思想发展、演变脉络的高水平、高质量的研究性成果；都应当是作者长期以来对学科跟踪研究的辛勤结晶；都应当反映学科最新发展动态，准确把握学科前沿，引领学科发展方向。我们相信，该出版工程的实施必将对我国哲学社会科学诸学科的建设与发展起到重要的促进作用，该系列丛书也将成为哲学社会科学学术研究领域重要的史料文献和教学材料，为我国哲学社会科学研究、教学事业以及人才培养作出重要贡献。

序　言

　　两年多前，中国社会科学出版社赵剑英社长和我说起想出版两部关于中国世界经济研究和国际政治研究历史脉络的回顾综述性著作。他的这个想法和我的想法可谓一拍即合。鉴于编写此书对世界经济与政治研究所而言非同小可，我们专门在所长办公会上对此加以讨论，还特别成立了两部书稿的编审小组。这里，我就本书编撰过程中的一些考虑向读者做个交代，并对那些为本书出版做出贡献者表示感谢。

　　本书涉及的时间跨度最初考虑是新中国成立到 2013 年。后几经议论，我们还是决定从改革开放谈起。其中的主要原因在于，新中国成立后前 30 年的中国经济总体上属于一个相对封闭的体系，与外部世界的经济交往规模和深度有限，这也就决定了那段时期中国学术界对世界经济的研究远非系统全面，研究成果也难有专业的杂志加以发表。把改革开放之日作为起点的一个客观原因，在于《世界经济》和《世界经济译丛》（后更名为《国际经济评论》）两本专业杂志创刊于 1978 年年底，并很快成为国内世界经济研究成果和译介发表的重镇。虽然世界经济研究所早在 1964 年就建立了，但此前的世界经济研究成果主要是对外国经济的介绍，并大多发表在内部刊物上。除了世界经济与政治研究所外，中国社会科学院还有七个国际问题研究所，其各自的学术刊物上刊登的文章中，讨论经济问题的始终占据着相当的部分。在中国社会科学院之外，一些大学和研究机构在改革开放后也陆续创办了国际问题研究期刊，并发表了大量论文。改革开放不仅在器物层面给中国带来了翻天覆地的变化，也可以说真正开启了中国世界经济研究的进程。

　　世界经济纷繁复杂，论文议题和分析方法千差万别，特别是作为改革开放的伴生物，国家和市场及学术界自身对世界经济研究的需求和要求也因时因地因缘而有所不同。世界经济与政治研究所的研究室设置,在一定程度上就反映出了中国世界经济研究在研究重点、研究领域和学科建设上的历史发展轨迹。改革开放之初研究者们特别关注苏联东欧国家的改革动态和理论,同时需要了解世界其他地区的经济状况,研究所就设立了以研究国别地区为重点的苏东研究室、发达国家研究室和发展中国家研究室,以及世界经济理论研究室、世界经济统计研究室和世界经济史研究室。到了 20 世纪 90 年代后期,世界经济与政治研究所以国别地区研究为主导的局面被打破,国际贸易、国际金融等以学科为指向的研究室迅速成长起来,并最终形成了今天的以全球宏观经济、国际金融、国际贸易、国际投资、经济发展和世界能源等学科为主导的研究室建制。为了尽可能真实地反映中国世界经济研究在过去 35 年间的历史演进轨迹,也为了凸显未来世界经济研究的方向,我们几经斟酌后选定了本书的篇章架构。尽管各章之间存在交叉(比如全球经济治理与国际贸易),有些章节就内容而言今天已不再是主流话题(比如转轨经济学),有些学科在几年前人们还比较陌生(比如全球治理)。

　　众多中国学者在 1978 年至 2013 年的 35 年内发表了卷帙浩繁的世界经济研究成果。这既令人喜悦,又让本书主编和文献综述者有时颇感为难。考虑再三,我们决定采用三个标准作为选取代表性著述的基本依据。第一,著述需符合本书章节或研究领域的要求,亦即著述所讨论的问题必须在特定篇章所限内容范围之内。第二,所引用的著述原则上应该发表在学术影响力较大的期刊或由重要的学术出版社出版(这一点本书读者可以从本书的参考文献中看到)。第三,文献综述所涉及的作者,尽量选用那些在特定研究领域造诣较深、成就较大和发展前景较好的专家学者。一些专家学者的论述尽管问题鲜明论证严谨充分,但因为受限于篇章设计,综述撰写者最后也不得不忍痛割爱。有些文章或专家学者没有被提及或引述不充分,还可能是因为论文发表在综述者视野之外的期刊上。在引述归纳的过程中,本书所有撰写者当力戒挂一漏万,但要求他们做到完全没有疏漏、完整准确地概述原作者的思想又几乎不可能。由此引出的问题,还希望相关的专家学者予以理解或谅解。

　　本书的作者可以说都与世界经济与政治研究所关系密切,他们或是本所的研究人员,或曾经是在本所工作实习过的研究人员。他们当中有在自己研究领域耕耘多年且成就卓著的资深教授,也有参加工作四五年的青年才俊。书中的不少篇章都是在各个研究室所有成员共同参与下完成的。除了对各位同事深表谢意外，这里我特别要感谢曾经在本所工作过的田春生教授和贺立平教授。他们不仅独自且高质量地完成了各自篇章的写作，而且都是非常愉悦地接受了我们的写作邀请。作为《世界经济》杂志编辑部主任，孙杰教授做了大量的协调和联系工作。本书得以顺利和高质量出版，我们还要由衷感谢中国社会科学出版社的赵剑英社长及他的出版团队。这不仅是因为本书的创意来自赵剑英社长，还因为出版社工作团队的敬业精神与高专业水准。2012 年中国社会科学院启动的创新工程，无疑是本书成功面世的大背景。尽管在编写过程中并未做到尽善尽美，我还是希望并相信，本书的出版能够对中国的世界经济研究起到推动作用，有助于中国的世界经济研究服务中国并走向世界。

张宇燕

2016 年 7 月 5 日

目　　录

第一章　世界经济学 ……………………………………………… （1）

　第一节　从无到有创建世界经济学 ……………………………… （1）

　第二节　由浅入深探讨世界经济学基本规律 …………………… （10）

　第三节　两个世界体系的经济学视角 …………………………… （14）

　第四节　坚持马克思主义研究方法 ……………………………… （25）

　第五节　承前启后的世界经济学 ………………………………… （29）

第二章　国际金融 ………………………………………………… （36）

　第一节　国际货币体系研究 ……………………………………… （36）

　第二节　汇率问题研究 …………………………………………… （53）

　第三节　国际金融危机研究 ……………………………………… （70）

　第四节　国际资本流动研究 ……………………………………… （80）

　第五节　国际金融监管研究 ……………………………………… （92）

第三章　国际贸易 ………………………………………………… （100）

　第一节　具有中国特色的国际贸易理论的建立和发展 ………… （100）

　第二节　"入世"前中国国际贸易学科研究的主要问题 ………… （105）

　第三节　"入世"后中国国际贸易学科研究的主要问题 ………… （119）

第四章　国际投资 ………………………………………………… （137）

　第一节　对外直接投资 …………………………………………… （137）

　第二节　外商直接投资 …………………………………………… （143）

　第三节　跨国公司 ………………………………………………… （149）

第四节　外汇储备投资 …………………………………………（154）

第五节　主权财富基金 …………………………………………（162）

第六节　国际投资规则 …………………………………………（168）

第五章　发展中国家经济 …………………………………………（175）

第一节　发展经济学综述 …………………………………………（176）

第二节　主要新兴经济体的经济发展 …………………………（193）

第三节　"金砖国家"研究综述 …………………………………（216）

第六章　发达国家经济 ……………………………………………（225）

第一节　发达国家的区域一体化 ………………………………（225）

第二节　发达国家的经济政策 …………………………………（241）

第三节　危机的爆发及其影响 …………………………………（252）

第七章　转型经济学 ………………………………………………（264）

第一节　转型经济学的形成、发展与演变 ……………………（264）

第二节　转型经济学讨论与研究的主要问题 …………………（274）

第三节　转型经济学的学科进展与前沿问题 …………………（288）

第四节　转型经济学的学科定位与未来发展 …………………（298）

第八章　世界经济史 ………………………………………………（304）

第一节　从"外国经济史"到"世界经济史"：学科的

出现和奠基 ……………………………………………（304）

第二节　空前活跃地引进国外经济史著作 ……………………（308）

第三节　学会和研究机构的发展 ………………………………（315）

第四节　日益紧密联系理论和现实，开展经济史重大

问题的探讨 ……………………………………………（320）

第五节　世界经济史研究前景展望 ……………………………（336）

第九章　全球经济治理 ……………………………………………（340）

第一节　全球经济治理研究总论 ………………………………（340）

第二节　中国与全球气候治理 …………………………………（349）

第三节 中国与国际货币金融治理 ……………………………… （362）

第十章 世界能源 ……………………………………………… （382）

第一节 世界石油危机和能源形势 ……………………… （382）

第二节 石油供应与价格问题 ……………………………… （386）

第三节 主要国家能源政策研究 ……………………… （393）

第四节 能源消费研究与能源替代预测 ………………… （399）

第五节 页岩气革命和美国"能源独立"研究 ………… （403）

第六节 石油地缘政治研究 ……………………………… （407）

第七节 能源安全和能源治理研究 ……………………… （411）

参考文献 ………………………………………………………… （415）

第 一 章

世界经济学

　　中国学界对世界经济学的研究始于 20 世纪 50 年代末。1978 年后，适应对外开放、对内搞活形势的需要，世界经济研究工作越来越受到党和国家的重视。中国社会科学院领导制定了发展世界经济学科的长期规划。1979 年 7 月，钱俊瑞在全国世界经济学科规划会议的开幕词中特别提到"我们要以无产阶级的科学精神和革命勇气，大胆地去创建和发展世界经济学这门学科"①。真理标准的讨论推动了全国哲学社会科学蓬勃发展。伴随着改革开放的春风，世界经济的研究机构和科研教学队伍不断加强壮大。自 80 年代初到 90 年代初，就世界经济与世界经济学的概念、范畴、对象、体系和方法，以及世界经济学的基本原理和基本规律，大批学者撰写文章，相互讨论交流，形成既严谨又热烈的学术氛围。世界经济学科群星璀璨，影响广泛者如钱俊瑞、陶大镛、褚葆一、仇启华、浦山、庄宗明、李琮等，此后一批中生代学者也崭露头角，使该学科成为经济学中影响广泛、贡献卓著的学科之一。90 年代中后期到 21 世纪初，中国进行市场经济改革，不断融入世界经济体系，对国际经济关系包括贸易关系、投资关系、国际生产、跨国经营、要素流动等进行研究的需求更加强烈。世界各国在全球经济环境中既相互依存又动态博弈，纷繁复杂的经济现象和非线性运动规律对世界经济学科的发展提出了新要求、新挑战。

第一节　从无到有创建世界经济学

　　对世界经济学的研究对象和体系的探讨集中于世界经济学创立初期，

---

　　①　钱俊瑞：《为创建和发展马克思主义的世界经济学而奋斗》，《世界经济》1980 年第 3 期。

展现了我国学术界对该学科认识逐渐深化的过程。由于经历了一个从无到有、从西方到中国化的发展阶段，从马克思主义经典著作出发，结合世界经济形势和国际政治生态的变化，探索世界经济学的研究对象，高屋建瓴地构建宏观体系结构，构成了该阶段世界经济学研究的基本特点。

一　探讨"世界经济"的内涵

世界经济学者普遍认为，世界经济以各国国民经济、国家集团经济为基础，但绝不是各国国民经济、国家集团经济简单的机械的总和，而是一个历史概念，是资本主义发展到一定阶段的产物。

钱俊瑞认为，世界经济作为一个历史范畴是人类社会发展的必然结果，是资本主义生产方式的产物，然而形成世界经济的基本要素（如国际交换、国际分工、世界市场、世界货币等）又是资本主义生产方式借以确立的前提。

陶大镛进一步提出，应区分"国际经济"与"世界经济"的含义。国际经济是指相互依存的各个国民经济间的经济诸关系，它超越了国民经济的界限，只要一个国家与别国发生经济交往，只要各个国民经济之间发生经济联系，就构成了国际经济关系，而世界经济通常是指包括各个国民经济以及诸国民经济间的国际关系，并且具有全球规模的经济结构，它不仅超越了国界，并把各个独立的国民经济结合成为一个统一的整体。所以，世界经济不同于国际经济，它是一种更高形态的国际经济关系，是在各个国民经济及其组成部分的基础上结合起来的一种全球规模的经济体系。

褚葆一、张幼文认为，世界经济是由几种不同类型的社会生产方式所构成的"复合型社会生产方式"；是在主权国家干预下的人们的生产、分配、交换、消费的全过程，是由各国再生产过程的外部联系所构成的"二次再生产过程"；是由不同发展水平的国家与国家集团组成的一个相互联系、相互依赖的共同运动有机整体。

徐采果认为，世界经济是一个凌驾于各国国民经济之上并由各国经济相互联系而构成的有机的统一整体，这个整体是一个以自身物质生产为基础而不断进行再生产运动的体系。李琮也认为，世界经济是一个以国别经济为基础但超越国别经济的世界规模的统一经济整体，世界经济之所以成为一个整体，是因为资本再生产过程越过各国疆界在世界范围内展开，生产、交换、分配、消费等各个环节都在世界范围内进行。各国经济互相交织，互相融合，成为密不可分的世界经济整体。

总之，相当部分学者认为世界经济指的就是一种全球规模的经济体系，但也有学者指出，世界经济与世界经济体系是两个不同的概念，世界经济指世界各国经济相互联系而形成的矛盾统一体，并非从来就是整体，而作为一个有机整体的世界经济体系到了20世纪六七十年代才初步形成。这种观点明确指出资本主义经济经历了不同的发展阶段，并非从一开始就是世界经济，也并非有了世界经济就形成了密切联系的体系，因而具有一定的理论价值。

二 界定世界经济学研究对象

世界经济学研究国际生产关系是毫无疑问的，但要不要研究世界生产力？学者们的答案是不一致的。钱俊瑞提出，马克思把构成世界市场要素的国际分工、国际交换等称为"生产的国际关系"，也就是我们现在所说的"国际生产关系"，为马克思主义世界经济学确定了明确的研究对象，从而为它作为一门独立学科的创立奠定了基础。钱俊瑞的观点有三个特点：第一，把国际范围生产力与生产关系的有机结合，即生产方式的总体，作为世界经济学的研究对象，而重点是研究国际生产关系。第二，"普及有关的上层建筑"，强调当代世界经济与世界政治的密切关系，把对世界经济运动起重要影响作用的政治和政策因素等方面的上层建筑研究的重要性突出出来。第三，密切联系当代世界经济中的主要矛盾，认为就当前来说，世界经济学主要是研究世界范围的资本主义和社会主义这两种对立的生产方式及其相互关系的运动规律。苏绍智、郑伟民基本认同钱俊瑞的观点，认为世界经济学的研究对象是世界经济的发生和发展的运动规律，具体地说，是研究马克思所说的生产的国际关系，即研究各种经济体系内部以及不同经济体系之间的国际经济关系及其发展规律。就像政治经济学研究生产关系时要联系研究生产力和上层建筑一样，世界经济学研究生产的国际关系或国际经济关系也必须联系研究世界范围内生产力的发展和世界政治的发展。

20世纪70年代末80年代初，韩世隆连续发表文章，论述世界经济学的研究对象。他提出，世界经济基于社会生产力的发展，生产的国际化、国际分工与世界市场的形成与发展，各个国家、国家集团之间通过商品、货币、资本的流通，劳动力的转移和技术的转让等错综交织形成的各种类型的国际经济关系构成为世界经济总体的骨架与脉络组织。韩世隆还对"生产的国际关系"和"国际生产关系"进行区分，指出马克思主义世界经济学的研究对象应该是广义的国际生产关系，即是在世界市场与国际分工的基础上逐渐形成的世界范围的国际生产力、生产关系及与其相适应的国际交换关系，而不仅仅局限于研究生产的国际关系。他的这一观点后来被多数世界经济学者接受，但也有个别学者不同意他的意见。有的学者认为，世界经济学研究对象就是生产的国际关系，这个定义并不排除对国际的生产关系的研究。"实际上，我们研究世界经济运动及其规律时，总是要和国际的生产关系发生联系，我们或是在生产的国际关系中考察国际的生产关系，或是联系国际的生产关系来分析研究生产的国际关系问题。不应该把生产的国际关系和国际的生产关系对立起来。"[1] 李琮认为，世界经济学的研究对象应是世界经济的整体。世界经济之所以是一个由各国国民经济所组成，而又超越国民经济的世界经济整体，是因为随着生产力的发展，再生产过程超越各国国界，在世界范围内展开的结果。世界范围的再生产，包括世界物质资料再生产和国际生产关系再生产。世界经济学的重点研究对象是国际生产关系。"国际生产关系"与"生产的国际关系"是两个既有联系又有区别的概念，不能混淆。世界经济学研究国际生产关系必须与生产力相结合，不能不涉及各国国民经济与国际生产、流通等各领域，以及世界经济的历史发展，但这些专门领域是相应专门学科的研究对象，不是世界经济学的研究对象。世界经济学的研究对象应是确定的，而它们涉及的领域则较宽。世界经济学研究的国际生产关系是在各国生产的国际关系的基础上形成和发展的，体现在国际生产以及商品和各种生产要素的国际流动之中。国际生产关系并不是静止不动的，它是国际问题的基础，与政治、意识形态和文化思想等上层建筑互相联系。李天德认为，"马克思主义世界经济学的研究对象是广义的国际生产关系，即是在世界市场与国际分工的基础上逐渐形成的世界范围的国际生产力、生产关系及与其相适应的国际交换关系，而不仅仅局限于研究生产的国际关系"。[2]

---

① 徐采果：《世界经济概念及世界经济学研究对象》，《世界经济文汇》1987 年第 3 期。
② 李天德主编：《世界经济学》，四川大学出版社 2008 年版，第 3 页。

连平认为，世界经济学的研究对象应当是全球性经济的运动、变化和发展的规律，换言之即有关世界经济的总体和整体问题。它具有以下三个特征：（1）全球性。世界经济学所研究的必须是全球性经济的运动、变化的内在规律。（2）高层次。全球性经济问题具有一个多级层次结构，如世界经济的概念、结构和规律等属于第一层次；第二层次则包括世界再生产的各个环节及其相互联系；世界部门经济和世界工业经济、世界农业经济和世界商业经济等则可以说是第三层次；世界能源问题、世界人口和粮食问题等的层次则更低。世界经济学的研究对象主要包括上述第一、二层次。（3）理论性。世界经济学所着力研究的是世界经济中最基本和重大的全球性经济问题，论证和分析世界经济的时空、运动和规律以及世界再生产运动，因而它不能不具有较强的理论性。较低层次的全球性经济问题的研究应当由世界部门经济学来承担。也有的学者认为世界经济学既应研究各国国民经济和各地区经济，也应研究国际经济关系，不存在层次高低问题，因为世界经济是各国国民经济、地区经济和国际经济关系组成的有机整体。进入 21 世纪，随着经济全球化迅猛发展，张幼文提出关于全球化经济运行机制与规律的分析就是世界经济学。经济全球化研究是否可以取代原来的世界经济学研究，或者成为新时期世界经济学研究的主线，学界尚有不同观点。

三 构建世界经济学学科体系

基于对世界经济学内涵和外延的不同认识，学者们提出了关于世界经济学研究体系的不同构想。1983 年，钱俊瑞主编的《世界经济概论》上下册出版，对当代世界经济基本理论问题进行了系统论述，形成以马克思主义为指导的世界经济学理论体系的初步框架，该书于 1987 年获得首届吴玉章基金特等奖。钱俊瑞提出，世界经济学科学体系的形成有一个过程，要不断完善。第一，要分析商品、货币和资本在世界范围内运动的形式和实质；第二，要分析社会主义生产方式在不同国家和民族实现的具体道路和形式，它的不同的动向（包括前进和后退、过渡和蜕变），同时要研究它同世界其他部分的经济关系；第三，要研究发展中国家的经济发展方向和道路，以及它们与发达资本主义国家和社会主义国家的经济关系；第四，综观世界经济的总体，并且科学地预测它的未来。从世界经济的历史和现状的实际出发，世界经济学的重点研究课题至少有以下几个方面：

（1）对世界市场、世界经济形成和发展过程作历史的考察；（2）社会主义国家和资本主义国家在经济领域内互相斗争和互相依存关系的表现形式及其运动规律；（3）社会主义国家建设社会主义的道路和形式的比较研究；（4）当代资本主义经济发展的特点，如对国家垄断资本主义、生产周期（包括长波论）、工人阶级贫困化、社会结构等问题的研究；（5）战后发达资本主义国家之间、发达资本主义国家与发展中国家之间、发展中国家相互之间的发展不平衡性及其表现形态和规律性；（6）国际贸易、国际货币金融制度和国际资本组织（如跨国公司等）的运动形态和规律；（7）经济一体化、区域性经济和集团经济的性质、发展趋势和影响；（8）民族主义国家发展民族经济的道路及其发展方向；（9）科技革命和世界经济的关系及其发展趋势；（10）第三世界国家为建立国际经济新秩序进行的斗争；（11）有关各经济学派对世界经济理论的研究和评价。钱俊瑞不仅对世界经济学应研究的基本国际经济关系进行了梳理，而且明确提出了现阶段应重点研究的课题，对世界经济学的建立起到了开创者和领路人的作用。

另一位世界经济研究领域的开拓者陶大镛与钱俊瑞的观点大多相互呼应，不谋而合，但陶大镛更侧重对世界经济体系与结构本身的研究，而钱俊瑞先生加入了国际政治、国际组织和科学技术等因素，对世界经济进行全方位、多角度的研究与考察。陶大镛认为，世界经济学应重点研究如下问题：（1）世界经济的形成和发展；（2）社会主义与资本主义两大体系在经济领域内的对立和斗争及其相互依存的经济联系；（3）现代垄断资本主义经济发展的基本趋势及其新的特征；（4）资本主义世界经济结构中的新变化；（5）帝国主义国家在国际贸易领域中的斗争；（6）战后资本主义世界货币体系的建立及其危机；（7）战后资本主义世界经济危机的发展及其特点；（8）发展中国家经济发展的动向及其在世界经济中的地位；（9）世界社会主义经济体系的发展；（10）世界经济发展的前途等。

苏绍智、郑伟民认为世界经济学应重点对两大经济体系和不同阵营的经济关系进行研究。他们认为，作为一门独立的学科，世界经济学的研究内容大致可以概括如下：（1）世界资本主义经济体系形成的前提，世界资本主义经济体系的形成和发展，统一的世界资本主义经济体系的瓦解，民族解放运动的发展和民族民主国家的出现，世界资本主义经济体系发展的规律性；（2）世界社会主义经济体系的形成与社会主义各国之间的经济关系，社会主义经济规律在世界社会主义经济体系中的作用，世界社会主义经济体系的发展及其规律性；（3）资本主义各国之间的经济关系，资本主义经济规律在资本主义各国经济关系中的作用，资本主义各国之间经济关系发展的趋势；（4）发展中国家之间的关系，发展中国家与资本主义各国之间的关系及其发展，发展中国家与社会主义各国之间的关系及其发展；（5）社会主义国家与资本主义国家之间在经济方面的相互斗争和相互依赖及其发展的规律性，社会主义经济体系在全世界的胜利。

　　虽然多数世界经济学家都主张从马克思的历史唯物主义出发来研究世界经济，但着眼于世界经济现实和中国发展需求是共性，强调历史视角是韩世隆的特性。韩世隆提出，世界经济学的体系可分为五大组成部分：（1）世界经济史；（2）当代世界经济与现状；（3）世界经济的展望与预测；（4）世界经济政策与学说；（5）世界经济的基本原理，主要探索世界经济运动规律。他认为，对当代世界经济任何一个规律的探索都应在历史唯物主义的基础上，从世界经济史的考察入手，因为世界经济史同世界经济学虽然有种种区别，但世界经济学可说是世界经济史的继续和发展。从"一切科学都是历史科学"的角度看，这样讲未尝不可，但世界经济学后来迅速的发展与转向表明，世界经济学摆脱了史学特征，愈益成为一门具有鲜明自身特点的学科。与韩世隆相似，储玉坤的世界经济学体系构想也具有跨学科的特点。他认为，世界经济学体系应包括：（1）世界经济学的理论体系问题；（2）生产力对于世界经济发展的作用问题；（3）足以影响世界经济发展前途的几个具有世界性的重大问题，如关于人口、粮食、科技、原料（包括能源）以及污染等同世界经济发展有密切关系的世界性的问题；（4）世界经济量化研究；（5）国际经济法规与国际惯例。但是，正如韩世隆的构想一样，随着学科的发展，一些问题和视角逐渐淡出世界经济学主流，尽管他们提出的历史意识和问题导向至今仍有价值。

　　20世纪80年代末，仇启华主编、毛榕芳副主编的《世界经济学》出版，这是我国世界经济学研究领域的重要专著。该书的特点是对各国国民经济进行分类研究，以勾画世界经济实力的整体格局和国际经济关系，同时大胆舍弃了政治经济学的一些范畴和术语，更加突出世界经济学本身的特点和内容。褚葆一也是较早对世界经济学体系和方法进行构建的学者。

1989 年，褚葆一、张幼文合著的《世界经济学原理》出版。该书将"国际价值论"作为世界经济学的核心原理，分四编：国际价值与世界货币、世界经济的生产过程、世界经济的交换过程、世界经济的再生产总过程，勾勒世界经济学的轮廓。该书在当时起到了创建世界经济学的先驱作用，有不少观点可资借鉴，但也有些地方值得商榷，如《绪论》中提出"政治经济学所揭示的规律不适用于世界经济学"的论点和关于跨国公司对促进世界经济发展所起作用的评价问题。

20 世纪 90 年代以后，世界经济学研究向纵深方向发展，其体系结构的设计日臻完善。有学者提出将世界经济学按基础理论、微观、中观、宏观进行划分。具体来说，基础理论应包括世界经济系统层次性、相关性分析，国际分工理论，国际经济联系理论，国际贸易理论和国际金融理论；微观世界经济学主要研究涉外企业，国家对外贸、外汇、对外援助的协调和管理，以及对外经济发展理论；中观世界经济学以世界经济的区域集团为考察对象，研究区域集团本身和它与其他国家（集团）的经济关系，以及两大体系相互间的经济关系和各自的经济发展理论等；宏观世界经济学将世界经济作为一个统一的有机整体来考察，研究这个有机整体的运动变化规律，包括世界经济的运行、协调和发展，以及发展中的重大问题，如国际债务、国际经济秩序、科技革命、一体化、人口、粮食、能源、环境等问题。这样的理论体系设计不无道理，较之以往的体系包含的内容更为丰富，层次更为清晰，但也显示出将世界经济学的研究范围扩大化的倾向。

整个 20 世纪 90 年代到 21 世纪初，世界经济学科成果颇丰，该领域涌现出版热潮。多种版本的世界经济学专著和教材问世。2000 年，李琮主编的《世界经济学新编》由经济科学出版社出版。该书的逻辑框架是：国际分工—世界经济运行—经济全球化—可持续发展。由于国际分工是世界经济的基础，对世界经济的研究须从国际分工的历史演变和当今国际分工的特点入手，重点研究世界经济整体的运行，包括其运行方式和运行机制（市场机制和国际经济协调机制），而经济全球化和全球可持续发展问题作为当代世界经济的总趋势和热点问题，也应纳入世界经济学的研究范围之内。此后，庄宗明主编的《世界经济学》教材出版，共分三篇：第一篇，研究世界市场经济一般，以国际价值理论为基础，研究商品的国际价值、商品在世界市场上的运动方式，包括国际贸易、国际分工、国际投资、国际利益分配等，揭示各国之间的国际经济关系及其内在规律；第二篇，研究世界经济运动的一般规律，在对经济全球化现象进行分析的基础上，研究世界经济运动的内在规律，包括国际资源配置、国际利益分配等；第三篇，研究国际经济关系协调与和谐世界的建立，探讨经济全球化的背景下各国利益关系中的矛盾冲突、协调与合作，以及全球性问题的出现和解决机制等。在《世界经济导论》中，季铸提出，经济增长与发展是世界经济理论体系的主线，贯穿始终。他按照增长与发展、经济全球化、经济增长轨迹、波动与周期、经济结构、社会经济形态、经济机制、制度和模式、经济治理、世界生产、消除贫困、金融、贸易、消费、人口问题和可持续发展构成了自己的世界经济学体系。不仅研究国际经济关系，也研究世界经济市场，不仅研究两大体系前途命运，也将全球化纳入研究视域，是 21 世纪以来世界经济学的发展特点。随着中国市场经济改革的不断深化，中国经济不断融入世界经济体系，对国际微观和中观经济动态进行跟踪研究的需求更加强烈，这对擅长宏观经济关系分析的世界经济学科的发展提出了新要求和新挑战。

世界经济学该向何处去？许多学者都在思考这一问题。王跃生提出了富有建设性的意见。他在世界经济学科创建五十年时回忆了这一学科的演变过程，提出人为地把全球经济分为中国经济和世界经济已经过时，世界经济学科作为一种国际视野和思维已经融入全部经济学理论研究、政策分析和应用工具之中。解决世界经济学科发展的问题，要从根本上改变经济学学科体系的结构，特别是本科教学的学科设置。经济学本科教学区分为理论经济学与应用经济学足矣，理论经济学学科应当涵盖目前世界经济学科所讲授的绝大部分课程，包括国际贸易理论与政策、国际金融、国际投资学、国际经济一体化等理论性课程，也包括跨国公司、国际营销、国际贸易实务、国际结算、国际财务管理、WTO 与国际经济组织等应用性课程，供学生进行开放性选择。不仅要开设外国经济的课程，而且要开设中国经济的课程，包括总体经济，也包括不同经济专题（如既可以开设中国的企业制度与公司治理，也可以开设美国资本市场这些课程）。这样，无论世界经济（外国经济）还是中国经济，都是国别经济课程的一部分，都是学生了解现实经济和理解真实世界的标本。而国际经济领域的应用性、工具性课程，更应与国内部分的学科融为一体，如营销学就应既包括一般原理也包括国际营销，企业管理既包括一般原理也包括国际企业管理，公司财务既包括一般原理也包括跨国公司财务等。在这样一个结构下，世界经济/国际经济学科的发展就融入整个经济学科发展之中了。

第二节 由浅入深探讨世界经济学基本规律

世界经济是一个统一的有机整体，有其特殊的矛盾和运动规律，但这种特殊的矛盾和特殊规律究竟都有哪些？它同资本主义经济规律、社会主义经济规律、国际贸易、国际分工和国际经济合作等方面的规律究竟有哪些不同？随着研究的深入，世界经济学逐渐从探讨研究对象和范围转到挖掘学科核心概念和基本规律上来。

一 提出世界经济学的核心范畴

世界经济学学科体系建设的难点之一在于界定学科的基本范畴，因为范畴必须在大量研究的基础上，进行从具体到抽象的高度概括，再借助对基本范畴的矛盾运动分析，从抽象到具体，还原世界经济运动，并揭示世界经济的客观规律。

钱俊瑞列举并初步阐述了商品、国际价值、世界货币、国际分工、世界市场、世界资本等范畴，认为它们都是世界市场形成后国际经济现象的理论抽象，都在某一侧面反映了国际生产关系，因而都是我们建立世界经济学的理论体系所必须运用的基本范畴，对进一步研究世界经济和世界经济学有着重要的意义。

多数世界经济学者认同钱俊瑞对基本范畴的界定，但也有学者提出不同意见。陈其人和刘百鸣提出，不应把"世界市场"作为世界经济学的一个范畴，因为这一概念本属于国际贸易学，体现的是各个国家之间的交换，这样做会使世界经济学的研究对象和科学范畴发生矛盾。他们主张用构成诸生产关系之间交换的"外部市场"取代世界经济学中的"世界市场"，依据是马克思提出的资本主义内部市场和外部市场的理论。尽管马克思有时将"外部市场"称为"新的世界市场"，但它全然不同于"内部市场"，也就是由超越国家界限的资本主义经济交换而构成的世界市场。"新世界市场"不仅超越国界，而且是资本主义和非资本主义经济成分之间的交换。它是在资本主义生产方式基础上产生的，其产生的历史条件是由地理大发现而发生的欧洲资本主义和美洲、亚洲、非洲的交换，其后，

"产业革命"使一种和机器生产中心相适应的新的国际分工产生了，它使地球的一部分成为主要从事农业的生产地区，以服务于另一部分从事工业的生产地区，则更使这个新世界市场进一步扩大。而"世界市场"则是指超越国界的资本主义交换，它是资本主义生产方式的基础，其产生的历史条件则主要是地中海沿岸资本主义国家之间的经济交换。他们还指出，明确提出"外部市场"这一范畴的是卢森堡，20 世纪 70 年代以来一些激进经济学家提出的"外围"概念实质上也是一种外部市场的理论。如果认为世界经济学是研究各种不同生产关系之间关系的学科，那么就应该明确指出，不同生产关系的交换应有一种特有范畴来反映，这范畴不应称为"世界市场"，而应称为"外部市场"。

庄宗明认为，国际价值论是马克思主义世界经济学的理论基石。"劳动价值论是马克思主义经济学的理论基石，这仅仅是对马克思主义经济学的国民经济学部分来说是正确的，而对马克思主义经济学的世界经济学部分来说，由马克思主义劳动价值论发展而来的国际价值论才是马克思主义世界经济学的理论基石。""我们可以把劳动价值论称为马克思主义经济学的第一基石，把国际价值论称为马克思主义经济学的第二基石。"[①] 国际价值量的规定和国际价值规律的作用是国际价值论的两个基本问题。

二 探索世界经济学的基本原理

在世界经济学创立初期，褚葆一和张幼文就对世界经济运行的基本原理进行了研究和探索，主要方面总结如下：国际价值与世界货币是世界经济的两个最基本的范畴。国际价值汇率理论揭示汇率变动与各种汇率制度中所包含的国际价值转移关系。商品的国际价值会因汇率而发生价格表现上的扭曲，汇率扭曲导致国际交换中的价值转移。国际分工的原因、规律和格局决定着分工中的利益分配，其中存在着历史上始终起作用并继续严重制约着后进国家国际分工地位的一般规律。生产要素的国际流动构成世界性再生产过程的起点；可生产出低于个别价值的产品是生产要素流动的诱因。劳动力和资本国际流动的特殊性决定了国际平均利润率机制难以起作用，国际生产价格是不存在的。所谓国际平均利润率规律与比较优势规

---

① 庄宗明：《构建马克思主义世界经济学：纪念〈资本论〉第一卷出版 140 周年》，收入刘长庚、资树荣主编《国际资本流动与中国经济发展》，湘潭大学出版社 2007 年版，第 349 页。

律相悖。在诸生产要素的国际流动中，资本的国际流动是最主要的流动。生产要素的国际流动产生了跨国公司和以跨国公司为标志的生产的国际化，因此，跨国公司已不能只作为垄断资本的掠夺工具，而是可以为各种生产方式的国家所利用的一种国际企业形式。跨国公司所带来的国际冲突，在形式上是企业的跨国界性与国家主权的矛盾，在内容上是资本对劳动的剥削，特别是发达国家垄断资本对发展中国家的剥削。世界交换过程的研究首先是关于世界市场的特点的研究，这些特点反映了世界交换的特殊性。在非垄断或政治压迫等条件下，世界市场的交换本质上是等价交换。这是按国际价值量相等定义的国际等价交换的必然结论。国际交换的根本原因，在于世界市场中存在着一种国民市场所没有的特殊机制——国民价值增值机制。国际价值贸易论不仅可用于静态分析，而且可用于动态分析，因为它反映了各种动态变化的实质。世界经济再生产的第一空间特征是经济一体化，即国民经济再生产过程的国际融合形式。世界经济再生产的第二空间特征是世界经济中的相互依赖，即由国民经济再生产的国际联系中产生出来的世界经济的再生产机制。国际经济关系既存在着一些不因国而异的一般特征，又在很大程度上取决于国家类型。世界经济运动规律的探索最终服务于对国民经济外部环境和机制的认识，服务于一国的开放战略。世界经济运动规律的研究表明，贸易—分工交互作用是世界经济系统发展的原动力，其产生着三重效应：世界经济整体性的继续加强，跨国公司地位的增强和形式的普通化，三类国家的重新组合和关系的调整。

此后，张幼文在《世界经济学——原理与方法》中进一步研究全球化背景下世界经济学的基本原理与方法，其中探讨发展中国家不利地位的国民利益分配原理从要素的稀缺性和要素收益规律推导而来。全球化经济要素流动的本质与基础性特征决定了开放经济通过要素的流入（或流出）实现各种生产要素在本国的组合，贸易结构不再是国际分工的标志，生产要素的国际差异才是国际分工的基础与核心。要素流动性差异导致了两个结果：一是全球化经济下要素流动的方向是流动性强的要素流向流动性弱的要素集聚地实现要素的组合；二是流动性高的要素国际价格趋同显著，而流动性较低的要素将保留价格的巨大国际差异。发展中国家参与经济全球化的优势要素是劳动力，廉价的几乎无限供给的劳动力是许多发展中国家参与经济全球化的主要优势，也是发展中国家在经济全球化中利益分配不利性的基础。这就是全球化经济中的国民利益分配原理。

三　追寻世界经济学的基本规律

努力探索世界经济学的基本规律，而不被纷繁复杂的世界经济现象所迷惑，是世界经济学者的普遍追求。钱俊瑞在《当代世界经济发展规律探索》一书中探讨了世界经济运动的重要规律：一是资本主义生产方式产生、发展和必然走向衰亡的必然规律；社会主义在世界范围内终将取代资本主义制度，这是当代世界经济的一条根本性的规律。二是整个世界经济发展不平衡的规律。这个规律包含着四个方面的内容：（1）资本主义国家内部经济发展不平衡；（2）社会主义国家与资本主义国家经济发展不平衡；（3）发达资本主义国家与发展中国家之间经济发展不平衡；（4）发展中国家内部经济发展不平衡。三是科学技术进步在世界经济矛盾运动中推进世界经济发展和变革的规律，以及世界经济与世界政治互相作用的辩证规律。四是探讨了当代发达资本主义国家、社会主义国家和第三世界国家这三类国家经济发展的若干规律性问题，如发达资本主义国家再生产周期的变形、社会主义国家根据各国实际情况，按照马列主义基本原则建设具有本国特色的社会主义、发展中国家的团结合作和不同的发展前途等。钱俊瑞指出，世界经济发展的客观规律是预测当代世界经济的基本依据。

陶大镛提出，如果我们把世界经济作为资本主义与社会主义的矛盾统一体来看待，那么总的来说，当今世界经济领域中客观上起作用的规律大致似可划分为三大类型：第一类，属于世界资本主义经济体系范围内起作用的特有规律，如帝国主义时期资本主义国家经济政治发展不平衡规律、价值规律、垄断竞争规律等；第二类，属于世界社会主义经济体系范围内起作用的特有规律，如有计划按比例发展的规律、按劳分配的经济规律、三大差别趋于消灭的规律等；第三类，属于世界经济这一总体所特有的经济规律，如生产关系一定要适合生产力性质的规律、劳动生产率增长的规律、国际经济一体化的规律、资本主义经济体系向社会主义经济体系发展的规律即世界经济发展的总规律等。沿此思路，李天德将世界经济的运行规律细化为世界资本主义经济中起作用的规律、世界社会主义经济中起作用的规律、世界市场和国际交换中长期起作用的规律、各个历史时期对不同社会制度普遍起作用的规律、世界经济特有的规律、不同类型的经济体系中存在的规律等。

李琼对当代世界经济的基本规律和基本矛盾进行了积极探索，认为当今世界经济的基本矛盾是生产或资本的国际化（全球化）与世界各行为主体（国家、跨国公司等）追求各自利益之间的矛盾，具体表现为世界市场的无序状态与跨国公司内部有组织和有计划之间的矛盾，世界经济缺少调控与各国经济可调控之间的矛盾，生产力的无限扩张倾向与世界市场需求有限之间的矛盾等。各种矛盾互相交织不断发展变化，矛盾双方也不断摩擦和斗争，导致世界经济的失衡、动荡和危机，同时也推动矛盾双方乃至世界范围内的协调和合作，推动经济的不断发展。世界经济发展的基本规律包括：生产力的加速发展、产业结构的多样化和逐步升级、国际劳动分工的不断深化、世界市场的不断扩大、经济生活国际化、全球化和地区化的不断加强和世界经济发展的不平衡等。当代世界发展不平衡导致世界经济的多极化，地区集团化，也导致国际经济关系中斗争的复杂化。

李述仁认为，经济国际化是世界经济发展的普遍规律。商品经济是经济国际化的客观基础，生产力的发展是经济国际化的主要动力，国际竞争是经济国际化的强制力量，市场机制是经济国际化的决定力量，世界经济的形成是经济国际化的助推器。世界经济的这种统一性表明，虽然世界上存在着不同社会经济制度的国家，但是任何国家都是世界经济的一个组成部分，都不可能脱离世界经济而单独发展。世界经济的产生和形成，决定了任何一个国家都必须实行开放政策，走经济国际化的道路。

第三节　两个世界体系的经济学视角

无论资本主义世界经济体系，还是社会主义世界经济体系，都包含在整个世界经济体系之中。世界经济学的体系化研究反映了我国世界经济学从局部到系统的研究不断深入，虽带有较浓厚的意识形态色彩，但构建了以国家利益为导向的马克思主义国际政治经济学的基础。时至今日，虽然世界经济的整个格局更趋复杂化和多元化，但从本质上看，从历史发展进程来看，世界经济仍包括着资本主义与社会主义两个体系，全球经济体系仍作为资本主义与社会主义两种体系的矛盾统一体而存在。

一　世界资本主义经济体系研究

世界经济学者对世界资本主义经济发展阶段、世界资本主义经济体系与世界社会主义经济体系的关系、世界资本主义经济体系发展趋势及规律性和资本主义世界周期性及结构性经济危机等问题进行了广泛而深入的研究，提出了一些新见解。

钱俊瑞认为，帝国主义、老的资本主义国家在衰落，新型的资本主义国家在成长，这是目前资本主义世界的一个新特点。从20世纪50年代到60年代，世界主要资本主义国家经历了一段高速增长的时期。虽然周期性危机还是不断发生，今后估计还可能出现一种长期"停滞膨胀"的局面，但资本主义世界并没有完全停滞不前，在某个时期、某个国家，经济还可能以较快的速度增长。出现这种现象的根本原因是，国际资产阶级还能对生产关系进行一定程度的调节，使生产关系的某些方面，还能在一定程度上适应生产力发展的需要。一个明显的例子是国家垄断资本主义的发展。国家垄断资本主义的发展表明资本主义更加接近社会主义的"入口"了，同时表明资本主义在目前还有一定的生命力。实践证明，世界资本主义走向死亡是一段相当长的曲折起伏的过程。第二次世界大战后，许多过去的殖民地和半殖民地纷纷取得了独立，走上了发展民族经济的道路。一方面，他们除了需要巩固已经获得的政治独立外，都有一个争取经济独立的严峻任务，能够和社会主义国家一起成为目前世界人民反霸反帝反殖斗争的重要方面军；另一方面，这些国家正在建设的还是资本主义的经济，绝不是什么"非资本主义"经济，从这个意义上说，他们又是世界资本主义的后备力量。

陶大镛指出，世界经济作为一个具有全球规模的经济体系，是与资本主义生产方式的确立紧密相连的。具体来说，资本主义世界经济体系形成于19世纪末20世纪初，当资本主义发展到帝国主义阶段，资本输出成了金融资本夺取和垄断世界市场的最有力的工具，国际垄断同盟以全世界为范围进行经济分割，帝国主义列强又把世界领土瓜分完毕，这就把世界上最偏僻的角落都卷入资本主义经济领域中来，终于形成了一个统一的无所不包的资本主义世界经济体系。社会主义经济体系形成于十月革命后，它不仅动摇了帝国主义统治的中心，也打击了帝国主义的后方，使整个世界经济的面貌也起了历史性的变化，世界分裂为社会主义和资本主义两个体系，一个统一的无所不包的资本主义世界市场或资本主义世界经济体系不复存在了。第二次世界大战后，中国革命的胜利，使两个体系的力量对比发生了有利于社会主义而不利于资本主义的深刻变化，但20世纪50年代后期以来，由于苏联蜕变为社会帝国主义，战后一度出现的社会主义阵营已不存在，而资本主义世界体系内部的各种矛盾趋于激化，资本主义世界市场也四分五裂。

　　1987年，仇启华主编的《现代垄断资本主义经济》出版，获"吴玉章奖金"世界经济学一等奖。该书的主要论断是：20世纪50年代后，资本主义基本矛盾加剧迫使垄断资本与国家日益紧密结合，垄断资本主义进入到国家垄断资本主义的新阶段；国有垄断资本的运动与国家的财政机制密切配合，使得国家不仅具有上层建筑的功能，而且作为经济基础的组成部分发挥作用；国际垄断同盟出现新形式，发展中国家应反对"新殖民主义"；现代资本主义国家利用银行信用体系调节经济的政策措施加强，但货币信用危机和货币信用制度危机并存，国际货币关系极不稳定。此前，褚葆一和张幼文在《当代帝国主义经济》中曾提出"国家机器的二重性"问题，不同意"国家具有经济组成部分的作用"的提法，仇启华等人在书中进行了辨析，同时批驳了"资产阶级国家是全社会利益代表者"、"生产资料的政府所有是社会主义的经典定义"、"公私混合经济已经不是完全的资本主义"的观点。2002年，李琮的《当代国际垄断——巨型跨国公司综述》出版，提出巨型跨国公司是当代国际垄断组织，在国际经济、政治、安全、文化、外交中起重要作用。刘国平和王金存也都作出了当前资本主义进入到国际垄断资本主义的判断，提出资本主义生产关系的不断变革和资本主义对外扩张方式的转变，表明资本主义已经从自由竞争进入到国际垄断阶段，其本质特征是金融资本恶性膨胀，世界统治和盘剥增强，国际金融危机的爆发表明金融资本的世界统治和霸权乃至整个资本主义制度已经走上逐渐消亡的历史轨道。

　　张雷声将世界资本主义体系与经济全球化结合起来进行考察。她认为，世界资本主义体系的形成意味着各个国家、民族的发展开始融入了世界发展的历史潮流，也更为集中地反映了这个体系是一个"二元"（发达与不发达）与"一体"（体系的整体性）的对立统一体的存在。"二元一体"是对世界资本主义本质的反映，其发展和深化则表明了经济全球化本质的内涵。从世界资本主义体系形成与发展的角度透视经济全球化，可以认为，经济全球化既是一场由发达资本主义国家发动并主导的经济运动，也是资本主义经济关系、经济矛盾在世界范围的扩展和深化。

高峰认为，资本主义经济在时间上和空间上是非均衡的。资本主义经济在时间上的非均衡发展主要表现为不同时期的显著波动，由此反映出资本主义经济发展的阶段性；资本主义经济在空间上的非均衡发展表现为地域上两种类型的不平衡，即发达国家之间发展的不平衡和发达国家与发展中国家之间发展的不平衡。资本主义仍具有适应生产社会化而不断调整自身的能力，同时占主导地位的资本主义经济制度的性质并未根本改变，资本主义经济的腐朽性和不稳定性甚至有所加强，这是当代资本主义经济在深刻演变的基础上形成的新特征。

在资本主义世界经济体系研究中，一项非常重要的内容是国际经济危机与金融危机研究。郑伟民认为，所谓现代资本主义条件下的结构性危机，主要是指资本主义世界经济中的物质生产部门结构（包括部门之间和部门内部的结构）发生重大变动，以及生产和消费、供给和需求之间比例长期失调而造成的国际规模的危机。结构性危机是资本主义世界经济体系内发生的一种有独立含义的危机，也可以说是战后时期资本主义世界经济体系危机加深的一种表现形式，不能反过来说，除周期性经济危机外，凡是资本主义世界经济范围内发生的一切危机或危机现象都属于结构性危机。有些涉及全球性的问题如生态问题，尽管在资本主义范围内以十分尖锐的危机形式表现出来，仍不宜将其归属于结构性危机的范畴。在国际经济关系方面表现出来的国际贸易危机、国际货币体系危机、国际收支危机、国际债务危机等也不是结构性危机。仇启华、赵黎青认为，世界经济危机是在资本主义世界经济体系内部发生的大体上在同一时期内袭击主要资本主义国家的周期性的生产过剩的危机，具有具体性、主要国家同期性、普遍性、世界资本主义再生产过程中断、周期性等特征。王怀宁认为，帝国主义国家经济危机同期性的恢复，使它们之间互相转嫁危机的可能性缩小了，实行国民经济军事化和向发展中国家转嫁危机是资本主义试图解决危机常用的两种手段。

1998 年和 2008 年两次全球经济危机影响巨大，也引起世界经济学者的深刻反思。大多数研究者都认为危机是资本主义生产方式造成的，根本原因在于生产社会化和资本私人占有之间的矛盾，并把其在全球扩张的结果归于新自由主义的影响。何秉孟认为，美国金融危机是国际金融垄断资本主义的结构性危机。由信息技术和网络技术革命、新自由主义意识形态和为国际金融垄断资本服务的国际金融货币体系共同建构的国际金融垄断资本主义，是资本主义在全球化时代的表现形式，其在应对由资本主义基本矛盾导致的实体经济危机、人为推动虚拟经济的恶性膨胀、使金融资本摆脱相对于实体资本依附地位的同时，加深了国际金融垄断资本主义的寄生性。席卷全球的金融危机是国际金融垄断资本主义基本矛盾激化的必然结果。李慎明认为，金融霸权是当今国际垄断资本经济霸权的集中表现，军事霸权则是其政治霸权的集中表现，文化霸权是其意识形态霸权的集中表现，而科技霸权则渗透在其经济、政治、文化等各个方面霸权之中。金融、科技、文化和军事"四位一体"的霸权，构成了当今世界资本帝国主义时代的新特征。目前这场仍未见底且在深化的国际金融危机的直接原因，是20世纪90年代初苏联解体后以美国为首的西方世界主导的、以新自由主义为主要推力的新一轮的经济全球化；其根本原因是以信息革命为领衔的新的高新科技革命推动生产力极大发展和劳动生产率的极大提高，在国际垄断资本主导的经济全球化深入发展的情况下，在全球范围内使得生产社会化甚至生产全球化与生产资料私人占有之间的矛盾、生产无限扩张与社会有限需求之间的矛盾加剧的必然结果。有学者指出，金融自由化成为实体经济和虚拟经济之间流动的纽带，使得全世界的经济循环流成为以美国为首的国际金融资本为主导的循环圈，国际金融危机不过是这一体系出现问题的必然结果。国际金融资本通过两个基本制度的设计构建了世界经济秩序的基础：一是在货币领域，以美元符号化为基础的国际信用货币体系的建立，解脱了实物对资本的束缚，货币纯粹脱离开贵金属，虚拟资本在世界经济中的比重迅速提高，造成了全世界的虚拟经济对以美国为主导的国际金融资本的依赖；二是在生产领域，以美国为主导的国际金融资本在全球范围内安排产业结构，将发展中国家纳入到资本主义的统治体系中，造成了全世界在实体经济方面对以美国为主导的实体经济的依赖。还有学者指出，表面上看，美国次贷危机导致了此次经济危机的全面爆发，其实质依然是实体经济的相对过剩，虚拟经济制造出来的需求假象诱导实体经济盲目发展。"金融过剩"仅仅是引发金融危机的现实原因，将之归罪于表面所呈现的"监管缺位"、"政策失误"、"低估风险"甚或"人性贪婪"，掩盖了资本主义生产方式和经济制度是导致金融危机出现的根本原因这一事实。应当避免在分析当前国际金融危机中的两种错误倾向，既要看到资本主义的本质没有变，基本矛盾没有变，同时也要看到，在新的历史条件下，资本主义的本质和基本矛盾的表现形式已经发生了很大变化，危机的表现形式也发生了很大变化。现存发达资本主义国家将来实现社会主义的方式，只能是和平的、渐进的，通过资本主义的自我扬弃以及新社会因素（社会主义因素）的积累和扩展，由局部到整体，逐步实现社会主义对资本主义的制度替代。

二　世界社会主义经济体系研究

世界经济学者也对世界社会主义经济体系的形成与变迁、世界社会主义经济体系与资本主义经济体系的经济关系、引进外资与保护民族工业、外向型经济与国家经济安全、比较优势与自主知识产权、社会主义经济体系的发展趋势及规律性、中国特色社会主义理论与实践对世界社会主义经济体系的贡献等问题进行了研究。不仅从政治经济学角度一般地论述社会主义经济制度的基本特征，而且从世界经济学角度在生产力和生产关系的结合上具体地论述当代各个社会主义国家经济共有的一般特征，研究了社会主义国家经济体制改革的不同模式，对社会主义经济体系形成的时间和条件、该体系内部国际经济关系的性质和特点以及各种经济纽带进行了探索性研究。

钱俊瑞认为，第二次世界大战后，世界经济的发展和变化突出地表现在国际经济关系及其组织形式得到了迅速的发展，社会主义经济体系和资本主义经济体系之间相互斗争和相互依存的关系大大发展和加强。广大发展中国家和社会主义国家以及发达资本主义国家之间的经济关系得到了扩大和深化。十月社会主义革命胜利后，世界分裂成为走下坡路的资本主义经济体系和日益上升的社会主义经济体系。这两个部分或两个体系之间既存在着互相斗争的一面，又存在着互相依存的一面。社会主义经济体系的建立给整个世界经济，其中包括世界市场，带来了新的因素，新的特点和新的性质，使它发生了局部的质的变化。在两大体系的斗争中，社会主义经济体系逐步扩大，资本主义经济体系逐步缩小，经过一个相当长期的发展过程，社会主义经济体系将最终取代资本主义经济体系。社会主义经济体系逐步取代资本主义经济体系的过程，也将是社会主义世界市场逐步取代资本主义世界市场的过程，但是这一过程并不表现为统一的世界市场完全消失了，瓦解了，而是表现为世界市场的内部发生了局部的质的变化，表现为社会主义经济体系的作用在日益扩大。

陶大镛指出，资本主义总危机削弱了整个资本主义体系，为世界革命的发展创造了极为有利的条件。由于新生的社会主义制度的优越性与衰谢的资本主义制度的腐朽性，社会历史发展的规律就必然表现在社会主义体系日益发展和巩固以及资本主义体系日趋削弱和没落。十月革命的胜利是世界资本主义体系总危机这一历史过程的开端，而世界分裂为两个体系则是资本主义总危机的最鲜明的标志和首要的特征。世界经济作为全球规模的经济体系，是同时跟资本主义与社会主义两种生产方式联系着，是作为资本主义与社会主义两种体系的矛盾统一体而存在的。在一定的历史时期内，资本主义与社会主义这两大体系可以和平共处，也必须和平共处，但在历史的长河中，两者并不能、也绝不会永远共存下去。社会主义制度战胜资本主义制度是历史的必然，资本主义世界经济体系之完全转型为社会主义世界经济体系，也将是一个不以人们意志为转移的历史发展过程。

虽然马克思主义世界经济学者对社会主义的前途充满信心，但资产阶级经济学者对西方经济学的辩护和对马克思经济学的攻击从未停止。两个体系的斗争不仅表现在现实的经济活动中，也表现在经济学的话语权上，在20世纪60—90年代尤为激烈。新中国成立后一向述而不作的浦山敏锐地将他的关注点转向社会主义经济的理论分析。针对米尔顿·弗里德曼一篇题为《运用市场促进社会发展》的文章，浦山对社会主义条件下经济行为的合理性进行分析，指出中国采取了渐进的改革方式，非常符合中国文化，并且取得了很大成就。在密歇根大学"论中国社会主义市场经济的前景"演讲中，浦山指出，中国处在转型阶段——从中央计划经济转向社会主义市场经济，恰当的描述应该是"……具有中国特色的社会主义……而不是社会主义向资本主义的转变。"浦山强调政治稳定是当今中国的一个重要特征。他不回避谈转型时期正在出现的不平等现象以及由此产生的道德和伦理方面的副作用，但希望通过财政制度来扭转这种不断加深的不平等。他预期中国的经济转型将于2010年前完成，到21世纪中叶中国将达到经济发展的中等水平，以此对米塞斯、哈耶克、弗里德曼的社会主义经济非可行性理论作出有力回应。余永定从FMD模型出发，在揭示FMD模型两大部类同马克思两大部类存在区别但并非不可借鉴的基础上，应用马克思主义经济学的概念，假设第一部类产品的总产值同第一部类所拥有的生产资料基金成正比，第二部类总产值同第二部类所拥有的生产资料基金成正比，第一、二部类的生产资料基金占用系数在所考虑的时期内保持不变，第一、二部类的生产资料基金占用系数分别等于第一、二部类生产资料积累基金占用系数，创造性地构建社会主义经济增长模型，对认识社会主义再生产速度和比例的数量关系进行了深入研究。此后，余永定继续探索社会主义经济模型问题，对社会主义生产资料生产优先增长问题进行数学建模，用纯逻辑推理的方法以克服应用归纳法和应用演绎法在该问题研究上的局限性。

朱刚体、夏申认为，世界经济是相互依赖的，社会主义国家与资本主义国家的经济也相互依赖，其原因是：第一，各个国家的科学技术和经济发展是不平衡的，必然造成科学技术上的相互引进和经济发展上的相互依赖；第二，各国自然禀赋条件千差万别，随着一国经济的发展，必然会引起生产力要素上的相互依赖和交换，从而可以突破一国资源条件对其经济发展的限制，达到资源的最有效利用；第三，随着商品经济的发展，原来的闭关自守和自给自足状态必然会被打破，取而代之的是相互往来和相互依赖，这就给生产力发展开拓了广阔的余地，带来了商品经济的更大发展；第四，从国际分工和利用比较优势角度看，可以通过相互依赖、取长补短，达到资源的有效利用和劳动生产率的提高；第五，资本主义国际生产关系的发展，必然导致世界经济中相互依赖程度的加深。发展经济学家创立的"依附经济学派"和"中心—外围学派"一方面比较深刻地从国际生产关系的角度阐明了不发达的原因，批判了不合理的国际经济体系，但某些观点也不是不可商榷的。首先，他们只讲矛盾和对立，不讲统一；只讲斗争，不讲必要的合作，那就失去了利用外部有利条件来发展本国民族经济的机会。其次，若是一国长期实行保护，闭关自守，片面强调自力更生，在"避风港"中发展本国经济，就会使一个国家的工业缺乏竞争能力，最终会造成对外部更大程度的依赖。再次，他们往往只强调经济发展中外部不利条件的影响，而很少从发展中国家内部因素去寻找不发达的原因。最后，"依附经济学派"那种企图离开资本主义国际贸易、国际分工去孤立地发展民族经济的主张是不现实的。

随着柏林墙的倒塌，两个体系、两个阵营的对峙逐渐淡化。21世纪，信息技术的快速发展更使全球经济融合成为可能。中国的改革开放政策将中国与世界紧密地联系在一起。随着中国在世界舞台日益崛起，中国的发展对世界有何影响？世界经济学者作出了自己的回答。张幼文和梁军通过探讨中国发展对世界市场价格、世界产业、世界市场竞争、国际综合国力竞争、世界经济增长、世界经济均衡、全球多边贸易、世界经济运行等诸多体系的影响，剖析中国发展对世界经济体系的影响，探讨中国发展的世界意义。他们认为，中国在融入世界经济体系的进程中获得了发展，中国的发展反过来又对世界经济体系产生了深刻影响。中国发展改变了世界市场上的产品价格结构和要素的价格结构，这是中国发展影响世界经济体系最为直接的体现。中国发展对世界产业体系的影响主要体现在三个方面：一是产业向中国的转移导致了国际产业的重新布局，开辟了世界生产与交换的新格局；二是中国参与国际分工延长了国际产业链，提高了世界经济的整体效率；三是中国经济规模的扩大扩展了世界产业发展的空间。中国发展对国际竞争体系的影响主要体现在两个方面：一是对世界市场竞争体系的影响；二是对国际综合国力竞争体系的影响。中国发展对世界经济运行体系的影响主要体现在两方面：一是对全球多边贸易体系的推动；二是对世界经济利益格局的贡献。

　　全球化对中国发展有何影响，中国应如何制定自己的发展战略？无疑是世界经济学在全球化时代最需回答的重大问题。在《全球化与中国发展战略》中，张宇燕指出，全球化问题的兴起有五个既相互联系又相对独立的背景，即柏林墙的倒塌、全球问题的凸显、信息技术及 IT 产业的勃兴、国际规则普遍适用性的提高和世界格局的变迁，其中柏林墙的倒塌可以视为经济全球化浪潮的分水岭。书中对国际分工、国家利益、国际规则、全球治理和大国博弈进行了深入探讨，提出全球化的九大命题：其一，全球化是真实存在的；其二，全球化进程始于柏林墙的倒塌，且具有相对可逆性；其三，国际分工构成全球化的物质基础；其四，国际规则体系的普遍适用性日益加强，世界经济对国际规则高度敏感依赖；其五，全球化对参与各方的影响是非中性的；其六，全球化下大国博弈表现为对全球规则制定和执行权的争夺并决定国家兴衰；其七，全球化既弱化了又强化了国家主权；其八，全球问题需要全球治理；其九，全球化对中国既是机遇又是挑战。

三　全球化中两个体系的关系

　　在世界经济整体方面，世界经济学者研究和论证了科学技术进步特别是科学技术革命对世界经济发展的推动作用，生产国际化程度随着生产力发展而不断提高的规律，过渡性世界经济条件下社会主义和资本主义两大经济体系之间既相互依赖又相互斗争的关系，世界经济和世界政治之间的相互关系等。

跨国公司的出现是经济全球化的重要表现。如何认识跨国公司的性质、特点，它对东道国和投资国分别有什么影响？滕维藻较早对此问题进行了研究，指出跨国公司是产业资本国际化的产物，归根结底服务于垄断资本的根本利益，但它同时在世界范围内实现生产要素的重新配置，有利于成本最小化，提高经济效益。跨国公司必然会改变国际分工的基本格局，对东道国既有积极作用，也有消极影响。房宁认为，迄今为止的经济全球化仅仅是资本运动的全球化，而非经济福音的全球化。西方资本的大规模跨国运动将世界的生产和交换活动连为一体，但是从世界性的生产和交换活动中产生的经济利益，却没有在全球呈现正态分布。当代世界经济体系是经济全球化的历史进程的结果，是以西方资本主义国家为中心、欠发达国家为外围的，存在于统一世界范围的资本循环过程中的双重结构，应当从世界体系的视野认识当代资本运动的矛盾与规律。当代资本主义的世界性的垄断机制，是在世界资本主义生产关系领域中出现的新的、重大的变化，是维系当代资本主义世界经济体系存在的基本条件。

世界经济失衡是世界经济学者关心的问题之一。陈继勇和胡艺将世界经济失衡放置于知识经济时代背景下考察，认为经济全球化时代，尤其是知识经济快速发展的背景下，当知识要素取代传统的资本要素成为最主要的生产要素，无形投入和创新成为经济增长最重要的动力时，传统的统计体系和方法就面临着严峻的挑战，应将无形投入和无形资产的跨国流动纳入传统的统计体系，从新的视角来分析当前的世界经济失衡。作为当前世界经济失衡最主要逆差方的美国，经常项目的赤字已经达到前所未有的规模，赤字的可持续性对美国经济和世界经济的持续健康增长有着巨大的影响。尽管造成美国巨额经常项目赤字的原因非常复杂，但这与美国已进入由知识和创新驱动的知识经济时代这一事实密切相关。作者对衡量世界经济失衡的指标体系、诱发原因、失衡的可持续性以及调整方式都有了新的认识和思考，提出世界经济失衡并非像官方数据显示的那么严重，失衡在一段时间内是可持续的。

世界经济学者关注两个体系在构建国际经济新秩序中存在的斗争性。仇启华指出，不能认为发展中国家提出来的国际经济新秩序就是马克思主义的，因为发展中国家的改良主义纲领无非要限制帝国主义和垄断资本的剥削，争取比较公平合理的国际环境，没有从根本上提出消除垄断资本的剥削、消灭资本主义制度的要求，而马克思主义者主张建立国际经济新秩序是在世界范围内打击帝国主义、削弱帝国主义、削弱殖民主义这个总的斗争中的重要组成部分。社会主义和资本主义两个体系在竞争和斗争中分别采取了一些措施，以取得在世界经济中的优势地位。随着时间的推移，社会主义体系将在和平竞争中占上风。至于社会主义体系在世界范围内取代资本主义体系，则不是经济上的和平竞争所能完成的，而是经济斗争、政治斗争以及资本主义国家的无产阶级革命等共同作用的结果。李琮提出，全球范围内的贫富分化，其原因是多方面的，从发展中国家的外部原因来说，不是全球化，而是发达资本主义国家坚持不公平、不合理的国际经济秩序造成的。反全球化不能阻断全球化的进程，也不能彻底改变弱势国家境况不断恶化的命运。

随着中国融入经济全球化的程度逐渐加深，学者们更加重视国际经济新秩序中两个体系的矛盾中的同一性。张宇燕和马杰认为，随着世界局势由紧张走向缓和，区域经济集团化和金融市场国际化成为世界经济的两大主要特征，中国经济的持续增长对世界具有重要意义，各国可以实现共享繁荣。伍贻康认为，国际经济体系的变革是个漫长、渐进的过程，发达国家在相当长时期内仍占主导地位，但调整、磨合和重组是基本态势。在这一情势下，必须对中国经济作正确的估量和定位，把握好中国对现行国际经济体系的正确态度和对策。中国已是现行体系的一部分，不需要也无能力充当挑战者，但也绝不当被动消极的"体系的维护者"，而应做推进国际经济体系变革的积极参与者。

有学者认为，世界经济体系是依据资本主义的经济逻辑构建起来的，它在当代的表现形式就是经济全球化。社会主义的成长和发展根植于对全球经济体系的参与程度，今天只有跟上经济全球化进程的步伐，社会主义才有可能发挥其优越性和增强其世界感召力。孤立于全球经济体系之外是苏东社会主义失败的一个主要原因。同时，社会主义在本质上还负有矫正全球化缺陷的职责，这也要求社会主义国家必须与全球经济体系融为一体。还有的学者提出，制度和世界经济周期具有重要联系。世界经济周期是客观存在的，是开放经济条件下经济运动的内生形态，具有不同于封闭经济条件下的特征。各种冲击的综合作用和特定国家或地区经济周期的跨国传导生成了世界经济周期，在这个过程中，世界贸易和金融交易提供了传导的渠道，而"锁模"是一种重要的传导机制。也有学者认为，经济全球化中"南北合作"不再是零和博弈，实现世界经济再平衡的关键在于新兴经济体国家自身结构和发展模式的调整及其与发达国家之间的良性互动。国际合作应成为培育世界经济新的增长点。

世界经济中的相互依赖与合作是时代的特点，其根本原因在于：第一，世界资源分布不均是世界经济相互依赖与合作的自然原因；第二，生产力发展和科学技术进步是突破国家界限的动力；第三，国际生产和专业化协作是相互依赖的纽带；第四，现代交通和通信事业的发展是相互依赖的保证。世界经济中的相互依赖与合作具有全球性、整体性，但由于各国经济发展、实力大小、技术水平、自然资源不均衡，必然导致世界经济在结构上、层次上、格局上的不均衡发展。世界经济既相互依赖与合作，也相互矛盾与斗争。通过对世界经济体系的结构研究，夏立平指出，目前世界经济体系开始从"中心—边缘"结构向板块与网络状并存结构转型。转型的主要原因包括：区域化与区域主义相互促进；亚非拉国家独立和其中部分国家走上适合本国国情发展道路使一些边缘地区国家实现跨越式发展；新科技革命发展和经济全球化趋势加快。转型将产生的主要影响包括：既刺激又抑制贸易保护主义；世界经济重心开始由大西洋地区向亚太地区转移；发展中国家在国际经济机制中将会有更大的发言权；促进整个国际体系的转型。

第四节　坚持马克思主义研究方法

几乎所有的世界经济学的重要学者都坚持以马克思主义指导世界经济学研究，包括钱俊瑞、陶大镛、褚葆一、仇启华、李琮等，所以世界经济学可称为马克思主义世界经济学。余永定将当年研究世界经济理论的学者按方法论分为两派：一派为马克思主义演绎学派，研究旨归在于参照马克思主义的理论体系演绎出资本主义经过国家垄断资本主义走向灭亡的必然性；另一派为马克思主义归纳学派，通过对世界经济现象的概括总结出一些具有普遍性的规律，并力图以此解释现实。

钱俊瑞提出，世界经济研究要与政治经济学的基础理论研究相结合。"世界经济作为一个历史范畴是人类社会发展的必然结果，是资本主义生产方式的产物。然而，形成世界经济的基本要素（如国际交换、国际分工、世界市场、世界货币等）又是资本主义生产方式借以确立的前提。因此，马克思在从事政治经济学研究，分析资本主义生产方式的发生、发展和灭亡的规律时，涉及广泛的世界经济问题，并提出了很多精辟的论点，从而为我们建立和发展马克思主义世界经济学打下了坚实的理论基础。"① 研究马克思主义世界经济学唯一正确的方法就是唯物主义辩证法。这种方法要求我们在研究世界经济的时候，必须始终遵循实践是检验真理的唯一标准这一基本原则，一切从实际出发，实事求是地对具体事物作具体分析。要分析事物具体的内在的矛盾，分析主要矛盾和次要矛盾，分析矛盾的主要方面和非主要方面，研究事物的运动和变化，防止僵化和片面性。决不能拘泥于若干现成的结论，没有创造就没有科学，也就没有科学的马克思主义世界经济学。为此，我们既要反对教条主义的方法，又要反对经验主义、实用主义的方法，这两种都是唯心主义、形而上学的方法，是和辩证唯物主义根本对立的。此外，要认真吸取现代资产阶级经济学派方法论（如计量经济学、投入产出法）中的科学部分为我所用。此后，他提出，预测世界经济前景的方法，第一，要运用唯物辩证法和历史唯物论作为基本方法来进行预测和展望。特别要注意三个要点：一是分析矛盾，首先要根据对立统一规律即矛盾的规律，揭示世界经济的主要矛盾与矛盾的主要方面以及其发展变化的趋势；二是注意互相联系，不仅世界经济这个错综复杂的机体内部各个部分以及各个国家之间是互相联系、互相影响的，而且世界经济领域与其他领域（如世界政治）之间也是互相联系和影响的；三是分析经济与政治的相互作用。第二，要根据世界经济发展的客观规律来进行预测和展望，如资本主义再生产周期规律、世界经济发展不平衡规律、社会主义基本经济规律、科学技术发展推动经济发展的规律。仇启华与钱俊瑞的观点基本一致，认为马克思主义世界经济学的方法与马克思主义政治经济学的方法一样，也是辩证唯物主义和历史唯物主义的方法，但就世界经济这个学科来说，列宁的帝国主义理论有着特别重大的指导意义。要把列宁关于帝国主义的基本原理与当代世界经济的实际密切结合，特别是要分析世界经济中内在的各种矛盾及其性质，区别主要矛盾和次要矛盾，揭示各种矛盾运动的趋向，这样才能找出世界经济中固

---

① 钱俊瑞：《马克思奠定了世界经济学的理论基础》，《世界经济》1983 年第 3 期。

有的而不是臆造的客观规律。钱俊瑞和仇启华的观点其实代表了老一辈世界经济学者的群体性观点。以马克思列宁主义为指导思想，研究资本主义世界经济体系和社会主义经济在世界经济中的强弱变化，相信社会主义体系在与资本主义体系的斗争和竞争中最终战胜并取代它，是较为普遍的研究思路。

在改革开放的进程中，褚葆一和张幼文提出应用毛泽东思想指导世界经济学研究。他们认为，毛泽东思想的精髓"实事求是"原则，指明了建立世界经济学的道路；认识的"飞跃"规律，指明了世界经济学必须从本质上和内部联系中把握对外经济关系中提出的问题；矛盾的特殊性和科学分类问题的论述，指导我们严格确定世界经济学的对象。当然，对外开放政策对毛泽东思想也有新发展，如重新摆正了国际问题上政治与经济的关系，承认归根结底还是经济决定政治，在对外关系上同样也是这样，即使在政治上尖锐对立的国家，在经济上仍然可以往来，以获得各自的经济利益。

陆寒寅指出，世界经济学的早期研究成果也反映出明显的不足，最突出的一点就是在把世界经济作为一个整体对象进行研究的过程中，往往试图包容世界经济研究的所有方面，以至于有内容冗杂、逻辑混乱之嫌。从20世纪90年代末期开始，受到经济全球化愈演愈烈的影响，世界经济运行的整体性、综合性和国际性受到了更甚于以往的关注。尤其是随着改革开放和对外交往的深入，中国的经济发展形势、思路和经济学的研究手段都较以前大为丰富，传统的世界经济学研究方法同样亟待更新。应从结构主义和非对称均衡的角度出发，结合20世纪80年代中期之后兴起的一系列相关经济学理论成果，包括新增长理论、新经济地理理论和新贸易理论等以弥补传统学派的不足，来创新和丰富传统的世界经济学研究方法。在研究世界经济学的过程中，马克思主义、世界体系论、考克斯的历史结构论，以及最新的经济学理论成果是能够得到很好结合的。

乌家培是较早提出要用世界经济模型来预测世界经济的学者之一。他认为，我国世界经济学工作者以往的研究往往采用质的预测法，而目前许多国家和国际组织所采用的是运用经济模型的量的预测的现代方法。两类方法并不是互相排斥的，完全可以结合起来加以使用。世界经济的建模思路有两种：第一种是直接用世界经济资料编制全球模型，但这种世界模型往往是很粗略的，局限于人口、能源、粮食、资源、环境等几种主要因素的分析，其特长并不在于预测而在于设想或设计；第二种是间接地把各国宏观经济模型连接成为世界模型。各国模型可以让最了解本国情况的学者去搞，然后通过反映商品流动或资本流动的世界矩阵，把这些模型连成一个整体，就成了世界模型。陈沙、石小玉也提出，世界经济统计要研究世界经济现象统计的规律性，特别是它们如何受其组成各层次以至个人经济行为影响而产生的波动。石小玉认为，世界经济中存在着四大基本曲线：恩格尔曲线 + 逻辑斯蒂曲线 + 周期曲线 + 结构变化曲线，即对应着上述从个人经济行为到世界经济中间的部分环节，并认为这些曲线揭示了某些指标间的具体的数量关系。这种对应或联系并不是唯一的，而是多种多样的，关键看从哪一角度出发，研究什么问题。数量关系可以因指标、体系的不同取舍而得出不同结果。生硬简单地将数理统计规律搬入世界经济学既不符合数理统计学原理，也不是世界经济学研究的本意。要运用马克思经济学观点，更多地使用现代数学方法，提供研究手段丰富的方法论体系，以利于世界经济统计工作的发展。

　　还有的学者强调从逻辑结构层面解决世界经济学研究的方法问题。林世昌认为，在世界经济学的系统化整体构建中，业已形成国家经济类别关系型模式、国际再生产型模式、经济一体化型模式三种基本理论结构模式。根据观察的角度和侧重点不同，其研究方法分别为主体关系分析法、再生产过程分析法、一体化进程分析法。各种理论结构模式在世界经济学科学理论的逻辑构造上存在重大分歧，必须按照研究对象即世界经济有机整体的性质、结构及其内在联系的客观逻辑，运用科学理论系统化整体逻辑构造的规则和方法，科学地选择逻辑起点范畴、逻辑中心范畴、范畴逻辑顺序，对各种理论结构模式进行科学的逻辑整合。

　　随着中国开放程度的加深，对外合作的频繁，一些学者提出要与国际机构和国外研究院所的研究方法对接。季铸认为，可以借鉴世界银行采用的理论与实际相结合、深入浅出的研究方法，即根据大量的事实数据，从中抽象出经济规律和经济原理，简化为一般数表或图形模型，分析影响因素，提出政策指南。在《世界经济导论》中，他提出将人类与地球的可持续发展作为世界经济学理论体系的根本任务，并以人类为主体、以地球资源环境为背景、以经济增长和经济发展为主线构建了一个完整的世界经济理论体系。路爱国强调，处于改革开放中的中国要坚持社会主义的发展方向，就要坚持马克思主义的指导，反对新自由主义，抵制全球化条件下的资本攻势，走全面、协调、可持续发展之路。

第五节 承前启后的世界经济学

一门新学科的创立，与其他学科划清界限非常重要，这是明确学科定位的前提。世界经济学者主要就世界经济学与政治经济学、国别经济学、国际经济学的联系与区别进行了研究，一方面继承和拓展了政治经济学和国别经济学等原有学科的研究成果，另一方面为国际经济学和比较经济学等后起学科的建立奠定了基础。

一 延续政治经济学基本范畴又与政治经济学有不同侧重

既然中国的世界经济学是马克思主义世界经济学，那么它与马克思主义政治经济学的关系是什么？是并列，是从属，还是既有区别又有联系？钱俊瑞指出，政治经济学是研究人类历史上各种社会形态中的生产方式，特别是人们的生产关系，即经济关系的科学，世界经济学则主要研究资本主义社会存在以来世界范围内的人们的生产关系。两者的区别在于：（1）世界经济学不研究资本主义以前的各种社会形态中的经济关系，因为那时还不存在世界经济这一整体；（2）世界经济学对世界经济的各个范畴及其相互关系要作更加具体的研究，政治经济学的研究则比较概括。两者的联系在于：政治经济学是世界经济学的基础，它为世界经济学提供基本范畴和基本概念。掌握马克思主义的政治经济学有助于我们掌握世界经济生活的本质及其发展的规律，世界经济学的研究则又将反过来丰富和发展政治经济学的基础理论。

陶大镛批评了将世界经济学等同于外国经济问题研究的倾向，提出世界经济学作为一门新兴的学科，是依附于政治经济学并从政治经济学中逐步发展出来的一门边缘学科。政治经济学是一门研究人类各种社会进行生产和交换并相应地进行产品分配的条件和形式的科学，它的研究领域不仅仅局限于某一国界之内，而是要阐明人类社会各个发展阶段上支配物质资料的生产、交换以及与之相适应的分配的规律。所以，世界经济学的研究决不能离开政治经济学，它必须以马克思主义政治经济学作为理论基础，应以政治经济学所阐明的基本经济范畴（如商品、货币、价值、价格、资本、工资、利润等）和一般经济规律（如价值规律、货币流通规律、工资规律、资本积累规律等）为依据和出发点。尽管如此，世界经济学与政治经济学还是有所区别的。政治经济学在研究社会生产关系及其发展规律性的时候，侧重于从个别或典型国民经济的结构来进行分析，具有更加概括和抽象的性质，而世界经济学的研究则直接以世界经济的发展过程和国际经济关系作为对象，并且把它作为一个全球规模的经济体系、作为两大经济体系的矛盾统一体来进行研究，这样，它对世界经济发展过程总体情况的研究，显然不能包括资本主义生产方式以前的各个社会形态的经济关系，并且要比政治经济学具体得多，也详密得多。只有掌握了马克思主义政治经济学，才能对世界经济进行深入的研究和科学的分析，反过来，世界经济研究的深化，也可进一步来丰富和发展马克思主义政治经济学。两者是相互联系又相互充实的。这就是政治经济学同世界经济学两者之间的依存关系和相互影响。

多数学者都认为世界经济学与政治经济学是两门不同的学科，也有少数学者认为世界经济学是政治经济学的一部分。韩世隆认为，世界经济学与政治经济学不同之处在于，它不研究各种不同社会形态普遍的和特殊的经济规律，而是研究各种经济规律在世界范围内，即在通过国际分工与世界市场联系起来的各个国家与国家集团经济及其相互之间的表现形式、作用与特点，目的是了解世界经济的发生、形成和发展，认清当前世界经济形势并预测未来发展趋势（短期的、中期的与长期的）。仇启华认为两者最主要的区别不在于研究的阶段和范围，而在于研究的特点，即政治经济学的研究对象是社会生产方式，具有极高的抽象性，而世界经济学是比政治经济学更为具体的一门经济学科，它的研究对象的抽象层次要低于政治经济学，但高于国别经济研究、国际贸易、国际金融等学科。谢康则提出，国别经济学和世界经济学附属于政治经济学原理。政治经济学只有通过国别经济学和世界经济学才能得到最充分的发展和全面的具体的体现，而国别经济学和世界经济学的最终完成将标志着政治经济学体系的大厦的最终建成。

二 以国别经济学为基础又不等于将各国各部门经济简单相加

针对世界经济学创立初期存在的将各个国别经济相加等于世界经济的研究思路，钱俊瑞提出，世界经济学和国别经济学既有区别，又紧密联系。世界经济作为一个整体并不是各国经济简单的算术的总和，它有自己独特的矛盾和独特的运动规律。世界经济学研究的是世界范围内的经济关系，是国际经济关系和各国经济发展中的一些重大的综合性问题，这些问题如果仅仅从国别经济的角度是无法深入研究的，但研究世界经济又不能离开国别经济的研究，更不排除国别经济的研究。世界经济学没有国别经济研究作为自己的基础，就不能深入揭示世界经济生活的运动规律。同样，国别经济学如果不以世界经济整体作为背景，不纳入世界经济学的科学体系，不以世界经济学的基本法则为指导，也就不可能深刻揭示各国经济生活的本质。

韩世隆强调外国经济研究对世界经济学的重要性，同时指出将世界经济学的研究对象放在世界部门经济上是不恰当的。针对那种认为世界经济学的研究对象是从总体上考察世界范围内错综复杂的国际经济关系的观点，韩世隆认为这在某种意义上反映了世界经济学研究对象矛盾的特殊性，但决不能撇开外国国民经济与国家集团经济来搞世界经济学，甚至将世界经济完全等同于国际经济关系，也不能把世界经济学的主要研究对象放在国际经济关系的各个分支，如国际贸易与国际金融的特殊现象和特殊规律方面。

三　受益于国际经济学对具体问题的研究但理论视野更为宽广

世界经济学与国际经济学从字面上讲很难区分，大致可以将中国正在创立的世界经济学称为马克思主义世界经济学，将西方经济学家所研究的国际经济问题称为国际经济学。钱俊瑞认为世界经济学与国际经济学必须区分开，因为国际经济学以资产阶级的立场、观点和方法，着重分析国际贸易、国际货币、国际金融等问题，并为这些问题制定许多模式，其目的是在国际范围内扩大和维护资本主义制度，而马克思主义世界经济学的研究对象要宽广得多，它以世界经济的整体作为研究对象，也研究国际经济关系，并把这种研究放在一种突出的地位，但目的与资产阶级国际经济学根本不同，它要揭示的是社会主义世界经济体系必然取代资本主义世界经济体系的规律性。对于国际经济学也应当予以充分的重视，认真地批判研究，并从中汲取有用的成分。

陶大镛认为，世界经济学不同于国际经济学或比较经济学。其一，世界经济学是把世界作为一个整体，把世界作为社会主义与资本主义两大体系的矛盾统一体当作研究的主体，以揭示世界经济发展的过程及其规律性。它不像国际经济学那样，把国际贸易关系和国际金融关系作为研究的主体，侧重于国际贸易结构、国际金融组织、各国货币政策一类具体问题的论述和分析；也不像比较经济学那样，把世界经济这个整体划分成各种类型或模式进行机械式的类比。其二，世界经济学不是局限于一般地考察国与国之间的双边或多边的经济关系，而是把世界范围的生产诸关系及其相适应的交换诸关系作为研究的主体，以揭示世界范围内商品、货币、资本等的运动规律。它不像国际经济学那样，主要是从发达国家的经济利益出发，来描述那种实际上与不等价交换相联系的国际分工形态；也不像比较经济学那样，从维护资本主义制度的立场出发，对其他经济制度的模式加以评价，难免带有某种程度的阶级偏见。可见，从根本上说来，世界经济学的研究，并没有停留在国际经济关系或经济发展现状的表面现象上的分析，而是要透过现象，探索那些隐藏在现象后面的整个世界的经济运动规律。就其深度及其科学性来看，当然不是国际经济学或比较经济学所可比拟的了。仇启华持相似观点，但他的理由是世界经济学的对象的抽象层次要高于国际贸易、国际金融等学科，对国际经济关系的研究不仅就其范围来说比国际贸易、国际金融等更为广泛，而且研究国际贸易关系、国际金融关系等之间的相互作用和相互渗透也更为复杂。连平不同意仇启华所谓"学科抽象度"的观点。他指出，世界经济学的抽象层次并不比国别经济学和国际经济学来得高。比较不同学科之间的抽象层次，应按其理论的深浅和逻辑的高低进行。世界经济的总体和整体问题是由世界各国国民经济及其相互之间的有机联系和共同经济活动所构成的，其性质并不寓于各国国民经济的"个性"之中，对国民经济无论作何抽象都难以提炼出世界经济的总体和整体问题，其相互关系也不是普遍性与特殊性之间的关系。国际经济学着重研究国际经济关系的运动规律，其分支学科至少可以包括国际生产学、国际贸易学、国际金融学和国际经济协调学。凡是由国家之间经济交往所产生的一系列国际经济范畴，诸如：国际商品、国际价值、国际交换、国际价格、国际生产、国际分工、国际贸易、国际投资、国际技术转让、国际劳务合作、国际利率、汇率、国际金融市场、国际收支、国际结算、国际储备、国际货币制度、国际宏观经济政策协调、国际经济组织和机构乃至于国际竞争和国际垄断，都应当纳入国际经济学的研究范围。所以，国际经济学研究的属于另一个领域，不能想象世界经济的总体和整体问题与国际经济问题是抽象与具体的关系。上述各门学科都以理论经济学为指导，同属一个抽象层次，互不隶属。

李琮认为，世界经济学与国际经济学的区别在于，世界经济学是以世界经济的整体为其研究对象，而国际经济学则着重研究国际经济关系赖以实现的各种形式及各种渠道，如国际贸易、国际金融、国际投资等。前者的任务在于揭示世界经济的内在矛盾，揭示国际经济关系的实质及世界经济发展规律，使人们能对世界经济从理论上有更深的认识，从而把握其发展规律；后者的任务则限于对国际经济各种渠道及各种形式进行分析、说明，为扩大对外经济活动服务。

从学科的实际发展来看，进入 21 世纪后，世界经济学越来越抛弃浓厚的意识形态色彩，融入了更多国际经济学的内容，两者出现融合的势头。赵莉、王振峰编著的《世界经济学》以主要的篇幅讲国际商品流动、国际资本流动、国际货币体系和国际协调机制等。李翀在其著作《马克思主义国际经济学的构建》中提出，国际经济的本质是资本的跨国流动，应该从商品资本、生产资本、货币资本的跨国流动三个方面来构建马克思主义国际经济学。在商品资本的跨国流动方面，需要从国际价值、生产价格和垄断价格等基本范畴出发，来分析国际贸易的原因、流向和利益分配；在生产资本的跨国流动方面，需要从生产资本本质的角度重新构建直接投资的原因、流向和利益分配；在货币资本的跨国流动方面，需要用国际金融资产的虚拟价值重新解释汇率形成的基础和货币资本流动的原因。另外，还需要揭示世界商品市场和金融市场的形成和发展，论证世界资本主义经济体系的命运。

四　与其他学科相互启迪共同发展

除了上述学科与世界经济学应划清研究界别，还有一些学科与世界经济学存在交叉，或者是研究对象上，或者是研究方法上。学者们进一步明确了世界经济学不同于发展经济学，虽然发展经济学的研究对象主要是发展中国家的各种经济关系，是应该关注的重点，马克思主义世界经济学也应当批判地吸收发展经济学的许多合理的成分，但两者的研究范围不同，不能混淆。有学者强调史学方法在人文社会科学研究中的重要性，但世界经济学同世界经济史是两门性质不同的学科。世界经济学虽然是一个历史范畴，研究世界经济必须从历史出发，通过大量的史实、材料，运用历史唯物主义的观点，阐明世界经济发展的规律性，但从根本上说来，世界经济学是一门综合性的理论科学，世界经济史则是一门历史科学。多数学者赞同将世界经济学与外国经济史区别开来的做法。

关于世界经济学的学科定位，有学者主张将经济科学分为理论经济学、应用经济学、经济方法学三大类，并将世界经济学放在应用经济学的范围。世界经济学作为一个子系统，本身也可以做理论、应用和方法三方面的划分。也有学者不同意将世界经济学定义于应用经济学，认为世界经济学是由它的基本原理部分与方法部分构成的一个体系，具有理论性与应用性相结合的统一性。如果使两者对立或割裂，只强调应用的方面，就无法从理论的高度系统地、全面地解决对外开放中所提出的各种问题。还有学者认为可以把相关研究都纳入到世界经济学中来，包括世界经济学原理、国别经济学（不包括本国经济学）、国际经济学（国际金融学、国际贸易学等）和对各国经济共同点和差异进行研究的学科（包括比较经济学、第三世界经济学、比较社会主义经济学等）。江春泽、张宇燕认为，在比较经济体制学领域内，西方学者在对社会主义制度作考察研究时，几乎都以苏联的传统的中央计划体制的经验为基础，然而由此对"社会主义制度"矛盾的揭示并不一定是社会主义制度的问题，许多是当时在社会主义各国流行的教条主义的产物和僵化的传统体制的弊病。中国的比较经济学发展相对滞后，应积极推动这一学科的建设。综上所述，世界经济学不仅沿袭传统研究思路，将世界经济和国际政治的新情况、新问题置于马克思主义政治经济学框架下予以研究，而且糅合西方经济学各学派、各流派的视角与方法，为新兴学科、交叉学科的发展打下了基础。

中国的世界经济学从无到有，由浅入深，自成体系，日益发展，与世界经济学会有很大关系。世界经济学会自1980年在北京成立以来，一直起着组织、协调乃至引领世界经济理论重大问题和实际问题研究的作用。学会现有团体会员32个，常务理事100人，理事293人，个人会员1000多人。学会理事会已历经九届。现任会长余永定教授，副会长丁一凡、朱民、朱乃新、华民、李向阳、李晓、李翀、李稻葵、庄宗明、宋玉华、冼国明、佟家栋、陈继勇、周茂荣、张幼文、张宇燕、张志超、张伯里、海闻、程伟、舒元、雷达。秘书长邵滨鸿。学会下设的教学专业委员会、统计专业委员会、发展经济专业委员会、转轨经济专业委员会、发达经济专业委员会、理论专业委员会、经济文化交流专业委员会每年开展活动。学会设浦山世界经济学优秀论文奖基金会、编辑部以及秘书处，现已成为团结全国从事世界经济、国际金融、国际贸易、国际投资等领域教学和研究专家的重要力量。

（本章执笔人：欧阳向英，中国社会科学院世界经济与政治研究所马克思主义世界政治经济理论研究室主任，研究员。）

第 二 章

国际金融

改革开放以来，中国学者对国际金融问题的研究成果日益丰富。伴随着中国与世界经济不断增大的交互作用，尤其是中国经济实力在全球经济中的比重日益提高，在国际金融领域，中国学者重点研究中国所处的外部金融环境的变迁、国际金融前沿理论发展、国际金融动荡与危机频发等理论和现实问题，同时密切关注中国利益诉求和本国金融改革和开放进程。这其中，中国学者的研究文献涵盖了国际货币体系、汇率问题、国际金融危机、国际资本流动以及国际金融监管等重要领域。

第一节　国际货币体系研究

国际货币体系是影响全球经济和金融稳定的一个重要因素，国际货币体系的演变、发展及其改革，也是经济学家长期以来关注的焦点。在过去三十多年间，中国学者在国际货币体系问题的研究，主要围绕国际货币体系改革、区域货币联盟的理论与实践研究以及人民币国际化这三个方面展开。

一　国际货币体系改革

国内早期关于国际货币体系兴衰的经验与教训，探索适用于当时形势的国际货币体系。余壮东、易梦虹、陈彪如、姜波克以及钱荣堃等皆属于这一路线；陈彪如更进一步系统地对 19 世纪末以来各种形态国际货币体系的演进与发展、影响国际货币体系的基本因素等重要问题进行了阐述，奠定了国内相关研究的理论基础。[①]

　　然而，随着经济全球化的日益深入，现行国际货币体系的潜在矛盾开始逐渐显现。频繁爆发的金融危机与严重失衡的全球经济促使学者们纷纷将眼光转向当下，在审视、反思当今国际货币体系弊端的同时，为国际货币体系改革谋求出路。

　　（一）现行国际货币体系的内生缺陷

　　在对现行国际货币体系弊端的反思中，针对国际本位货币和国际储备货币形成机制的批判与探讨最为丰富，大部分学者都认为当前国际货币体系中的不稳定性来自美元在国际货币体系中的支配地位。张美玲和董玉华指出，以美元为关键货币的国际货币制度，无法走出"特里芬两难"的境地，对国际清偿力需求的增长与美元信誉之间不可调和的矛盾最终将引发货币金融体系的不稳定。张纯威表示，美元拥有主权货币和国际货币的双重身份，其国际供给与国内供给最终都取决于美国的经济政策，既缺乏自发调节机制，也缺乏国际约束机制。陈建奇进一步为美元主导下国际货币体系的不稳定性提供了经验性证据。他指出，主权信用货币充当国际储备能够保持稳定性的条件是，国际储备货币发行国实际经济增长率大于或者等于通货膨胀率与国际储备货币收益率之和。实证结果显示，布雷顿森林体系崩溃后至今，美元相关指标已严重偏离美元国际储备稳定的条件，美元主导的国际货币体系前景不容乐观。[②]

　　在另一路径上，何帆和张明从经济秩序的角度对美元霸权提出质疑，认为当前美元霸权的行使体现为牙买加体系下的中心—外围架构：位于中心的美国获得了铸币税以及通货稳定的收益；而外围国家则更多地承担了通货膨胀和金融危机的成本，这种不平衡的架构注定不会持久。以此为基础，张明和覃东海进一步分析了中心—外围架构下的资源流动，指出在全

　　① 陈彪如：《国际货币体系》，华东师范大学出版社1990年版。余壮东：《国际货币改革的展望》，《金融研究》1981年第10期。易梦虹：《关于国际货币体制的前景问题》，《世界经济》1983年第1期。陈彪如：《国际货币体系的回顾与前瞻》，《世界经济》1984年第9期。姜波克：《关于国际货币体系的演变与改革》，《世界经济》1985年第1期。钱荣堃：《简析国际货币体系的演变（上，下）》，《南开经济研究》1988年第2、3期。

　　② 张纯威：《美元本位、美元环流和美元陷阱》，《国际金融研究》2008年第6期。陈建奇：《破解"特里芬"难题——主权信用货币充当国际储备的稳定性》，《经济研究》2012年第4期。

球化和多极化的世界里，单中心架构的国际货币体系不具有系统相容性。[①]

2008 年全球金融危机爆发后，不少著名专家学者都再度对国际货币体系的内在缺陷进行了严厉的批评，并提出改革国际货币体系的倡议。[②]与此同时，一系列阐述国际货币体系与金融危机之间关系的文献应运而生，它们当中的大多数都以国际收支为切入点，认为在现行国际货币体系安排下，汇率调整难以解决储备货币发行国国际收支赤字和全球失衡问题，无论储备货币发行国选择国际收支盈余、赤字还是平衡的政策，都无可避免地会引发全球金融危机和不稳定。张斌、李向阳、张明、李稻葵和梅松以及王道平和范小云均属于这一派系，其所得出的共同结论是，缓解全球失衡，防范和减少金融危机发生的关键在于改革现行的国际货币体系。[③]

总体而言，经过三十年时间的探索，国内学术界对于国际货币体系内生缺陷的问题基本达成一致，分歧的焦点主要落在其改革方案之上。黄薇列举了一些近年比较流行的改革选项，它们在一定程度上反映出不同学者对改革方向的认知差异。[④]

（二）国际货币体系改革方案

目前被广泛讨论的国际货币体系改革方案共有三类，第一类属于复古派，这一类方案主要考虑以某种方式恢复金本位、建立其他商品本位制或重新回到布雷顿森林体系等。孟宪扬曾就金本位理论进行全面的梳理，剖析了金本位的利弊，认为金本位虽然是比较健全和稳固的国际货币制度。但在当前形势下，恢复任何形式的国际金本位都是极端困难的。张宇燕在亚洲金融危机的背景下，总结了八种国际货币体系的改革方案，指出

① 何帆、张明：《国际货币体系不稳定中的美元霸权因素》，《财经问题研究》2005 年第 7 期。张明、覃东海：《国际货币体系演进的资源流动分析》，《世界经济与政治》2005 年第 12 期。

② 周小川：《关于改革国际货币体系的思考》，《中国金融》2009 年第 7 期。

③ 张斌：《金融危机中几个热点问题》，《世界经济与政治》2008 年第 12 期。李向阳：《国际金融危机与国际贸易、国际金融秩序的发展方向》，《经济研究》2009 年第 11 期。张明：《次贷危机对当前国际货币体系的冲击》，《世界经济与政治》2009 年第 6 期。李稻葵、梅松：《美元 M2 紧缩诱发世界金融危机：金融危机的内外因论及其检验》，《世界经济》2009 年第 4 期。王道平、范小云：《现行的国际货币体系是否是全球经济失衡和金融危机的原因》，《世界经济》2011 年第 1 期。

④ 黄薇：《全球经济治理之国际储备货币体系改革》，《国际金融研究》2012 年第 12 期。

"新金本位制"是值得研究的建议,这种新的全球金本位并不依赖于实际存在的黄金储备,而以中央银行发行保证本国货币按固定比率购回黄金的远期合约的意愿为基础,从而确保了各国央行采取主动性货币政策的权利。近期,洪小芝再度阐述了商品本位制的理念,表示虽然货币本位不可能简单回归到商品本位,但商品本位中价值稳定的思想应该得到传承。从这些研究中可以看出,复古派观点作为一种国际储备货币体系改革方案,实际可行性并不高,其价值主要在于通过对金本位制优缺点的思考,寻找到未来国际储备货币体系应具有的一些基本特征,如能够保持币值稳定,防止货币政策滥用等。①

第二类改革方案提倡建立统一的超主权货币和改革特别提款权(SDR)。所谓超主权储备货币,是指由一个超主权国家的货币管理机构发行的用于国际范围内计价尺度、交换媒介与储藏手段的货币。该方案的提出者为央行行长周小川。周小川指出,超主权储备货币不仅克服了主权信用货币的内在风险,也为调节全球流动性提供了可能。作为改革的第一步,他提议扩大国际货币基金组织(IMF)特别提款权(SDR)的发行,并由基金组织集中管理成员国的部分储备。事实上,关于超主权货币的探讨由来已久。王北明就详细分析了 SDR 的性质和职能,认为它是国际货币改革极有希望的进化方向,但 SDR 在发行量、发行程序和分配办法,以及非官方国际交易等问题上的缺陷阻碍了它的进一步发展。董彦岭等则重点阐述了创立超主权货币面临的政治利益阻力和技术障碍,建议在改革SDR 的同时,交叉推进区域—全球的模式,在地理位置接近和经济社会趋同水平较高的地区分别建立区域性超主权货币。整体看来,这一类方案的支持者认为,要从根源上消除国际货币体系的不稳定,必然有赖于超主权储备货币体系的建立和运行。

第三类方案主张创建各个经济区域主权国信誉支撑的区域货币,并形成多元鼎立的国际货币体系。钟伟、李扬、管涛、张明,以及袁志刚和邵挺等都表示储备货币多元化是后金融危机时代国际货币体系较为可能的演变方向。李稻葵和尹兴中进一步表示,多支柱国际货币体系是一种现实主

① 孟宪扬:《国际金本位理论浅析》,《国际金融研究》1989 年第 8 期。张宇燕:《东亚金融危机与未来的国际货币体系》,《国际经济评论》1998 年第 Z2 期。洪小芝:《国际货币体系改革的非主流观点——商品本位思想评述》,《海南金融》2012 年第 3 期。

义的改良方案，从现有体系向多支柱国际货币体系演变将大体遵循市场化发展的路径，其所遭遇的经济和政治阻力也相对较小。通过对金融经济指标的详细测算，他们认为，未来美元、欧元、人民币将成为三足鼎立的基准货币。持类似观点的还有张宇燕，在他看来，未必是人民币，也可能是由亚洲主要货币组成的一个货币篮成为与美元欧元并列的国际货币。熊爱宗和黄梅波则考察了多元化国际货币结构对国际货币供给行为的约束机制，认为多元化的国际货币体系将有利于国际货币体系稳定性的提高，且国际货币地位越接近，国际货币之间的约束机制就越强，国际货币体系就越稳定。但他们同时指出，多元化的国际储备货币结构并没有在根本上解决国际货币体系的深层次问题，在未来适当的时机，还是应推进超主权货币的实施。①

比较上述三类改革方案，可以看到，第三类方案，即多元化的国际货币体系，被普遍视作在未来一个时期中可行性较高的方案。不同的是，有些学者认为它绝非稳定状态，而仅仅是过渡性的，有些则不这么认为。不管怎么说，国际货币体系改革都会是个长期而艰巨的任务，它的推进将有赖于各国的积极参与和合作。

（三）全球多边协调机制的改革

在国际货币体系改革的进程中，除实体性的国际货币金融机制外，作为辅助性支撑的全球多边协调机制也亟须改革。这其中，被称为布雷顿森林机构之一的 IMF 所肩负的改革重任最为引人注目。

IMF 始建于 1945 年，其成立时的主要职责包括两点，一是改善国际收支，促进国际贸易；二是维护汇率水平稳定，避免竞争性贬值。根据马之骁的研究，IMF 早期在促进战后资本主义世界贸易的增长、缓和国际收支危机、维持资本主义世界货币体系的运转方面起到过积极作用。然而，随着经济、金融全球化进程的不断加快，全球资本流动日益频繁，规模也越来越大，以 IMF 为代表的全球多边协调机制已明显不能满足现实的需

---

① 李稻葵、尹兴中：《国际货币体系新架构：后金融危机时代的研究》，《金融研究》2010年第 2 期。袁志刚、邵挺：《重构国际货币体系的内在力量来自何处？》，《世界经济研究》2010年第 5 期。管涛：《国际金融危机与储备货币多元化》，《国际经济评论》2009 年第 5—6 期。李扬：《国际货币体系的改革及中国的机遇》，《新金融》2008 年第 7 期。张宇燕：《人民币国际化：赞同还是反对》，《国际经济评论》2010 年第 1 期。熊爱宗、黄梅波：《国际货币多元化与国际货币体系稳定》，《国际金融研究》2010 年第 9 期。

要，对于防范货币、金融危机也显得力不从心。[1]

目前国内对于 IMF 改革的研究可主要归纳为两方面：一是治理改革，包括份额改革、投票权改革、机构运作机制改革等；二是职能改革，主要包括监督机制、贷款机制、援助机制等。

在治理改革方面，国内学者较为关心的是 IMF 份额分配不合理、决策权为欧美发达国家所主导的问题。吴进红从 IMF 存在的缺陷入手，认为它的决策机制缺乏公平性、有效性和及时性，要求在改革决策机制的同时，提高 IMF 运作的透明度。钟伟则通过分析 IMF 在 21 世纪所遭遇的外部冲击，呼吁推动 IMF 内部治理结构的合理化，指 IMF 作为布雷顿森林机构的产物，其决策应致力于多极化和均衡化，避免自身决策过于严重地受到少数成员的影响。宗良等进一步明确提出，未来 IMF 的改革方向之一就在于进一步提高新兴经济体的份额和投票权，使决策机制更加平等，同时增加新兴市场国家人员在 IMF 管理层中的数量，以便更多地反映新兴市场国家的声音。

在职能改革方面，一部分学者将注意力聚焦在了 IMF 的贷款援助职能上。赵永伟和卢萍均以亚洲金融危机为切入点，指出 IMF 的贷款条件性给危机国带来了许多负面效应。曹勇则从政治经济学的角度展开分析，认为美国通过对 IMF 贷款的主导增强了自身的金融软实力，因此在可预见未来，IMF 难以对其贷款政策作出实质性的改革。随后，徐明棋指出在过去十年的时间里，IMF 贷款条件趋于增加，条件约束趋于硬化，而导致这种情况出现的主要原因是 IMF 资金规模相对于世界 GDP、国际收支失衡程度等的不断下降。由于资金短缺，IMF 对发生短期困难的发展中国家的援助不得不变得更加具有约束性。[2]

另一部分学者则较为关心 IMF 的监督和危机预警职能。刘建江表示，在世界金融一体化的背景下，频繁的国际投机活动使 IMF 的监管能力受到挑战。因此 IMF 应不断加强监督，及时发现成员国经济中潜在的风险，

---

①　马之骃：《国际货币基金组织的性质和作用》，《世界经济》1980 年第 7 期。

②　赵永伟：《困境中的 IMF 改革及对中国的影响》，《世界经济研究》1999 年第 5 期。卢萍：《从国际货币基金组织的贷款条件性谈国际货币体系的改革》，《世界经济与政治论坛》2003 年第 3 期。曹勇：《国际货币基金组织贷款的政治经济学分析：模型与案例》，《国际政治研究》2005 年第 4 期。徐明棋：《论国际金融体系改革与布雷顿森林机构重塑》，《国际金融研究》2006 年第 1 期。

建立汇率危机的预警系统，并改进监督机制，更注重监督的灵活性、及时性与持续性。李向阳也认为 IMF 监督职能约束力差，且具有严重的不平衡性，提出扩展 IMF 多边监测功能，增强其监测对发达国家的约束力等建议。①

综上所述，越来越多的国内学者与专家都认同了 IMF 已无法适应当前世界经济发展需要这一说法，承认无论是从运作机制还是从组织职能角度来看，IMF 都不再符合现今经济格局的要求，其改革势在必行，而在一些一般性问题的改革设想上，各方也基本达成共识。然而，由于各个国家之间的利益博弈和矛盾冲突等因素，IMF 改革始终陷于知易行难的境地。与此同时，随着二十国集团（G20）在 2008 年金融危机后逐步成为治理国际金融秩序的主要平台，不少学者开始寄希望于以 G20 机制强化多边政策协调，重塑 IMF 体系新规，推进国际货币体系改革。考虑到 G20 机制的地位及决策执行力，这一思路无疑具有相当光明的前景。

二　区域货币联盟的理论与实践研究

自布雷顿森林体系崩溃以来，区域货币合作逐渐成为潮流。一方面，它是区域经济合作迅速发展的必然产物，另一方面，它也是重建国际货币新秩序的重要动力。随着世界各地不同程度的区域货币合作实践先后出现，国内针对区域货币合作的研究也日益丰富，主要从理论和实践两方面进行。

（一）区域货币合作理论的研究

区域货币合作的一个核心理论框架就是最优货币区理论。早期我国学者对最优货币区理论的研究主要集中于对该理论的述评及最新研究进展的介绍，如陈彪如、李翀、郭世贤等。但也有部分学者就该理论本身进行了思考。郭世贤最早提出日元国际化以及日元离岸债券市场发展对亚洲区域货币合作的潜在影响。罗肇鸿指出经济国际化已经发展到很高的程度，以致要建立必要的机构，制定适当的规则来规划其发展。祝丹涛提出了对最优货币区理论的批判性反思，认为最优货币区理论某些标准自身有理论弱

① 刘建江：《世界金融一体化之下 IMF 面临的挑战》，《世界经济与政治论坛》2001 年第 1 期。李向阳：《国际金融危机与国际贸易、国际金融秩序的发展方向》，《经济研究》2009 年第 11 期。

点和内生性，削弱了它的适用性。不仅如此，随着世界经济运行环境的改变和新经济学派的兴起，货币同盟的宏观成本已被重新界定。因此，他指出，货币同盟的政策制定者需谨慎使用最优货币区标准，防止简单化和机械化倾向。万志宏和戴金平则专门探讨了最优货币区理论的内生性问题，表示货币区的动态最优决策取决于经济现实基础和动态约束条件。黄涛以抵御风险为出发点，对最优货币区理论进行了拓展，建立了基于微观基础的国际风险分担机制模型，证明货币一体化所形成的国际风险分担机制，能够使成员方达到消费保险的目的。[1]

与此同时，随着世界各地区域货币联盟的发展，国内经济学家们纷纷加强了对最优货币区理论的实证分析。他们当中的大部分将关注焦点放在了最优货币区的判别标准上，通过检验这些标准来考察某些国家和地区是否具有形成最优货币区的潜力。叶永刚等围绕欧洲货币联盟展开了研究，认为欧元区各国尚未达到最优货币区的相应标准。由于瑞典、芬兰两国经济具有较强的相似性，且与欧元区的主要国家存在较大差异，它们应组建两国货币联盟，而不是加入欧洲货币联盟。[2]

而在围绕东亚货币合作的研究方面，朱孟楠和陈淼鑫、徐明棋等从区域内贸易一体化程度、贸易结构指标、开放度、非对称冲击、经济结构相似性、要素流动性等多个方面对东亚货币合作的可能性进行了分析，认为无论是从经济还是政治的角度来看，东亚地区要达到货币一体化、组成最优货币区还任重而道远。但他们同时也都指出，虽然单一货币离东亚十分遥远，但更高阶的货币合作安排仍是可能的。事实上，高海红就从实际汇率出发，利用一般购买力平价模型对东盟国家和中国、日本、韩国的货币合作程度进行研究，认为目前"东盟10＋3"框架中成员国之间的经济联系程度已经具备实现更高层次货币合作的可能，现行的非制度性货币合作形式，实际上低估了该地区经济联系的紧密程度。蔡宏波则采用结构向量

---

① 陈彪如：《评最适度货币区理论》，《世界经济研究》1985 年第 4 期。李翀：《最优通货区理论述评》，《经济学动态》1998 年第 7 期。郭世贤：《日元国际化初探》，《世界经济》1983 年第 8 期。罗肇鸿：《世界经济一体化的若干思考》，《世界经济》1993 年第 6 期。祝丹涛：《最优货币区批判性评析》，《世界经济》2005 年第 1 期。万志宏、戴金平：《货币区的动态最优决策：兼谈东亚货币合作问题》，《世界经济》2003 年第 10 期。黄涛：《东亚货币一体化的国际风险分担机制——基于第二代最优货币区理论的拓展》，《国际金融研究》2009 年第 9 期。

② 叶永刚、肖文、林娜：《瑞典与芬兰：加入欧元区还是组建两国货币联盟》，《世界经济》2000 年第 6 期。

自回归模型对东亚地区的需求冲击和供给冲击进行识别，并将分析结果与20世纪80年代的欧盟国家横向比较，认为当前东亚地区无论在冲击相关性、冲击幅度，还是应对冲击的调整速度上均优于欧洲当时水平，该地区已经具备开展诸如双边汇率机制等较高层次货币合作的基础和条件。[①]

除检验欧元区和东亚是否符合最优货币区标准外，还有学者利用最优货币区理论对两岸四地构建中元区的可行性进行了检验，或将最优货币区理论运用于我国内部，考察我国是否满足最优货币区标准。但总体而言，这些方面的研究属于少数。[②]

（二）区域货币合作实践的研究

1. 欧洲货币一体化

自1969年欧共体委员会集聚荷兰海牙，开始商讨建立欧洲货币联盟事宜开始，历史见证了欧洲货币所走过的漫长而曲折的一体化道路。对应欧洲货币一体化发展进程中的不同阶段，国内学者关于欧洲货币合作的研究也呈现出不同的特征。最早一批国内研究主要集中于对欧洲货币体系建立历程、内容和特点的分析，探讨共同体各国在经济、贸易、货币等问题上的分歧，并对欧洲货币体系的建设作出趋势性判断。[③]

之后，伴随着《德洛尔报告》的通过与《马斯特里赫特条约》的签署，欧洲共同体货币联盟逐步进入实质性的成形阶段。在这一阶段的前期和中期，国内相关文献中仍以对货币联盟前景预测的居多，包括分析欧元是否能够如期启动、英国是否加入等。周新民和徐柏熹从建立欧洲中央银行的争论入手，对德洛尔计划和欧洲货币联盟的前途进行了评估，认为道路虽不甚平坦，但前景还是光明的。栗丽则通过详细阐述《马斯特里赫

①　朱孟楠、陈淼鑫：《最优货币区理论及东亚单一货币区的构想》，《亚太经济》2001年第6期。徐明棋：《最优货币区理论：能否解释东亚货币合作?》，《世界经济研究》2003年第10期。高海红：《最优货币区：对东亚国家的经验研究》，《世界经济》2007年第6期。蔡宏波：《区域货币合作的经济基础：东亚和欧洲国家的比较》，《世界经济研究》2010年第10期。

②　周念利：《两岸四地构建中元区的可行性研究——基于最优货币区"内生性假设"的实证检验》，《亚太经济》2007年第5期。叶景聪：《中国是否为最适货币区的实证分析》，《财经研究》2002年第11期。宋旺、钟正生：《我国货币政策区域效应的存在性及原因——基于最优货币区理论的分析》，《经济研究》2006年第3期。

③　唐云鸿：《谈谈"欧洲货币体系"的建立》，《世界经济》1979年第6期。易梦虹：《形成中的"欧洲货币联盟"及其前景》，《世界经济》1980年第1期。李述仁：《欧洲货币联盟的回顾与展望》，《世界经济》1989年第11期。杜厚文、章星、夏庆杰：《论欧洲货币联盟》，《世界经济》1990年第12期。

特条约》的内容、实施进程和面临问题，得出了类似的结论。同样持乐观态度的还有姚廷纲、伍贻康和徐明棋，以及杜厚文和张进。相反，陈志昂等则对欧洲货币联盟较为悲观，陈志昂具体分析了欧洲货币一体化过程中的种种内在矛盾，如严格的货币和财政纪律与高失业率的矛盾、货币与财政合作不均衡的矛盾、经济发展差异与欧盟财力不足的矛盾，认为这些矛盾将长期存在，并严重阻碍欧洲货币一体化进程。①

　　到了这一阶段的后期，欧元如期启动基本大局已定，相关的研究开始转以探讨欧元诞生对国际货币体系产生的影响为主。黄金老认为欧元的出现不会削弱美元的国际货币地位，其地位的上升是缓慢的。并且由于不确定性的存在、浮动汇率制的盛行，国际汇市尤其是欧元/美元汇率将处于较大的波动之中。高海红则通过分析欧元启动过渡期内的不确定因素，同样认为它在一定时间内无法达到与美元分庭抗礼的地位。陈雨露和陆猛也承认欧元对美元地位的挑战在短期内无法显现，但总体上，他们认为欧元的诞生对于国际货币体系的影响是正面和积极的，包括缓解特里芬难题、促进国际金融协调等。②

　　此后关于欧洲货币一体化的讨论多数围绕财政方面展开，提出应加强欧元区国家的财政纪律，促进单一货币政策和成员国分散的财政政策之间的相互协调。之后欧洲主权债务危机的爆发，使得一批探讨欧债危机成因、影响及未来走向的文献涌现出来，它们或多或少都涉及对欧元区制度缺陷的思考，认为财政与货币联盟的不匹配是问题的根源，建议通过继续深化地区一体化，实现更紧密的财政联盟来从源头上解决危机。③

　　从整体上来说，国内对于欧洲货币一体化问题的研究具有相当鲜明的时期性，始终紧跟其发展进程中所经历的起起伏伏。不难预见，未来欧元

---

　　① 周新民、徐柏熹：《欧洲货币联盟与欧洲中央银行》，《国际金融研究》1991 年第 2 期。栗丽：《欧洲经济与货币联盟建设的现状及前景分析》，《经济经纬》1995 年第 4 期。姚廷纲：《欧洲货币联盟发展前景》，《世界经济》1996 年第 5 期。伍贻康、徐明棋：《欧洲货币一体化的前景及其影响》，《世界经济研究》1997 年第 5 期。杜厚文、张进：《欧洲单一货币前景及其过渡期存在的问题》，《世界经济》1998 年第 4 期。

　　② 黄金老：《对欧元国际货币地位的探讨》，《金融研究》1998 年第 5 期。高海红：《从东亚货币危机看汇率制度的选择》，《管理世界》1998 年第 6 期。陈雨露、陆猛：《引入欧元后的国际货币体系改革》，《金融研究》1999 年第 6 期。

　　③ 朱一平：《欧盟财政一体化：化解欧债危机的良方?》，《国际经济合作》2011 年第 8 期。卜永光、庞中英：《从主权债务危机看欧元区制度的缺陷与变革》，《现代国际关系》2012 年第 9 期。

区的发展必将继续引领国内相关研究的风向。

2. 东亚货币合作

国内对于东亚货币合作的研究起始于东亚金融危机爆发之后。彼时危机带来的严重损失和沉痛教训使得东亚各国普遍认识到加强区内货币合作的必要性，东亚货币互换协定的雏形开始逐步形成，东亚货币合作的动因成为学术界关注的焦点。在这一时期，合作的动力被认为主要源自三个方面：一是在金融全球化、国际资本频繁流动及金融危机频频爆发的背景下，在区域范围内实行一定程度的固定汇率制，进行区域货币合作可能是防范危机、救助危机的有效手段；二是在全球区域性货币一体化的浪潮中，全球货币会越来越少，欧元成功启动以及拉美地区美元化呼声高涨，这对东亚货币合作提出了新的要求；三是东亚区域经济组织的软弱无力也迫切要求东亚各国加强货币领域的合作。高海红则从整个国际金融体系的大局进行思考，认为当前的国际金融体系在全球机构有效功能缺失和美元全球本位存在脆弱性的条件下，无法应对金融全球化带来的不稳定性。东亚地区应通过加强投资基础设施建设、发展区域货币基金以及建立区域联动汇率安排等东亚区域货币合作方式，减少对美元的过度依赖，缓解不稳定性，增强对外部冲击的抵御能力。[①]

除动因问题之外，国内围绕东亚货币合作的研究大致可划分为两类。第一类是关于东亚货币合作可行性的研究，它们当中的绝大部分以最优货币区理论为基本框架，分别沿判别条件和成本收益两条路径进行分析。有关判别条件的文献，前面在最优货币区理论部分已作整理，此处不再赘述。在成本收益分析方面，白当伟运用货币区的收益与成本分析法，对东亚地区建立货币联盟进行了组别分析，认为东亚地区目前整体上不适于建立货币联盟，但在几个国家或地区之间（如日本和"四小龙"）建立货币联盟则是可行的。何帆和覃东海指出东亚货币合作的收益主要包括减少外贸汇兑损失、降低区域间各国融资成本、提高区域内贸易便利程度、提高区域内各国政府反通胀的承诺的可信度、减少国外热钱的投机性冲击等，而其成本则包括各国铸币税损失、主权国家部分丧失货币政策的独立性、

---

① 张宇燕：《东亚金融危机与未来的国际货币体系》，《国际经济评论》1998 年第 Z2 期。何帆：《危机之后的亚洲货币合作》，《国际经济评论》2001 年第 1—2 期。高海红：《当前全球美元本位：问题及东亚区域解决方案》，《世界经济与政治》2008 年第 1 期。

汇率政策工具的缺失等。他们认为总体上，东亚货币合作的收益可以弥补各国付出的成本。

第二类是关于东亚货币合作模式和路径的研究。目前对东亚货币合作模式较为主流的设想有三种：一是单一货币联盟模式，亦即欧元模式，区域内成员国承诺放弃本国货币发行权，在区域内创立和使用全新的统一货币模式；二是区域主导货币化模式，区域内成员国使用一种区域外的别国货币，逐步取代本国乃至本区域的货币，发挥区域货币的职能；三是多重货币联盟模式，区域内各国由采用各自主权货币过渡到采用几种重要货币，再过渡到单一货币的货币合作模式。其中第三种模式为国内不少学者所认可，认为它是东亚地区货币合作较为现实的选择。

在具体路径上，余永定、何帆和李婧提出亚洲的金融合作有四个不同的层次，包括国际的经济政策协调、区域性解救危机的机构、固定的汇率区和单一货币区。这四个层次被后来的学者普遍视作东亚货币合作的阶段性目标，即在近期建立东亚信息共享和援助机制，中期建立东亚汇率稳定机制，长期建立东亚共同货币区。短期内的重点，包括进一步强化区域流动性机制建设，大力鼓励本币在区内贸易和金融交易中使用；在中期不排除建立东亚货币基金的可能性。除此之外，还有不少学者围绕这三个阶段性目标分别展开讨论，详细阐述了具体可实施和采用的措施，如张斌重点讨论了亚洲货币基金的建设问题；靳玉英、李平和刘沛志；欧明刚和张坤详细探讨了东亚汇率合作的制度框架；陈虹则从东亚经济体国内金融结构特征入手，强调培育亚洲债券市场，尤其是发展本币债券市场在推进区域金融一体化中的重要性。[1]

总体来说，中国学者普遍对东亚货币合作持赞同态度，也认为相对于欧洲货币一体化，东亚货币一体化要艰难得多。这些学者之间的分歧主要在于对东亚货币合作方案和前景的判断。一些乐观的学者认为，东亚货币合作未来的发展结果必然是单一货币的产生；而另一些虽未反对单一货币产生问题，但表示目前东亚货币合作只能停留在较为初级的水平上，近期内还看不到深化合作的可能性。

---

① 余永定、何帆、李婧：《亚洲金融合作：背景、最新进展与发展前景》，《国际金融研究》2002 年第 2 期。

三　人民币国际化

国内关于人民币国际化的研究由来已久，早在 1988 年，曾宪久等人就提出人民币国际化应是我国人民币的一个发展方向，但由于作者认为我国尚不具备雄厚的经济基础、充足的外汇储备等人民币国际化条件，该提法仅仅停留在理念层面，未展开讨论。随后，胡定核详细阐述了人民币国际化的必要性与可行性，并对人民币国际化之路作出初步构想，正式开启了我国学者研究人民币国际化的大门。[①]

经过接近三十年的探索和发展，人民币国际化的相关研究已基本形成一个较为完整的体系，各位学者所关注的问题点尽管存在一定差异，但总体上都围绕着人民币国际化的条件、成本与收益分析，以及人民币国际化路径选择这三个方面。

（一）人民币国际化的条件

对于人民币国际化条件的研究，大部分学者都以货币国际化的一般性条件及规律为出发点。李翀列举了一国货币要成为国际货币所需具备的四个条件，包括被广泛用于国际交换、可自由兑换、币值稳定、有发达的国际金融市场。他认为从这四方面来看，人民币还不具备走向国际化的条件。相比之下，姜凌从宏观层面对人民币国际化的基础进行审视，认为在经济的发展规模和开放程度、清偿手段、宏观经济的稳定程度等五个条件上，人民币国际化已具有一定现实基础。此后陈彪如、黄梅波等分别从不同角度考察了人民币国际化的条件，在经济规模、贸易地位、财政状况、金融市场、外汇储备等诸多方面提出要求。根据他们的判断，人民币已初步具备国际化条件，但也存在一些障碍，如金融市场不成熟、国际化成本较高等。[②]

人民币国际化条件的讨论中，对"资本项目可兑换是否是人民币国际化的先决条件"这一问题的争议最为惹人注目。一部分学者认为，资

[①]　胡定核：《人民币国际化探索》，《特区经济》1989 年第 1 期。胡定核：《人民币国际化的构想》，《国际贸易问题》1990 年第 6 期。

[②]　李翀：《论人民币国际化的发展战略》，《中山大学学报（社会科学版）》1991 年第 3 期。姜凌：《人民币国际化理论与实践的若干问题》，《世界经济》1997 年第 4 期。陈彪如：《关于人民币迈向国际货币的思考》，《上海金融》1998 年第 4 期。黄梅波：《货币国际化及其决定因素——欧元与美元的比较》，《厦门大学学报（哲学社会科学版）》2001 年第 2 期。

本项目可兑换是人民币国际化所必需的技术性条件。在他们的观点里,人民币国际化是以资本项目可兑换为基础的,一种货币如果不能自由兑换,其在国际范围内的接受程度必然十分有限。如果不能实现自由兑换,即使实现国际化也是残缺的国际化。另一批学者则认为,尽管资本项目可兑换是人民币国际化的关键环节。高海红则以德国马克和日元为例,指出在一定程度的资本管制依然存在的情况下,市场力量也能够推动货币国际化进程。[①]

综上所述,就整体而言,国内学者普遍同意人民币国际化需要宏观经济基础、金融环境以及政治、历史等其他外生因素三个层面的有利条件。而对于人民币是否具备这些国际化的条件,大部分学者都承认人民币国际化的条件正日趋成熟,但也有一些持怀疑态度的人士认为,不健全的金融市场、较低的人均收入水平将阻碍国际化战略的实施,现阶段推行人民币国际化并不现实。[②]

(二)人民币国际化的成本与收益

国内学界对人民币国际化收益的认识基本较为统一,通常认为包括以下五个方面:一是有助于中国货币当局从外部世界获取铸币税。这一收益在早期相关文献中经常被作为重点提出来,钟伟以及陈雨露等都表示人民币成为国际货币的最大收益是分享国际铸币税,后者还对人民币国际化可能产生的经济利益进行了大致估算。但随着时间的推移,铸币税收益逐渐被学者们淡化,高海红和余永定就指出,在实践中,铸币税应被视作一种货币国际化的次要收益。[③]

二是降低中国企业所面临的汇率风险。许多学者都指出,人民币国际化意味着更多的外贸和金融交易将由人民币计价和结算,因此,中国企业面对的汇率风险将降低,汇兑成本也相应下降,这在一定程度上将促进对

---

① 王思程:《对人民币国际化问题的若干思考》,《现代国际关系》2008 年第 8 期。高海红:《人民币成为国际货币的前景》,《世界经济与政治》2010 年第 9 期。

② 李永宁、郑润祥、黄明皓:《超主权货币、多元货币体系、人民币国际化和中国核心利益》,《国际金融研究》2010 年第 7 期。

③ 姜波克:《人民币国际化问题探讨》,《证券市场导报》1994 年第 5 期。钟伟:《略论人民币的国际化进程》,《世界经济》2002 年第 3 期。陈雨露、王芳、杨明:《作为国家竞争战略的货币国际化:美元的经验证据——兼论人民币的国际化问题》,《经济研究》2005 年第 2 期。高海红、余永定:《人民币国际化的含义与条件》,《国际经济评论》2010 年第 1 期。

外贸易的发展。[①]

三是促进金融机构和市场发展。何帆表示人民币国际化会给中国的金融机构带来更多的新业务，如对外贸易中的清算、结算等，有利于中资银行扩张海外业务，获取新的客户资源。高海红和余永定则指人民币国际化将提高中国金融机构的融资效率，提升其国际竞争力。[②]

四是有助于在一定程度上缓解我国高额外汇储备产生的压力。一方面，人民币国际化可以帮助中国维持其外汇储备的价值；另一方面，任何不能以本币放贷的国际债权国都会面临日益严重的货币错配问题，即"高储蓄两难困境"，解决该困境的必然选择就是人民币国际化。让人民币成为国际储备货币对缓解我国外汇储备过快增长具有一定作用。

五是有助于取得铸币税收益和战略定价的主导权。张宇燕和张静春以货币非中性假设出发，指出货币具有国家和权力的特征，它反映建立在国家权威基础上的社会信用关系，是影响实体经济的重要变量。在此基础上，他们指出国际货币体系并非一个中性的体系，拥有国际货币地位不仅能为货币发行国带来现实的铸币税和金融服务收入，更为重要的是，它使货币发行国享有影响别国的货币政策的主动权，并得以主导国际上货币和大宗商品的定价权，从而长期影响别国的经济发展。潘英丽和吴君则提出，人民币国际化成功的标志是人民币在石油等战略资源和资产的国际市场定价中得到运用，这也是人民币国际化的核心利益。

除此之外，也有不少学者从国际政治的角度出发，认为人民币国际化可以提高我国的国际地位和影响力，增加我国在国际事务中话语权和规则制定权。

在人民币国际化的成本方面，一个观点是人民币国际化会削弱货币政策对价格和经济增长的作用力，增大国内宏观调控的难度。张青龙以引入人民币国际化因子的IS—LM模型为基础，直接分析了人民币国际化对我国货币政策效应的影响，表明在人民币国际化的背景下，中央银行货币政策执行的复杂性和难度将有所增加。徐奇渊和何帆从货币的供需变化入手，分析了三类人民币跨境流通渠道对货币供需产生的影响，认为货币当

---

① 黄海洲：《人民币国际化：新的改革开放推进器》，《国际经济评论》2009年第4期。

② 何帆：《人民币国际化的现实选择》，《国际经济评论》2009年第7—8期。高海红、余永定：《人民币国际化的含义与条件》，《国际经济评论》2010年第1期。张宇燕、张静春：《货币的性质与人民币的未来选择——兼论亚洲货币合作》，《当代亚太》2008年第2期。

局应当密切关注境内机构在香港发行人民币债券、境内机构从境外获得人民币贷款这类渠道对货币政策产生的冲击。

另一个被广为讨论的成本是人民币国际化后的短期跨境资本流动问题。郑联盛认为，资本项目自由化是人民币国际化的首要基础条件，资本项目开放之后，资本的流动将更加频繁，资本逃逸和热钱涌入等问题将对国内资本市场产生冲击。为了继续推进人民币国际化，中国政府将不得不进一步开放资本项目，尤其是开启境外人民币的回流投资通道，这在当前的国际环境下可能招致更大规模的短期国际资本流入。[①]

人民币国际化后还将遭遇特里芬难题的困扰。刘力臻和徐奇渊、张宇燕和张静春，以及吴念鲁等都提到了这一点，并认为一旦本国居民对本币的稳定性失去信心，将会出现"货币替代"的风险。此外，也有部分学者认为，人民币国际化后，关于人民币的宏观金融政策将不再是独立的国家经济政策，这可能在一定程度上限制了未来国内金融政策的选择范围。

不管怎么说，大部分学者都还是认为人民币国际化总体收益要大于成本，但态度仍需审慎。何帆就表示，人民币国际化不一定会在所有的时段都是利大于弊。在推动人民币国际化的早期，问题可能暴露得更多，风险可能更大。张宇燕则全面梳理了支持和反对人民币国际化的文献，认为尽管大部分学者倾向于支持人民币国际化，但演进过程中尚有众多不确定性因素，应密切保持关注。[②]

（三）人民币国际化的路径选择

国内在人民币国际化的路径选择问题上的文献相对丰富，所给出的建议和设想也千差万别。目前大部分的学者都认可人民币国际化应是渐进式的，并注意到人民币区域化对于实现人民币国际化的重要性，主张把人民币区域化作为实现国际化的必要阶段或途径。张宇燕和张静春从人民币国际化的条件和障碍入手，认为当前人民币直接国际化的基础和规模都还太小，中国的经济和金融也还不具备强健的抵御风险的能力。如果推行人民币的直接国际化，则一旦国际化进程发生逆转，将对经济造成严重影响。相比之下，走区域货币合作的路线推进人民币区域国际化则更为现实。李

---

① 郑联盛：《人民币国际化，要付出巨大成本》，《世界知识》2010 年第 6 期。

② 何帆：《人民币国际化的现实选择》，《国际经济评论》2009 年第 7—8 期。张宇燕：《人民币国际化：赞同还是反对》，《国际经济评论》2010 年第 1 期。

晓则分析了日元国际化失败的教训，认为日元国际化陷入困境的主要原因是日本试图绕过区域经济基础而实现直接的、功能性的货币国际化道路。他表示，中国应吸取日本的教训，通过区域货币、金融合作推进国内的金融开放与改革，首先使人民币成为亚洲地区的区域性国际货币，走"人民币亚洲化"的货币国际化道路。[①]

具体到人民币国际化/区域化的战略步骤上，一些学者从货币职能的角度进行考虑，认为人民币国际化应该分为三个阶段，分别为：成为贸易计价和结算货币、成为金融资产的定价货币、成为储备货币。巴曙松和李超着重考虑了贸易环节，认为推动人民币在国际贸易，特别是与周边国家一般贸易中的普遍使用，是人民币区域化的突破口和重中之重。余永定仔细剖析了人民币计价与人民币结算之间的差异，认为当前形势下，以人民币贸易结算为突破口的国际化难免导致新增美元外汇储备的增加，推行人民币计价比推行人民币结算更为重要。[②]

相比之下，李稻葵、刘霖林和李伏安、林彬在设想人民币国际化路径时，更多地将侧重点放在了金融市场层面。前者提出双轨制实现人民币国际化，第一轨是指在中国境内实行定向的、有步骤的、与中国金融改革同步的资本项目下可兑换过程；第二轨是指在境外，主要是在香港大力发展以人民币计价的债券市场、股票市场，并建立与当地资本市场规模相匹配的人民币外汇交易市场。后者提出人民币国际化的"五步走"战略，即以人民币作为贸易结算工具、发展和完善人民币资本市场、发行人民币主权债、发展人民币衍生产品，以及稳步推进金融创新与信用体系建立。[③]

另有一部分学者认为，人民币国际化主要是由市场力量决定的，而非特定主体（如政府）人为推动的结果。因此，他们更倾向于创造人民币国际化的条件，如增加汇率和利率等金融资产价格的灵活性、提升国内金

① 张宇燕、张静春：《货币的性质与人民币的未来选择——兼论亚洲货币合作》，《当代亚太》2008 年第 2 期。李晓：《"日元国际化"的困境及其战略调整》，《世界经济》2005 年第 6 期。

② 巴曙松：《人民币国际化从哪里切入？》，《金融经济》2003 年第 3 期。李超：《中国的贸易基础支持人民币区域化吗？》，《金融研究》2010 年第 7 期。余永定：《再论人民币国际化》，《国际经济评论》2011 年第 5 期。

③ 李稻葵、刘霖林：《双轨制推进人民币国际化》，《中国金融》2008 年第 10 期。李伏安、林彬：《国际货币体系的历史、现状——兼论人民币国际化的选择》，《金融研究》2009 年第 5 期。

融市场的自由化程度和金融部门的成熟程度等。

许多学者在讨论人民币国际路径时，都强调了它与金融体制改革、资本项目开放之间的适应和协调。比如，余永定、张斌和徐奇渊都以离岸和在岸市场的套利套汇机制为出发点，提出在一个尚不能反映市场供求基本面的汇率形成机制下，推动离岸市场发展只会招致更大的投机资本冲击，威胁国内宏观经济稳定。殷剑峰则以日本为鉴，指在国内金融改革实质推动并基本完成前，人民币国际化应该从激进、危险的"贸易结算 + 离岸市场/资本项目开放"模式转向渐进、稳定的"资本输出 + 跨国企业"模式。但也有一些学者并不太讲求几者之间严格的顺序，认为人民币国际化的发展能够倒逼国内金融市场改革。[①]

总之，国内学界围绕人民币国际化的路径探讨可谓百花齐放，百家争鸣。未来随着人民币国际化进程的逐渐加快，相信关于其各个环节的研究将会更加细致、全面。

第二节 汇率问题研究

1978 年以来中国经济社会实现了巨大变革和发展，深化改革与扩大开放是推动这一进程的两股基本力量。二者紧密交织相互推动，共同塑造了全球化时代中国经济转型增长的独特路径，实现世界经济史上令人瞩目的快速追赶。中国对外经济关系在此过程中快速发展变化，人民币汇率作为调节中国内外经济关系的基本价格变量，在中国乃至世界经济格局中发挥愈发突出的作用，也成为国内外政策人士与经济学者众多争论的来源。有关争论牵涉面之广、争议之大、对政策影响之深，堪称近年中国经济思想史上最重要的辩论之一。本节将对 1978 年到 2012 年中国学者关于汇率问题的研究进行简要述评。

一 改革开放进程中的汇率问题

人民币汇率问题与物价改革有相似的起点。但由于各种外部机缘在发

---

① 余永定：《从当前的人民币汇率波动看人民币国际化》，《国际经济评论》2012 年第 1 期。张斌、徐奇渊：《汇率与资本项目管制下的人民币国际化》，《国际经济评论》2012 年第 4 期。殷剑峰：《人民币国际化："贸易结算 + 离岸市场"，还是"资本输出 + 跨国企业"？——以日元国际化的教训为例》，《国际经济评论》2011 年第 4 期。

展过程中形成了不同走向。关于前者的争论与人民币汇率制度的演进紧密相连，在不同时期由于所处制度特点形成了丰富的研讨议题。这一过程中，中国学者对汇率问题展开了多方面的深入研究，形成了丰富的研究成果。以本文篇幅，如果要对时间跨度如此大、涉及议题如此丰富的一个主题进行全面回顾及评价，无疑会挂一漏万。充分认识到这一局限，本文将集中于展现改革开放以来与人民币汇率水平和汇率制度发展过程所引发的重要争论有紧密联系的研究文献。因此，根据人民币汇率水平和汇率制度的发展脉络，以下将分三个时段来进行述评。

第一个阶段为 1978—1993 年，从改革开放伊始至 1994 年汇率并轨及外汇管理体制变革之前。这一时段伴随计划管理体制的松动，汇率的作用不再仅仅局限于外贸部门的会计核算，而是开始被用作促进出口、增强出口单位成本效益核算的价格信号。中国学者在这一阶段主要就汇率水平是否存在高估、是否应贬值等问题进行研究。

第二个阶段为 1994 年汇率并轨后到 2005 年汇改。这一时期虽然在制度上确定了人民币汇率实行有管理的浮动汇率制，但由于种种原因在亚洲金融危机后人民币汇率事实上钉住美元长达近八年。中国学者在这一阶段大量吸收了国际学界关于购买力平价、均衡汇率、汇率制度等问题的最新研究，将其应用于人民币汇率水平和汇率制度的研究中，研究质量和数量迅速上升。

第三个阶段为 2005 年汇改后到 2012 年。这一时期虽然人民币开始小幅浮动，但随着中国在国际舞台上成为备受瞩目、举足轻重的新兴大国，人民币汇率问题不仅没有降温，反而继续成为国际上的热点话题。在上一阶段的研究基础上，中国学者对人民币实际汇率走势、均衡汇率水平等问题的研究持续深入，在结合中国现实特点以及实证方法的精细度上又有了进一步提升。由于人民币汇率开始小幅浮动，在原本少有被触及的汇率传递问题上涌现了大量研究，汇率浮动对于国内宏观经济的影响也被广泛研判。

二 阶段一：1978—1993

（一）汇率体制转型与汇价水平重估的初步探索

1978 年以来，中国学者对汇率问题的研究与人民币汇率制度改革的历程紧密交织。后者与中国国内的物价改革有相似的起点，但其影响却超越了任何一个单独领域的价格改革。伴随计划管理体制的松动，人民币汇率逐步转向更为市场导向的定价方式。改革开放前，通过计划经济价格和数量等管制手段，国内外市场基本隔离，人民币官方汇率相对出口换汇成本存在长期高估。为适应进出口贸易发展需求，1981 年到 1984 年人民币汇率实行了双重汇率制度，即在官方汇率之外还存在一个贸易外汇内部结算汇率。

　　对于双重汇率制度，一些学者在该制度的筹划阶段即从学理角度进行了利弊分析评估。如余壮东认为，人民币采用两种汇率将产生很多问题，他建议应采取单一汇率。人民币汇率偏高有其历史渊源，作者认为参照出口贸易的实际成本实行贸易外汇新的内部结算价格合情合理，这将有利于外贸业务单位加强经济核算。但如果对一般非贸易外汇仍采取中国银行挂牌的人民币对外汇率折算，并不利于旅游业发展、侨汇收入增长及外商投资。另外，由于非贸易外汇收入占比较小，双重汇率制又会带来管理上的复杂和困难，利弊权衡下并不值得。历史实践证明，双重汇率制虽然对外贸产生了一定的积极作用，但对外汇核算和外汇管理带来了更多复杂的问题。[1]

　　双重汇率制度于 1985 年正式取消，人民币汇率重新实行了单一汇率，因此也仍旧面临了汇率是否高估、高估多少以及是否应贬值的问题。刘墨海总结了对当时人民币汇价水平的四种不同看法。第一种认为根据消费品价格与西方国家的对比，现行汇率低估了人民币。第二种认为出口商品平均换汇成本高于汇率，人民币汇率存在高估。第三种认为虽然汇率高估，但贬值作用已达极限，应当采取其他替代政策。第四种认为存在汇率高估，但为避免贬值对非贸易的影响，应实行双重汇率制。[2]

　　判定是否高估及高估多少，涉及人民币汇率如何定价的问题。事实上，从 20 世纪 50 年代初到 70 年代末，人民币汇率定价的主流观点就有两种：一种认为应以主要消费品比价作为汇价定值的依据，即"购买力平价"；另一种则认为人民币汇价定值应以出口商品平均换汇率作为基准，即所谓"换汇成本说"。刘舒年和李平则认为这两种定值模式虽有合理之处，但由于中国经济发展水平不高，劳动生产率很低，经济结构与价

① 　余壮东：《人民币可以采用两种汇率吗?》，《上海金融研究》1980 年第 5 期。
② 　刘墨海：《人民币汇价问题》，《经济研究》1988 年第 11 期。

格体系不合理，因此这两种定值模式也存在不少问题。他们提出一个理论汇率综合定值模式，同时考虑货币的对内币值和对外币值。张志超认为人民币理论汇率的计算在实质上应是人民币对外币价值平价比例的计算，这一计算应参考消费结构分别对本国贸易商品价格和国际市场价格进行加权。但人民币现实汇率不能也不应等同于理论汇率。现实汇率相对于理论汇率的高估或者低估，取决于社会经济发展战略、国际收支状况等。①

当时有关研究在应用购买力平价理论时，巴拉萨—萨缪尔森效应等对购买力平价构成偏离的假说尚未正式进入分析视野。这一定程度上也造成了有关人民币汇率水平的认识分歧。如刘墨海提到人民币汇价与物价变化之间的矛盾，1953—1986 年人民币对美元的汇价下调幅度达 42%，但这一时期我国物价上涨率相对低于主要贸易伙伴国。这也是为何仍有人认为根据消费品价格，人民币汇率甚至存在低估。刘在分析这一现象时，提到1953—1985 年中国生产出口商品部门生产率的年增长率比日英美德法等国都要低，这的确抓住了问题的关键。另外，刘还指出人民币汇价模型难以简单计算出合理的汇价水平，主要因为理论模型以市场经济中自由国际贸易为前提推导，而传统计划经济中进出口按计划组织，管制普遍存在，进出口商品的结构、数量及价格都受到扭曲。

就是否应贬值的问题，王振中、金重仁等从理论角度详细分析了贬值的短期效果，认为贬值并不一定能使出口大幅度增加，贸易收支也不一定得到改善。要利用贬值促进出口，必要条件是国内的过度需求得到控制、国际贸易弹性条件必须成立。以换汇成本为基准来调节汇率水平，可能通过价格波及效果加剧贬值对通货膨胀的刺激作用。从长远看，社会主义经济必须通过经济体制改革，建立起协调的国民经济结构，逐步向反映市场关系的浮动汇率制过渡。

周小川等对开放条件下人民币实际汇率走势进行了系统的分析和推测，并考察了人民币实际汇率调整对推动改革开放进程的重要作用。他们认为人民币实际汇率会采取先贬后升的演变路径。当一国转向外向型经济并实施市场经济导向的改革时，市场规律会使得本币价值相对购买力平价

---

① 吴念鲁、陈全庚：《人民币汇率研究》，中国金融出版社 1989 年版。刘舒年/李平：《论汇率定值原理与模式》，《世界经济》1986 年第 8 期。张志超：《论人民币汇率的管理》，《金融研究》1988 年第 8 期。

会低一些。这一现象与国内生产结构及贸易结构有关。汇率是由可贸易品比价关系决定，所以有可能暂时使汇率对购买力平价偏离较多。然后随着竞争力的提高，本币价值就有升值趋势。货币升值往往发生在产品档次从低档提升到中档的阶段，即国内生产能力绝大多数既能满足国内市场，又能满足国际市场的阶段。他们根据当时中国出口贸易现实情况，提出人民币实际汇率进入升值阶段的一些征兆。这在事后看来具有相当敏锐的预见性。①

从 1985 年到 1990 年人民币实行的是单一固定汇率，但由于国内出现大幅通货膨胀，出口平均换汇成本上升，财政负担加重，官方汇率不得不多次大幅贬值。这种由官方主导的一次性调整，对国民经济和物价都造成了很大冲击。因此，人民币汇率改革中汇率定值和调整方式尽管重要，但汇率制度无疑关乎更根本性的选择。

张志超提出汇率制度改革的另一种思路。当时主流思路是，人民币汇价继续实行钉住制度，但对钉住的方法和内容进行必要的改革，而张认为人民币汇价改革的基本方向，应该是逐渐趋于较有弹性，以适应对外开放和对内搞活经济的需要。张从理论上指出，名义汇率不变，实际汇率也会因为各国通货膨胀和经济发展上的不一致而发生变化，而实际汇率变化的情况下，名义汇率由于市场供求的作用，存在发生变动的内在倾向。这一文章还较深入分析了实行弹性汇率制从宏观管理到微观企业层面的有利之处，并指出汇率波动并不构成弹性汇率制的真正问题或主要弊端，其主要问题在于对国际贸易带来不确定性，但这点是可以通过远期外汇交易等方法克服。②

此文还提出计划体制背景下实行人民币汇率弹性体制的不同方案，其中包括按一套指标调节汇率，以及管理浮动制方案。对于管理浮动制方案，作者设计了两种实现人民币汇率浮动的方法，其基本思路都是以出口单位留成外汇和进口单位节余外汇为基础，形成可交易的资产和外汇市场，区别仅在于管制方式的不同。对于弹性汇率制下的汇率管理，作者也提出了很具体的思路，包括制定有效汇率指数、监管外汇交易活动等。

---

① 王振中：《汇价水平的变化与对外经济的发展》，《经济研究》1986 年第 4 期。金重仁：《社会主义开放经济的宏观平衡问题》，《经济研究》1986 年第 5 期。周小川、谢平、肖梦、杨之刚：《走向人民币可兑换》，经济管理出版社 1993 年版。

② 张志超：《人民币汇价制度改革的新探讨》，《国际金融研究》1985 年第 1 期。

鉴于一次性调整的问题，从 1991 年开始人民币官方汇率调整步伐减缓减小。同期为促进对外贸易，从 1988 年起外汇调剂中心开始在各地设立，留成外汇比例有所增加，调剂市场汇率随之放开，官方汇率和调剂市场汇率并存，形成了一种双轨汇率体制。萧高励对这一汇率体制下的外汇市场均衡进行了理论分析，将这一市场均衡与单一汇制下的市场价格及交易量作对比，结论是前者汇率较高，外汇交易量往往较小。由于双重汇率制度是一种变相的补贴，造成了人为的套利空间，对社会公平和经济效率均存在不利影响，1994 年中国进行了外汇管理体制上的重大改革，实行"以市场供求为基础、单一的、有管理的浮动汇率体制"，这一体制下实行银行结售汇，建立统一的银行间外汇市场，央行在外汇市场上进行公开市场操作。这一制度的基本框架延续至今。

（二）发展中国家汇率及制度演变的参考价值

伴随中国经济对外开放，中国学者一方面密切参与和国内政策有关的学术讨论，另一方面也将视野投向更广泛的国际经验，从中形成对中国有益的见识。朱章国对 20 世纪七八十年代发展中国家的货币贬值现象进行分析，提出货币贬值最主要的国内因素是总需求大于总供给造成的平衡失调，最重要的国际因素则是贸易条件的恶化。他认为发展中国家货币贬值是一种客观的经济过程，其次才能把它作为一种政策工具。既然是客观需求，就不能单纯求助于其他经济手段取代货币贬值，以对付国际和国内的收支危机。而如果发展中国家的政策能因势利导，贬值将有利于宏观经济的调整。这一观点无疑对人民币汇率的调整有借鉴价值。[1]

当时正值布雷顿森林体系崩溃后主要工业国汇率大幅波动，许多发展中国家也随之调整其汇率制度。朱章国继续关注了这一时期发展中国家汇率制度变化特点，分析发展中国家汇率浮动程度提高的主要原因。他指出，随着工业化国家主要货币实行浮动汇率制，各国贸易多样化和多边化，许多发展中国家货币从捍卫本国利益发展民族经济的目标出发，实行了汇率浮动。他概括了发展中国家实行浮动汇率制的多方面收益，包括避免世界主要货币浮动所造成的冲击，调节国际收支，应对国内经济失调，减轻货币错误定值可能导致的价格扭曲并促进商品经济发展等。同时作者也认为浮动汇率制存在一些不利之处，如可能导致贸易竞争加剧，使得货

---

① 朱章国：《发展中国家的汇率制度和汇率变动》，《世界经济》1987 年第 5 期。

币和财政信用下降，损害发展中国家间协调合作的基础。另外，发展中国家经济应对汇率波动的能力存在先天不足。

这篇文章更重要的意义在于从实证角度提出，无论发展中国家采取何种汇率制度，由于宏观经济变量间的普遍联系，汇率变化难以避免。如通货膨胀、经常账户赤字、外债负担以及主要货币的汇率浮动都是影响发展中国家汇率的现实因素。在讨论汇率调节国际收支的作用时，作者还比较细致地讨论了实际汇率的概念，并提出对贸易结构不同的国家，汇率调节进出口的作用不同。这一重要命题连同实际汇率的概念，在 21 世纪以来中国学者有关汇率问题的争论中均成为热点。不过，作者当时讨论汇率变动的现实需求主要还是从宏观平衡及购买力平价的经济思想出发，尚未涉及经济发展过程中实际汇率趋势性变化的现象及其根源。

布雷顿森林体系崩溃后，伴随越来越多的国家采用管理浮动汇率制，西方世界同时出现了日益显著的通货膨胀现象。林连连对两者之间的联系进行考察和分析。他参考了大量西方经济学文献及经济学家观点，对汇率弹性与隔绝作用、汇率变动对价格的不对称影响、汇率过度波动与恶性循环等相关命题进行了细致评述，提出了富有借鉴意义的观点。他认为，在资本高度流动的条件下管理浮动汇率制隔绝外部通货膨胀的作用十分有限，固定和浮动汇率制的主要区别不在于是否传播冲击，而在于传播方式、方向和程度的差异。棘轮效应能使得汇率涨跌对价格产生不对称影响，但它只能说明价格水平的一次性上涨，并不能因此推断浮动汇率制具有内在的通货膨胀性。汇率过度波动可能触发与通货膨胀的恶性循环，但并非根本原因。迁就性的货币扩展政策才是主要推手。据此他提出，健全有效的货币政策也是建立完善人民币汇率体制的必要条件。[①]

三　阶段二：1994—2005

1994 年年初汇率并轨到调剂汇率所处的水平，人民币汇率管理体制开始推行单一的有管理的浮动汇率制。从 1994 年到 1997 年，人民币名义汇率连续贬值的态势开始逆转，缓慢升值约 5%。1997 年亚洲金融危机中断了这一过程。在周边国家货币纷纷贬值的环境下，中国承诺了不贬值，以避免区域内竞争性贬值的加剧。从 1998 年开始，人民币对美元汇率保

---

① 林连连：《管理浮动汇率制与世界性通货膨胀》，《世界经济》1987 年第 1 期。

持在了 8.28 元的水平直到 2005 年汇改。在人民币汇率钉住美元按兵不动的七年半中，中国宏观经济形势从长达五年的通缩转入新一轮强劲的景气增长，同时还伴随了经常账户盈余的加速增长与外汇储备的快速积累。中国的汇率政策迎来与上一阶段完全不同的新格局。

（一）新体制下的汇率目标水平与政策选择

1994 年的外汇管理体制变革初步建立了人民币汇率统一的市场化形成机制，但这一机制仍受到强有力的行政管制。管制的一个主要表现是经常项目下的强制结汇和超限额结汇制度。该制度下，人民银行对外汇指定银行的结算周转外汇余额实行了比例幅度管理，绝大多数国内企业的现汇账户被取消。这导致银行与企业的蓄水池功能大大减弱，难以根据汇率预期对外汇持有量进行调整，由此造成的外汇市场供需缺口则由人民银行填补。央行通过这一渠道对汇率水平发挥了决定性作用，也使得汇率政策与货币政策直接关联起来。因此，从政策角度看，人民币汇率目标水平继续构成一个重要问题。

孙明春结合这一新的管理浮动体制下外汇市场出现的新问题提出对人民币汇率管理的鲜明观点，引发不少争议。他认为，对进口的管制措施和对出口的保护措施都大大减少后，促进出口和限制进口都无法依靠以前的行政手段，而是主要依靠市场机制，尤其是汇率机制。而由于强制结售汇制度，人民币市场汇率只能表明央行对汇率合理水平的看法，无法代表市场中所有各方观点。央行管理汇率的首要目标应是使汇率水平能促进出口产业的长远发展，保持出口产业的竞争力和对外贸易在长期内的平衡。因此，他提出使人民币汇率钉住出口换汇成本指标的管理模式可为中央银行提供一个确定汇率变动幅度的决策依据，即央行通过市场干预使人民币汇率水平经常性地保持在外贸企业出口换汇成本之上的一定幅度内。不过由于央行维持的很可能是一个与市场供需状况不相称的非均衡汇率，会导致央行收购外汇的负担，削弱央行对基础货币的调控能力，孙从而提出需要加强汇率管理政策与国际收支政策、货币政策的协调，同时在短期内也允许汇率在市场力量作用下快速变化。[①]

谢多则认为，过去各级政府均下达创汇指标，外贸企业忽视成本依赖

[①] 孙明春：《人民币汇率管理及相关政策协调》，《管理世界》1995 年第 2 期。孙明春：《再论人民币汇率与出口换汇成本》，《财贸经济》1995 年第 8 期。

政府补贴来完成出口创汇。这使得换汇成本不断提高，国家财政负担相应加重，改之以贬值的方式来保证出口。这就导致了"汇率跟着换汇成本走"的现象。然而，每轮贬值都只能暂时性地弥补外贸企业的亏损，汇率很快又会由于换汇成本的上升而进一步贬值。1994 年的外汇体制改革取消了对国有外贸企业的财政补贴，各级政府对于创汇指标的要求减少，外贸企业开始自负盈亏，在既定的汇率水平下必须通过核算将换汇成本控制在汇率水平以下，放弃换汇成本高的产品出口。这就形成了所谓"换汇成本跟着汇率走"的新机制。根据他的分析，中期汇率目标水平应以国内经济稳定和国际收支平衡为目的，而不宜仅以保证出口为目标。①

对汇率管理政策目标的选择问题，俞乔提出应放弃以稳定人民币对美元的名义汇率为中心的汇率政策，而选择贸易加权的实际汇率指数作为基本政策目标，以克服名义汇率的货币假象。根据他的计算结果，人民币贸易加权的实际汇率指数在汇率并轨后已出现显著上升，因此他建议管理部门应在适当时机调整人民币汇率，使实际汇率逐步贬值。余永定认为，同单一钉住的汇率制度相比，钉住一篮子货币的汇率制度有至少三个优点。第一，从实际有效汇率角度看，钉住一篮子货币制度下人民币汇率更为稳定；第二，由于汇率变动方向更难预料，其抵抗投机性资本流入的能力较强；第三，许多情况中，钉住一篮子货币汇率制度下，央行对外汇市场干预的必要性较少。②

（二）购买力平价、巴萨效应及其实证经验

这一时期通过吸纳当代西方经济学中对实际汇率的研究，有关人民币实际汇率决定的理论探讨快速丰富起来。购买力平价仍是汇率决定理论探讨中一项重要的基础理论，同时中国学者开始将关注点转向将这一理论进行适当修正以适应中国这样的发展和转型中的经济体。

中国学者中任若恩与陈凯首先根据联合国国际比较项目提供的购买力平价测算方法，估计 1986 年人民币购买力约为 1 美元合 0.87 元人民币。易纲和范敏以 1993—1995 年这三年的 100 种商品和劳务的中美价格为样本，估计了人民币与美元之间的绝对购买力平价，结果是 1995 年中美两

① 谢多：《宏观经济均衡与人民币汇率水平的决定》，《中国外汇管理》1997 年第 2 期。
② 俞乔：《亚洲金融危机与我国汇率政策》，《经济研究》1998 年第 10 期。余永定：《人民币汇率制度改革的历史性一步》，《世界经济与政治》2005 年第 10 期。

国货币的购买力平价约为 1 美元合 4.2 元人民币。郭熙保对 1994 年人民币购买力的测算结果为 1 美元合 2.6 元人民币。由于商品选取及处理技术细节的差异，有关估计结果难以完全一致，但都显示按购买力平价计算的人民币币值远高于汇率。[①]

易纲等认为这主要由于中国城市的住房、服务、公共交通、高等教育等价格相对很低。因此，他们提出用相对购买力平价考察发展中国家汇率水平时，要根据可贸易品生产率相对提高的速度以及非贸易品相对通胀速度进行调整。据此，他们推导了适用于发展中国家的相对购买力平价表达式，并认为中国可贸易品生产率提速高于发达国家，会构成人民币未来趋强的一个重要因素。这一分析的基本逻辑其实体现了巴拉萨—萨缪尔森效应假说。

作为对购买力平价理论的修正，巴拉萨—萨缪尔森效应是解释发展中国家实际汇率走势的重要理论选项。通过比较日本、韩国和中国台湾在快速经济增长中的汇率变动历史及原因，张斌和唐烈得出了类似的结论。他们认为这些经济体高速增长时期名义汇率存在潜在升值趋势，其主要原因是巴拉萨—萨缪尔森效应，即国内相对世界平均的贸易品劳动生产率增长要快于非贸易品劳动生产率增长，国内 CPI 和 WPI 的差距要大于世界 CPI 和 WPI 的差距。而中国和样本国家面临基本一致的处境，贸易品相对价格的优势会成为人民币名义汇率升值的潜在压力。

杨长江则强调我国劳动市场和工资变动特点对人民币实际汇率影响。他以劳动无限供给和工资不变作为前提假设，推导出劳动生产率相对增长但实际汇率反而贬值这一与巴拉萨—萨缪尔森效应相反的结论。在解释人民币实际汇率走势时，杨提出人民币实际汇率在 1997 年以前受"制度变迁型贬值"作用支配，1997 年以后受"技术进步型贬值"趋势支配并预测未来会继续发生"技术进步型贬值"。[②]

这一时期不少学者开始应用最新计量经济学工具检验购买力平价或巴拉萨—萨缪尔森效应的存在性。国内经验方面，张晓朴概括了购买力平价的三种检验形式，并应用 1979—1999 年人民币名义汇率数据，对三种购买力平价形式进行了实证检验，结果发现购买力平价理论不适用于 1979

① 易纲、范敏：《人民币汇率的决定因素及走势分析》，《经济研究》1997 年第 10 期。

② 张斌、唐烈：《汇率变动的国际比较与未来人民币汇率走势》，《中国改革》2001 年第 11 期。杨长江：《人民币实际汇率长期调整趋势研究》，上海财经大学出版社 2002 年版。

年以来人民币汇率的实际变动，人民币汇率变动受到非货币的实际因素影响。而即便假定购买力平价在超长期适用于人民币汇率，但对于现实中选择合理的汇率政策是不足的。丁剑平等则直接使用第三产业的工资水平作为非贸易部门的代替变量，检验了中国实际汇率与非贸易部门的工资之间的协整关系。这一角度的实证检验则间接支持了巴萨效应。他们认为中国经济实际汇率的相对平稳与中国第三产业工资变化起伏较小有关，而后者又与中国经济转轨过程中大批农业人口流入城市第三产业部门使得该部门人均收入难以提高有关。[①]

国际经验方面，高海红对国际学界有关巴萨效应的研究进行了全面深入的综述，并对七国集团 1980—2000 年的季度数据，运用边限检验方法检验了巴拉萨—萨缪尔森效应。检验结果显示，对英国、日本、德国和加拿大并没有强有力的证据支持巴萨效应的存在，但在不同检验形式下意大利和法国能各自表现出实际汇率与经济增长之间的协整关系。高海红和陈晓莉又应用 1975—2002 年十个亚洲经济体的数据检验了实际汇率与经济增长的双向关系，发现经济增长在长期内能否对实际汇率产生决定性影响与经济发展阶段和经济制度特征有关。[②]

（三）人民币均衡汇率及其决定因素

新兴的关注宏观经济均衡的均衡汇率理论及实证方法开始被大量地应用于人民币汇率水平的研究。理论上，金中夏对转轨时期人民币均衡汇率问题进行了分析，指出在一个正在推行贸易自由化政策并向货币可兑换过渡的国家，决定均衡汇率水平的基础变量通常会发生显著变化。贸易自由化和货币可兑换的进程使得关税显著降低，资本流动大量增加，这些都是影响均衡实际汇率水平的基础变量，而开放的过程还会对投资率、劳动生产率等其他基础变量产生影响，从而作用于实际汇率上。他应用宏观一般均衡框架建立了实际汇率模型。该模型以中国转轨经济为背景，考虑资源在贸易和非贸易部门之间的流动，以及资源配置方式从计划向市场体制的

---

① 张晓朴：《均衡与失调：1978—1999 人民币汇率合理性评估》，《金融研究》2000 年第 8 期。丁剑平与刘健等：《非贸易部门工资水平在实际汇率决定中的作用——误差修正模型对中国与日本汇率的检验》，《上海财经大学学报》2003 年第 5 期。
② 高海红：《实际汇率与经济增长：运用边限检验方法检验巴拉萨—萨缪尔森假说》，《世界经济》2003 年第 7 期。高海红、陈晓莉：《汇率与经济增长：对亚洲经济体的检验》，《世界经济》2005 年第 10 期。

过渡。通过对长期均衡处的比较静态分析，推导了放松物价管制、增加外资流入、降低关税及减少出口补贴对均衡汇率的影响。

实证经验上，1997 年爆发亚洲金融危机后，东亚各经济体货币相继贬值，人民币对美元汇率却保持了稳定，然而随着金融危机的缓解，学界开始争论人民币汇率是否存在高估。张晓朴在探讨 20 世纪 90 年代以来新兴的均衡汇率理论的基础上，提出了人民币均衡汇率的理论框架，并测算了人民币均衡汇率水平。他认为 1997 年以来人民币实际汇率与均衡汇率基本吻合，人民币币值不存在明显高估。[①]

张晓朴进一步运用均衡汇率测算方法，对 1979—1999 年人民币汇率的失调情况进行了分析。他通过协整检验筛选出与人民币汇率存在协整关系的三项指标：贸易条件、开放度和政府支出占 GDP 的比重，并根据均衡汇率模型推测人民币实际有效汇率在 1981 年、1990 年和 1995 年较为接近均衡水平，1997—1998 年人民币高估幅度大约为 12%，但随着中国出现通货紧缩，实际有效汇率高估幅度下降。林伯强、张斌、施建淮、余海丰等陆续测算了人民币均衡实际汇率，这些研究基本上都认为，人民币均衡实质汇率从 90 年代中开始处于不断升值的状态，制造业劳动生产率快速上升是其中的重要驱动力量。人民币实际汇率亚洲金融危机期间被高估，而之后人民币实际汇率逐渐出现低估。[②]

（四）人民币汇率制度选择

亚洲金融危机后，中国汇率制度选择从实际目标方法转向名义锚的汇率制度。当时中国经济学家的共识是，一旦巨大的贬值压力消除，就应该让人民币与美元脱钩，恢复有管理的浮动汇率制。然而随着局势的稳定，人民币甚至出现低估的迹象后，人民币与美元迟迟未能脱钩，这主要出于对人民币升值可能后果的担忧。伴随对人民币均衡汇率水平的讨论，中国学者对于中国汇率制度选择也进行了热烈的争论：是继续实行钉住美元的汇率制度，还是重归有管理的浮动汇率制？

经验依据上，高海红、余永定总结了亚洲金融危机的经验教训，对其中的汇率制度因素进行反思和分析，提出中国必须在保持汇率稳定的同时

---

① 张晓朴：《人民币均衡汇率的理论与模型》，《经济研究》1999 年第 12 期。

② 张晓朴：《系统性金融风险研究：演进、成因与监管》，《国际金融研究》2010 年第 7 期。张斌：《如何评价资本管制有效性——兼评中国过去的资本管制效率》，《世界经济》2003 年第 3 期。施建淮、余海丰：《人民币均衡汇率与汇率失调：1991—2004》，《经济研究》2005 年第 4 期。

使汇率变动适当增强灵活性。余永定教授从中国宏观经济运行现状出发得出中国应放弃钉住美元汇率制度的结论。他认为中国开放经济的特点是准固定汇率制、资本管制和持续的"双顺差"。钉住美元的汇率制度和国际收支双顺差导致外汇储备快速积累，对货币政策带来巨大负面影响。为对冲外汇占款渠道形成的货币供应所实行的冲销政策成本高昂。他于2003年又专门撰文对主要三种反对升值的理由以及各种减轻人民币升值压力的替代性对策进行商榷辨析，针对中国必须维持大量外汇储备这一固有观点提出质疑，并从经济发展战略可持续性的角度来审视汇率问题。他认为允许人民币小幅升值一来有助于向外界发出信号：中国充分考虑了其他国家的利益并正在努力解决贸易不平衡问题；二来有助于向国内企业和金融机构发出外汇风险将增加的信号；三来有助于人民币汇率在需要贬值时下浮，减少最后一刻被迫大幅度贬值的可能性和必要性。他还强调中国经济结构中外需依赖过高、高投资率和投资效率低、国际收支结构不合理、公共产品领域投资不足等问题需要有一套综合治理方案，灵活的汇率制度和为资源配置提供正确信号并反映结构调整需要的汇率水平将在中国的调整过程中发挥重要作用。[①]

　　有关汇率制度选择空间的理论，"中间制度消失论"引发了极大争议。[②] 该理论认为，唯一可持久的汇率制度是自由浮动制或具有非常强硬承诺机制的固定汇率制，介于两者之间的中间性汇率制度，包括软的钉住汇率制以及管理浮动制，都正在消失或应当消失。易纲对汇率制度选择的理论分析支持了"中间制度消失论"。其中后者通过对蒙代尔不可能三角理论进行了扩展，建立了由政府主导时的汇率制度选择模型。该模型解的结果表明，决定汇率制度选择的主要参数与最优货币区标准大致相符。在全球一体化的背景下，作为规则的"角点汇率制度"将是唯一的稳定解。[③]

　　中国学者对于汇率制度选择与经济表现的理论和实证联系也给予了关注。如高海红和陈晓莉对十个亚洲经济体的实证研究发现，汇率制度选择是否对经济增长产生影响取决于经济发展阶段和国内市场及价格体系的完

---

①　张志超（2002）对国际学术界关于汇率制度的最新理论和学术讨论进行了比较系统的梳理，包括"原罪论"、"害怕浮动论"、"中间制度消失论"、"退出策略"等。

②　同上。

③　易纲：《汇率制度的选择》，《金融研究》2000年第9期。

善程度。这对中国汇率制度改革的意义在于，经济发展阶段所存在的种种制度性限制和市场机制方面的缺陷，使得汇率制度的选择能在一定程度上间接影响经济增长的绩效。[①]

四　阶段三：2006—2012

2005 年 7 月 21 日，中国人民银行宣布我国开始实行以市场供求为基础、参考一篮子货币进行调节、有管理的浮动汇率制度，并让人民币对美元升值 2%。人民币汇率正式告别持续七年半的钉住美元制，中国汇率制度改革和经济增长战略调整进入了一个新阶段。然而，人民币汇率在 2005 年汇改后实际上实行的是爬行钉住美元的制度。在 2008 年国际金融危机爆发以前，中国经常账户盈余达升至相当高的规模。人民币汇率是否存在严重低估仍是全球经济甚至政治领域的焦点问题之一。这一时期中国学者一方面在深化对于人民币实际汇率走势内在规律的认识，并据此对人民币汇率是否低估及低估幅度进行估测；另一方面对人民币汇率传递效果及其与宏观经济关系问题进行了大量研究。

（一）人民币实际汇率走势成因

卢锋与其合作者从巴拉萨—萨缪尔森效应角度深入解析了中国经济发展过程中实际汇率走势的内在规律。他们认为长期经济增长中实际汇率变动最重要的决定因素是可贸易部门劳动生产率的相对增长。通过国别截面数据与时间序列数据，他们考察了这一效应的经验证据，发现截面数据场合下实际汇率与劳动生产率之间存在与理论推测一致的显著性统计证据，不过在国别时间序列数据场合则显示了这一效应的差异化表现。因此，该效应与观察对象所处收入区段相当敏感。他们认为这与对劳动生产率度量误差以及实际汇率受到生产率以外因素如贸易条件等影响有关。[②]

改革开放以来人民币实际汇率呈现先贬后升，直观上与巴拉萨—萨缪尔森效应的预测不同。为克服劳动生产率统计数据的限制性，卢锋和刘鎏系统估测了我国可贸易和不可贸易部门劳动生产率的有关指标，发现结构性生产率指标与人民币实际汇率之间的关系存在与巴萨效应假说推论一致

---

① 高海红、陈晓莉：《汇率与经济增长：对亚洲经济体的检验》，《世界经济》2005 年第 10 期。

② 卢锋、韩晓亚：《长期经济成长与实际汇率演变》，《经济研究》2006 年第 7 期。

的经验证据，而如果采用劳均产出等总量性生产率指标则将得出理论假说与经验证据不一致的结论。[①]

王泽填和姚洋则研究了发展中经济体的结构转型可能导致巴萨效应被削弱的机制，并用 184 个经济体 1974—2004 年的年度面板数据对此进行了检验。结果显示，农村人口比重越大，实际汇率随相对人均收入提高的幅度越小。经济发展水平越低，农村人口比重对巴萨效应的削弱程度越强。唐翔则提出，中国日益恶化的地区间竞争，导致各部门单位产出的中间投入和工资成本不断下降，进而大大压低了中国的物价和工资水平。他认为这是人民币实际汇率低估的主要原因。[②]

（二）人民币均衡汇率水平

为评估人民币低估程度，这一时期中国学者对人民币均衡汇率水平进行了不同角度的测算。基于拓展的购买力平价方法，王泽填和姚洋考虑了结构转型对巴萨效应的削弱效果，在此基础上估计了人民币的均衡汇率，结果显示人民币自 1985 年以来就一直处于低估状态，但相对于欧美等国研究人员得到的估计结果要小。根据他们的测算，2005—2007 年人民币被低估的幅度分别为 23%、20% 和 16%。杨长江指出在人民币均衡汇率讨论中所存在的需要商榷乃至于错误的地方。他们认为相对于基本均衡汇率等方法，扩展型的购买力评价方法更适合于度量人民币均衡汇率水平。这是因为对于中国这样高速增长而且急剧转型的经济体，尽管购买力平价方法需要修正，但基本均衡汇率等方法更难试用。不仅内部均衡难以衡量，衡量外部均衡更是面临很大困难。这使得均衡汇率的估计缺乏稳健性。根据对新一轮国际比较项目数据的分析，他们认为这一数据本身被低估的观点未必成立。在此基础上他们认为当前人民币汇率不存在严重低估。秦朵和何新华分析了现有文献在计量技术以及分析框架选择上存在的问题。她们认为采用面板技术时样本国选择应当将主要贸易伙伴国都包括在内，分析时应考虑宏观经济数据的单位根特性，另外在实际有效汇率计

[①] 卢锋：《人民币实际汇率之谜（1979—2005）——基于事实比较和文献述评的观察》，《经济学（季刊）》2006 年第 2 期。卢锋、刘鎏：《我国两部门劳动生产率增长及国际比较（1978—2005）——巴拉萨萨缪尔森效应与人民币实际汇率关系的重新考察》，《经济学（季刊）》2007 年第 2 期。

[②] 王泽填、姚洋：《结构转型与巴拉萨—萨缪尔森效应》，《世界经济》2009 年第 4 期。唐翔：《人民币低估之谜：一个投入产出分析》，《经济研究》2012 年第 10 期。

算上应选取适当的权重。在纠正这些问题的基础上，她们的测算结果显示，以往关于人民币失衡的研究结论大多高估了人民币失衡幅度。总体上看，尽管人民币对美元和欧元存在一定程度的低估，但从实际有效汇率看，2008 年到 2009 年人民币并不存在低估。[①]

（三）汇率传递效应

汇率传递效应对于开放经济体的汇率制度选择具有很重要的政策导向意义。浮动汇率制的基本依据在于，浮动汇率可以自发调节国际收支，使一国在国际收支失衡时能及时改变国际相对价格，从而较为迅速地恢复平衡。汇率对国际收支的调节作用则是建立在它对相对价格的影响基础上。然而现实经济中，汇率传递效应往往并不完全，汇率变动并不能导致相对价格相同幅度的变动，浮动汇率的调节功能也就难以完全实现。由于我国长期实行的是固定汇率制，汇率传递效应并未得到太多关注。随着 2005 年汇改，人民币汇率波幅逐渐加大，汇率变动对国际收支、国内价格水平的影响才逐渐成为国际经济学领域的热点问题。

国内学者研究人民币汇率传递效应，主要是从汇率变动对价格传递链条上一系列价格指标的影响，包括消费者物价指数、生产者物价指数和一些其他分行业指数等。如范志勇和向弟海、吕剑、施建淮等、徐奇渊等实证检验了人民币汇率变动对一般价格水平的传递效应，陈学彬等利用行业数据分析了人民币汇率变动对不同行业价格水平的影响，孙立坚和江彦结合人民币汇率传递效应探讨了其与相关经济政策的联系。大多数研究与国外经验研究得出的结论基本一致，认为人民币汇率传递效应并不完全。然而，由于中国经济转型和发展过程的复杂性，使得人民币汇率不完全传递的原因较为复杂。曾利飞在李嘉图一般均衡理论模型下，研究了最优定价策略与汇率传递效应的关系，指出了汇率传递效应具有某种突变性，其突变的边界条件依赖于两国市场需求特征、贸易摩擦与两国企业的边际成本。万晓莉与陈斌开等研究了产业视角下的人民币汇率传递效应，指出我国采掘、皮革、冶金和纺织为主的资源类产品的进口价格传递弹性普遍较高。短期内厂商对加成成本调整以应对汇率波动，长期内资源类进口商品

---

① 秦朵、何新华：《人民币失衡的测度：指标定义、计算方法及经验分析》，《世界经济》2010 年第 7 期。

则普遍以生产者货币定价。[1]

（四）汇率对宏观经济的影响

2005 年汇改后人民币缓慢升值，这一变化对国内宏观经济的影响成为许多学者关注并可检验的问题。张斌、何帆基于中国经济特征建立了一个贸易品和非贸易品的两部门模型，根据这一模型讨论了真实汇率外生条件下部门之间全要素生产率变化对产业结构和贸易余额的影响。他们发现，在保持名义有效汇率固定与国内物价水平稳定的货币政策组合下，市场经济体制改革所带来的贸易品部门相对非贸易品部门更快的全要素生产率进步所带来的不仅是经济增长，还会造成产业结构扭曲、贸易顺差扩大、工资水平下降、收入分配恶化等后果，并阻碍农村劳动力向城市转移。因此，人民币汇率政策调整无疑会在一般均衡的意义上促进资源配置的合理化。[2]

施建淮提出，从 2003 年起中国的实质 GDP 持续维持在长期趋势以上，并且这种偏离在扩大，经济过热的态势明显，继续维持人民币汇率低估无疑将进一步加剧中国经济内部和外部失衡。在中国，相对于汇率变动的其他效应，汇率变动的支出转换效应是支配性的，因此运用正统的斯旺模型来分析中国经济是有效的。根据他基于标准斯旺模型进行的分析，在当时宏观经济运行状况下，人民币升值将有助于中国经济内部和外部平衡的实现。他在之后的研究中运用向量自回归模型实证考察了人民币实质汇率冲击对中国产出的影响。该实证分析显示，在控制了可能导致人民币实质汇率与中国产出之间伪相关的来源后，人民币实质汇率升值仍会导致中国产出一定程度的下降，因此货币升值在中国确实是紧缩性的。然而，一旦考虑了中国经济的国际金融联系，实质汇率冲击对中国产出变动的解释

---

[1]　范志勇、向弟海：《汇率和国际市场价格冲击对国内价格波动的影响》，《金融研究》2006 年第 2 期。吕剑：《人民币汇率变动对国内物价传递效应的实证分析》，《国际金融研究》2007 年第 8 期。施建淮、傅雄广、许伟：《人民币汇率变动对我国价格水平的传递》，《经济研究》2008 年第 7 期。徐奇渊：《人民币汇率对 CPI 的传递效应分析》，《管理世界》2012 年第 1 期。陈学彬、李世刚、芦东：《中国出口汇率传递率和盯市能力的实证研究》，《经济研究》2007 年第 12 期。孙立坚、江彦：《关于〈通缩出口〉论的检验：中、日、美三国比较》，《管理世界》2003 年第 10 期。曾利飞：《企业最优定价策略与汇率传递效应研究》，《财经研究》2008 年第 11 期。万晓莉、陈斌开等：《人民币进口汇率传递效应及国外出口商定价能力——产业视角下的实证研究》，《国际金融研究》2011 年第 4 期。

[2]　张斌、何帆：《货币升值的后果——基于中国经济特征事实的理论框架》，《经济研究》2006 年第 5 期。

力和影响程度明显变小，美国利率对中国产出的影响程度更大，这提示资本管制实际效力的下降。允许人民币以更快恢复到均衡水平，有助于降低升值预期，缓解外汇储备快速增长对政策当局的压力。①

第三节　国际金融危机研究

国际金融危机包括货币危机、债务危机、银行业危机以及全面危机等多种形式。在过去几十年里，各种形式的国际金融危机此起彼伏，不断爆发。主要包括20世纪70年代的数次美元危机，布雷顿森林体系的瓦解及其后的全球金融动荡，80年代的拉美债务危机和美国银行业危机，90年代初的日本资产泡沫破灭，1992年的欧洲货币体系危机，1994—1995年的墨西哥金融危机，1997年的东亚金融危机，以及2008年的次贷危机和2009年以来的欧洲主权债务危机。在国际上，为了解释危机的爆发，关于金融危机的各种理论也应运而生。比较有代表性的是解释货币危机的四代危机模型。在国内，从改革开放后的1978年至今，中国学者们也对国际金融危机的产生和发展格外关注，提出了不少自身的看法和解释，留下了许多具有重要理论意义和现实参考价值的研究文献。本节力图对1978—2012年，中国学者对于国际金融危机研究的思想贡献及其发展脉络进行综述。

一　对20世纪70年代西方国家经济和金融困境的讨论

在改革开放的1978年之后，我国学者首先关注并讨论了在70年代资本主义国家普遍爆发的经济和金融危机。当时，国内学者们主要从马克思主义经济理论出发，认识世界性危机发生的根源。一方面，吴大焜认为这可能是周期性生产过剩导致的危机。另一方面，柯居韩、文中奇等认为有别于一般的周期性危机和大萧条，具有"慢性萧条"性质，既是生产性过剩危机，又同财政金融危机、结构性金融危机和能源危机交织并发。李琮从生产过剩的角度解释了发达国家爆发金融危机的根源。王怀宁和姚廷

---

① 施建淮：《全球经济失衡的调整及其对中国经济的影响》，《国际经济评论》2006年第2期。

纲等还就资本主义的经济金融危机的性质特点进行了综合阐述。①

特别是在布雷顿森林体系瓦解后，国际金融市场上不仅货币汇价剧烈波动，而且普遍存在着高利率水平和国际债务问题。因此，郭世贤认为世界经济面临着严重的货币危机。但是熊性美、陶大镛、王烈望认为，由于西方国家吸取了20世纪30年代大萧条的教训，并采取国家干预和国际协调等措施，一定程度上缓和了危机程度，所以不会引起金融大崩溃。吴念鲁甚至认为，从国际货币市场利率变动和对外贸易角度来看，世界经济并未面临严重的货币危机。但是，随着债务危机的过度膨胀势必导致经济结构的严重失调，加速金融危机的爆发。②

总的来讲，当时国内学者从马克思主义理论出发，研究西方经济和金融体系面临的困境，对其未来发展趋势普遍持有悲观态度。因此，资本主义国家的矛盾只能通过采取措施暂时缓和，而不能消除，突出说明社会主义制度的优越性，但要吸取教训为"四化"建设服务。

二　20世纪80至90年代中期对具体危机案例研究

在这一阶段，国内学者对国际金融危机的研究范式，逐渐从马克思主义理论过渡到运用西方经济学进行具体的危机案例分析。主要研究对象则是20世纪80年代的拉美债务危机和美国商业银行危机，90年代初期的日本泡沫经济破灭，1992年的欧洲货币体系危机，以及90年代中期的墨西哥金融危机。这些频发的金融危机爆发迅速，波及面广，且代价惨重。

具体而言，一方面，部分学者继续沿用马克思主义经济理论，例如，李树桥，从帝国主义的不平等的剥削掠夺角度，对拉美债务危机的特征和原因进行了阐述。另一方面，更多的国内学者开始应用西方经济学，重点针对危机的原因、传导机制、影响、对策等方面进行阐述和分析，并讨论

---

① 吴大焜：《美国经济危机的新发展》，《世界经济》1982年第2期。吴大琨、陶大镛、熊性美等：《在本刊编辑部举办的世界经济形势讨论会上的部分发言摘要》，《世界经济》1983年第2期。李琮：《当前历史条件下的资本主义世界经济危机》，《世界经济》1982年第1期。王怀宁：《当前资本主义世界经济危机问题》，《经济研究》1983年第3期。姚廷贤、龚慧峰：《试论战后第三次世界性经济危机》，《世界经济》1984年第6期。

② 郭世贤：《七十年代的黄金价格及今后的发展趋势》，《世界经济》1980年第3期。吴念鲁：《今年西方正面临一场严重的货币危机吗？》，《世界经济》1980年第8期。储玉坤：《当前美国经济的发展趋势——试测1981年开始的"经济衰退"何时结束》，《社会科学》1982年第5期。

了这些金融危机给中国带来的启示。[①]

（一）原因

20 世纪 70 年代后期开始，一方面拉美国家实行了外债发展战略，另一方面美国商业银行积极向拉美国家发放贷款。但是，由于内外两个方面原因，拉美最终发生了债务危机。一方面，戴月明认为，正是举债发展这项外债战略的失策，导致了拉美发生债务危机。另外，安建国认为，债务危机的原因在于外部贸易条件恶化和净资本净流入减少。刘昌黎则认为，债务危机从根本上是由于南北经济差距的扩大，国际分工不平等造成的。[②]

同时，当贷款无法收回时，美国商业银行业也发生了危机。所以，马蔚华和谢平认为，引起美国商业银行危机的原因是发展中国家的债务危机。另外，张青松则认为，美国出现银行业危机的根本原因，实际上是金融制度已经不适合商业银行发展的需要。

马君潞在前人研究基础上总结，世界经济的外部条件和债务国的本国政策，共同导致了 20 世纪 80 年代国际金融危机的发生与扩散。由于发达与发展中国家之间的债务关系密切，拉美国家的债务危机导致发达国家如美国的商业银行陷入资金问题，而商业银行的危机会导致对发展中国家的贷款支援减少，从而加重拉美国家的债务危机。宋运肇还进一步解释了金融危机与经济危机的关系，本次的债务性金融危机是由于世界经济的衰退使拉美国家出口受限，用来归还债务的资金紧缺，稳定的链条破裂导致金融危机。同样，金融危机也会使得经济危机恶化，形成恶性循环。[③]

此外，潘勇以货币危机传导为基础讨论了 1992 年开始的欧洲货币体系危机的原因和发展。苏存研究认为金融自由化造就的制度上的泡沫引发了日本的金融危机。尽管学者们认为，不同时期不同地区的金融危机，其产生的具体原因可能不尽相同。但是，金融体系的内在不稳定性是金融危机的根本原因，资产价格泡沫破灭往往是金融危机的直接原因，金融自由

① 李树桥：《第三世界的债务危机》，《经济研究》1984 年第 3 期。

② 戴月明：《拉丁美洲的债务危机与出路》，《世界经济研究》1993 年第 5 期。安建国：《八十年代的拉美经济危机与发展战略调整》，《世界经济》1986 年第 8 期。安建国：《评拉美债务危机中的资本反向流动》，《世界经济》1985 年第 4 期。刘昌黎：《渡过石油冲击阶段后的西方经济》，《世界经济研究》1986 年第 2 期。

③ 马君潞：《发展中国家债务危机回顾与展望》，《南开经济研究》1991 年第 6 期。宋运肇：《金融危机和美国经济衰退关系》，《国际金融研究》1991 年第 6 期。

化则是催生危机的制度基础。①

（二）影响

国际金融危机不仅阻碍本国经济发展，而且波及全球金融市场，甚至引发新的经济问题。李俊江指出，债务性危机不仅会对本国经济造成危害，而且影响着世界金融市场的稳定。如果将债务分为短期和长期债务，长期债务往往有利于本国经济的发展，相反短期债务经常会增加经济的脆弱性，抑制本国经济发展，甚至引发债务危机乃至国际金融危机。史观发现墨西哥金融危机使其经济增长速度大幅放慢。谷源洋详细论述了亚洲金融危机对世界经济的影响，指出加强国际合作和协调的必要性。②

（三）应对措施

在深入研究危机产生的原因，并分析其负面影响的同时，学者们也在努力寻找解决金融危机的应对措施。中国学者研究发现，债务危机的解决需要靠内外两个方面的政策配合。首先，在国内经济领域，推行经济结构调整（翟雯）、紧缩公共开支、发展自由市场。

马君潞和江时学总结到，解决债务性金融危机要分四个阶段：债务重组、贝克计划、修正后的贝克计划，以及最后的布雷迪计划。这些措施基本上都需要债权国、债务国与国际社会的共同努力。马君潞还进一步指出，债务性金融危机的解决，最终将取决于能否有一个长期有利的国际经济环境，债务国能否成功地执行国内的经济调整计划，以及是否有充足的外部资金流入来支持债务国实现持续的经济增长。只有具备这三方面的条件，才能真正恢复债务国的清偿能力，从而使债务危机得到彻底解决。③

此外，潘勇提出欧洲货币危机的应对，需要对欧洲货币体系的汇率机制进行彻底的重组。史观则认为需要通过稳定金融体系和抑制通货膨胀来应对墨西哥金融危机。

（四）对中国的启示

学者们在分析 20 世纪八九十年代金融危机的特点、产生和传导机制、

---

① 潘勇：《1992 年 9 月以来欧洲货币体系危机评述》，《上海金融》1993 年第 2 期。苏存：《论日本的泡沫经济》，《现代日本经济》1994 年第 1 期。

② 李俊江：《美国与发展中国家的债务问题比较研究》，《世界经济研究》1989 年第 6 期。史观：《墨西哥克服金融经济危机的政策措施》，《经济学动态》1996 年第 3 期。谷源洋：《金融危机冲击下的世界经济》，《宏观经济研究》1998 年第 12 期。

③ 马君潞：《发展中国家债务危机回顾与展望》，《南开经济研究》1991 年第 6 期。江时学：《拉美债务，国际金融危机对中国出口贸易的影响》，《国际金融研究》2011 年第 9 期。

影响和应对措施的同时，也在思考其对中国的启示。例如，在总结拉美债务危机教训的基础上，学者们提出了我国防范债务危机的具体措施。例如，陈琦伟和赵长华指出，中国仍应积极使用国际债市融资，但是也要注意举债规模适度，讲究外债使用的经济效益，以中长期优惠贷款为主、私人信贷为辅。郭世贤认为应该注意管理外汇储备，防范国际收支危机。褚葆一、陈彪如等认为，为防止债务危机，中国应在国际贸易中注意调整出口商品结构，保持出口对象多元化和方式多样化。谷源洋等指出应该审慎对待金融自由化，特别是资本账户开放，建立一个符合本国国情的灵活的汇率制度。①

不仅如此，学者们还从金融体系的长期稳定发展角度出发，为中国的金融改革指明了方向。马君潞的研究认为，既需要从金融系统内部着手发展和规范金融行为，也得从经济环境出发入手提高中国产业和金融的融合，才能保障金融市场的稳定有序发展。倪克湖、梅睿哲提出，中国应从自己的实际出发，合理调整国内经济结构，加快金融改革步伐，强化金融监管力度，加强地区金融活动，建立有效的风险预警机制。②

综上所述，在本阶段，国内学者对金融危机的研究已粗具规模，进一步完善和发展了金融危机理论体系。但是，对国际金融危机问题的研究，多为站在某一具体危机案例的视角，对其危机特征、产生和传导机制、影响和应对措施进行分析。不仅缺乏一个从微观到宏观的完整理论分析框架，而且也缺乏针对金融危机形成机理和影响的实证研究。

三　应用现代经济理论和实证研究范式对亚洲金融危机研究

1997 年发生的亚洲金融危机，吸引了包括中国学者在内的全球研究者的目光。并在此后十年间，成为国内学者研究国际金融危机的主要对象。余永定认为，亚洲金融危机大约经历了四个阶段：首先表现为货币危机；然后演进为金融危机；此后进一步发展为全局性经济危机；最后是强

---

①　陈琦伟：《国际债券市场是利用外资的一条重要渠道》，《经济问题探索》1985 年第 4 期。赵长华：《拉美国家在外债问题上的经验教训》，《外国经济与管理》1986 年第 3 期。郭世贤：《我国国际储备特点及今后对策》，《国际金融研究》1989 年第 9 期。褚葆一、陈彪如、储玉坤：《世界经济的发展趋势与我国对外经济贸易战略》，《世界经济研究》1983 年第 4 期。谷源洋、谈世中、孙杰：《东亚金融危机及其启迪》，《求是》1998 年第 5 期。

②　倪克湖、梅睿哲：《九十年代国际金融危机的特点、原因及防范》，《中央财经大学学报》1997 年第 11 期。

劲出口带动下的经济复苏。[①]

在这一阶段，一方面，中国学者开始介绍国际学术界关于金融危机的现代理论模型。另一方面，国内学者还充分运用现代经济学和金融学的分析范式，对亚洲金融危机的产生和发展，进行理论和实证研究的同时，着重分析了其对中国的经验教训。

（一）危机的产生与传导

首先，固定汇率制度安排，被学者们认为是引发亚洲金融危机的重要原因。在亚洲金融危机的爆发和演变中，亚洲国家的固定汇率制度遭受重创。不仅不少国家被迫改变为浮动制度安排，而且坚持货币不贬值的国家和地区也付出了巨大代价。但是，一旦亚洲国家的货币汇率发生大幅变动，负债的货币和期限的双重错配问题，会通过银行或是企业的资产负债表或是资本外流渠道，对金融体系和实体经济带来进一步的冲击。[②]

其次，金融结构失衡也被不少学者认为是导致金融危机发生的重要因素。左志刚在对东亚债券市场进行分析后认为，债券市场发展滞后是该地区金融结构失衡的表现，即东南亚金融危机的深层原因是金融结构失衡和产业结构失衡的问题。徐亚平同样从金融结构的角度探讨了新兴市场国家所表现出的金融脆弱性与金融危机。孙杰研究发现，亚洲金融体系发展的不平衡、特别是债券市场严重落后，导致了货币和期限双重错配的金融风险。[③]

由于金融体系发展的不平衡，银行业在亚洲各国占据了主导性地位。胡祖六和项卫星等研究认为，亚洲国家银行部门的低效率和垄断性在金融危机的形成中扮演了重要角色。不仅带来资产泡沫和巨额不良资产，而且影响资源的有效配置和国际收支平衡。银行业的危机还通过利率和资产负债表渠道，对实体经济产生巨大影响。[④]

---

① 余永定：《中国应从亚洲金融危机中吸取的教训》，《金融研究》2000年第12期。

② 李扬、余维彬：《人民币汇率制度改革：回归有管理的浮动》，《经济研究》2005年第8期。王义中、何帆：《金融危机传导的资产负债表渠道》，《世界经济》2011年第3期。

③ 左志刚：《东亚债券市场的新发展》，《亚太经济》2004年第5期。徐亚平：《金融结构与新兴市场国家的金融危机》，《上海经济研究》2003年第5期。孙杰：《亚洲债券市场的发展与全球性国际收支失衡的调整》，《世界经济》2006年第1期。

④ 胡祖六：《东亚的银行体系与金融危机》，《国际经济评论》1998年第6期。项卫星、李宏瑾：《银行信贷扩张与房地产泡沫：对东亚金融危机教训的反思》，《东北亚论坛》2005年第2期。

　　施建淮和郭美新通过构造具有银行部门的一般均衡模型分析新兴市场国家货币和银行双重危机的发生机制,发现产出不确定和信息不对称是主要影响因素。付强使用 COX 比例风险模型研究预测银行失败的因素,发现良好的盈利和充足的资本才是银行生存和失败的关键所在,同时也是影响金融危机是否发生的重要因素。①

　　不仅是金融结构和银行业本身的问题,李晓还认为,东亚金融危机本质上是在经济全球化、金融自由化条件下以货币、金融危机的形式表现出来的社会经济发展的全面危机。因此,走出危机需要经过深刻的制度调整与变革。章奇等的研究也发现,金融自由化会显著地影响金融危机发生的概率。②

　　最后,余永定总结认为,尽管亚洲金融危机爆发的原因很多,但是可以总结为五条:第一,大量的经常项目逆差;第二,汇率政策缺乏灵活性;第三,资产泡沫严重;第四,金融体系的脆弱性;第五,资本的自由流动。这五条中的若干个组合构成了金融危机发生的充分必要条件。③

　　除了金融危机的发生原因外,其传导机制同样也是学者研究的焦点。其中,张仁德和韩晶通过大量的理论和数据分析,认为金融危机可以通过货币、资本、央行政策以及心理预期等因素进行传递。宋海燕则主要从金融市场上的交易主体和调节方式两个方面对危机传染进行系统分析,得到结论:一旦金融市场出现紊乱或冲击,将会通过凯恩斯效应、威克塞尔效应、财富效应和资产负债表效应诱发金融危机。

　　(二) 危机的应对与启示

　　国内学者对亚洲金融危机的研究,核心落脚点仍然在金融危机的防范措施及对我国的启示上。

　　首先,俞乔认为,我国应吸取亚洲金融危机的教训,加强汇率形成机制的灵活性,并加强区域金融政策合作,通过制度性安排稳定亚洲的金融

---

① 施建淮、郭美新:《不确定,信息不对称与双重危机发生机制》,《经济学 (季刊)》2005 年第 3 期。付强:《单个银行失败的因素分析——亚洲金融危机再研究》,《经济科学》2005 年第 1 期。

② 李晓:《关于东亚金融危机的深层思考》,《世界经济与政治》1998 年第 6 期。章奇、何帆、刘明兴:《金融自由化,政策一致性和金融脆弱性:理论框架与经验证据》,《世界经济》2003 年第 12 期。

③ 余永定:《亚洲金融危机 10 周年和中国经济》,《国际金融研究》2007 年第 8 期。余永定:《亚洲金融危机的经验教训与中国宏观经济管理》,《国际经济评论》2007 年第 3 期。

市场。相反，孙兆斌从汇率制度的选择对金融危机的影响角度分析认为，应该基于我国基本国情来进行风险防范，逐步实现适度的资本项目开放及金融自由化。虽然目前仍须坚持固定钉住汇率制度，但实现人民币汇率自由浮动是改革的长远目标。何东通过比较分析东亚金融危机之后各国货币政策操作的实践，认为逐步走向弹性的汇率制度可以考虑采用通货目标制，增强货币政策的透明度。

不仅在汇率安排上，国内学者通过分析亚洲金融危机的产生和传导，从银行业改革、资本管制、金融监管改革、预警机制建立、宏观经济和贸易政策等角度分别提出了可供借鉴的经验教训。宋海燕根据危机传染效应，提出应建立早期预警系统，并合理开放本国市场。易纲、方星海将中国与泰国等国主要经济指标进行对比后，认为经常账户赤字、资本市场开放、金融监管等方面是预防危机爆发的关键因素。翁晓奇、龚建文分析研究东南亚金融危机的成因，结合我国经济形势，对我国研究防范金融风险提出几项政策性建议。靳玉英、吴茂松基于主成分分析法的实证研究，发现、控制外债规模，保持外向型的经济发展模式，危机后扩大政府投资都有助于经济从危机中得到恢复。[①]

最后，余永定依据蒙代尔—弗莱明模型的模型分析框架，总结认为亚洲金融危机对我国有以下五点教训：一是发展健全的金融体系是保持可持续经济增长的必要条件；二是汇率制度应该更有弹性，具有随经济变动而调整的空间；三是必须稳步推进资本管制的自由化；四是必须协调宏观政策，保持内外平衡；五是应稳步调整贸易结构以保持竞争力。特别是，保持资本管制是我国在完成市场化改革前，维护金融稳定必须守住的最后一道防线。

四　关于 2008 年国际金融危机的全面讨论

2007—2008 年，美国次贷危机引发的全面危机，不仅严重冲击了国际金融体系，而且给全球实体经济带来了巨大影响。针对这一重大事件，国内学者主要从开放宏观经济学和现代金融理论出发，结合宏观经济和微

---

① 宋海燕：《金融渠道的危机传染及其防范机制》，《南开经济研究》2003 年第 4 期。易纲、方星海：《东南亚国家和墨西哥金融危机对中国的启示》，《财贸经济》1998 年第 1 期。翁晓奇、龚建文：《东南亚金融危机的启示》，《企业经济》1998 年第 6 期。靳玉英、吴茂松：《拉美和东亚国家（地区）在东亚金融危机后的经济恢复比较》，《国际金融研究》2006 年第 9 期。

观结构分析，分别从全球经济失衡、国际货币体系缺陷、货币政策、金融监管、证券化和风险扩散等不同的视角，对 2007—2008 年金融危机发生的原因和应对措施，以及对我国经济和金融体系的影响进行了全面讨论。

（一）全球经济失衡

首先，国内学者认为，全球经济失衡是导致近期发生国际金融危机的主要原因。此处，全球经济失衡通常是指，一方面，美国经常账户持续逆差；另一方面，包括中国等在内的新兴市场国家和一些石油输出国保持持续顺差。[①]

余永定从宏观层面的消费储蓄和投资的角度研究发现，美国金融危机的根本原因是美国居民的消费需求严重超过居民收入。雷达、赵勇和孙瑾则认为，经济失衡可持续的一个必要条件是实体经济中高收益行业的存在，当房地产成为美国的投资目标后，房地产对实体经济的推动作用不足，使得这种经济失衡不可持续，从而爆发危机。[②]

（二）国际货币体系缺陷

巴曙松和杨现领、王道平和范小云认为当前的国际货币体系存在的缺陷导致全球经济失衡，从而导致金融危机。因此，张明和李向阳认为，次贷危机引发的国际金融危机，将会逐渐打破现有的货币体系，使得美元不再具有霸权地位。[③]

（三）货币政策

不少国内学者也认为，金融危机前美联储的低利率货币政策是引发国际金融危机的罪魁祸首。例如，张明和陈继勇等研究发现，美国在危机前的宽松货币政策导致了资产泡沫。以资产泡沫的破灭为导火索，最终导致

---

①　中国经济增长与宏观稳定课题组：《全球失衡、金融危机与中国经济的复苏》，《经济研究》2009 年第 5 期。

②　余永定：《美国次贷危机：背景、原因与发展》，《当代亚太》2008 年第 5 期。雷达、赵勇、孙瑾：《金融危机下的全球经济：从失衡到平衡》，《理论参考》2011 年第 2 期。

③　巴曙松、杨现领：《从金融危机看未来国际货币体系改革》，《当代财经》2009 年第 11 期。王道平、范小云：《现行的国际货币体系是否是全球经济失衡和金融危机的原因》，《世界经济》2011 年第 1 期。张明：《次贷危机对当前国际货币体系的冲击》，《世界经济与政治》2009 年第 6 期。李向阳：《国际金融危机与国际贸易、国际金融秩序的发展方向》，《经济研究》2009 年第 11 期。

次贷危机的全面爆发。[①]

沈华嵩改进了宏观经济学的微观基础，重构了价格机制的统计过程，包括均衡价格的微观基础，即价格选择的二元决策理论；以及价格变动的概率描述，即价格转移概率的马尔可夫过程，在此基础上论述了由于货币非中性与金融不稳定性关系，对认识此次全球金融危机有重要意义。[②]

由于在危机期间，不仅存在货币政策的零利率下限，而且由于正常的信贷机制遭到破坏，私人部门外部融资成本增加，因此，美联储为了维护金融体系稳定，同时应对金融加速器机制对宏观经济的破坏作用，采取了量化宽松的非传统货币政策。不仅仅是货币当局，何德旭和郑联盛的研究认为，政府在金融危机防范和救援中具有极其重要的基础性作用，是金融危机的稳定器和吸收器。此后，国内学者的研究逐渐转向美国量化宽松政策执行及退出，对中国的溢出效应，以及我国的政策应对。[③]

（四）金融监管

国内不少学者还认为，金融监管体制问题导致了金融危机的发生。例如，廖岷研究发现，在金融危机爆发之前，美国采取的是"双重多头"的监管模式，导致监管标准不一，以及监管领域重叠与空白并存的问题。苏新茗认为，由于以国别划分的金融监管机制已经无法适应当前金融全球化的趋势，所以导致国家金融危机的爆发。马勇、杨栋和陈雨露的研究发现，信贷和资产价格周期与金融监管周期的同周期性，是金融危机背后的共同机制，传统的立足于单个金融机构和基于规则的监管，将出现错配而难以发挥作用。[④]

因此，学者们从金融监管角度提出一些危机防范建议。首先，金融监管应由从机构监管向功能监管转变；其次，监管方式要适应市场的不断变化；最后，应当加强金融监管的国际协调与合作。

---

① 张明：《透视美国次级债务危机及其对中国的影响》，《国际经济评论》2007 年第 7 期。陈继勇、盛杨怿、周琪：《解读美国金融危机——基于实体经济的视角》，《经济评论》2009 年第 2 期。

② 沈华嵩：《危机后的经济学》，西南财经大学出版社 2012 年版。

③ 何德旭、郑联盛：《金融危机：演进、冲击与政府应对》，《世界经济》2009 年第 9 期。

④ 廖岷：《从美国次贷危机反思现代金融监管》，《国际经济评论》2008 年第 7 期。苏新茗：《全球金融危机与金融监管改革：解决之道》，《国际金融研究》2010 年第 1 期。马勇、杨栋、陈雨露：《信贷扩张，监管错配与金融危机：跨国实证》，《经济研究》2009 年第 12 期。

（五）证券化与风险扩散

国内学者还从证券化和风险扩散的角度来阐述近期的国际金融危机。张明、秦建文和梁珍认为，证券化导致风险的扩散，从而导致金融危机。马宇、韩存、申亮认为，证券化导致金融"脱媒"，从而降低了经济承担系统风险的能力。由于消费信贷具有异质性，无法如企业信贷一样形成规模经济。虽然金融机构采取资产组合证券化策略分散了个体风险，但是无法分散系统风险。①

周洛华、田立通过对资产的波动率建立柔性二叉树分析得出美国次级贷款损失形成金融危机的原因，是由于衍生品不能对冲标的物风险使得市场风险过大而导致危机的发生。陈华、赵俊燕提出，金融危机的真正实质是美国金融市场滥用信用衍生品的创新，预支市场和社会信用，从而造成信用风险逐渐累积，进而酿成信用危机。②

进一步，阮加、刘延平总结认为，金融危机的原因是在过度证券化的背景下，当通货膨胀出现的时候采取的提高利率的货币政策同时金融监管不足导致了危机的发生。雷良海、魏遥借助模型对美国次贷危机的风险转移及其对金融稳定性影响分析，也得到了类似的结论。③

第四节　国际资本流动研究

国内学者关于国际资本流动的研究，最初主要集中在资本管制是否有效，以及是否存在资本外逃。随着全球跨境资本流动的波动性越来越大，研究重点逐渐转换到短期资本流动的规模、影响因素，以及对宏观金融稳定的冲击。本节致力于从以下四个部分梳理国际资本流动的研究成果：第一部分是我国资本管制是否有效，第二部分是短期资本流动规模和波动性的测度，第三部分是国际资本流动的动因，第四部分是国际资本流动对我国金融稳定的影响。

---

① 张明：《透视美国次级债务危机及其对中国的影响》，《国际经济评论》2007 年第 7 期。秦建文、梁珍：《汲取美国金融危机的教训稳健推进中国金融创新》，《国际金融研究》2009 年第 7 期。马宇、韩存、申亮：《美国次级债危机影响为何如此之大》，《经济学家》2008 年第 3 期。
② 周洛华、田立：《基于金融学理论的经济衰退期宏观政策手段选择研究》，《上海金融》2009 年第 1 期。陈华、赵俊燕：《经济刺激政策退出机制分析》，《中国财政》2009 年第 21 期。
③ 阮加、刘延平：《次贷危机的成因与房地产金融风险防范》，《管理世界》2009 年第 5 期。雷良海、魏遥：《美国次贷危机的传导机制》，《世界经济研究》2009 年第 1 期。

一 我国资本管制的有效性

资本项目管制的有效性，是中国宏观经济讨论的一个重要话题。20世纪90年代对这一问题的关注始于李扬提出的"迷失的货币"之谜。随后亚洲金融危机爆发，一些学者发现了"资本外逃"的现象，再次提出了中国资本项目管制有效性的问题。中国政府也在1997—1998年亚洲金融危机的高峰期加强了对跨国资本流动的监督和控制。国内学者开始关注跨国资本流动以及资本管制的有效性。目前看来，文献中所反映的研究主要包括两大类，第一类主要关注资本管制和资本流动强度的衡量，第二类直接检验资本管制的有效性。①

第一类是衡量资本管制与资本流动的强度，包括量化资本管制强度的指数、考察货币政策的独立性以及分析国内投资储蓄之间的相关关系。这些分析的结果可以提供很多重要的信息，包括过去十年来资本管制的强度到底是在增强还是在减弱，资本流动的规模到底是在增加还是减少？这些都有助于我们对资本管制的有效性作出判断，不过它们不是对管制有效性的直接检验。衡量资本管制强度和资本流动强度的方法很多，但常见的大致有三种：第一种方法是直接将定性的资本管制措施作量化估计，计算资本管制相对强度的指数。第二种方法是通过考察央行资产负债表的变化验证货币政策的独立性，实际上是从另一个角度来看资本管制是否有效。第三种方法则是通过分析各个国家投资与储蓄之间的相关关系，来判断跨境资本流动的程度与重要性。严格地说，这三种方法所反映的是资本管制或者资本流动的强度。他们不能作为资本管制有效性的直接证据，但可以提供一些佐证。对中国资本账户管制强度的测算主要借鉴贸易管制的研究，其特点是以事实上的度量指标为主。王晓春应用 Edwards 法，对中国、马来西亚、泰国和印度尼西亚的资本流动程度进行了估计，结果表明，中国的资本流动程度远远小于其他三国。金荦运用定性的基于法规的研究方法及定量的基于统计数据的研究方法，测算了中国1994年以来资本管制强度的变化，结果表明，1994—2003年，中国对资本项目的管制经历了放

---

① 李扬：《中国经济对外开放过程中的资金流动》，《经济研究》1998年第2期。宋文兵：《中国的资本外逃问题研究：1987—1997》，《经济研究》1999年第5期。王晓春：《资本流动程度估计方法及其在发展中国家的应用》，《世界经济》2001年第7期。

松（1996）、收紧（1997—1998）、再放松（1999—2003）的过程，最终的结果是比 1994 年有了较大幅度的放松；基于法规衡量中国资本管制强度的指标与反映资本流动实际行为的指标之间的确存在相关性。雷达和赵勇参考金荦的研究，对中国 1996 年至 2006 年 11 个资本交易大类下的 43 个资本交易小项进行管制强度测度。总体来说，当前对我国资本账户管制测算的研究还不完善，还没有建立一个足够细化的资本账户管制强度指标，以用于研究较高频率的资本账户管制强度变化。①

　　第二类工具是利率平价的分析框架。根据利率平价理论，在资本自由流动，无交易成本的情况下，由于套利行为，以不同货币表示的相同金融资产在经过汇率风险调整后应该具有相同的收益率，否则就会存在套利机会。因此，可以通过考察利率平价检验资本管制的有效性。如果同种金融资产的收益率长期偏离利率平价，说明国内金融资产与国外的金融资产不能完全替代，从而认为该国存在有效的资本管制。张斌考察了中美两国贷款利率的走势，认为中国贷款利率相对独立于美国贷款利率，中国资本管制有效。何德旭等运用总量规模法、储蓄投资相关法、Edwards 模型测度了中国改革开放以来资本的流动性，并用前两种方法比较了中国和其他亚洲新兴国家资本流动性的差异。结果表明，所有亚洲新兴国家金融市场处于一种开放状态，并且在所有亚洲新兴国家中，中国的资本流动性是最低的。②

　　王信总结了衡量资本管制有效性的研究方法，认为尽管中国资本管制有效性下降，成本增加，但资本流入管制和整体的资本管制仍起作用，不能过分夸大热钱流入规模及其对经济的影响。所有这些研究都有助于我们加深对中国跨境资本流动和资本管制有效性等问题的理解。不过大部分量化分析在方法论上存在着一些明显的缺陷。比如多数文献在分析中没有考虑到参数随时间可能发生结构性改变。在分析的时间区间内，如果由于政策改变或其他外生冲击造成参数的结构性改变，忽略这种结构性变化就不

　　① 王晓春：《资本流动程度估计方法及其在发展中国家的应用》，《世界经济》2001 年第 7 期。金荦：《中国资本管制强度研究》，《金融研究》2005 年第 12 期。雷达、赵勇：《中国资本账户开放程度的测算》，《经济理论与经济管理》2008 年第 5 期。

　　② 张斌：《人民币均衡汇率：简约一般均衡下的单方程模型研究》，《世界经济》2003 年第 11 期。何德旭、姚战琪、余升国：《资本流动性：基于中国及其他亚洲新兴国家的比较分析》，《经济研究》2006 年第 9 期。

能保证估计参数的一致性，得到的结论也就存在问题。[①]

二　短期资本流动的测度

关于短期资本流动的定义，国内外学术界并未达成一致意见。狭义的概念认为，短期资本流动即是通常所说的"热钱"。一般将国际资本流动中投机性较强的短期资本称为热钱，如《新帕尔格雷夫经济学大辞典》的定义。在实际中，资本的投机性和投资性并不容易区分，如 QFII 中投资资金的投机性也非常显著。因此，投机性不能作为热钱在统计意义上的特性。国内关于短期资本流动的研究一般采用相对广义定义，即"国际收支表中不能被经常账户、FDI 账户解释的资本流动"。[②]

国内学者主要采用三种方法来测算短期国际资本流动，分别是直接法、间接法与混合法。直接法是指通过用一国国际收支平衡表中的几个项目直接相加而得到短期国际资本流动规模的方法。间接法又称余额法（Residual Method），是指用外汇储备增量减去一国国际收支平衡表中的几个项目而得到短期国际资本流动规模的方法。混合法实质上是直接法与间接法的结合，计算公式为"短期国际资本流入 = 误差与遗漏项（流入） − 本国居民除 FDI 之外的对外债权增量 − 债务增量与该国国际收支平衡表中外债增量之差 + 产生国际平均收益的对外债权额"。

用直接法来计算中国面临的短期资本流动规模的一类文献，杨胜刚、刘宗华直接计算了中国面临的短期国际资本流动，即"误差与遗漏项（流入） + 私人非银行部门短期资本流入"。杨海珍、陈金贤选用修正了的直接测量方法对中国 1987 年以来资本外逃规模进行了估计。估计结果表明，进入 20 世纪 90 年代以来，中国资本外逃的规模和增长率都十分惊人。1997 年中国资本外逃规模估计达 388 亿美元，占当年实际利用外资额的近 60%，资本外逃额占 GDP 的比重甚至超过了 1994—1995 年处于金融危机中的墨西哥和 1997 年处于金融危机中的韩国。刘莉亚剔除了私人非银行部门短期资本流入，同时增加了进出口伪报额以及隐藏在贸易顺差与经常转移中的短期国际资本。该文判断隐藏在贸易顺差与经常转移中的

[①]　王信：《中国资本管制有效性辨析》，《国际金融研究》2008 年第 8 期。
[②]　张明：《当前热钱流入中国的规模与渠道》，《国际金融》2008 年第 7 期。

异常资本流动的方法是看当期指标值对历史移动平均值的偏离。[①]

　　另一类文献，则是直接将研究者认为包含短期资本流动的几个项目直接相加。张谊浩、裴平、方先明运用 1996—2005 年的统计数据，对中国的短期国际资本流入及其动机进行实证研究，研究表明，中国的短期国际资本流入总量与国内外利率比具有显著的正向关系，资本和金融项目下证券投资贷方余额与价格比之间也存在显著的正向关系，资本和金融项目下其他投资中短期投资贷方余额加净误差与遗漏项目贷方余额之和与汇率比之间存在显著的负向关系，而与价格比之间则存在显著的正向关系。同时，外逃资本的回流也是构成短期国际资本流入的重要组成部分。唐旭、梁猛提出了所谓"长线投机资金"的概念，并将其定义为"外资企业利润 + FDI 折旧 − 投资收益汇出 + 外资企业新增外债"。[②]

　　间接法是用外汇储备增量减去国际收支表中的几个项目，得到对短期国际资本流动的估计。这种方法的暗含假定是，减去的几个项目中都不含有短期国际资本流动，而除这几个项目之外的其他项目均为短期国际资本流动。一般而言，间接法容易高估短期国际资本流动规模。因此，对间接法的改进通常是扣减更多的项目。

　　最简单的间接法是"外汇储备增量—贸易顺差—FDI 净流入"。王世华和何帆对中国短期资本流动的规模、影响资本流入和流出的主要因素等进行分析。结果表明，在长期内利差和人民币预期升值率都是影响中国短期资本流动的主要因素，但是人民币升值预期的影响更加重要。陈学彬、余辰俊、孙婧芳实证分析了 2000 年至 2007 年年初中国国际资本流动的情况，考察了利差、通胀、汇率预期以及中国经济增长和股票市场发展等因素对不同性质资本流动的影响。实证分析显示，中国经济的高速发展和人民币稳步升值有利于吸引外国资本对中国进行直接投资，而人民币升值预期的加强和资本市场的蓬勃发展对短期资本的流入套利具有较强的吸引力，中外利差对短期资本也有一定的影响。修晶、张明运用间接法对中国

───────────────

　　① 杨胜刚、刘宗华：《资本外逃与中国的现实选择》，《金融研究》2000 年第 2 期。杨海珍、陈金贤：《中国资本外逃：估计与国际比较》，《世界经济》2000 年第 1 期。刘莉亚：《境外热钱是否推动了股市、房市的上涨？——来自中国市场的证据》，《金融研究》2008 年第 10 期。

　　② 张谊浩、裴平、方先明：《中国的短期国际资本流入及其动机——基于利率、汇率和价格三重套利模型的实证研究》，《国际金融研究》2007 年第 9 期。唐旭、梁猛，《中国贸易顺差中是否有热钱，有多少》，《金融研究》2007 年第 9 期。

1991—2000 年的资本外逃规模进行了测算，测算结果表明，90 年代我国资本外逃的绝对数量和增长速度都很惊人，在 1998 年我国资本外逃数量达到峰值。[1]

在运用间接法计算短期资本流动时，最重要的是准确计算外汇储备增量，这直接关系到分析结果是否可靠。

首先需要考虑剔除汇率变动产生的估值效应。由于外汇储备增量中包含了主要货币汇率变动造成的估值效应以及储备资产海外投资收益，这两部分增量都并非真正的资本流入，因此在计算短期资本流动时应该予以剔除。刘莉亚用外汇占款增量来替代外汇储备增量。王世华与何帆、张明、张明与徐以升均从外汇储备增量中扣除了汇率变动的估值效应与储备资产的海外投资收益。[2]

其次需要考虑到中国央行参与了运用外汇储备资产对商业银行进行注资、与财政部特别国债进行资产置换以建立中投公司、要求商业银行用美元缴纳法定存款准备金等交易。这些交易降低了当期外汇储备增量，在计算短期资本流动时应该纳入考虑范围。王世华、何帆以及张明与徐以升在运用间接法时，均在当期外汇储备增量上加上了上述外汇储备的运用规模。

最后需要考虑到当期中国国内金融机构与企业的资本外流。在运用间接法时，应该在外汇储备增量上加入上述资本外流规模。在通行间接法公式"外汇储备增量—经常项目盈余—FDI 净流入—外债净流入"的基础上，杨海珍、陈金贤加入了商业银行海外净资产增量与对外贸易信贷；李庆云、田晓霞结合中国的实际情况对世界银行的余额法进行了一系列的调整，包括对资金来源项高报和低报部分的估算和调整；对正常的资本流出部分的剔除；对居民境内外币资产的剔除；以及对余额法漏计的进出口误报部分进行了仔细的估算和调整。结果表明：1982—1999 年中国传统意义上的资本外逃额累计约达 2328.65 亿美元。任惠分析了我国资本外逃的主要动机、方式和渠道。运用间接法对 1997—1999 年我国资本外逃的规

---

① 王世华、何帆：《中国的短期国际资本流动：现状、流动途径和影响因素》，《世界经济》2007 年第 7 期。陈学彬、余辰俊、孙婧芳：《中国国际资本流入的影响因素实证分析》，《国际金融研究》2007 年第 12 期。修晶、张明：《中国资本外逃的规模测算和因素分析》，《世界经济文汇》2002 年第 1 期。

② 张明、徐以升：《全口径测算中国当前的热钱规模》，《当代亚太》2008 年第 4 期。

模进行了测算。①

甄别贸易顺差中隐含的短期资本流动的方法，是通过中国统计的对贸易对手的进出口规模与贸易对手统计的对中国的进出口规模进行对照，从中发现进出口高低报（转移定价）中隐含的短期资本流动。李庆云与田晓霞、李晓峰、任惠等均采用了这种方法进行调整。

其他文献则采用了另外一些方法来测算贸易顺差中隐含的短期资本流动。林松立指出，贸易顺差中的热钱主要来自加工贸易，而加工贸易的顺差与出口比率较为稳定，因此以未发生大规模热钱流动时期的顺差与出口比率为基准，可以计算其他时期的正常贸易顺差。张明、徐以升计算了2003—2008 年第 1 季度流入中国的热钱规模。在对外汇储备增加额进行调整时，综合考虑了汇率变动、储备投资收益、央行对中投公司的转账、央行对国有银行及券商的注资、商业银行以美元缴纳本币法定存款准备金等因素。此外，还计算了同期内热钱在中国国内可能获得的投资收益。计算结果显示，2003—2008 年第 1 季度流入中国的热钱合计 1.20 万亿美元，热钱利润合计 0.55 万亿美元，二者之和为 1.75 万亿美元，约为 2008 年 3 月底中国外汇储备存量的 104%。姚枝仲用中间投入增长率来估算真实贸易增长率，超过真实贸易额的名义贸易额被视为贸易顺差中隐藏的资本流动。指出，升值预期的存在和贸易顺差的突然大幅度增加同时存在的现象并不能作为贸易顺差中大部分是热钱的判断基础。贸易顺差中虽然可能有热钱，但是热钱并不是主要的。贸易顺差的大幅度增加是国内产业发展和对外贸易格局发生较大变化的体现。贸易顺差中热钱较少，并不意味着通过虚假贸易与贸易相关项流入的热钱少。可能仍然存在大量海关没有统计到的虚假贸易，或者大量通过贸易相关项流入的热钱。②

针对 FDI 中隐含的短期资本流动，张明以及张明、徐以升假定 FDI 中隐藏的资本流动为各年 FDI 税后利润与折旧之和（假定为上年 FDI 余额的 20%）减去汇出的投资收益。

相对于使用直接法与间接法的文献，采用混合法计算中国面临的短期国际资本流动的文献较少。李扬采用"国际储备资产 + 库存现金 − 国际

---

① 杨海珍、陈金贤：《中国资本外逃：估计与国际比较》，《世界经济》2000 年第 1 期。李庆云、田晓霞：《中国资本外逃规模的重新估算：1982—1999》，《金融研究》2000 年第 8 期。任惠：《中国资本外逃的规模测算和对策分析》，《经济研究》2001 年第 11 期。

② 姚枝仲：《真实贸易顺差，还是热钱？》，《国际经济评论》2008 年第 4 期。

资本往来（净）–错误与遗漏（正）"来计算资本流入，且上述所有数据来自资本流量表。王信、林艳红根据国际收支平衡表，并考虑统计误差和资本流动的复杂性，对1990—2004年我国非直接投资形式资本流动的规模进行测算。总体来看，国际热钱的流入是有限的，但国内机构、企业和个人的短期资本流动也可能带来负面影响。[①]

总体而言，对短期国际资本（包括热钱）流动的规模估算一直争议较大。事实上，正如上文所展示的那样，没有一种方法是非常严谨和完美的，具体采用哪种测算方法取决于分析问题的侧重点。

三 国际资本流动的动因

国内有大量文献研究了吸引短期国际资本流入中国的因素，发现中外利差、人民币升值预期、股票价格涨幅与房地产价格涨幅是主要的诱因。从研究方法上来看，主要采用了简单最小二乘法（OLS）、广义矩方法（GMM）、Granger因果检验、协整分析、向量误差修正模型（VECM）、向量自回归模型（VAR）等方法。

汪洋运用简单OLS方法研究了1982—2002年中国资本流动的决定因素，发现在我国不仅仅是单向的资本流出，而且存在资本内流进行套利的情况，这种状态使得说明我国对资本账户的管制趋于无效。我国资本流动的特征呈现出双向、周期性、无风险套利性和非均衡性。刘立达运用简单OLS方法分析了1982—2004年中国国际资本流动的决定因素。其研究发现，各种类型的资本流入之和对利差、实际有效汇率与中外GDP增长率之差均不敏感。相比之下，直接投资与上述解释变量之间的联系更为紧密。王琦构建了我国国际资本流动影响因素的模型。对利率、汇率、通货膨胀率、开放度以及政策变量等因素对我国国际资本流动的影响进行了计量分析，其结论为，对国际资本流动的影响因素按由强至弱排序分别为汇率、外汇市场并轨、经济开放度与利率。[②]

孙涛、张晓晶运用简单OLS回归研究了1993—2004年香港与内地跨

---

① 王信、林艳红：《90年代以来我国短期资本流动的变化》，《国际金融研究》2005年第12期。

② 汪洋：《中国的资本流动：1982—2002》，《管理世界》2004年第7期。刘立达：《中国国际资本流入的影响因素分析》，《金融研究》2007年第3期。王琦：《关于我国国际资本流动影响因素计量模型的构建和分析》，《国际金融研究》2006年第6期。

境资金流动的影响因素，发现两地间的资金流动一定程度上突破了内地资本管制的"防火墙"，两地经济增长率、利率和股市差异、人民币币值变动预期、两地制度规则变化、两地金融管理制度和发达程度的差异影响两地资金流动。黄济生、罗海波在考虑国际收支平衡表正常统计项目的基础上，通过对隐藏在贸易、直接投资等渠道中的资本流动进行合理调整，估算出中国金融资本流出流入规模。并且用简单 OLS 方法研究了导致通过贸易伪报、FDI 等渠道流入中国的隐性资本的决定因素，结果表明，中国正经历着金融资本的双向流动，且隐性资本流动占据主导地位。经济发展和人民币升值预期是影响资本流动的重要因素，放松资本管制在短期内难以缓解升值压力，长期内国内金融市场深化将促进金融资本有序正常流动。①

　　冯彩以 1994 年至 2007 年的年度数据为基础进行了 Granger 因果关系检验，发现经济增长率、人民币汇率变动与中外利差是国际资本流入的原因，而国际资本流入是人民币汇率变动的原因。丁志杰、杨伟、黄昊通过构建境外汇款与中国宏观经济变量之间的协整方程，实证分析境外汇款流入的影响因素。研究表明，境外汇款流动是顺经济周期的，人民币升值压力是影响境外汇款流入的重要因素。由于我国利率没有完全市场化，利差对境外汇款影响较小。顺经济周期性一方面对境外汇款的利他性提出了质疑，另一方面也表明境外汇款流入具有很强的投机性。②

　　张谊浩、沈晓华基于多重套利模型解释国内人民币升值、股票价格上涨和热钱流入之间存在的互动关系，并结合样本数据通过 Granger 因果关系对人民币升值、股票价格上涨和热钱流入的关系进行了实证检验。认为人民币升值和上证综合指数上涨是热钱流入中国大陆的原因，但热钱流入不是人民币升值和上证综合指数上涨的原因。张谊浩、裴平、方先明运用 Granger 因果检验与协整分析研究了 1996 年至 2005 年中国短期国际资本流入的诱因，研究发现：短期国际资本流入总量与中外利率之比有显著的

　　① 孙涛、张晓晶：《跨境资金流动的实证分析——以香港路径为例》，《金融研究》2006 年第 8 期。黄济生、罗海波：《我国隐性资本流入的影响因素实证研究》，《世界经济研究》2008 年第 6 期。

　　② 冯彩：《我国短期国际资本流动的影响因素——基于 1994—2007 年的实证研究》，《财经科学》2008 年第 6 期。丁志杰、杨伟、黄昊：《境外汇款是热钱吗？——基于中国的实证分析》，《金融研究》2008 年第 12 期。

正向关系，资本与金融项目下证券投资贷方余额与中外价格之比有显著的正向关系，资本与金融项目下其他投资中短期投资贷方余额加净误差与遗漏项贷方余额之和与中外汇率之比有显著的负向关系，而与中外价格之比有显著的正向关系。①

陈学彬、余辰俊、孙婧芳通过建立中国长期和短期资本流入的协整方程，实证分析了 2000 年至 2007 年年初中国国际资本流动的情况，考察了利差、通胀、汇率预期以及中国经济增长和股票市场发展等因素对不同性质资本流动的影响。实证分析显示，中国经济的高速发展和人民币稳步升值有利于吸引外国资本对中国进行直接投资，而人民币升值预期的加强和资本市场的蓬勃发展对短期资本的流入套利具有较强的吸引力，中外利差对短期资本也有一定的影响。②

王世华、何帆通过 VECM 模型分析了中国短期国际资本流动的决定因素，发现在长期内利差和人民币预期升值率都是影响中国短期资本流动的主要因素，但是人民币升值预期的影响更加重要。刘莉亚构建了"热钱"与国内资产价格之间存在内生关系的理论模型，并在此基础上进行了实证分析，结果发现，"热钱"的涌入的确显著地推动了住宅价格尤其是豪华住宅价格指数的上升，并且住宅价格指数变化率的波动中有约 20% 是由于境外"热钱"发生异动所致，但这些境外"热钱"对股票指数变化的影响并不具备统计显著性。③

上述文献较全面地分析了我国短期资本流动的决定因素，但是也存在一些不足：第一，国内研究大多聚焦于对国内拉动因素的研究，考虑到国外驱动因素的文献很少；第二，不少研究以年度数据分析为基础，由于时间序列较短，不得不覆盖了 20 世纪 80 年代与 90 年代的数据，然而自 2000 年以来的十余年中，中国股票市场、房地产市场、外汇市场与货币市场均经历了快速的制度变革。为提高研究的准确性与预测能力，采用最

① 张谊浩、沈晓华：《人民币升值、股价上涨和热钱流入关系的实证研究》，《金融研究》2008 年第 11 期。张谊浩、裴平、方先明：《中国的短期国际资本流入及其动机——基于利率、汇率和价格三重套利模型的实证研究》，《国际金融研究》2007 年第 9 期。

② 陈学彬、余辰俊、孙婧芳：《中国国际资本流入的影响因素实证分析》，《国际金融研究》2007 年第 12 期。

③ 王世华、何帆：《中国的短期国际资本流动：现状、流动途径和影响因素》，《世界经济》2007 年第 7 期。刘莉亚：《境外热钱是否推动了股市、房市的上涨？——来自中国市场的证据》，《金融研究》2008 年第 10 期。

近年度的月度数据应该效果更好；第三，从研究方法上来看，由于短期国际资本流动、利率、汇率、资产价格等时间序列均可能是非平稳时间序列，因此用简单 OLS 回归分析可能出现偏差。

四　国际资本流动对国内宏观经济的影响

随着我国资本账户开放进程的推进，国内一些学者开始探讨资本账户开放与金融稳定的关系问题。具体可以从以下四个方面分析国际资本流动对国内金融稳定的影响。

第一，资本账户开放与金融稳定的关系。亚洲金融危机之后，国内学者非常重视资本账户开放与国内金融稳定之间的关系。张礼卿认为发展中国家在资本账户开放的过程中，金融部门可能会出现不稳定的状况甚至会出现混乱。高海红认为在资本账户开放缺乏可持续的前提条件下，激进地开放资本账户是导致金融危机的直接原因。戴任翔的研究表明，发展中国家是带着银行脆弱性问题来迎接资本账户开放这一挑战，资本账户开放后，国际资本流入和宏观经济变量的变动都会对银行体系的稳定性产生威胁。随后，我国无限期推迟了原定于 2000 年开放资本账户的计划。[①]

第二，国际资本流动对中国货币政策的影响。中国科学院研究生院国际资本流动研究课题组认为，包括国际资本流入在内的外汇储备的快速积累使得外汇占款成为基础货币投放的主渠道，制约了中国货币政策的独立性，由于外汇占款的不断增加，为治理流动性和控制货币信贷增长而采取措施成为中央银行货币政策的主要任务，破坏了货币政策的稳定性基础。曹勇分析了 1994 年以来资本流动对我国货币政策和宏观经济运行产生的影响。在开放经济的"三元冲突"中，中国选择了固定汇率、较严格的资本管制和较大的货币政策独立性，即用少量货币政策独立性的丧失换取有限度的资本流动。但在这种组合下，随着我国资本流动规模的扩大，货币政策独立性也将进一步丧失。对于中国，货币政策的自主权至关重要，除非有能力继续维持更严格的资本管制，否则我国必须逐步扩大汇率的浮

---

①　张礼卿：《论发展中国家的资本账户开放》，《国际金融研究》1998 年第 3 期。高海红：《资本项目自由化：模式，条件和泰国经验》，《世界经济》1999 年第 11 期。戴任翔：《论发展中国家资本帐户开放过程中的银行稳定性问题》，《国际金融研究》1999 年第 2 期。

动区间。①

第三，国际资本流动对人民币汇率的影响。奚君羊认为，目前我国的资本流动性依然较低，其主要原因是制度性的限制措施及金融体系不够发达造成资产替代性较差。我国资本流动的主要形式是直接投资而不是证券投资，因此，资产市场的调整速度较慢。由于存在非正式的甚至是非法的资本流动，仅仅根据资本项目差额进行分析必然低估资本流动的实际规模。我国的利率变动、汇率预期等因素对人民币汇率的影响虽然因较低的资本流动性而受到削弱，但仍然存在。随着我国对资本流动限制的逐步放宽及金融体系的不断发展，证券投资的重要性将日益提高，资本流动性将有显著的改善。为了适应资本流动对人民币汇率影响的日渐加深，人民币汇率制度应向更有弹性的安排过渡。关于国际资本流动对人民币汇率的定量影响，施建淮和余海丰及谷宇、高铁梅和付学文分别进行了实证，证明外资流入确实对人民币汇率形成了升值压力。②

第四，关于国际资本流动对人民币资产市场包括房地产市场和股票市场的影响，刘莉亚建立了热钱与国内资产价格之间存在内生关系的理论模型，利用向量自回归模型（VAR）进行实证分析后发现热钱的确显著地推动了住宅价格，尤其是推动了豪华住宅价格指数的上升。文中建立的系统中，境外热钱流入可以解释20%的房价波动，但对股票指数并没有显著影响。梅鹏军、裴平在对"热钱"的内涵进行辨析的基础上，提出"外资潜入"的概念，分析外资潜入的目的和渠道，并对1994—2007年外资潜入的规模进行测度，进而实证检验外资潜入对中国股市的冲击。研究发现，外资潜入规模较大，流动速度加快，反转性强；外资潜入与国内股票价格正相关，即外资潜入会推动国内股价上涨，当外资潜入出现反转时，则会引起国内股价下跌。③

---

①　中国科学院研究生院国际资本流动研究课题组：《2008年国际资本流动展望：全球与中国》，《中国金融》2008年第2期。曹勇：《国际货币基金组织贷款的政治经济学分析：模型与案例》，《国际政治研究》2005年第4期。

②　奚君羊：《资本流动对人民币汇率的影响》，《国际金融研究》2002年第2期。施建淮、余海丰：《人民币均衡汇率与汇率失调：1991—2004》，《经济研究》2005年第4期。

③　梅鹏军、裴平：《外资潜入及其对中国股市的冲击——基于1994—2007年实际数据的分析》，《国际金融研究》2009年第3期。

第五节　国际金融监管研究

中国学者对于金融监管的研究大体分为三个阶段。第一阶段始于 20 世纪 80 年代中期，延续到 90 年代前期，这一时期的研究成果较少，且主要是"拿来主义"模式，谢佩苓、陈宪生、胡波、施倞、周靖、刘建红等人相继介绍了发达国家金融监管的经验，重点关注巴塞尔协议的内容、特点、实施方式及其对中国银行业的影响。第二阶段从 90 年代中期开始，一直到 2008 年全球金融危机爆发前，中国学者开始全面、深入地研究本国的金融监管问题，范围涵盖了全部金融市场和机构的监管。2008 年金融危机爆发后，我国的金融监管研究进入到第三阶段，与国际上最新的监管研究完全同步，对宏观审慎监管、银行与影子银行体系、国内监管架构以及国际监管协调等问题进行了热烈讨论。①

本节根据 2008 年金融危机后国际学术界对于金融监管的重点关注领域进行分类，对中国学者的研究进行归纳和述评。

一　宏观审慎监管

1986 年，国际清算银行报告《近期国际银行业的创新活动》正式提出了宏观审慎监管的概念，但是这一理念得到学术界的关注，则是在 20 世纪 90 年代后期。直到 2008 年全球金融危机爆发，宏观审慎监管才真正成为金融监管的核心理念和首要目标。

巴曙松、王璟怡、杜婧认为，宏观审慎监管可分为两大维度：时间维度和空间维度，前者考察系统总风险如何随时间而发展变化，后者关注特定时间内，风险在不同金融机构之间的分布。同时他们指出，针对前一维度，监管当局需要建立逆周期的自动稳定器机制；而对于后者，则需要监管当局运用自由裁量权对不同金融机构实行自上而下的差异化干预。李文泓则将宏观审慎监管的研究集中于逆周期监管上，他指出，宏观审慎监管

① 谢佩苓：《国际银行监督》，《国际金融研究》1984 年第 1 期。陈宪生：《应重视巴塞尔协议的实施》，《国际金融研究》1989 年第 2 期。胡波：《日本、美国和西欧如何实施巴塞尔协议》，《国际金融研究》1990 年第 11 期。施倞、周靖：《关于西方国家金融监管的若干问题》，《国际金融研究》1990 年第 4 期。刘建红：《巴塞尔协议与我国银行业》，《金融研究》1992 年第 8 期。

的重要任务就是解决顺周期问题，一方面是降低系统的顺周期，另一方面还要引入逆周期工具，如逆周期资本要求、前瞻性资本拨备等，从而建立系统的逆周期特性，缓解系统性风险的积累。苗永旺、王亮亮进一步分析了宏观审慎监管的实施策略，包括压力测试、宏观审慎指标和早期预警指标、宏观审慎的校对工具三方面，并指出，对系统重要性机构的风险识别和监管应是未来关注的重点。[①]

上述研究都是采用定性的方式对宏观审慎监管进行探讨。而对于系统性风险的早期预警，则是宏观审慎监管的定量研究最为集中的领域，其成果较为丰富。

刘志强设计了一套包含国内金融机构资产质量、经营稳健性、信贷增长、利率和汇率等指标在内的金融危机预警体系，并对 1994 年墨西哥金融危机和 1997 年东南亚金融危机进行了模型检验，具有良好效果，但是其不足在于指标临界值的选取上客观性不足。史建平和高宇利用国际主流的金融危机预警模型 KLR 模型对新兴市场国家现阶段的金融危机做了实证检验，结果显示 KLR 模型的预警绩效较好，可以用于进一步的预警研究。由于该研究没有进行样本外检验，因此无法判断模型的预测能力。苏冬蔚、肖志兴综合使用非参数 KLR 模型和 Logit 模型，根据中国、韩国、泰国、马来西亚、印度尼西亚和菲律宾亚洲六国宏观数据进行实证分析，发现国内信贷规模与 GDP 的比率、广义货币 M2 与外汇储备的比率、实际产出增长率和外汇储备增长率对防范我国金融危机具有重要的预警作用，同时本文利用该模型对 1997 年东南亚金融危机进行样本内检验，并对 2009 年全球金融风暴和经济危机进行样本外检验，均取得了较好的检验效果。[②]

与此同时，一些学者仍然以定性的方式对系统性风险的成因和防范进行了较为全面的分析。张晓朴指出，金融市场的根本缺陷、金融机构的内

①　巴曙松、王璟怡、杜婧：《从微观审慎到宏观审慎：危机下的银行监管启示》，《国际金融研究》2010 年第 5 期。李文泓：《关于宏观审慎监管框架下逆周期政策的探讨》，《金融研究》2009 年第 7 期。苗永旺、王亮亮：《金融系统性风险与宏观审慎监管研究》，《国际金融研究》2010 年第 8 期。

②　刘志强：《金融危机预警指标体系研究》，《世界经济》1999 年第 4 期。史建平、高宇：《KLR 金融危机预警模型研究——对现阶段新兴市场国家金融危机的实证检验》，《数量经济技术经济研究》2009 年第 3 期。苏冬蔚、肖志兴：《基于亚洲六国宏观数据的我国金融危机预警系统研究》，《国际金融研究》2011 年第 6 期。

在脆弱性、金融监管放松和难度加大、宏观经济周期和调控失误、市场主体的非理性等问题均是造成系统性风险的因素。他还认为，由于系统性风险的测度相当困难，监管机构的意见不一且缺乏足够的勇气，以及监管授权的有限性，都导致对于系统性风险的预防面临着极大的挑战性。毛奉君则专门针对系统重要性金融机构进行了分析，提出这些机构带来的系统风险主要表现在道德风险进一步加剧、阻碍金融体系公平竞争、推动市场机构过度集中风险三个方面，并指出中国对于系统重要性机构的界定应主要依据资产规模，同时参考资产余额与 GDP 的占比。[①]

在宏观审慎监管的研究领域，一个热点问题是货币政策与宏观审慎监管的协调。2008 年金融危机前，多数发达国家的央行并不把宏观审慎监管作为自身的职责，国外学术界也倾向于将金融监管与货币政策两项职能充分分离。全球金融危机的爆发改变了这一主流观念，在政策执行领域，很多发达国家的央行重新担负起宏观审慎监管的重任，但是在学术研究领域，对于二者的关系和分工协调仍然有诸多争议。而在国内，对这一问题的看法也表现出类似的变化趋势。胡哲一认为，金融监管必须为制定和实施货币政策服务，前者是后者得以成功实施的基础。这一观点实际上反映出 20 世纪 90 年代我国央行同时肩负货币政策和金融监管双重职责的大背景。但是，胡哲一的研究并没有涉及金融监管与货币政策之间可能存在的冲突。钱小安的研究则深入分析了货币政策和金融监管之间的冲突、分工与合作，他认为，由于货币政策和金融监管都存在各自的专业性，因此两者之间存在职能分离的需要，特别是在金融开放的条件下，如果两者统一在中央银行，会产生如下问题：一是央行的"最后贷款人"职责会加强道德风险，二是会影响央行声誉，三是会增强通胀预期。因此钱小安认为需要将金融监管职能从央行剥离。何德旭指出，中国将银行监管从央行剥离，其理由之一是央行在执行货币政策和实施金融监管两方面存在角色冲突，但是在发展中国家，银行监管和货币政策在具体执行和操作层面上具有高度的一致性。因此，银监会分立后的银行监管与货币政策的协调就显得十分重要，必须在货币政策和银行监管之间作出明确的制度安排，以保证二者之间既相互独立，又能信息共享和有效协调。熊丹、郑亚萍、石慧

---

① 张晓朴：《系统性金融风险研究：演进、成因与监管》，《国际金融研究》2010 年第 7 期。毛奉君：《系统重要性金融机构监管问题研究》，《国际金融研究》2011 年第 9 期。

则通过国内 15 家商业银行 1998—2010 年的数据，对银行监管与货币政策之间的关系进行了实证检验，研究结果表明，资本充足率要求等金融监管政策具有典型的顺周期性效应，从而使得逆周期的货币政策调整与金融监管要求之间出现冲突，这一冲突将显著弱化宏观调控的预期效果。可以看出，货币政策与金融监管的协调始终是难点问题，是摆在学术界和决策者面前的一个挑战。[①]

二　银行业与影子银行体系监管

在全球金融危机爆发前，对于金融机构监管的讨论，重点在银行，因为银行对任何一个国家而言，都是金融系统的核心。但是，出人意料的是，2008 年的危机肇始于美国的影子银行体系，这使得针对影子银行的监管迅速成为政府和学术界关注的焦点。事实上，银行和影子银行的联系是非常紧密的，对于两者的监管往往是一个问题的两面。因此，本节将两者的监管放在一节当中论述。

巴塞尔协议是国际金融监管当中最具影响力的全球性规则，因此国内对于银行业监管的研究多数集中在巴塞尔协议方面。黄宪、王露璐从全球金融危机爆发的原因分析入手，反思了巴塞尔协议 II 的缺陷并指出，尽管巴塞尔协议在提高银行业风险管理水平上功不可没，但是该协议倡导的以资本充足率为导向的金融监管却出现了三个未曾预料的负面效应，即"监管套利效应"、"信贷紧缩效应"和"亲经济周期效应"。它们在客观上参与酿成这场特殊的金融危机，并推动了金融危机向经济危机的转化。钟伟、谢婷则对 2010 年 9 月新出台的巴塞尔协议 III 进行了全面分析，认为新协议改善了原有协议的资本框架和资本充足率要求，强调了普通股的重要性和逆周期审慎的重要性，并引入防范系统性风险和流动性风险的新指标，降低了金融行业的经营杠杆，有可能推动全球金融新一轮的改革和增资进程。范小云、王道平也给出了类似的研究结论，他们深入剖析了巴塞尔 III 在银行业监管方面改进的原因与具体进展，同时指出，巴塞尔协议 III 在微观审慎监管领域主要从资本要求的质量和一致性以及透明度、风险覆盖、

---

① 胡哲一：《谈谈货币政策与金融监管的关系》，《中国金融》1996 年第 5 期。钱小安：《金融开放条件下货币政策与金融监管的分工与合作》，《金融研究》2002 年第 2 期。何德旭：《金融监管：世界趋势与中国的选择》，《管理世界》2003 年第 9 期。熊丹、郑亚萍、石慧：《货币政策与金融监管的冲突与治理》，《宏观经济研究》2013 年第 4 期。

杠杆率要求、流动性要求等方面进行了改进，在宏观审慎监管领域则从实施银行业逆周期监管和强化对系统重要性银行的监管两方面着手。[①]

上述研究都是对巴塞尔协议的总体性分析。国内还有一些学者，则对巴塞尔协议及相关的银行业监管问题进行了更为细致的模型研究和定量分析。王力伟、刘红梅、蒋勇对 Basel Ⅱ 和 Basel Ⅲ 所使用的渐近单风险因子模型（ASRF）内在的原理及其局限性进行了深入分析，指出 ASRF 模型存在着低估潜在信用风险的可能性，在某些情况下可能对银行管理产生误导作用，第一支柱和第二支柱的实施如果不能同步推进还可能会导致监管套利。作者认为，监管当局和商业银行应该充分认识到这些局限性，进一步优化和完善 ASRF 模型，更好地将其应用于审慎监管和银行内部经营管理。苗文龙利用滤波法、谱密度分析法以及 SWA RCH 法检验中国银行体系的波动特征及其与通货膨胀周期的内在逻辑，发现无论是计划经济还是市场经济，银行信贷都具有顺物价周期特征；银行职工规模波动与物价周期具有较高置信水平的关联性，表明银行经营规模具有亲通胀波动特征；随着体制转化，银行资本波动的逆物价波动周期特征逐渐显现。该研究为银行监管与货币稳定提供了重要思路。张雪兰、何德旭基于中国 2000—2010 年的经济金融数据，应用动态面板系统广义矩法，考察我国货币政策立场对银行风险承担的影响。结果显示，货币政策立场显著影响银行风险承担，且受市场结构及商业银行资产负债表特征的影响。在此基础上，作者提出，应建立和完善逆风而行的货币信贷动态调控机制，将银行间同业拆借平均利率、规则利率与真实利率之差纳入政策制定者的信号响应范围，考量银行信贷投放与社会经济主要发展目标的偏离程度，实现总量调节和防范宏观风险的有机结合。[②]

中国在 2008 年全球金融危机之后，本国的影子银行体系出现了快速发展，其潜在风险和监管方式受到了国内学者的高度关注。张明通过分析

①　黄宪、王露璐：《反思金融危机中的巴塞尔协议》，《国际金融研究》2009 年第 9 期。钟伟、谢婷：《巴塞尔协议Ⅲ的新近进展及其影响初探》，《国际金融研究》2011 年第 3 期。范小云、王道平：《巴塞尔协议Ⅲ在监管理论与框架上的改进：微观与宏观审慎有机结合》，《国际金融研究》2012 年第 1 期。

②　王力伟、刘红梅、蒋勇：《Basel Ⅱ 渐近单风险因子模型的局限性及其修正》，《国际金融研究》2012 年第 5 期。苗文龙：《中国银行体系亲周期特征与金融稳定政策》，《数量经济技术经济研究》2010 年第 1 期。张雪兰、何德旭：《货币政策立场与银行风险承担》，《经济研究》2012 年第 5 期。

中国式影子银行的界定、成因和发展模式，指出中国式影子银行是金融抑制环境下的自发性金融创新行为，有助于克服制度缺陷、提高资源配置效率。它虽然缓解了宏观调控对企业层面的不利冲击，但同时降低了央行的货币政策效力。文章认为，中国政府应该加强对影子银行体系的监管与信息披露要求，厘清各方权责关系以打破刚性兑付格局，加快金融改革步伐以降低套利空间。肖立晟认为，当前理财产品风险总体可控，但存在一定程度的流动性风险和信用违约风险，未来需要进一步合理完善金融监管制度，强化信息披露，明确各相关方的法律关系，引导银行理财产品市场创新发展。陈思翀指出，中国的信托产品以贷款信托等债务类信托产品为主，并且具有期限较短、收益率较高、产品信息不甚透明、损失分担不够明确等特征，金融监管当局应从长效监管机制和危机管理两方面入手，加强监管的同时促进信托业的长期稳定发展。刘东民研究了中国影子银行最重要的基础资产——城投债，指出目前中国城投债市场尚不存在系统性风险，其主要的潜在风险在于零违约记录和收益率错配。文章认为，从防范系统性金融风险的角度来看，中短期内监管当局应允许城投债出现局部违约，要求城投债发行主体所在省份的投资者持有一定比例的该项债券，在中长期应把城投债转变为真正的地方政府债。可以看出，国内学者对于中国影子银行的发展，大多建议采取堵疏结合、引导其健康持续发展的监管模式，而打破影子银行产品的刚性兑付，也是国内研究的一致结论。[1]

三　监管制度与国际监管协调

在金融监管的政策制定方面，监管制度的选择与优化是极其重要也颇有难度的领域。特别是在国际金融监管的跨国协调方面，由于缺乏超主权而有执行力的监管实体，各国间的监管协调成为后危机时代的一个重大挑战。正因为如此，学术研究对于监管制度的选择与改进赋予了高度关注。

陆磊建立了一个二层次非对称信息委托代理模型分析我国金融监管决策，其研究结论是，当前的金融机构体系呈现由少数机构垄断的特点，因

---

[1]　张明：《中国影子银行：界定、成因、风险与对策》，《国际经济评论》2013年第3期。肖立晟：《人民币理财产品：概况、运作、风险与监管》，《国际经济评论》2013年第3期。陈思翀：《中国信托业：特征、风险与监管》，《国际经济评论》2013年第3期。刘东民：《中国城投债：特征、风险与监管》，《国际经济评论》2013年第3期。

而具备形成独立利益集团的必要条件。文章进一步指出，中国金融监管改革的关键在于继续推行透明度建设，逐步放开市场准入管制。蒋海、刘少波通过建立存款人与监管部门、监管当局与金融机构三方的监管博弈模型，对金融监管中的激励问题进行了分析，结果表明，不同的信息结构决定着不同的监管激励水平，从而直接影响着监管效率和社会福利水平。信息不对称程度愈大，监管激励水平愈低，监管效率也就愈低。中国当前金融监管中的主要问题也正是监管者及金融市场的透明度较低而缺乏监管激励所致。可以看出，该文章与上述陆磊的研究，通过不同的模型得出了一致的结论。李成、马国校、李佳应用进化博弈理论透视中国人民银行与三家金融监管机构的监管协调行为，以及对我国金融监管协调效率进行考察，得出的基本结论是，当前我国金融监管协调机制处于低效率状态，监管各方在博弈过程中存在搭便车现象。作者建议，应建立金融监管协调委员会，加强信息共享和强化监管协调的法律约束手段，从根本上改变监管初始状态，为金融监管各方的协调博弈创造良好的制度环境。①

在国际金融监管合作领域，国内学者的研究多数从监管套利和监管竞争的角度入手。陈启清试图通过一个两国博弈模型来为国际金融监管合作寻求理论上的支持，通过模型分析，研究发现在一次博弈的假设下，两监管方的博弈是一个典型的囚徒困境。在更为符合现实的无限次重复博弈中，文章证明了（合作，合作）策略是无限次重复博弈的子博弈完美纳什均衡。也就是说，在长期中，国际金融监管的合作策略将是博弈方最优的策略选择。张金城、李成从金融监管国际合作失衡的视角，以监管制度的成本收益和供需均衡分析为框架，运用净制度负担的一价定律模型和金融监管国际合作博弈模型，探讨了金融监管国际合作不同状态下的监管套利问题。文章还提出了构建具有层次性、区域性的金融监管合作机制，通过国际合作监管来缓解监管竞争，减少和消除监管套利的政策建议。刘东民通过对全球金融危机后流动性过剩状况的分析，结合由前 IMF 总裁康德苏牵头、包括中国央行官员在内的 18 人研究小组近期发表了关于国际货币体系改革的倡议书《康德苏报告》，指出，经济全球化和金融市场的

---

　　① 陆磊：《信息结构、利益集团与公共政策：当前金融监管制度选择中的理论问题》，《经济研究》2000 年第 12 期。蒋海、刘少波：《信息结构与金融监管激励：一个理论分析框架》，《南开经济研究》2004 年第 3 期。李成、马国校、李佳：《基于进化博弈论对我国金融监管协调机制的解读》，《金融研究》2009 年第 5 期。

非理性、非线性特征使得"全球最后贷款人"具有重大价值。中国应当积极推动 IMF 承担最后贷款人职能，并逐步推进全球监督机制的建立，这不仅有助于国际金融稳定，而且将提升中国在国际货币体系当中的话语权，从而更好地维护中国自身的利益。可以看出，国内学者对于国际金融监管合作，不约而同地都给予了高度认同并希望中国政府积极地推进。①

（本章由国际金融研究研究室高海红研究员、刘东民博士、肖立晟博士、李远芳博士、陆婷博士，以及东南政法大学的陈思翀博士共同完成。各节执笔人为：第一节陆婷，第二节李远芳，第三节陈思翀，第四节肖立晟，第五节刘东民。）

---

① 陈启清：《竞争还是合作：国际金融监管的博弈论分析》，《金融研究》2008 年第 10 期。张金城、李成：《金融监管国际合作失衡下的监管套利理论透析》，《国际金融研究》2011 年第 8 期。刘东民：《后危机时代的流动性过剩与全球流动性管理》，《国际经济评论》2011 年第 5 期。

第 三 章

国际贸易

国际贸易学是国际经济学的重要组成部分，也是应用经济学的一个重要分支学科。其研究内容包括国际贸易的基本理论、贸易政策以及国际贸易实务等。作为一门科学，它是随着经济和社会实践的发展而发展的，且与科学技术的发展是同步的。因此，在改革开放前，我国国际贸易学科的发展相当缓慢。改革开放后，随着世界经济全球化趋势和国内经济的快速发展，国际贸易学科终于迎来了发展的春天，学科建设以及在国际理论和政策的研究方面都取得了很大的发展，逐步发展成为立足中国的实际国情，彰显本土特色，放眼全球、满足市场化要求的国际贸易学科。

第一节 具有中国特色的国际贸易
理论的建立和发展

马克思以世界市场的形成为前提，将其科学的劳动价值理论应用于国际贸易的分析研究之中，形成了科学的国际价值理论，为后人研究国际贸易问题提供了新思路、新出发点。在我国从事国际贸易理论研究，毫无疑问要以马克思主义的国际贸易理论为指导，建立适合中国国情的、具有中国特色的国际贸易理论体系。

新中国成立以后，我国接受马克思主义的国际贸易理论主要是通过苏联的国际贸易教科书。遗憾的是，苏联的教科书没有完整准确地阐述马克思主义的国际贸易理论，有些地方甚至歪曲了马克思的原意。因此，1978年以后，学术界开始探讨马克思有关国际贸易的论述。由于钻研不深不透，断章取义，出现了"马克思"与"马克思"互相矛盾的现象①。更有甚者，有人竟然公开否定马克思国际贸易理论的存在。因此，全面、准确地理解和掌握经典作家有关国际贸易的理论，学习经典作家研究国际贸易的方法论，研究新现象，发展马克思主义的国际贸易理论，用以指导中国国际贸易学科的建立便成为当务之急。

一 对马克思主义国际贸易理论基本内容的讨论

改革开放后，中国学术界对马克思主义国际贸易理论的基本内容展开了深入的研究与探讨。探讨的内容主要包括：马克思主义的国际分工理论、国际价值理论、世界市场理论、资本输出理论和国际汇兑理论等。

国际分工理论是马克思主义经济理论的重要组成部分。袁文祺、戴伦彰、王林生②三位学者于 1980 年率先阐明了国际分工的内涵，并提出了国际分工的发展与生产力进步同步性的观点。这一观点对后来的研究产生了重要的影响。随着我国参与国际分工的深化，我国学术界进而对当代国际分工的特征、国际分工与世界市场的密切联系进行了剖析，认为跨国公司内部交换产品、内部世界市场关系、跨国公司的全球商品链形成了新的分工格局。主要代表作者有俞坚和栾文莲等。

中国学术界对国际价值、国际价值转移，国际剥削等问题展开过系列讨论，以深化对马克思国际价值理论的理解。在汤在新教授主编的《〈资本论〉续篇探索》③一书的基础上，许兴亚教授进一步从国际经济理论的角度对马克思的国际贸易理论进行了系统的总结与研究。在其著作《马克思的国际经济理论》中，全面解读了马克思主义的国际分工理论、国际价值理论、世界市场理论和世界经济危机理论等。同时，将马克思的国际贸易理论与中国经济发展的实际问题相联系，分析了国际贸易与世界危机的关系，对指导当时中国经济战略选择具有重要的历史价值和现实意义。同时，杨圣明的《学习马克思的价值学说》也对马克思国际贸易理

① 薛荣久：《对国际贸易学说的回顾、比较与展望》，《国际贸易问题》1985 年第 1 期。
② 袁文祺、戴伦彰、王林生：《国际分工与中国对外经济关系》，《中国社会科学》1980 年第 1 期。
③ 中国金融出版社 1995 年年底出版的《〈资本论〉续篇探索》（以下简称《续篇探索》）一书，是我国学者集体编写的对《资本论》的研究和探讨，在国内首次比较系统地整理和发掘了包括"国际贸易"理论在内的《资本论》的"可能的续篇"中应当包括的内容。

论进行了系统阐述。

进入 21 世纪以来，国内学者对马克思国际价值论的研究又掀起了一轮热潮。杨圣明认为，理解马克思国际价值理论的基础是马克思政治经济学的整体框架，他坚持对马克思国际价值理论进行研究，探讨了经济全球化与国际价值问题，强调了马克思国际价值理论的现实意义。[①] 其他学者如杨国昌、钟伟、赵楠、庄宗明等也都探讨了马克思的国际价值论及其意义。

国内学术理论界还对世界市场的形成机制、当代世界市场的特征、世界市场价格等问题进行了探讨。许兴亚教授在其《马克思的国际经济理论》一书中对马克思世界市场理论进行了总结阐述。这一领域主要代表学者有袁文祺、许兴亚、童书兴、陈家勤、栾文莲、薛荣久、姚曾荫等。

资本输出是帝国主义的五个基本经济特征之一。许乃炯和巫宁耕于 1980 年在《经济科学》第 2 期上发表了《略论战后帝国主义的资本输出》一文，率先对战后资本主义国家资本输出进行了研究。我国学者对战后资本输出现象与背后隐含的本质也十分重视，对有关问题进行了深刻的理论阐述。主要代表学者有杨圣明、许兴亚、栾文莲、陈同仇、薛荣久、沈骥如等。

虽然马克思生活的时代实行的是金本位制度，但马克思仍然创立了自己的汇兑理论。按照目前国内学术界比较常见的观点，马克思主义的汇兑理论主要包括汇兑率的调节机制理论，汇兑率变化原因理论和影响汇兑率的资本输出形式理论。国内学者许兴亚、陈家勤、叶辅靖等对马克思主义的汇兑理论都有系统性探讨。

社会主义国家的对外贸易政策理论与实践是由列宁首创的。对外贸易垄断制体现了列宁在社会主义建设事业中坚持马克思主义原则性与灵活性的高度统一，为后起的社会主义国家发展对外贸易开启了思路。改革开放以来，童书兴、朱乃肖、王寿椿等对此进行了一系列相关的研究。

总的说来，我国学术界对于马克思的国际贸易理论已经进行了不少有益的研究和探讨。但是这方面值得进一步深入探讨的问题仍然还很多。至于如何将其更好地运用于当代中国对外贸易战略的研究，并在实践中进一

[①]　杨圣明等：《马克思主义国际贸易理论新探》，经济管理出版社 2002 年版。

步丰富和发展马克思的这一理论，则更是任重而道远。

二　马克思主义国际贸易理论核心地位的确立

由于未全面、准确地理解和掌握经典作家的理论与方法，因而学者们在对待西方国际贸易学说上采取了不科学的态度。改革开放以前，对西方国际贸易学说一味地批判和否定。随着对外经济贸易关系的扩大，一些人又不加鉴别地推崇，甚至要全盘来指导中国的对外贸易。因此，在改革开放初期，如何全面、准确地理解和掌握西方国际贸易的理论，深入分析马克思主义国际贸易理论与西方国际贸易理论的区别，吸收西方国际贸易理论的合理内核为我所用，就成为国际贸易学科发展的当务之急。

薛荣久从立论基础、研究内容和方法论等几个方面对马克思主义国际贸易理论与西方国际贸易学说进行了较深入的比较分析，结论是：马克思的国际贸易理论是最适合社会主义国家的国际贸易理论。当然，对西方国际贸易学说也有一个全面、准确地了解的过程。科学的态度应该是：在马克思主义研究方法指导下，汲取和改造他们所取得的成就，其中包括部分理论，尤其是对当代国际贸易现象、政策和各种措施的定量分析方法。

李群也在1985年《社会科学》第3期上发表了《国际贸易理论的比较分析》一文，对国际贸易的主要流派和马克思主义的国际贸易理论进行了有益的比较研究。然而文章在论述过程中，有些地方概念不清，使马克思主义国际贸易理论中的许多重要问题没有阐述清楚。俞坚对他的一些观点提出质疑，并对马克思国际分工理论、国际价值理论和国际垄断理论作了详细的补充说明。① 此外，李荣林、史祺等将马克思的国际价值理论与西方国际贸易学说进行了比较分析，认为马克思的国际价值理论与西方国际贸易理论在理论上具有更多的互补性而非歧义性。

国内学者们在反复深入的理论探讨中，进一步厘清了马克思国际贸易理论的内涵和基本脉络，及其与西方贸易理论的差异性及互补性等，也进一步明确了马克思国际贸易理论在社会主义国际贸易理论中的核心地位。

---

① 俞坚：《关于马克思主义的国际贸易理论——对国际贸易理论的比较分析》，《社会科学》1985年第12期。

三　具有中国特色的国际贸易学理论的形成与发展

1987 年 9 月，我国著名的国际贸易专家姚曾荫教授主编了《国际贸易概论》① 一书。该书对国际分工、世界市场、对外贸易与经济发展、国际价值与国际价格、跨国公司及对外直接投资的理论分析及其历史发展、各国对外贸易政策以及西方国际贸易理论等，均有其自成一家的论述。《概论》对国际贸易领域的几个重要部分，从理论、政策和企业三个层面，注入了新的内容，提出了新的观点，形成一个有特色的理论体系。坚持历史与逻辑统一的原理，坚持生产决定交换的原理，即是说坚持运用马克思主义的观点方法，同时，紧密联系和真实反映已经变化了的并在不断变化的世界经济与中国对外经济贸易关系的实际，借鉴与吸取对国际贸易科学的建立与发展的一切有科学价值和合乎实际的东西。因此，在某种意义上可以说此书是国内学者研究马克思主义国际贸易理论的丰硕成果，它奠定了具有中国特色的国际贸易学的基础，为我国乃至社会主义国家国际贸易理论的发展铺平了道路。② 此后，国内出现的多种国际贸易教材，虽然在内容上作了一定的修改和补充，但基本框架和内容均未有大的改变。

2011 年，中国社会科学院学部委员、原财政与贸易经济研究所所长杨圣明研究员出版了新著《走向贸易强国的理论创新》。③ 该书深刻阐明了马克思国际价值理论既是经济全球化理论，又是剩余价值理论在国际上的延伸和应用，是揭示国际剥削的理论。只有建立以马克思国际价值理论为基础的国际经济新秩序，才能实现全球化的均衡发展。同时，该书重新定位了马克思国际价值理论在当代国际贸易理论中的核心地位。认为西方国际贸易理论的比较成本理论、相互需求理论和资源禀赋理论这三大核心理论都具有致命的理论缺陷，缺乏科学的劳动价值理论基础。而马克思将其科学的劳动价值论应用于世界市场和国际贸易中，不仅科学地回答了国际上的三个劳动日可以同一个劳动日相交换，而且指出在交换中双方既获利，同时又存在剥削的问题。正是在这种意义上，作者认为马克思所创立的国际价值理论在国际贸易理论发展中处于核心地位。最后，作者还明确

①　姚曾荫：《国际贸易概论》，人民出版社 1987 年版。
②　滕德祥：《马克思主义国际贸易理论的丰硕成果——读姚曾荫教授主编的〈国际贸易概论〉》，《世界经济》1988 年第 7 期。
③　杨圣明：《走向贸易强国的理论创新》，经济科学出版社 2011 年版。

指出马克思国际价值理论是中国制定和实施对外开放战略的理论依据，对中国今后由贸易大国走向贸易强国具有重要的指导意义。[①] 因此，该书被称为"马克思主义国际贸易理论及其中国化的最新成果"。这部专著的问世，促使我国学术界重新认识和研究马克思的国际价值理论，并以此为指导探索中国走向贸易强国之路。

第二节　"入世"前中国国际贸易学科研究的主要问题

改革开放使中国经贸学术界的研究活动空前活跃，研究的问题从改革开放前的四个主要问题（对外贸易国民经济营利性问题、社会主义国际分工问题、介绍和批判"比较成本说"、关于中国社会主义国民经济需要对外贸易），猛增到改革开放后的三十多个主要问题。这些问题包括：对外贸易在中国经济发展中的地位与作用、两个平行的世界市场理论、中国发展对外贸易的理论基础、比较成本说、国际分工、国际价值与价格、国内价格与国际价格的关系问题、对外贸易发展的速度与规模、对外贸易效益、贸易依存度、外贸体制改革、对外贸易发展战略、进口替代战略、出口导向型战略、国际大循环经贸发展战略、国际竞争力导向战略、对外贸易的"自乘发展战略"与"技术导向发展战略"、"大经贸"战略、跨世纪外贸出口增长战略、自主型出口战略、国际贸易与国际直接投资关系、外商投资与中国经贸发展、全球化与经济全球化问题、知识经济与国际贸易、新国际贸易理论与战略性贸易政策、国家竞争优势论、中国对外贸易总政策、国际服务贸易与中国服务贸易的发展、关贸总协定与中国"复关"、世界贸易组织与中国等等。[②] 概括起来，该阶段的研究主要集中于对西方国际贸易理论的比较和借鉴、中国外经贸的发展战略以及对中国"复关"／"入世"问题的探讨上。这一阶段，中国学者的硕果累累，对中国外经贸政策制定起了重要的参考作用。

---

① 赵瑾：《马克思主义国际贸易理论及其中国化的最新成果——评杨圣明的新著〈走向贸易强国的理论创新〉》，《财贸经济》2012 年第 3 期。

② 薛荣久：《50 年的探索——对建国以来中国外贸理论的回顾与思考》，《国际贸易》1999年第 10 期。

一 对西方国际贸易理论和政策的评价与借鉴

在确定马克思主义国际贸易理论的核心地位的同时，我国国内学者也逐步认识到西方的国际贸易理论中有许多合理内核，对形成具有中国特色的国际贸易理论具有重要的借鉴意义。因此，改革开放后，国内一些学者开始对西方国际贸易理论的发展进行介绍，并结合我国的实际情况对这些理论作了客观的评价。

从基本前提划分，国际贸易理论可以分成古典贸易理论和新贸易理论；从贸易理论渐进的发展看，国际贸易理论分成古典贸易理论、新古典贸易理论和新贸易理论三个发展阶段。[①] 对古典贸易理论的探讨，我国学者最关注的是比较成本学说的合理内核；对新贸易理论的讨论则主要侧重于对战略性贸易政策和企业内贸易理论。

（一）对古典贸易理论—比较成本说"合理内核"的讨论

古典贸易理论的核心是比较利益理论。对于其中包含的科学成分或科学内核是什么，理论界讨论热烈。

第一种看法认为，按比较利益进行的交换实质上是以劳动为尺度、遵循价值规律的交换。这种交换能带来超额剩余价值和使用价值上的收益，它的质和量的规定性都基于劳动价值论原理，因此，李嘉图比较利益论的科学内核就是劳动价值论。比较利益论是个科学理论，所以在现阶段仍是商品经济和世界市场的时代背景下，国际贸易可以而且完全应该以此作为理论指导。它当然也可以是社会主义国家参与资本主义世界市场贸易活动所应遵循的原则。[②]

第二种看法认为，贸易双方通过交换用等量劳动耗费取得更多使用价值或在取得相同使用价值时节约国内劳动，从而获得一种类似生产力提高的利益，这就是比较成本说的合理内容（或科学成分）。而比较成本说还有个缺陷，就是不能用劳动价值论来解释影响双方得利多少的交换比例或价格是怎样决定的问题。[③] 也有学者认为这一学说的"合理内核"恰好在于：比较利益是在劳动生产率差异的基础上产生的，我们可以在一定的前

---

① 佟家栋：《国际贸易理论的发展及其阶段划分》，《世界经济文汇》2000 年第 6 期。

② 陈琦伟：《比较利益论的科学内核》，《世界经济》1981 年第 3 期。

③ 朱钟棣：《比较成本说的理论缺陷——与陈琦伟同志商榷》，《世界经济》1981 年第 11 期。

提下，借此利用国际分工，达到节约社会劳动的目的。但这决不等于说我们要把它作为社会主义国家对外贸易的理论基础，而是说马列主义的国际分工理论可以批判地吸收这一"合理的内核"。为此必须在肯定比较成本说"合理内核"的同时，深入揭露和批判其庸俗的因素。[1]

第三种看法认为，这两种意见应该结合起来。因为没有比较利益的劳动价值论，就过于一般化而失去了具体内容；没有劳动价值论为基础的比较利益原则，就失去了科学基础而成为谬误。虽然，由于李嘉图价值理论的缺陷，他没有彻底解决比较利益原则的科学基础，但是他的比较利益原则基本上是以劳动价值论为基础的。[2]

从比较优势的理论上看，比较优势决定了国际贸易、投资和全球经济活动的方向和利益格局，已经成为支配世界经济活动的基本原则。因此，发展中国家只有充分发挥比较优势，积极参与国际分工，才能迅速提高国际竞争力，摆脱被淘汰的命运。在开放条件下，落后国经济要发展，必须要建立本国具有比较优势的产业，然后通过优势产品出口支撑本国经济发展所需的产品和生产要素的进口，反过来增强本国既定的比较优势或促进新的比较优势的产生，从而形成良性循环。[3]

（二）对新贸易理论的比较与借鉴

传统贸易理论是古典经济学的产物，是以一些严密的理论假设为基础的。但正是这些前提不符合当今社会经济生活，使传统贸易理论无法解释现实。从 20 世纪 80 年代开始，西方学者提出了规模经济、不完全竞争和产品差异化假说，并建立了战略贸易理论和垄断竞争贸易理论，合称新贸易理论。[4]

如何看待新贸易理论呢？事实上，古典贸易理论的比较成本学说、新古典贸易理论的自然要素禀赋学说、新国际贸易理论的规模经济贸易学这三者是一脉相承的。比较成本学说从劳动生产率差异的角度来说明相对成本的差异；自然要素禀赋学说则从资源的相对丰富程度来解释绝对成本的

---

① 王林生：《关于对李嘉图比较成本说的评价问题》，《国际贸易问题》1981 年第 3 期。

② 陈懋功：《李嘉图比较成本的合理内核》，《经济科学》1984 年第 3 期。

③ 杨圣明、刘力：《当代发展中国家的贸易政策选择》，《财贸经济》1997 年第 9 期。

④ 关于西方的新贸易理论，王建业曾在汤敏、茅于轼主编的《现代经济学前沿专题》（第一集）（商务印书馆 1989 年版）中率先介绍了规模经济的贸易学说与此相关的贸易和产业政策。海闻在《国际贸易：理论；实践》（上海人民出版社 1993 年版）一书中也详细介绍了这一理论。

差异；规模经济学说却从规模经济和异质产品的角度来解释比较成本的差异，进而揭示产业内贸易的原因。所以，新国际贸易理论并不是对传统贸易理论的全盘否定，而是在继承的基础上有所突破和发展。① 传统贸易理论的完全竞争和不变规模经济可以看成是新国际贸易理论的一个特例，它的比较优势原则仍是世之公理。

战略性贸易政策理论对此的认识向前迈了一大步，认为资源禀赋的相对差异是比较优势的来源之一，但更重要的是规模经济优势带来的比较优势。而规模经济优势明显地在很大程度上取决于政府的干预。事实上，传统贸易理论与新国际贸易理论争论的实质就是干预主义与自由主义的争论，自由主义认为政府的干预只会产生经济扭曲，经济问题只能靠市场解决；而干预主义认为扭曲来自市场失灵，必须通过政府干预进行纠正。新国际贸易理论的问世，强调了政府行为的重要性，摆脱了纯粹自由主义的阴影。②

新贸易理论对我国贸易政策的制定有一定的借鉴意义。例如，产品技术周期理论突破了自然资源禀赋和要素配置比例决定国际分工和国际贸易的理论框架，突出了生产技术在比较优势形成中的重要作用，分析了生产技术变化与比较优势变化的相互关系，从而使比较利益学说动态化了。这个理论学说不仅是"二战"后国际贸易中许多新现象在西方理论的反映，而且是"二战"后西方国家新技术革命对国际贸易理论影响的一种表现，它比新古典理论更具有时代特征，值得我们借鉴研究。③

当然，新贸易理论也有许多缺陷与不足。从理论上看，由于理论模型建立在对竞争行为、公司数量、寡头所得超额利润的大小、分析的局部均衡性质、工具的选择等假设条件下，这些假设条件的些微偏差都会导致政策选择工具的很大变化，有时还会得出相反的政策结论。正如孙杰指出的那样，新贸易理论"抽象掉了制度因素这个重要的环节，一下子跨越到贸易政策理论来解决国际贸易问题，显然缺乏内在的逻辑一致性，因而，

---

①　李群：《新贸易理论文献回顾和述评》，《产业经济研究》2002 年创刊号（总第 1 期）。

②　吴汉洪、崔永：《新国际贸易理论与传统国际贸易理论比较》，《湖北经济学院学报》2003 年 7 月第 1 卷第 4 期。

③　裴长洪：《当代西方国际贸易理论的发展》，《国际经贸探索》1995 年第 4 期。

在解释真实世界现象中暴露出许多不足。"① 从实践上看，由于理论模型所要求的假设很多，再加上信息可能存在的不对称，政府在支持某些部门时无法对市场结构、公司行为和公司预期利润等有很准确地把握，其干预作用的衡量也很难客观评价。比如：哪些部门是具有巨大外部经济效益的目标部门？如何选择目标部门？政府如何确定补贴的数量？外国政府报复如何处理等；更重要的是，如同克鲁格曼本人所承认的，新贸易理论之所以产生的根本原因之一就是贸易在美国经济中的地位和美国在世界经济中的地位已经发生改变，该理论主要是由美国的经济学家研究并得出的结论，而没有从发展中国家的视角去解释贸易现象。②

（三）管理贸易政策及其应对

管理贸易政策是 20 世纪 80 年代以来，在国际经济联系日益加强而新贸易保护主义重新抬头的双重背景下逐步形成的。在这种背景下，为了既保护本国市场，又不伤害国际贸易秩序，保证世界经济的正常发展，各国政府纷纷加强了对外贸易的管理和协调，从而逐步形成了管理贸易政策或称协调贸易政策。管理贸易是介于自由贸易和保护贸易之间的一种对外贸易政策，是一种协调和管理兼顾的国际贸易体制，是各国对外贸易政策发展的方向。它一出现，便引起了国内学者的广泛关注。

国内学者对管理贸易内涵的理解主要有以下几种。第一，管理贸易是有组织的贸易，是保护贸易的一种形式。③ 第二，管理贸易是变相的贸易保护主义，它的根本目的是限制贸易伙伴对本国市场的出口。④ 第三，管理贸易是介于自由贸易与保护贸易之间的贸易，又兼二者特点，在名义上并不违背自由贸易原则，但实际上是贸易保护主义。⑤ 第四，管理贸易是"有组织的自由贸易"。它是以协调为中心，以政府干预为主导，以磋商谈判为轴心，对本国进出口贸易和全球贸易关系进行干预、协调和管理的一种国际贸易制度。它旨在既争取本国对外贸易的有效发展，且又一定程度兼顾他国利益，达成双方均能接受的贸易折中方案，彼此相容，而避免

---

① 孙杰：《克鲁格曼的理论"接口"和诺斯的"贸易由制度启动"命题》，《经济研究》1997 年第 12 期。

② 可参见易定红的《新贸易理论政策主张评述》（《经济学动态》1999 年第 3 期）和许统生的《对新贸易理论政策的批评》（《当代财经》1998 年第 11 期）。

③ 陈寿琦：《国际经济贸易百科全书》，第 205 页。

④ 李述仁：《发言选登》，《世界经济》1993 年第 2 期。

⑤ 薛进年：《国际贸易新理论——管理贸易》，《国际贸易论坛》1992 年第 5 期。

极端形式的贸易冲突，限制贸易战及其破坏程度，共同担负起维护经贸关系的稳定和发展的责任。①

无论是自由贸易政策还是贸易保护政策，选择的依据都是如何使本国的利益最大化。这种利益不仅要从静态上估计，也要从动态上考虑。对什么产业采取什么政策，都要有尽可能精确的利弊分析。管理贸易并不是告诉我们应该如何保护的问题，而是为了我们贸易政策的选择提供了更多需要考虑的问题。②

在国际管理贸易体制的大趋势下，中国应该认清国际管理贸易的大趋势，主动地融入而不是被动地接受。要加强对现有国际贸易集团、各国贸易法规、协议与协定的深入研究，提出我国现有贸易法规与之差距和衔接办法，并加强宣传与普及。同时，要加速建立和健全以《对外贸易法》为核心的外经贸法规，并加强执行力度，以建立良好的外经贸管理秩序；建立科学和完善的产业政策，以此为基础，确立淘汰、转轨与扶植的产业目标。③

二　开放与中国外经贸发展的战略问题

（一）对开放及外经贸战略地位的认识

中国经济体制改革的目标，是建立社会主义市场经济体制，而建立和发展社会主义市场经济，更加离不开对外开放。④ 中国旧经济体制的主要弊端，除了高度集中外，就是自我封闭。封闭的结果是把国内价格体系同世界价格体系割开；将国内生产结构同世界经济结构分离；与国际经济、贸易、金融组织隔绝，不按国际惯例、规则行事，从而割断了中国经济建设与国际市场的有机联系，阻塞国际经济传递的渠道，严重地束缚了中国生产力的发展。总之，封闭是中国建立社会主义市场经济的最大障碍。发展市场经济必然要打破旧体制的封闭性，打破地区、民族和国家的界限，打破各自为政、层层封锁、市场割据的状态，这是由市场经济的本质特征所决定的。

对外贸在中国社会主义建设中的战略地位的认识，改革开放前，仅局

---

① 薛荣久：《国际贸易》，四川人民出版社 1993 年版，第 268 页。
② 海闻：《国际贸易理论的新发展》，《经济研究》1995 年第 7 期。
③ 薛荣久：《国际管理贸易的兴起、影响与对策》，《国际贸易问题》1996 年第 2 期。
④ 薛荣久：《中国经济对外开放与"复关"》，《国际贸易问题》1995 年第 12 期。

限在"互通有无，调剂余缺"的认识上。改革开放后，把对外贸易地位与作用纳入对外开放的理论框架中来考察，从历史经验和世界经济发展规律的高度加以分析，阐明发展对外贸易关系到中国"四化"大业的成败，关系到中国国际经贸和政治环境的改善，作为沟通中国与世界经济的桥梁，是中国建立外向型经济的物质前提，在中国社会主义建设中居于战略地位。中国对外贸易应从国家统制下的保护贸易转向对外开放型的贸易。①

（二）改革外经贸体制的基本方向

改革开放初期，学者们普遍认为：我国外经贸体制的改革方向就是解决外贸高度集中的经营管理体制，调动多方面的积极性。因此，改革的主要内容包括：改革高度集中的外贸经营体制，增加对外贸易口岸，逐步下放外贸经营权，建立一些工贸公司，外贸企业和生产企业开始探索如何走工贸结合的路子，并且逐步推行代理制；改革外贸计划管理体制，较大幅度地缩小进出口商品指令性计划管理的范围，实行指令性计划、指导性计划与生产调节相结合；改善对外贸的行政管理，重新恢复进出口许可证制度，建立外贸经营权的审批制度。

建立新型的对外经济贸易体制，应该完善统一、科学、公开的外贸管理制度和手段。逐步实行外贸经营依法登记制，发展贸易、生产、金融、科技、服务相融合的具有国际竞争力的企业集团，促进规模经营。广开渠道，发展直接贸易和多种形式的国际经济技术合作，积极参与和维护区域经济合作和全球多边贸易体系，双边和多边贸易相互促进，实现市场多元化。在上述思想的指引下，中国外贸体制进行了重大改革。改革的方向就是坚持统一政策、放开经营、平等竞争、自负盈亏、工贸结合、推行代理制，逐步建立起符合社会主义经济体制要求和国际经济通行规则的新型外贸管理体制。

（三）中国外经贸战略的选择

对外贸易战略是一国经济发展战略的具体组成部分，但是在相互依赖的开放性的世界经济环境中，一国经济发展在很大程度上取决于该国对外贸易战略的实施。面对日益激烈的国际竞争环境，应该选择何种对外贸易发展战略，是摆在我们面前的一个不可忽视的问题。

---

①　薛荣久：《50 年的探索——对建国以来中国外贸理论的回顾与思考》，《国际贸易》1999年第 10 期。

初级产品出口战略是工业化国家经济发展初期所采用的对外贸易发展战略。由于初级产品与工业品之间的明显的"价格剪刀差",易导致本国贸易条件的恶化和经济结构的畸形发展;用国内工业的生产品来替代进口产品的进口替代战略,减少了对国外市场的依赖性,促进了国民经济的发展。然而,在高度保护下会使市场竞争机制难以充分发挥作用,从而使进口替代工业处于低效率、低收益的状态,进口替代工业的前向联系和后向联系都受到限制。出口导向战略在一定程度上克服了进口替代战略的不利因素,然而,不可忽视的是,该战略发展起来的产业大多为加工制造业,长期实行该战略将不利于本国产业结构的合理化,甚至使该国沦为发达国家的经济"附庸",导致一国经济独立性的丧失。因此,传统的对外贸易发展战略不适合中国的国民经济发展。[①]

在我国贸易发展战略的选择问题上,学者曾提出了"综合论"、"折衷论"及"并行论"等观点,[②] 即进口替代和出口导向动态有机结合的模式。在这种贸易战略的影响下,我国的国民经济得到了快速的增长。但随着国际贸易新格局的出现以及不同的贸易政策的实施,为了最大限度地获取对外贸易发展的动态利益,更好地通过对外贸易发展战略来促进本国产业结构的良性调整,提高本国贸易商品的国际竞争力,有学者认为中国应根据实际,选择以贸易商品国际竞争力为导向的国际竞争力导向战略,[③] 促进贸易本身的发展和贸易对国民经济增长的推动作用,促进本国产业结构的升级换代及本国产业国际竞争力的提高。

20 世纪末,有学者提出了"大经贸战略"的思路,其核心内容是实行以进出口贸易为基础,商品、资金、技术、劳务合作与交流相互渗透、协调发展,对外经济贸易与农业、工业、商业、科技、金融等国民经济各部门密切合作,共同参与,从而形成中国大经贸的新格局,带动国内相关产业的发展,更好地发挥对外经贸在促进经济增长、结构调整、技术进步和效益提高等方面的战略作用。[④] 大经贸战略要求我们要实行以出口贸易

①　唐海燕:《论中国外贸发展战略的选择》,《国际贸易问题》1994 年第 2 期。

②　参见唐海燕《中国外经贸发展战略转换与政策调整》(《国际经贸探索》1993 年第 6 期);杨圣明的《国际经营惯例和国内外市场接轨》(经济管理出版社 1997 年版)和张幼文的《外贸政策与经济发展》(立信会计出版社 1997 年版)。

③　蔡珍贵、刘晓艳:《中国外贸发展战略面临调整》,《经济论坛》2000 年第 24 期。

④　源流:《用大战略搞大经贸:中国外贸发展之路》,《中国流通经济》1998 年第 9 期。

为核心，以进出口平衡为基础，努力使货物、技术和服务贸易互相渗透、协调发展；使农贸、工贸、技贸、商贸、银贸密切合作，优势互补，共同促成中国大经贸发展的新格局。同时，要进一步拓展对外经济贸易的深度和广度，形成对内对外全方位、多层次、多渠道的开放格局；要加快实现对外贸易、利用外资、对外投资和其他对外经济技术合作业务的大融合，实现商品贸易、技术贸易和服务贸易、内外贸一体化协调发展。

（四）对外贸发展战略的评价及未来战略的选择

我国的出口高速发展，在一定程度上提高了我国资源配置和使用的效益，有力地推动了经济的持续增长。但是，我们也要看到这一时期的出口增长基本上都远远超出了经济理论上界定的，即出口贸易发展速度一般应高于经济增长 2—4 个百分点的水平。因此，有学者认为，在中国经济尚未实现两个根本转变的条件下，在出口以创汇为中心的框架下，高速发展出口也必然会带来负面影响。[①] 实际上这种速度是靠增加投入要素而形成的，属于粗放型增长。如果这种类型的出口过度，就会导致国际贸易条件恶化，使本国商品在国际市场上竞争力降低，使本国的净福利水平下降，这对整个经济的发展起着腐蚀的作用。因此，这种盲目追求消耗资源型的、靠数量和廉价创汇的出口不是我们的出口战略目标，而出口导向战略也不适合中国国情。

出口快速增长的同时，进口却一直不振。在盲目地维护以创汇为中心的方针指导下，人为地压低进口需求，是导致进口处于低迷状态的主要原因。发展中国家在经济起飞初期，由于外汇短缺，往往都采取鼓励出口和限制进口的政策。然而中国今天的情况不同：外汇储备充足，企业的技改和设备亟待更新，人民币币值稳中有升，相对坚挺，出口竞争力下降需要技术输血，大规模基础设施项目频频出台。因此，在我国加大投资的今天，审时度势和不失时机地增加进口势在必行，否则实现产品升级换代，优化出口商品结构，增加出口商品科技含量，增强中国商品在国际市场上的竞争力，都将是一句空话。

因此，在未来外贸发展战略上，很多学者认为，我国应该逐渐从出口贸易的数量扩张型的粗放经营转移到提高产品档次和质量的集约经营方面

---

① 秦宣仁、李红梅：《中国外贸：发展中的思考》，《世界经济与政治》1999 年第 4 期。

来。① 特别是随着出口任务指令性计划和上缴外汇任务的取消，加上出口退税率大大降低，外贸企业追求出口数量的机制大大弱化，必然转向提高出口商品档次、改善出口商品结构和提高经济效益上来。

（五）对我国外贸体制改革的评价

改革开放以来，我国在外贸经营和管理体制方面进行了许多改革尝试和探索，尤其是在经营体制方面，改改动动的频率较高。从中央外贸总公司与地方分公司脱钩，到实行各种形式的、放权让利的责任制、承包制、股份制和推行代理制；从放开各类实体企业和科研院所的外贸经营权，到逐步实行经营进出口登记制；从扩大经营规模、组建集团公司，到政企分开，建立现代企业制度，等等。其中最为突出的就是，中国外贸由过去长期单一主体经营（或垄断经营）变成了今天的多主体经营的局面。②

归结起来，我国的外贸体制取得以下十大突破。③ 一是突破外贸垄断论，外贸经营权基本实现普遍化，逐步形成市场竞争的理论；二是突破国有外贸公司政企不分论，逐步形成有中国特色的公司理论；三是突破外贸的单一经营论，逐步形成贸工农一体化的理论。国有外贸公司包打天下的局面已经一去不复返了；四是突破单纯商品贸易论，形成商品贸易为主、服务贸易为辅的外贸理论；五是突破关税"无用论"，形成较为科学的关税理论。恢复了海关总署的独立地位和开征关税，调整了关税工作的指导思想，确定了"促进与保护"并重的开放型关税政策；形成了有中国特色的关税理论；六是突破引进外资上的"卖国论"，形成较为系统的外资理论；七是突破"无债论"，形成完整的外债理论；八是突破汇率上的固定论，形成有管理的浮动汇率认识；九是突破外援上的"无偿论"，形成外援与外贸、外援与外向投资的挂钩理论；十是突破地区封锁论，形成开放"窗口"理论和"梯度"开放理论。

但从总体上讲，外贸经营管理体制没有取得突破性进展。它与我国经济发展的不相适应，已严重地影响到我国外贸持续、健康、有效的发展。特别是国有外贸企业在经营体制上有一个突破性的变革，④ 今后改革的道路依然漫长。

---

① 杨圣明：《中国的外贸发展战略》，《经济论坛》1996 年第 18 期。
② 秦宣仁、李红梅：《中国外贸：发展中的思考》，《世界经济与政治》1999 年第 4 期。
③ 杨圣明：《对外经贸理论的十大突破》，《光明日报》1999 年 5 月 21 日。
④ 秦宣仁、李红梅：《中国外贸：发展中的思考》，《世界经济与政治》1999 年第 4 期。

三 关于中国"复关"/"入世"问题

"复关"是中国经济改革开放的客观要求。中国需要世界多边贸易体制,世界多边贸易体制也需要中国。随着改革开放的深入发展,1986年7月我国正式提出恢复在关贸总协定缔约方地位的申请。中国"复关"不但对健全世界多边贸易体制有利,也是自身改革、开放和发展的需要。因此,中国争取早日"复关"以进一步推动中国经济的改革与开放。①

中国申请"复关",这对总协定和我国都是一件意义重大的事件,不仅引起世界范围的极大关注,也在国内学者中引起了一场争论。

(一)中国"复关"/"入世"的利弊分析

从对中国"复关"和"入世"的利弊分析上看,多数学者持乐观态度,认为利多弊少。首先,总协定是目前最重要的国际条约,是当前世界经济体系的三大支柱之一。任何一个经济快速发展的国家不可能永远处在它之外。因此,中国应选择适当的时间复关为宜。② 因为复关后,我国可通过参加总协定的各种活动与各缔约国发生直接联系,这将有益于我国走向世界,了解国际市场和贸易动态,提高管理水平,也可以为我国商品进入发达国家市场争取到有利条件,减少对我国商品采取歧视性的限制。同时,利用总协定的讲坛和条款对歧视我商品出口(如采取反倾销、反补贴)进行必要的斗争,维护我国的经济贸易权益。另外,更能直接支持发展中缔约国改造总协定的斗争。③

当然,参加总协定后,也要承担一定的义务,带来一些问题。例如如何解决总协定与我国计划经济制度之间的矛盾。总协定是按照市场经济原则而拟定的。我国是一个计划性经济国家,因此在关税作用、汇率的制订、国内外市场价格、信贷、经济贸易管理体制和对外贸易政策上都会与总协定条款不一致。因此,为了与总协定建立正式关系,从总协定中取得最大的效益,对上述问题应进行系统、综合性的分析研究,以免将来出现被动的局面。

当然,也有学者认为加入世贸组织将会对中国21世纪的经济走势,

---

① 薛荣久:《中国经济对外开放与"复关"》,《国际贸易问题》1995年第12期。
② 李晨:《关于中国复关和加入世界贸易组织前景及相关问题研讨会(纪要)》,《世界贸易组织动态与研究》1995年第4期。
③ 薛荣久:《关税与贸易总协定的性质、作用与利用》,《国际贸易问题》1984年第2期。

甚或整个经济发展战略产生巨大影响。从影响范围上讲，中国所开放的市场和所能够进入的市场严重不对称。由于中国的比较优势集中在劳动密集型产业上，因而产业所受的冲击程度很深；从制定经济政策的自主性来讲，加入世贸组织将使中国制定政策的自主性大大削弱；更为重要和深刻的影响还体现在对中国经济发展内在机制的冲击上。如果我们贸然加入世贸组织，中国经济发展过程中的内在支持机制将会被割断，支柱产业的成长模式将会发生彻底逆转；同时，加入世贸组织还会限制、甚或阻碍中国高技术产业的发展。因此，我们不能因短期收益而牺牲长远利益，也不能因小利而失大势。[①]

（二）"复关"／"入世"对中国产业的冲击

国内学者讨论最多的就是"复关"／"入世"可能对中国产业产生的影响，内容涉及中国的农业、工业（汽车业、纺织业、家电、有色金属、石化、化纤等）和服务业（金融、保险和海运业等）等众多领域。

关于"复关"对工业的冲击，一般认为对于国内具有比较优势的部门不会有大的影响，而对国内竞争力较差的行业震动可能较大。我国正在起步的高新技术产业所生产的产品，几乎都不具备与国外同类先进产品抗衡的能力，所受冲击会比较大。同时，我国部分工业产品不但与国外同类产品价格存在差距，我国生产同类产品的不同规模的企业在成本方面也存在较大差距。"复关"后我国众多的小型企业将因生产成本过高而难以生存。再有，新中国建立以来我国许多工业部门（如电子工业、化学工业、制药工业）的发展基本上走的是一条以仿制为主的道路。"复关"后我国要接受乌拉圭回合的一揽子协议，其中包括保护知识产权，这就堵住了中国工业继续走仿制开发的道路，而保护知识产权将大大增加今后引进技术与产品的成本。[②]

也有学者从中国的工业优势、比较优势和竞争优势的排布几方面对中国工业的现状进行了深入分析，认为从我国的产业分布上看，三种优势的分布相互错位，不相重叠。工业优势集中在中国工业整体加工过程中的中间阶段，以重工业为主；比较优势却体现在初级加工阶段的劳动密集型产业

①　宋泓：《工业优势、比较优势和竞争优势——中国加入世界贸易组织的收益与代价》，《国际经济评论》1999 年第 7—8 期。

②　曹苏峰：《简论中国的贸易保护制度与工业发展——兼论"复关"对中国工业的冲击》，《价格理论与实践》1993 年第 6 期。

上。尤其重要的是，中国企业的竞争优势既和中国的工业优势联系松散，也与中国的比较优势产业不相关。从世界其他国家的经验来看，只有这三种优势相互重叠时，一个国家才可能在激烈的国际竞争中占有一席之地。1996 年，11 个比较劣势产业占了中国工业价值增值的 36.21%。因此，这种影响决不可小觑。①

从对农业的影响看，实行低关税率的外贸政策以后，我国农产品国际贸易的开展就将对几十年长期实行的农业保护政策造成直接的冲击和影响。其主要表现是：边境保护政策将失去有效性；以往长期实行的农业保护政策，即通过价格扭曲造成农产品低价优势，将难以为继；近几年出现的支持农产品价格上涨的农业保护政策不仅将失效，而且会因偏离关贸总协定原则而受到约束；农业保护政策带来的后果，即国内供给水平难以满足国际市场需求，将严重制约我国出口贸易。②

从长期来看，改革国际农业多边贸易体制，实行农业贸易自由化，对中国农业将产生极为有利的积极影响。主要表现在：将促使我国农村产业结构依据国际农产品市场信号进行调整，实现农村产业优质高产高效协调的发展；促进我国农业的长期稳定发展，既可从根本上解决我国的粮食安全问题，也可为我国的工业化提供更多的外汇贡献。③ 可以预计，发达国家会让出一部分市场份额。这给发展中国家扩大农产品出口提供了机会。但不应低估市场的局限和竞争的激烈度，我国农产品想填补这部分市场空缺必须靠科学技术进步，提高产品质量，推出新品种，降低生产成本。④

关于签署服务贸易协定（GATS）对中国的影响，有学者认为，我国签署 GATS，在近期内损益不大。⑤ 理由是：由于我国在劳动密集型行业具有较大优势，而在银行、保险和电信等资本密集或技术密集行业相对落后。但对于我国相对落后的行业，即使加入 GATS，也并不意味着中国必须开放国内诸如银行、保险和电信等敏感性市场。中国在拟订承担义务时间表时可以保留不对这些敏感性部门实施协定规定的权利。对我们这样一

① 宋泓：《工业优势、比较优势和竞争优势——中国加入世界贸易组织的收益与代价》，《国际经济评论》1999 年第 7—8 期。

② 裴长洪：《复关与中国农业国际化》，《国际贸易问题》1994 年第 4 期。

③ 程国强：《论关贸总协定与国际农业贸易问题——兼论入关对中国农业的影响》，《云南社会科学》1993 年第 3 期。

④ 孙振远：《关贸总协定与我国农业发展对策》，《农村经济与社会》1993 年第 3 期。

⑤ 王宇峰：《关贸总协定与服务贸易自由化》，《法学评论》1994 年第 1 期。

个开放时间不长，服务业又处于稚嫩阶段的发展中国家来说，开放服务贸易应注意发挥优势，扬长避短。例如，对那些占有一定优势的行业、开放较早且程度较深的行业，要总结经验，巩固扩大成果。对刚刚开放的一些领域也要及时总结经验，试探性发展，逐步扩大开放程度。对一些涉及国家安全的部门采取慎重态度，在条件具备时再考虑开放问题。①

（三）"复关"／"入世"与中国的外贸体制改革

"复关"／"入世"对中国的政府部门、企业和民众是一次前所未有的考验，从政府部门而言，如何转换行政职能，如何利用汇率、利率、关税税率、所得税税率和法律来协调整个国家的经济运作，实施国家产业管理，是项艰巨的任务。对数百万计的企业而言，如何在建立市场经济的同时，以关贸总协定所设定的基本原则，成功地融合国内国际两大市场，利用国内国际两大资源，更像一场复杂的社会工程，而无一蹴而就的良药和捷径。因此，在入世之前，应当做好充分的准备，改革现行的外贸体制，以适应新形势的需要。

研究者普遍认为，我国政府应利用复关之前的时间差，在宏观上加强复关前的准备工作。同时，研究者认为应当对企业敲警钟，提醒他们及早准备，调整产业结构和产品结构，改进技术，研究国际市场，以迎接复关后的国际竞争。

从广义上看，总协定与其说是审议中国的外贸制度，莫若说是审议中国的经济制度更为贴切，因为它的触角延伸到整个经济体制的各个方面。② 毋庸讳言，在中国提出"复关"申请时，我国与关贸总协定已有的各种规则要求存在很大差距。首先，从1979年后中国才开始进入中央计划经济向有计划的商品经济的新体制转变的过渡阶段；其次，中国虽然开始对不合理的价格体系和过分集中的价格管理体制进行了改革，但由供求关系确定价格的机制尚未建立，价格仍有扭曲现象；再次，随着经济体制和外贸体制改革的进行，关税在调节货物进出口和保护国内市场方面所起的作用加大，似因计划等因素的存在，关税尚未成为调节进出口商品结构与数量的主要手段，而且在进口方面重复使用多种贸易限制措施；此外，还有外贸法规不健全，外贸管理依靠计划，内部文件缺乏透明度等一系列

① 刘文军：《关贸总协定与服务贸易自由化》，《管理世界》1993年第2期。
② 李钢：《关贸总协定与中国外贸体制改革》，《国际贸易》1992年第9期。

的问题。①

复关后，我国将承担总协定有关原则条款的权利与义务的双重责任。同时，作为恢复缔约国谈判的前提条件，中国必须对进口管理体制、关税税率以及市场准入等一系列问题作出相应调整。② 因此，我国要尽早复关，须深化外贸体制改革，继续履行关税减低义务，约束非关税措施，增强贸易政策的透明度，改革汇率措施，扩大服务市场的开放，进一步提高知识产权的保护水平，放宽对引进外资的限制。③

第三节 "入世"后中国国际贸易学科研究的主要问题

2001 年 12 月 10 日，中国正式成为世界贸易组织（WTO）成员。这是中国经济改革三十多年进程中的一件大事，也是中国对外开放的一座里程碑。

加入世界贸易组织以来，中国的对外开放取得了举世瞩目的成就。中国顺应了经济全球化的趋势，积极地参与到国际产业分工体系中，在开放中推动经济发展，极大地提高了人民群众的物质文化生活水平。世界贸易组织创造的互惠互利的国际贸易环境，为中国扩大进出口贸易提供了有利条件。大力发展出口贸易可以发挥中国劳动力资源丰富的比较优势，实现与发达国家的优势互补。中国开放的经济政策也为外国资本进入创造了更加规范的制度与政策环境，不断扩大了利用外资的规模和范围。在此背景下，中国适应了国际经济运行规则的要求，推动经济体制改革，完善了社会主义市场经济新体制。

当前，我国入世已经十年有余，对外贸易获得了前所未有的大发展，在国际贸易中也取得了举足轻重的地位。多年以来，中国整体经济对外贸的依赖程度越来越高，贸易市场和产品日益集中，中国对外贸易的外部风险也越来越高。而且，在渐显严峻的内外部经济形势下，中国对外贸易面临的资源、环境以及成本的约束越来越突出。对于我国外贸发展问题，特

---

① 薛荣久：《关税及贸易总协定与我国外贸体制改革》，《国际贸易问题》1988 年第 1 期。

② 于立新：《略论关贸总协定与我国进口体制改革》，《财贸经济》1992 年第 5 期。

③ 汪尧田、方健：《加大外贸体制改革步伐，适应关贸总协定规范》，《国际经贸探索》1993 年第 3 期。

别是金融危机之后，经济转型和贸易结构调整是我国经济发展面临的一个
突出问题。所以，入世后中国对外贸易政策的重要主题就是如何促进贸易
结构转型。

　　加入世贸组织进一步扩大了中国对外开放程度，更是对中国经济增
长、出口贸易国际竞争力、劳动力就业、环境可持续发展、参与全球治理
等诸多方面产生深刻影响和冲击。改革开放后，尤其是入世之后，中国借
助全球生产体系，特别是东亚国际生产网络，积极参与新型国际分工，找
到了适合自身发展的路径，制定和实施了符合自身发展的贸易政策和发展
战略，于是极大地提升了中国在全球经济和贸易中的地位。在对外贸易政
策转型和战略的发展研究方面，中国的学者们在上述领域均做出了深入的
研究，给出了鲜明的观点。

一　中国对外贸易的结构转型

　　自改革开放以来，我国大力发展对外贸易就是依托自身要素禀赋和比
较优势，不仅刺激了经济增长，也缩小了区域之间经济发展的差距。从
2001 年加入 WTO 至今，中国对外贸易获得了迅速发展，通过融入全球生
产网络，特别是东亚地区的生产体系，参与价值创造，中国已经演变为全
球的制造与贸易中心。但长期以来所形成的固有贸易模式和结构已经严重
削弱了我国出口贸易的竞争优势，亟须结构转型。中国贸易结构与政策转
型将对国内产业、区域发展、劳动力市场、能源与环境以及国际竞争力等
方面产生深刻的影响和冲击。理论上，贸易结构转型是中国经济结构调整
中的一部分，而经济结构转型和升级，在某种程度上，是一个自然、历史
的过程，不以人的意志为转移。[①]

　　在刚刚加入世贸组织之际以及入世以前，国内很多学者纷纷讨论了中
国入世带给国内经济的影响，这些探讨具有重要的学术价值和前瞻性。中
国加入 WTO 必然会牵动国内经济结构的进一步调整，不仅涉及产业结
构，也会涉及所有制结构。所有这些结构调整，反过来又会成为推动中国
产业升级的强大推动力。面对加入 WTO 后的中国市场，寻求新的市场机
会的关键是明确中国当前所处的发展阶段，特别要关注中国借助加入

---

　　① 宋泓：《未来 10 年中国贸易的发展空间》，《国际经济评论》2010 年第 4 期。

WTO 的机会进行的产业升级和结构调整。①

根据出口产品多样化的特征，可以判断我国对外贸易的发展要经历两个阶段：一是工业化及贸易的扩张阶段；二是产业升级和国际化转移阶段。② 经过这两个发展阶段，我国贸易发展将呈现以下趋势：出口量将继续稳居世界第一；进出口结构将发生重要变化，能源资源贸易的地位会提升；但一些国家的各类立法和保护政策将不利于中国外贸的发展。"十二五"规划纲要提出，未来我国对外贸易应继续稳定和拓展外需，加快转变外贸发展方式，推动外贸发展从规模扩张向质量效益提高转变、从成本优势向综合竞争优势转变，并提高服务贸易在对外贸易中的比重。

入世以后，由于全球经济进入一个结构性的调整期，中国对外贸易也面临着结构调整。主要经济体的经济调整加大了全球经济的波动，加上入世伊始，中国面临着内外部经济压力。在此背景下，中国的出口贸易结构需要进行调整和转型。在由贸易大国向贸易强国转变的过程中，结构转型是必由之路。以往我们关注较多的是出口贸易结构转型，但是经济增长与进口贸易结构变化也存在着明确的正向关联性，优化进口贸易结构是改善经济供给面的重要内容；对于一国宏观经济管理部门而言，除了强调需求管理以外，进口贸易结构调整也是一种重要的管理手段。③

在生产贸易模式方面，中国参与全球贸易的垂直专业化程度不断加深。自入世前的 90 年代，中国通过产品内分工这种新型国际生产分工参与全球生产网络，特别是促进了加工贸易的迅猛发展。垂直专业化比率恰能较准确衡量中国出口中所包含的进口中间品的份额，以此显示我国与贸易伙伴国之间的垂直化程度，也反映出中国与贸易伙伴国的供应链效应。④ 但是，这种垂直型生产和贸易模式，不仅带给中国不断高涨的贸易顺差和经常账户失衡，也对中国的贸易和产业结构造成深刻影响。长期以来，我国加工贸易份额占对外贸易的半壁江山，过度依赖出口劳动密集型产品的贸易结构，造成我国在对外开放过程中大量经济福利的损失。我国

① 洪银兴：《WTO 条件下贸易结构调整和产业升级》，《管理世界》2001 年第 2 期。
② 宋泓：《未来 10 年中国贸易的发展空间》，《国际经济评论》2010 年第 4 期。
③ 裴长洪：《进口贸易结构与经济增长：规律与启示》，《经济研究》2013 年第 7 期。
④ 北京大学中国经济研究中心课题组：《中国出口贸易中的垂直专门化与中美贸易》，《世界经济》2006 年第 5 期。该文结果表明，中国的出口贸易中垂直专门化的价值比率已从 1992 年的 14% 上升至 2003 年的 21.8%。中国对美的出口贸易中垂直专门化的价值比率上升得更多，从 1992 年的 14.7% 上升至 2003 年的 29.4%。

虽然已成为名副其实的贸易大国，但距贸易强国地位还有很大的距离，不断扩大出口资本密集型、技术密集型的自主创新产品是我国贸易结构转型的主要目标和方向。

大量实证研究表明，我国具有的要素禀赋比较优势、国内产业基础和市场结构、参与全球分工程度是决定我国出口增长和贸易结构的三类主要因素。[①] 上述三种决定因素，主要是通过外商对华投资企业，来扩大我国出口规模并提升了中国出口商品的结构。中国对外贸易结构转型升级的一个重要方面，就是要沿贸易产品的全球价值链向其两端不断地延伸和扩展。以此实现自有品牌、自主知识产权和自主营销"三自"产品的不断扩大，推动更有人力资本投入和增值潜力的生产性服务链的提升，促进更有要素创造、产业升级、环境友好型的国际生产体系的发展。

2008 年全球金融危机对我国贸易发展造成了较大冲击，中国从自身经验出发，通过转变外贸的国民收益方式和格局、竞争方式、市场开拓方式和资源利用方式，大力恢复外贸发展，并借此进行转型和升级。[②] 后危机时代，我国外贸发展面临着新的挑战和机遇，要顺应世界经济格局和发展趋势，继续保持稳定和发展的原则，着重在"转变方式、调整结构、完善制度"几个方面努力，促进我国对外贸易均衡、可持续发展。[③]

近五年来，从全球范围来看，我国进出口贸易也面临一些问题，这些问题正是未来值得关注和研究的重点，如：世界经济复苏基础还不稳健，中国面临的外贸环境压力较大；新兴经济体在危机后把握住了机遇，市场竞争更加激烈。[④] 金融危机后，贸易保护主义重新抬头，针对中国的贸易摩擦和争端不断增多。但是，贸易保护主义阻挡不住我国抓住战略机遇期和发展契机。

从我国自身所处的环境和形势来看对外贸易发展的趋势及面临的新情况，以下几个方面会面临转型的压力，应重点研究：一是低成本竞争优势面临转型压力；二是加工贸易生产体系面临转型压力；三是模仿创新模式面临转型压力；四是外贸增长方式面临转型压力；五是东亚区内贸易格局

① 江小涓：《我国出口商品结构的决定因素和变化趋势》，《经济研究》2007 年第 5 期。
② 裴长洪、彭磊、郑文：《转变外贸发展方式的经验与理论分析——中国应对国际金融危机冲击的一种总结》，《中国社会科学》2011 年第 1 期。
③ 张鹏、闫敏：《未来 5 年我国对外贸易形势预测》，《国际贸易》2011 年第 1 期。
④ 霍建国：《我国对外贸易回顾与"十二五"展望》，《国际贸易》2011 年第 1 期。

面临战略性调整的压力；六是外贸激励机制面临转型压力。[①]

外向型贸易转移是中国外贸发展实践赋予转型经济的新动因，经济转型期必然产生外向型贸易转移。从影响外贸发展的各要素最优选择与组合等方面看，我国应因势利导地利用外向型贸易转移机制，采取扩大对外贸易的政策措施。[②] 所以，在继续保持我国劳动密集型出口商品竞争力的同时，提高一些相对技术密集和高附加值商品的出口份额，推动出口商品的结构转型。

随着我国制造业的不断转型升级，一些劳动密集型的低端产业也不可能完全向海外转出去，有一部分会向我国中西部省份转移。外商在华投资的成本不断上升，部分国家和地区对华直接投资开始出现一定程度的转移。但是，我们也应看到，即使东南亚国家的劳动力成本低于中国劳动力成本，但是由于基础设施和劳动力的技能远不及中国，这也就会导致从向海外产业转移的规模不会特别大。

二 转型条件下中国对外贸易的经济影响

随着经济全球化的发展，国际分工不断碎片化，国际贸易结构趋向高级化，技术贸易与服务贸易发展方兴未艾。在各生产部门中，信息通信技术迅猛发展，中间产品的空间输送成本大幅降低，大量贸易品既适合以非股权联系安排国际化生产，也适合按价值链定位进行国际分工。所以，跨国公司不断重组全球化生产，大量的生产任务转移至越来越多的发展中国家进行，这不仅对跨国公司母国经济产生极大影响，更直接影响着东道国经济模式。

加入世贸组织后，大量国内学者运用国际贸易前沿理论和方法来探讨中国经济发展过程中面临的重要现实问题。研究中涉及的对外贸易对中国经济的影响主要体现在：出口增长及其对经济的增长效应、贸易开放对其他宏微观经济变量的影响、对外贸易对就业市场及劳动力收入的影响和对外贸易对环境的影响等诸多方面。

---

① 张燕生：《后危机时代：中国转变外贸增长方式最重要》，《国际经济评论》2010 年第 1 期。

② 谷克鉴、吴宏：《外向型贸易转移：中国外贸发展模式的理论验证与预期应用》，《管理世界》2003 年第 4 期。

（一）出口增长及其对经济的增长效应

出口对经济增长具有重要的拉动作用。然而，经济增长对出口的依赖反过来则要求出口必须持续地快速增长。保持出口持续增长取决于两个方面的因素：一是保持出口的国际竞争力；二是外部市场的需求持续增加。这也是长期以来我国形成巨大出口贸易规模的重要内外部条件。

贸易对于增长的影响，长久以来一直是国际贸易学科研究的核心问题，通常认为对外贸易可以通过影响要素禀赋、研发投入、竞争、人力资本积累、规模经济、生产能力利用率、干中学等方式促进经济增长。国内学者对出口经济增长效应的研究大致是从以下三个方面展开的：

第一是关注出口贸易促进经济增长的本质分析。出口贸易的增长除了能够直接推动经济增长之外，还对消费、投资、政府支出、进口造成影响，从而间接刺激经济增长。当然，应该同时考虑出口贸易对经济增长直接和间接的效应。[1] 从新贸易理论看国际贸易如何促进经济增长，贸易引致的技术进步是促进全要素生产率增长的重要原因，而全要素生产率可以分解为技术效率和技术进步两个因素。[2] 所以，出口的增长效应充分利用各种经济要素，在提升技术进步的基础上，推动经济增长。

第二是贸易量增长以及增长的结构性研究。改革开放以来，我国出口贸易的技术结构发生了显著变化。长期以来，我国出口走的实际上是一条非线性的、超越所处发展阶段的渐进专业化道路。在人均收入达到一定水平后，还可能出现加速专业化的趋势。同时，这样的道路已经对我国的经济增长产生了显著的不利影响，并将长期存在。[3] 事实上，中国贸易量的增长，源于经济全球化进程中的生产非一体化，源于跨国公司对其制造工序、环节的垂直外包，源于中国企业适时调整和参与国际产品内分工的策略。[4] 这被一些学者称为"中国贸易增长之谜"。入世前后，我国出口增

---

① 林毅夫、李永军：《出口与中国的经济增长：需求导向的分析》，《经济学（季刊）》2003 年 7 月第 2 卷第 4 期。该文的实证结果表明，20 世纪 90 年代以来，外贸出口每增长 10%，基本上能够推动经济增长 1%。

② 李小平、卢现祥、朱钟棣：《国际贸易、技术进步和中国工业行业的生产率增长》，《经济学（季刊）》2008 年 1 月第 7 卷第 2 期。

③ 高凌云、王洛林、苏庆义：《中国出口的专业化之路及其增长效应》，《经济研究》2012 年第 5 期。

④ 吴福象、刘志彪：《中国贸易量增长之谜的微观经济分析：1978—2007》，《中国社会科学》2009 年第 1 期。

长的二元边际结构的特征显著，出口增长主要是沿着集约的边际实现的，扩展的边际占据的比重很小。外部冲击对集约的边际构成显著的负面冲击，但对扩展的边际却并不存在负面影响。[①] 上述结论将为中国贸易结构转型提供深厚的理论基础和丰富的政策含义。

第三是近几年成为研究热点的出口企业异质性与经济增长。在出口企业异质性研究方面，国内学者对出口企业乃至直接投资企业的异质性问题都做了微观分析。一方面，对于出口企业的异质性，国内学者主要是对企业生产率与出口的关系以及决定出口的因素做出具体研究，出口企业先前的研发投入可以提升生产效率，并且出口能实现企业的规模扩张。但是，存在出口企业生产率普遍低于内销企业的"生产率悖论"。[②] 多数研究表明，这些企业的出口都只能为其带来短期的生产率提升。[③] 另一方面，就是探讨企业异质性和进入国内区域市场的关系，随着企业生产率的提高，进入国内区域市场的可能性增大，这种可能性不仅取决于贸易成本和市场需求，还受企业年龄、规模、资本密集度、所有制和广告等因素的影响。[④] 对于首次出口的企业，其出口当年企业生产率有 2% 的提升，但在出口之后的几年中这种提升效应不显著；对于出口前有研发投入的企业，出口对生产率存在着持续且幅度较大的提升作用；但对于出口前没有研发投入的企业，出口对生产率没有显著的提升效应或提升效应短且较弱；出口对生产率的提升效应随企业从事出口前研发年数的增加而提高。[⑤] 对于异质性企业的对外直接投资研究，学者们往往以外向型经济最为活跃的浙江省制造企业为例，对其向海外投资做微观分析，在我国实施"走出去"战略下，生产率越高的企业对外直接投资的概率和流量越大。而目的国的

---

① 钱学峰、熊平：《中国出口增长的二元边际及其因素决定》，《经济研究》2010 年第 1 期。

② 李春顶：《中国出口企业是否存在"生产率悖论"：基于中国制造业企业数据的检验》，《世界经济》2010 年第 7 期。

③ 金祥荣、刘振兴、于蔚：《企业出口之动态效应研究——来自中国制造业企业的经验：2001—2007》，《经济学（季刊）》2012 年 4 月第 11 卷第 3 期。

④ 黄玖立、冼国明：《企业异质性与区域间贸易：中国企业市场进入的微观证据》，《世界经济》2012 年第 4 期。

⑤ 戴觅、余淼杰：《企业出口前研发投入、出口及生产率进步——来自中国制造业企业的证据》，《经济学（季刊）》2011 年 10 月第 11 卷第 1 期。

收入水平和行业的资本密集程度却对企业的直接投资没有显著影响。[1]

（二）贸易开放对其他宏微观经济变量的影响

事实上，贸易开放除了通过上述机制促进开放国的经济增长之外，还会对开放国的一系列其他宏微观经济变量产生影响。多年来我国学者在此领域的研究主要集中在对外贸易对宏观经济波动和通货膨胀的影响等方面，首先，国际贸易水平和我国省际贸易的发展潜力会显著减缓经济波动，而且国际贸易水平和省际贸易潜力在影响经济波动上存在相互促进和加强的关系。[2] 但是，从外部技术冲击的角度看，虽然在技术冲击来自制成品时，贸易成本和汇率管制会抑制本国经济的波动幅度；而在较高的贸易开放度和浮动汇率制度下，技术变动可能导致 GDP 和福利的反向变动。[3] 此外，中国存在由贸易开放度、人民币汇率和国际油价到通货膨胀的非线性 Granger 因果关系。[4] 贸易开放还对我国省域经济的增长有正效应，并伴有空间收敛与发散双向效应。[5] 当然，也因地区发展水平、基础设施和人力资本差异而存在空间异质性。

出口贸易对微观经济的影响，主要表现在出口是否促进了我国本土制造业企业全要素生产率的提高。通常可以利用企业层面的微观数据，验证出口通过"出口中学习"的效应促进了中国本土制造业企业全要素生产率的提高。[6] 除了对微观企业的生产率影响外，贸易还对企业的出口品定价产生效应，也能解释"我国企业的低价出口之谜"。从成本加成率的视角考察这一奇特现象，我国出口企业加成率低于非出口企业的现象普遍存在于不同地区、不同行业和不同所有制企业中。[7] 此外，长期的出口退

---

① 田巍、余淼杰：《企业生产率和企业"走出去"对外直接投资：基于企业层面数据的实证研究》，《经济学（季刊）》2012 年 1 月第 11 卷第 2 期。

② 洪占卿、郭峰：《国际贸易水平、省际贸易潜力和经济波动》，《世界经济》2012 年第 10期。

③ 彭支伟、佟家栋、刘竹青：《垂直专业化、技术变动与经济波动》，《世界经济》2012 年第 7 期。

④ 赵进文、丁林涛：《贸易开放度、外部冲击与通货膨胀：基于非线性 STR 模型的分析》，《世界经济》2012 年第 9 期。

⑤ 熊灵、魏伟、杨勇：《贸易开放对中国区域增长的空间效应研究：1987—2009》，《经济学（季刊）》2012 年 4 月第 11 卷第 3 期。

⑥ 张杰、李勇、刘志彪：《出口促进中国企业生产率提高吗？——来自中国本土制造业企业的经验证据：1999—2003》，《管理世界》2009 年第 12 期。

⑦ 盛丹、王永进：《中国企业低价出口之谜——基于企业加成率的视角》，《管理世界》2012 年第 5 期。

税、补贴政策，以及出口企业行业内部的过度竞争也是导致中国出口企业加成率过低的重要原因。

（三）对外贸易对就业市场及劳动力收入的影响

在国际贸易理论中，对外贸易对国民经济最主要的溢出效应之一就是对劳动力市场的影响了。大量研究得出的普遍结论是，出口贸易提高了我国劳动力就业需求，解决了劳动力的就业问题；而进口的增长则会造成就业市场的负面影响。入世以后，随着出口的迅速增长，对外贸易对就业的效应愈加显著。尤其是加工贸易的迅猛发展，为中国沿海地区就业提供了大量机会，当然，这其中也包括内地充裕劳动力的就业。我国这种"三来一补"的加工贸易方式，对劳动力市场的影响更敏感，特别是中间产品的进出口对劳动力需求弹性明显高于一般贸易。[①] 这种垂直专业化贸易，通过纵向分工协作原理，影响着中国国内的就业结构。其中，来自经济合作组织（OECD）等发达国家的中间品进口份额上升有助于提高中国制造业的高技能劳动力就业比例，从亚非拉等低收入国家进口中间品份额的增加将带来劳动力技能水平的相对下降。资本深化与高技能劳动力就业之间具有互补关系，但以加工贸易为主的港澳台资本在一定程度上削弱了高技能劳动力的相对需求。[②]

另外，贸易对收入的影响也非常重要，因此，国内很多学者致力于研究贸易与收入（或者工资）的关系。贸易对收入的影响包括城乡之间、不同所有制企业之间、生产要素之间的收入分配、收入差距等。贸易专业化造成的二元结构将增加收入分配的不平等。贸易增长与收入分配不平等之间既不是单调的关系，也不是倒 U 曲线关系。[③] 事实上，我国出口扩张模式存在显著的"低工资增长、高劳动生产率增长"的依赖特征以及以加工贸易为主的扩张特征，从而这种模式下的出口扩张对工资增长速度的提高产生显著的抑制作用。[④] 尽管出口贸易在我国总体经济增长中扮演了重要角色，但是从微观层面研究发现，企业出口对劳动力收入的改善作用

① 盛斌、马涛：《中间产品贸易对中国劳动力需求变化的影响：基于工业部门动态面板数据的分析》，《世界经济》2008 年第 3 期。该文的实证结果显示，中间产品的出口和进口对劳动需求的弹性分别为 0.8 和 -1.52，明显高于一般贸易情形。

② 唐东波：《垂直专业化贸易如何影响了中国的就业结构?》，《经济研究》2012 年第 8 期。

③ 张定胜、杨小凯：《国际贸易、经济发展和收入分配》，《世界经济》2004 年第 9 期。

④ 包群、邵敏：《出口贸易与我国工资的增长：一个经验分析》，《管理世界》2010 年第 9 期。

并不明显。而在地区收入差别上，出口结构的优化还会扩大城乡居民收入差距。[①] 此外，贸易还造成了劳动力性别收入的差异，贸易开放在总体上拉大了性别工资差距，贸易开放缩小了高技能劳动力的性别工资差距，拉大了低技能劳动力的性别工资差距。[②]

（四）对外贸易对环境的影响

对外贸易对东道国环境的影响是一个热点研究问题，在带来经济增长的同时，也伴随着对环境的污染，如何进行环境乃至气候治理成为全球关注的焦点。较早研究贸易对环境的影响，主要分析发展贸易对能源的消耗以及产生的污染物排放。前者就是所谓的进出口商品中的内涵能源问题，我国自 1993 年以来成为石油净进口国，但通过商品的进出口贸易，中国成为内涵能源的进出口大国。[③] 近些年来，不少国内学者开始研究贸易中的碳排放、二氧化硫排放等，以此分析贸易对环境的影响。对外贸易在带给我国经济快速增长的同时，也带给环境巨大压力。上文所谈及贸易开放引致了经济增长，也增加了中国省区的 CO_2 排放量和碳强度，由于区域对外开放程度不同，外贸对各区域环境造成的影响也不同。综合来看，国际贸易对我国环境影响是负面的。[④] 若从中国参与垂直化分工视角分析，则可以估算加工贸易和非加工贸易出口中内涵 CO_2 的结构和排放强度变化，进而从碳排放视角分析中国对外贸易结构的调整。[⑤] 对于贸易内涵的其他污染物排放的研究亦是如此，例如二氧化硫等。总体上来说，由于出口污染排放强度低于进口污染减排强度，故对外贸易有利于我国污染减排。然而巨额外贸顺差以及进口减排强度与出口排放强度之比的下降造成了我国

[①] 孙永强、巫和懋：《出口结构、城市化与城乡居民收入差距》，《世界经济》2012 年第 9 期。

[②] 刘斌、李磊：《贸易开放与性别工资差距》，《经济学（季刊）》2012 年 1 月第 11 卷第 2 期。

[③] 陈迎、潘家华、谢来辉：《中国外贸进出口商品中的内涵能源及其政策含义》，《经济研究》2008 年第 7 期。该文结果显示，2006 年中国内涵能源净出口 6.3 亿吨标准煤，比 2002 年增长 162%。

[④] 李锴、齐绍洲：《贸易开放、经济增长与中国二氧化碳排放》，《经济研究》2011 年第 11 期。

[⑤] 马涛：《垂直分工下中国对外贸易中的内涵 CO_2 及其结构研究》，《世界经济》2012 年第 10 期。

对外贸易污染排放的逆差，出口产品结构的恶化则是最为根本的原因。[①]

另外，从上世纪90年代以来，很多学者都对环境规制是否影响了全球贸易模式给予了特别关注。为了规避本国严格的环境标准，发达国家的污染工业转移到发展中国家，或者发达国家扩大污染产品进口以替代本国的污染产品生产，这两种情况都是由发达国家污染密集型商品比较优势的变化引起的。[②] 现实中，越来越多的环境规制也对我国出口贸易品的比较优势产生了深刻影响。环境规制强度提升了工业行业的贸易比较优势，但是有一个度的限制；当环境规制强度超过一定限度时，反而不利于行业贸易比较优势的提升。[③] 因此，我们必须清醒地认识到，由于出口规模的快速扩张，对外贸易带来了许多显而易见的环境破坏、生态恶化等问题。在低碳经济背景下，未来的增长必然会面临日益收紧的资源和环境约束。

三 中国对外贸易政策的转型与调整

入世以来，中国对外贸易政策继续在总体上保持了开放与自由化的趋势，不但履行了中国加入WTO所做的非歧视待遇与市场准入的承诺，而且在实施区域经济与贸易合作方面迈出了坚实的步伐。[④] 入世后的中国，对多边贸易体制的贡献在于推动了全球经贸发展、反对贸易保护主义、努力协调多边贸易谈判、积极参与多边贸易机制建设并切实维护发展中国家利益。[⑤]

（一）中国对外贸易政策的转型

中国在入世前主要利用APEC以及双边机制展开对外经济和贸易合作，入世以后的外贸政策取向发生了变化，中国努力在多边贸易体系中发

---

① 沈利生、唐志：《对外贸易对我国污染排放的影响——以二氧化硫排放为例》，《管理世界》2008年第6期。

② 陆旸：《环境规制影响了污染密集型商品的贸易比较优势吗?》，《经济研究》2009年第4期。

③ 李小平、卢现祥、陶小琴：《环境规制强度是否影响了中国工业行业的贸易比较优势》，《世界经济》2012年第4期。

④ 盛斌、钱学锋、黄玖立、东艳：《入世十年转型：中国对外贸易发展的惠顾与前瞻》，《国际经济评论》2011年第5期。

⑤ 裴长洪、郑文：《中国入世10周年与全球多边贸易体制的变化》，《财贸经济》2011年第11期。

挥积极作用，并参与谈判和规则的制定。①

特别值得一提的是，2005 年 7 月人民币汇率改革后的几年，我国对出口贸易政策进行了较大幅度调整，即做了以转变经济增长方式、削减贸易顺差增速为重点的调整。② 具体的调整以转变出口贸易增长方式为主，而减少对出口贸易的激励，并对加工贸易的发展加以限制的认识未必正确。这种政策调整直至 2008 年金融危机发生才有所转变，这期间中国出口贸易快速增长出现了回落迹象，并引起了中国出口贸易结构的若干变化。

但是，这些政策调整并没有改变我国出口贸易国际竞争力不断削弱的压力，也没有加快出口产品结构升级的进程。同时，长期以来实施的贸易政策也影响到我国产业的发展，比如，加工贸易和一般贸易的"二元"贸易政策是形成中国"二元"贸易结构的深层次原因。尤其是"二元"关税政策在促进我国加工贸易快速发展的同时，也对其他产业造成了负面影响。③ 金融危机爆发后的两年，为应对危机对我国贸易的冲击，我国贸易政策以稳定外需为主。未来一段时期内，我国贸易面临的主要问题就是如何进行结构转型和升级。

金融危机以后，中国要做到依靠内需尤其是消费来拉动经济增长尚很难，要依靠开拓新兴市场来抵补发达经济体需求萎缩带来的进口需求缺口也很难。在这种情况下，转变外贸增长方式，更加注重外贸增长的质量和效益，而不是规模和速度，就成为后危机时代外贸工作的头等大事。否则只会带来更大的贸易摩擦和利益冲突，进一步增加资源和环境的压力，带来更大的经济福利损失。④

要转变外贸发展方式，决不仅仅局限于优化出口商品结构和提高出口产品附加值，我国的外贸政策导向从转变外贸增长方式上升为转变外贸发展方式。所以，根据我国自身的特点，转变外贸发展方式的经济学含义应

---

① 尹翔硕：《中国对外贸易政策取向的变化及贸易格局的变动》，《世界经济》2004 年第 3 期。

② 裴长洪：《中国贸易政策调整与出口结构变化分析：2006—2008》，《经济研究》2009 年第 4 期。

③ 唐东坡：《贸易政策与产业发展：基于全球价值链视角的分析》，《管理世界》2012 年第 12 期。

④ 张燕生：《后危机时代：中国转变外贸增长方式最重要》，《国际经济评论》2010 年第 1 期。

定义为：转变外贸的国民收益方式和格局；转变外贸的竞争方式；转变外贸的市场开拓方式；转变外贸的资源利用方式。①

（二）对外贸易政策的调整

（1）外贸支持政策的调整。入世十年来，我国比较大幅度地按照 WTO 规则对相关补贴进行了调整。出口退税政策，随着中国加入世贸组织处于不断下调之中。② 出口信贷补贴，政策性银行贷款不再接受国家的财政补贴。2007 年 5 月 8 日，我国宣布取消中国银行实施的出口贷款补贴。入世后，我国全面履行加入世贸组织承诺，逐步扩大农业、制造业、服务业准入，放开外贸经营权，并且进一步简化进口管理，完善进口促进体系，大幅降低关税。③

此外，中国对外贸易中的经济政策也受到技术因素、体制原因以及要素密集度等因素的影响。我国现阶段的竞争政策应着重通过涵养竞争优势改善国内企业在世界市场中的位置，用竞争政策规范部门或产品层次的贸易、产业和技术政策，从而实现中国贸易品部门在世界市场结构中的均衡位置。④

（2）进出口管理措施的调整。入世以来，我国进口关税呈显著下降趋势，并且远低于其他发展中国家的平均关税水平。以 2005 年的关税结构为例，就关税水平和优劣势产业的关系而言，进口关税似乎在更多地保护我们的优势产业，而不是弱势产业。此外，中国按入世承诺的时间表全部取消了进口配额和进口许可证等非关税措施，放开了对外贸易经营权。

入世以来，中国根据对外贸易形势的变化对出口退税率进行了较为频繁地调整。出口退税率下调，对易引起贸易摩擦的商品出口增长率负面影响显著，而对"高耗能、高污染、资源型"产品的出口增长率负面影响

---

① 裴长洪、彭磊、郑文：《转变外贸发展方式的经验与理论分析——中国应对国际金融危机冲击的一种总结》，《中国社会科学》2011 年第 1 期。

② 我国自 2004 年后全面下调出口退税，其后又进一步下调或者取消部分产品的出口退税。而从 2008 年 8 月至 2009 年 7 月，连续 7 次大规模上调纺织服装、机电、钢材、化工等产品的出口退税率。2010 年 7 月 15 日，我国取消钢材、有色金属加工材等 406 个品种、共六大类商品的出口退税。

③ 裴长洪、王宏淼：《入世十年与中国对外贸易发展》，载于王洛林主编的《加入 WTO 十年后的中国》，中国发展出版社 2012 年 5 月第 1 版。

④ 谷克鉴：《中国对外贸易发展中的竞争政策选择》，《中国社会科学》2000 年第 3 期。

不显著。[1] 出口关税方面，中国对关税率和征税对象在不断进行调整，近年来，出口税率调整的目的包括促进产业结构调整、应对贸易摩擦、加强环境保护、缓解金融危机冲击等。

（3）服务贸易政策的调整。服务贸易具有驱动经济增长的作用机理，知识产权保护强化了服务业出口部门对其他部门所产生的外部经济溢出效应，以及由此分解出来的要素配置效应和技术溢出效应。[2] 根据服务贸易管理方式、方法的不同，世界主要经济体的管理体制归纳为三种类型，即核心管理型、分工协调型和服务推进型。[3] 我国服务贸易整体国际竞争力较低，但是近些年来出现不断上升趋势。各个行业的服务贸易国际竞争力也不尽相同，逐步实现从比较劣势向比较优势转变。[4] 中国在入世协议书中对服务贸易做出了高于发展中国家水平的具体承诺和减让，超越"维持现状"的贸易自由化使服务业的开放程度有了明显的提高，同时也维护了自己作为发展中国家成员身份的权益。[5] 为顺应服务贸易发展新趋势，应促进服务外包、物流服务、设计咨询、金融等现代生产性服务出口。

（4）积极参与各类谈判和争端解决。加入世贸组织后，中国全面享有了世贸组织成员的各项权利，也积极参加了 WTO 组织的各种推动谈判的会议，提出议案。目前，中国与美国和欧盟分别进行着双边投资协定的谈判，并密切关注着跨太平洋伙伴关系协定（TPP）和跨大西洋贸易与投资伙伴协定（TTIP）的动向和进展。此外，中国参与 WTO 争端解决机制经历了规则学习、规则参与和规则建议三个阶段。通过完善贸易救济相关制度，我国逐步积累了运用世贸组织争端解决机制消除国家间的贸易摩擦乃至贸易保护措施的经验。

今后，中国在 WTO 主导的自由贸易政策基础上，确立协调管理型的

① 白重恩、王鑫、钟笑寒：《出口退税政策调整对中国出口影响的实证分析》，《经济学（季刊）》2011 年 4 月第 10 卷第 3 期。

② 唐保庆、黄繁华、杨继军：《服务贸易出口、知识产权保护与经济增长》，《经济学（季刊）》2011 年 10 月第 11 卷第 1 期。

③ 倪月菊：《世界主要国家和地区的服务贸易管理体制比较》，《国际贸易》2007 年第 2 期。

④ 陈虹、章国荣：《中国服务贸易国际竞争力的实证研究》，《管理世界》2010 年第 10 期。

⑤ 盛斌：《中国加入 WTO 服务贸易自由化的评估与分析》，《世界经济》2002 年第 8 期。

自由贸易政策是中国对外贸易发展趋势的必然。① 所以，现在和未来值得我们关注的贸易政策中，首要的是要强化贸易政策的相对独立性，增强与其他政策的协调发展，提升在宏观决策中的地位；其次是外贸政策调整应有利于外贸发展方式转变，以利于贸易结构的优化；最后是我国的贸易政策要以 WTO 多边贸易体制为依据，不断推进贸易自由化和便利化，营造公平竞争的外贸环境。②

四　中国对外贸易战略的发展及战略合作

（一）入世后中国对外贸易战略的发展

对于中国对外贸易战略，改革开放初期以进口替代和出口导向战略为主要形式，其发挥了国内供应不足和出口换汇的作用。随着中国对外贸易的不断发展和强大，外贸发展战略也随之变化。然而，不同学者对贸易发展战略的定义也并不完全相同。③

入世初期，中国在分享多边贸易体制权利的同时，也必须承担相应的义务和责任。低贸易壁垒意味着国内工业将全面暴露于国际竞争面前，而出口激励手段的有限性将使国内幼稚工业面临由于扶持不足而中断成长的危险。在 WTO 规则下中国应当以什么样的贸易战略去迎接全球竞争的挑战？为了回答这些问题，选择和制定新的贸易发展战略就显得尤为必要。④

在入世后的一段时期内，我国进一步深化了外向型发展战略，努力在一个更加开放、公平的环境中发展对外贸易。但是，我国以大力引进外资和推动出口为核心的外向型发展战略也遇到很多问题。尤其是在入世后的十多年中，上述外贸发展战略已经造成了国内外经常账户的不平衡发展，对国内贸易转型升级形成了较大压力。这种压力体现在我国出口中，外资比例太大，加工贸易份额占比过高，出口增加值相对较低。⑤ 此现状造成

---

① 协调管理型自由贸易政策是指在比较优势和竞争优势基础上，在 WTO 多边贸易体制下，通过政府协商确定与贸易对象的权利与义务，通过法规加强管理，保证权利与义务的落实，实现"开放、公平和无扭曲的竞争"，促进与贸易对象相互的经济发展和社会稳定。

② 薛荣久、杨凤鸣：《后危机时代中国外贸政策调整的选择》，《国际贸易》2010 年第 3 期。

③ 尹翔硕：《加入 WTO 后的中国对外贸易战略》，复旦大学出版社 2001 年版。

④ 王允贵：《中国加入 WTO 后的贸易战略与经济发展》，《管理世界》2001 年第 3 期。

⑤ 张蕴岭：《世界市场与中国对外贸易发展的外部环境》，中国社会科学出版社 2007 年版。

我国与其他贸易伙伴国越来越多的贸易争端，这也说明我国贸易结构亟须转型升级。

特别在进口方面，进口产品集中化的趋势也在不断加强，主要体现在资源型产品和高技术产品的快速增加。这种进口结构也是我国工业化进程从资源型产品、劳动密集型产品、资本密集型产品向技术密集型产品迈进的一种反映。所以，在以前的"安全发展"进口战略基础上，努力发展"更自由的大进口战略"。[①] 这种战略的本质是促使我国进口由生产主导型向更加中性的自由贸易型、甚至消费主导型转变。

随着中国成为全球第二大经济体，以及最大的货物贸易出口国，针对中国的贸易摩擦越来越多。这足以说明中国经济面临的国际压力日益扩大，我国的对外贸易战略处于调整的十字路口。在中国传统出口竞争优势渐失的情况下，应从整体结构来进行贸易战略的调整：一是贸易增长从外延式的增长转变为内涵式的增长，以此获得经济增长方式的转变；二是出口贸易结构从劳动密集型产品、资本密集型产品逐步向自主知识产权、自有品牌和自主营销的产品转变。

所以，中国对外贸易的战略性转型，体现在很多方面。例如，从通常意义上讲，贸易结构的转型表现为产品、技术和地区来源结构上的演进，或者在价值链条上沿着不同功能阶梯的爬升等。但是，对外贸易战略转型更重要的一方面，则是指企业、品牌和技术等所有者身份上的一种结构性转换，即从本国获益少的外国企业主导型到本国获益多的本国企业主导型的形式转换。

金融危机之后，我国对外贸易发展战略的首要任务还是发挥其对经济增长的拉动作用，提升对外贸易增长质量和效益，逐步实现我国从贸易大国向贸易强国转变。于是，新战略的具体定位是：全面融入全球化、发挥综合优势、拉动经济增长、促进社会和谐、提升国际地位。[②]

在上述外贸发展战略思路的基础上，我国在制定贸易战略时应具体做到：继续实施"科技兴贸"、"出口市场多元化"和"以质取胜"等既有外贸战略；大力实施"价值链提升"、"富民兴贸"、"绿色贸易"和"和

① 中国社会科学院世经政所课题组：《进口战略完善与调控政策研究》，2009 年。
② 商务部研究院课题组：《后危机时代中国外贸发展战略之抉择》，《国际贸易》2010 年第 1 期。

谐贸易"四大新战略。①

　　于是，我们现在的外贸战略是如何继续做大，而未来最值得关注的是如何把我国的对外贸易积极做强。要实现上述贸易战略，应该从以下几方面着手：优化对外贸易结构；坚持实施市场多元化战略，巩固传统市场，大力开拓新兴市场，稳定和拓展外需；加快加工贸易转型升级，大力发展服务外包；完善进口促进政策；加强和改善多双边经贸关系，妥善应对贸易摩擦。

　　（二）中国加强并扩大参与多边贸易体系的战略合作

　　全球经历了几次自由贸易协定（FTA）的浪潮。目前，世界上有超过474 个不同类型的区域贸易协定（RTA），其中大约有 90% 是 FTA。自2004 年首次提出亚太自由贸易区（FTAAP）以来，其已成为亚太经济合作组织（APEC）的主要议题之一，对亚太自由贸易区的研究也越来越多。目前对中国而言，已经开展全方位的合作战略，不仅在东亚地区，也延伸到其他地区，合作领域不仅包含经济领域，还扩大到政治和安全领域。

　　以亚太区域的发展格局为例，学者们设计了亚太区域内正在形成的自由贸易协定的"轴心—轴条"格局。由此形成的格局成为亚太自由贸易区的可能途径，其也可以消除亚太自由化进程的消极影响。针对此也可以设计出一套中国参与亚太区域内"轴心—轴条"格局的完整战略。②

　　从经济利益上看，中国加入 FTAAP 毫无疑问将获得巨大的收益，因为其主要贸易伙伴和出口中面临的主要贸易壁垒都集中在亚太地区。但是，中国是否能够支持这一构想还取决于一系列关键的政治与外交因素，例如：APEC 方式、中美关系、协定的质量、敏感行业、竞争性的替代方案问题等。③

　　在多边贸易体制方面，十多年来，其变迁主要表现为力量结构、议题结构及外部透明度的变化。在未来一段时间，多边贸易体制的改革应重在

---

　　① 国家发改委课题组：《后危机时代我国对外贸易的战略性调整》，《国际贸易》2010 年第1 期。

　　② 宋玉华、李锋：《亚太区域内自由贸易协定的"轴心—轴条"格局解析》，《世界经济与政治》2008 年第 2 期。

　　③ 盛斌：《亚太自由贸易区的政治经济分析：中国视角》，《世界经济与政治》2007 年第 3 期。

制度建设与反对贸易保护主义。中国对全球多边贸易体制的主要贡献在于推动国际经贸发展、反对贸易保护主义、忠实履行多边贸易规则、努力协调多边贸易谈判、积极参与多边贸易机制建设以及切实维护发展中国家利益等方面。[1]

对中国而言，在多边框架内有效解决贸易争端是中国申请加入世界贸易组织的主要动机之一。随着我国经济实力的增长、国际经济交往的加深和对争端解决活动日益积极的参与，中国利用国际经济规则来遏制他国针对性贸易保护主义行为的能力相应增强。同时，我们也应看到，在 WTO 框架下，中国国际经济地位的相对变化是出现针对中国"好讼"现象的重要原因。[2]

以上述我国的情况为例，学界应深入探讨如何在国家崛起中参与多边贸易体系。对此，学者们以现实主义的"大国崛起与国际关系调整"理论为分析框架，认为中国的崛起不是颠覆或者大幅度改革现有多边贸易体制的革命性力量，相反是一股强大的支持和维护该体制的力量，中国应积极引导多边贸易体制的发展。当然，中国的崛起也会带来多边贸易体制中大国角色的转换和调整，并可能引发相当长一段时期的动荡和磨合期，这需要各方积极应对。[3]

（本章执笔人：倪月菊、马涛，中国社会科学院世界经济与政治研究所国际贸易研究室研究员、副研究员。）

---

① 裴长洪、郑文：《中国入世 10 周年与全球多边贸易体制的变化》，《财贸经济》2011 年第 11 期。

② 田丰：《中国与世界贸易组织争端解决机制：评估和展望》，《世界经济与政治》2012 年第 1 期。

③ 宋泓：《中国崛起与国际秩序调整——以中国参与多边贸易体系为例》，《世界经济与政治》2011 年第 6 期。

第 四 章

国际投资

本章将从对外直接投资、外商直接投资、跨国公司、外汇储备投资、主权财富基金与国际投资规则六个部分来分析中国国际投资学科的发展。

第一节　对外直接投资

一　1978 年至 1999 年：对中国 ODI 的研究较少，主要集中在发展中国家对外投资理论的介绍以及我国企业"走出去"的必要性、可行性讨论等方面。

2000 年之前，中国对外开放的重点是引进外商直接投资（FDI），对外直接投资（ODI）面临诸多限制和障碍，规模较低，累计对外直接投资不足 300 亿美元。因此，这个阶段国内学者大多对我国吸引、利用外商直接投资进行研究，关于我国对外直接投资的研究较少、起步较晚。仅有的少量研究主要集中在发展中国家对外投资理论的介绍以及我国企业"走出去"的必要性、可行性讨论等方面。例如，冼国明、杨锐[①]利用 Dunning 附加策略变量的动态"OIL"（Ownership-Internalization-Location）作为分析框架构造了能解释逆向 ODI 的学习型模型，强调了动态技术累积和竞争策略对发展中国家 ODI 的意义。而鲁桐认为发展中国家的跨国公司及其对外投资在竞争优势和动机上等多方面出现了与发达国家跨国公司明显不同的特征，来自发展中国家跨国公司的竞争向发达国家跨国公司提

---

① 冼国明、杨锐：《技术积累、竞争策略与发展中国家对外直接投资》，《经济研究》1998 年第 11 期。

出了挑战，同时对原有的国际投资理论提出了新的课题。作者还介绍了发展中国家对外投资理论的发展并论证了中国开展对外投资的可能性。① 此外，康荣平在案例分析和研究的基础上，归纳总结了华人跨国公司不同于发达国家跨国公司的特点。其中，康荣平分别采用 68 个和 100 个企业案例就华人跨国公司的运营模式进行了总结，从理论和案例两个层面探讨华人跨国公司的成长模式问题。② 而康荣平和柯银斌进一步将案例扩展到了148 个。③

二　2000 年至 2007 年：对中国 ODI 的研究逐渐增多，仍然以定性探讨规模、类型、动因、影响为主，部分用宏观数据就决定因素进行实证研究。

2000 年之后，中国开始实施"走出去"战略，从限制对外直接投资，逐渐转变为放松对外直接投资管制和鼓励对外直接投资。

但这一阶段的研究大都以定性和规范研究为主，关注的是中国对外直接投资流出的规模、类型和动因。例如，赵春明和何艳在借鉴国际对外直接投资产业和区位选择经验的基础上，探讨了适合于中国对外直接投资发展的产业和区位选择问题。④ 类似的研究还有张军、周建国。⑤ 江小涓构建了一个预测中国对外投资规模的分析框架，分别对中国"十五"时期和"十一五"时期对外直接投资的决定因素进行了分析，预测了可能达到的规模和结构特点。⑥⑦

在对外投资的动机方面，康荣平、柯银斌认为传统跨国公司理论的一个最主要的前提是具备某种竞争者所没有的优势，也就是"优势前提

① 鲁桐：《发展中国家跨国公司理论及其思考》，《世界经济与政治》1998 年第 10 期。
② 康荣平：《华人跨国公司的兴起》，《世界华商经济年鉴 1995 年》，企业管理出版社 1995年版。康荣平：《华人系多国籍企业的勃兴》［日］亚洲经济研究所，1997 年。
③ 康荣平、柯银斌：《华人跨国公司的成长模式》，《管理世界》2002 年第 2 期。
④ 赵春明、何艳：《从国际经验看中国对外直接投资的产业和区位选择》，《世界经济》2002 年第 5 期。
⑤ 张军、周建国：《中国企业境外投资选址问题研究》，《国际商务研究》2004 年第 2 期。
⑥ 江小涓：《"十五我国对外投资趋势研究：全球背景、投资规模与重点选择》，《管理世界》2001 年第 1 期。
⑦ 江小涓：《中国对外开放进入新阶段：更均衡合理地融入全球经济》，《经济研究》2006年第 3 期。

论"。① 但是在对跨国公司的案例研究中，作者已发现若干原来没有什么竞争优势，通过跨国发展而获得竞争优势的实例。针对这种现象，他们提出了华人跨国公司的"赢得优势论"。王志乐通过调研发现，中国开展对外直接投资目的在于换取能源、资源和市场份额。② 尽管相对于发达国家的跨国企业，中国企业具有的技术、品牌、管理经验等优势可能不够，但相对于国有企业，民营企业有其自身的特点。欧阳晓分析了中国民营企业跨国经营的优势，作者认为民营企业具有机制优势、产业优势等多方面优势。③ 此外，在政策方面的研究主要提出了中国现行对 ODI 政策的覆盖面、支持力度、限制等方面的缺陷以及完善管理体制、建立法律体系、提高透明度、重视人才培养和在信贷、税收、外汇等方面的优惠政策等。④⑤

尽管这一时期针对 ODI 的实证研究非常有限，随着 2003 年商务部、国家统计局、国家外汇管理局首次联合发布《中国对外直接投资统计公报》、2002 年《对外直接投资统计制度》颁布，用宏观国别数据对中国海外直接投资的实证计量研究逐渐增多。主要关注的是中国对外直接投资的决定因素。程惠芳、阮翔用贸易中的引力模型使用 1995 年、2000 年、2002 年与中国有国际直接投资关系的 32 个国家的数据进行横截面回归发现经济规模和相似性以及地理距离是国际直接投资流量的重要决定因素。⑥ 项本武使用固定效应面板模型对中国对外直接投资决定因素进行了初步检验，但由于数据限制，其样本较小。⑦ 邱立成、王凤丽利用 1993—2006 年的数据进行计量分析，发现对外贸易、资源需求、工资水平因素都对我国对外直接投资有显著的影响。⑧ 张新乐、王文明、王聪利用两年的数据对中国对外直接投资的决定因素进行了计量分析并与已有的研究成

① 康荣平、柯银斌：《华人跨国公司的成长模式》，《管理世界》2002 年第 2 期。
② 王志乐：《走向世界的中国跨国公司》，中国商业出版社 2004 年版。
③ 欧阳晓：《中国民营企业跨国经营的优势分析》，《管理世界》2005 年第 5 期。
④ 隆国强：《"走出去"战略的鼓励政策》，《经济研究参考》2002 年第 66 期。
⑤ 鲁桐：《"走出去"：培养具有国际竞争力的中国跨国公司》，《求是》2002 年第 10 期。
⑥ 程惠芳、阮翔：《用引力模型分析中国对外直接投资的区位选择》，《世界经济》2004 年第 11 期。
⑦ 项本武：《中国对外直接投资：决定因素与经济效应的实证研究》，社会科学文献出版社 2005 年版。
⑧ 邱立成、王凤丽：《我国对外直接投资主要宏观影响因素的实证研究》，《国际贸易问题》2008 年第 6 期。

果进行比较。① 作者发现中国的对外直接投资对东道国国内生产总值、出口、汇率、东道国人均国民收入等决定因素的反应与已有文献的研究结果有所不同，且大都不符合理论假设。

除了研究决定因素外，学者开始讨论中国对外直接投资对国内经济的影响，尤其是对国内就业的影响。董会琳、黄少达从理论上针对国内就业影响的研究得出，中国对外直接投资的刺激效应大于替代效应。② 寻舸提出促进国内就业的新途径就是扩大对外直接投资。③ 杨建清从微观和宏观两个角度探讨了开展对外直接投资对中国国内就业的影响。④ 但这些都只是文字方面的叙述，没有相关实证研究。

三　2008 年至 2012 年：对中国 ODI 的研究成为热点，采用更为成熟的计量方法和企业层面微观数据，关注点日益转向制度的作用、对国内经济的影响以及投资绩效方面。

2008 年以来，中国对外直接投资问题成为研究热点，并在研究方法、使用数据、研究方向等方面呈现新的特点。一是在研究方法上，从前一时期的定性研究为主，转化为量化计量分析为主。二是在使用数据上，王碧珺指出官方公布的 ODI 宏观数据的一个致命问题是公布的是中国对外直接投资的第一目的地，而不是最终目的地；公布的是第一目的地的行业分布，而不是最终投资的行业，而第一目的地很可能是投资的中转地。⑤ 因此更多的研究开始转向利用企业层面的微观数据进行分析。三是在研究方向上，对中国 ODI 决定因素的研究不断深入，同时更多的研究开始关注ODI 对国内经济的影响和绩效问题。

在对外直接投资理论进展上，田巍、余淼杰用微观数据做经验研究，

①　张新乐、王文明、王聪：《我国对外直接投资决定因素的实证研究》，《国际贸易问题》2007 年第 5 期。

②　董会琳、黄少达：《浅析扩大对外投资对就业的影响及对策》，《财经科学》2001 年第 12期。

③　寻舸：《促进国内就业的新途径：扩大对外直接投资》，《财经研究》2002 年第 6 期。

④　杨建清：《对外直接投资对母国就业的影响》，《商业时代》2004 年第 35 期。

⑤　王碧珺：《被误读的官方数据——揭示真实的中国对外直接投资模式》，《国际经济评论》2013 年第 1 期。

发现中国对外直接投资符合异质企业理论的结论。[①] 但是，姚枝仲、李众敏认为现有的主流对外直接投资理论和发展中国家对外直接投资理论均难以解释中国的对外直接投资行为，而是一种"价值链延伸型"的对外直接投资模式。[②] 黄益平、王碧珺同样提出了对外直接投资的"中国模式"。[③④]

对外直接投资区位决定因素的研究日益深入，制度的影响成为重要的研究视角。韦军亮、陈漓高、高建刚、王海军、蒋冠宏、蒋殿春、陈岩等等人的研究发现东道国政治风险与中国 ODI 是负相关的。[⑤⑥⑦⑧⑨] 然而，邓明利用中国 2003—2009 年对 73 个国家的 ODI 数据研究发现，发展中国家的法制制度对中国 ODI 有正向影响，而发达国家的法制制度则是不显著的。[⑩] 不管是正面还是负面影响，东道国制度对中国 ODI 的显著作用不容忽视，如何缓释制度的影响？宗芳宇、路江涌、武常岐建立了关于双边投资协定、东道国制度环境与母国制度对中国海外直接投资区位选择作用的研究框架。[⑪]

在对外直接投资对中国国内经济影响的研究方面，这一时期的关注点

① 田巍、余淼杰：《企业生产率和企业"走出去"对外直接投资：基于企业层面数据的实证研究》，《经济学（季刊)》2012 年第 2 期。

② 姚枝仲、李众敏：《中国对外直接投资的发展趋势与政策展望》，《国际经济评论》2011 年第 2 期。

③ Huang Yiping and Bijun Wang, 2011, "Chinese Outward Direct Investment: Is There a China Model?" China & World Economy, Vol. 19, No. 4.

④ Huang Yiping and Bijun Wang, 2013, "Investing Overseas without Moving Factories Abroad: The Case of Chinese Outward Direct Investment," Asian Development Review, Vol. 30, No. 1.

⑤ 韦军亮、陈漓高：《政治风险对中国对外直接投资的影响——基于动态面板模型的实证检验》，《经济评论》2009 年第 4 期。

⑥ 高建刚：《经济一体化、政治风险和第三国效应对中国 OFDI 的影响》，《财贸研究》2011 年第 5 期。

⑦ 王海军：《政治风险与中国企业对外直接投资——基于东道国与母国两个维度的实证分析》，《财贸研究》2012 年第 1 期。

⑧ 蒋冠宏、蒋殿春：《中国对发展中国家的投资——东道国制度重要吗?》，《管理世界》2012 年第 11 期。

⑨ 陈岩、马利灵、钟昌标：《中国对非洲投资决定因素：整合资源与制度视角的经验分析》，《世界经济》2012 年第 10 期。

⑩ 邓明：《制度距离、示范效应与中国 OFDI 的区位分布》，《国际贸易问题》2012 年第 2 期。

⑪ 宗芳宇、路江涌、武常岐：《双边投资协定、制度环境和企业对外直接投资区位选择》，《经济研究》2012 年第 5 期。

从上一时期的对国内就业影响的描述性讨论，转向用计量方法分析 ODI 对国内产出和技术进步的影响（当然也有部分文献继续跟踪对就业的影响，例如罗丽英、黄娜）。[①] 中国对外直接投资能否实现其促进自身技术进步这一目的？随着研究的深入，学者给出了不同的答案。赵伟、古广东、何元庆发现中国对外直接投资尤其是对研发要素丰裕国家和地区的投资具有较为明显的逆向技术溢出效应。[②] 然而，王英、刘思峰的研究结果却与之相反，发现以 ODI 为传导机制的国际 R&D 溢出并未对中国技术进步起到促进作用。[③] 能否实现技术的溢出效益可能与企业对技术的吸收能力密切相关。[④][⑤]

随着中国海外直接投资的快速增长，投资绩效成为另一个重要问题。在全球金融危机后，运用上市企业财务数据和股票价格数据来分析中国企业海外投资，主要是跨国并购，成为一大研究趋势。阎大颖发现跨国并购对企业的盈利水平有显著的正面影响，但是多数指标在并购后一年至三年内的增长幅度呈现出持续回落的趋势。[⑥] 郭妍对中国银行业发起的 18 次跨国并购的中长期财务绩效研究表明大部分并购银行绩效有所提高，并呈现一定的递增趋势。[⑦] 顾露露和 Robert Reed 从上市企业的股票价格入手，发现中国企业海外并购事件公告日的市场绩效明显为正，反映了市场对中国企业海外并购的正面评价。[⑧]

以上研究以长期财务绩效研究法和长期事件研究法为主。邵新建等则从短期的视角以 A 股上市公司的跨国并购公告为切入点，通过事件研究发现：无论是战略资源类并购，还是以先进技术、知名品牌等创造性资产

---

①　罗丽英、黄娜：《我国对外直接投资对国内就业影响的实证分析》，《上海经济研究》2008 年第 8 期。

②　赵伟、古广东、何元庆：《外向 FDI 与中国技术进步：机理分析与尝试性实证》，《管理世界》2006 年第 7 期。

③　王英、刘思峰：《国际技术外溢渠道的实证研究》，《数量经济技术经济研究》2008 年第 4 期。

④　李梅、柳士昌：《对外直接投资逆向技术溢出的地区差异和门槛效应——基于中国省际面板数据的门槛回归分析》，《管理世界》2012 年第 1 期。

⑤　李泳：《中国企业对外直接投资成效研究》，《管理世界》2009 年第 9 期。

⑥　阎大颖：《国际经验、文化距离与中国企业海外并购的经营绩效》，《经济评论》2009 年第 1 期。

⑦　郭妍：《我国银行海外并购绩效及其影响因素的实证分析》，《财贸经济》2010 年第 11 期。

⑧　顾露露、Robert Reed：《中国企业海外并购失败了吗?》，《经济研究》2011 年第 7 期。

为目标的并购，总体上都获得了市场的积极评价。[①] 然而，短期事件法评估跨国并购绩效具有一定的局限性，会受到并购公告时市场氛围的影响。因此在以股价反应来评价中国企业跨国并购决策时应该保持谨慎态度。不论是成功还是失败，背后的决定因素是什么？张建红等发现显著影响海外收购交易成败的因素来自不同的层面。[②] 具体而言，政治力量对敏感产业的影响、母国和东道国的经济关联度、收购企业和被收购企业的所有制形式、海外收购的经验和专业顾问的聘用等因素都显著地影响收购的成败。结合实证分析的结果，作者认为交易双方政治和体制方面的影响以及收购企业本身国际化水平的限制是中国企业海外收购成功率低的两个主要原因。

第二节　外商直接投资

一　FDI 与中国经济增长之间的关系

FDI 具有资本挤出/挤入效应，而且存在地区和所有制方面的差异。FDI 进入会通过前后向行业之间的联系效应，在短期内 FDI 进入会使得中国国有企业和民营企业投资同时出现下降，在长期内 FDI 进入会引起中国国有企业投资下降，但对民营企业投资增加有促进作用；随着民营企业投资占中国国内总投资比重提高，FDI 占中国年度总投资的比重会出现下降趋势。[③] 我国 1991—2009 年省级面板数据研究结果表明，FDI 在我国总体样本、东部地区存在中性效应；在西部地区只通过其滞后项影响国内投资，资本效应为中性；中部地区挤出/挤入效应不明确；东部 FDI 对地区资本存量起到了积极的促进作用，而中部、西部地区则对当地资本形成起到了一定程度的抑制作用，西部地区 FDI 转化为国内投资速度慢于其他地区。[④]

---

① 邵新建、巫和懋、肖立晟、杨骏、薛熠：《中国企业跨国并购的战略目标与经营绩效：基于 A 股市场的评价》，《世界经济》2012 年第 5 期。

② 张建红、卫新江、海柯·艾伯斯：《决定中国企业海外收购成败的因素分析》，《管理世界》2010 年第 3 期。

③ 田素华、张旭欣：《FDI 对东道国本地投资有挤入效应吗？——基于中国事实的理论分析》，《世界经济文汇》2012 年第 4 期。

④ 马晶梅、王宏起：《外国直接投资在我国各地区的资本效应研究》，《国际贸易问题》2011 年第 8 期。

　　FDI 促进经济增长的效果受到一系列因素的制约。长三角地区 16 个城市 1990—2005 年面板数据实证研究表明，FDI 技术溢出对该地区经济影响有显著的正效应，并且这种正效应具有鲜明的人力资本特征。[①] 除了人力资本以外，FDI 对经济增长的促进作用不可避免地受到金融市场发展状况的影响，金融市场信贷规模的扩大以及与 FDI 的交互作用，有助于增强 FDI 对经济增长的促进作用。与美国相比，中国的金融市场未能有效地支持 FDI 对经济增长的促进作用。[②] 我国 1985—2009 年 29 个省市区平衡面板数据实证研究结果表明，金融发展程度直接制约着我国 FDI 溢出效应的大小。[③] 此外，也有一些研究认为，FDI 能否促进经济增长还取决 FDI 与国内资本比例、FDI"挤出"和"挤入"效应的大小、本土企业能否与外资建立紧密的垂直关联、FDI 流向资本品生产部门还是消费品生产部门等因素。[④]

二　FDI 与国际贸易之间的关系

　　就不同国际贸易方式而言，FDI 对加工贸易进出口具有显著的促进作用，但对一般贸易的影响比较复杂，行业外资渗透率和行业外资出口强度的影响截然相反。2005—2007 年我国非国有工业企业数据实证检验发现，行业外资渗透率对同行业内资企业的出口决定和出口强度都存在显著为正的影响；行业外资出口强度对内资企业的出口决定和出口强度的影响却显著为负。[⑤] 就加工贸易而言，FDI 对我国加工贸易的发展有着很强的推动

---

　　① 殷醒民、陈昱：《FDI 技术溢出效应中"人力资本门槛"的实证研究——来自长江三角洲 16 个城市的证据》，《世界经济文汇》2011 年第 6 期。

　　② 赵燕、赵增耀：《FDI 与经济增长：基于金融市场作用机制的研究——中美两国数据的实证检验》，《世界经济研究》2009 年第 2 期。

　　③ 王琰、蒋先玲：《金融发展制约 FDI 溢出效应的实证分析》，《国际贸易问题》2011 年第 5 期。

　　④ 如王志鹏、李子奈：《外商直接投资、外溢效应与内生经济增长》，《世界经济文汇》2004 年第 3 期；王永齐：《FDI 溢出、金融市场与经济增长》，《数量经济技术经济研究》2006 年第 1 期；钱学锋：《外资促进了国民收入增长吗？——基于空间经济学的分析》，《中南财经政法大学学报》2007 年第 6 期；陈柳、刘志彪：《本土创新能力、FDI 技术外溢与经济增长》，《南开经济研究》2006 年第 3 期。

　　⑤ 刘修岩、易博杰、邵军：《示范还是挤出？FDI 对中国本土制造业企业出口溢出的实证研究》，《世界经济文汇》2011 年第 5 期。

性，加工贸易的良性发展又进一步反作用于 FDI。① 尤其是 2001 年 1 月—2008 年 12 月相关数据实证检验结果显示，FDI 对来料加工净出口和进料加工净出口有显著的正向效应，FDI、来料加工净出口或进料加工净出口之间存在长期均衡的协整关系。②

就不同行业的国际贸易而言，制造业 FDI 水平及前后向关联的溢出效应各异，服务业 FDI 对服务贸易具有较强的促进效应。在制造业方面，中国 28 个制造行业相关数据实证检验显示，FDI 借助后向关联机制产生的出口溢出效应最为显著，借助水平关联机制的出口溢出效应仅在低技术企业中显著，而借助前向关联机制的出口溢出效应则为负，但从长期来看，FDI 后向关联出口溢出效应呈渐增态势，水平关联出口溢出效应则逐渐减弱。③ 在服务业 FDI 方面，我国 1992—2008 年相关数据经验研究表明，服务业 FDI 与货物贸易出口对我国服务贸易出口的总体影响均是正向的；且服务业 FDI 的短期变动对我国服务贸易出口的正向影响要大于货物贸易出口。④

就国内不同地区而言，FDI 的贸易弹性、贸易创造及其替代效应显著不同。就 FDI 对不同地区贸易的影响而言，2007 年我国 30 个省市区和 26 个国家或地区的双边贸易面板数据实证研究表明，东部 FDI 对国际贸易的弹性最大，其次是中部地区，西部地区最小，贸易创造效应和替代效应从东部、中部到西部逐渐减弱，并且上述替代和互补关系也因时期不同而不同。⑤ 1987—2006 年中国 29 个省市区数据研究表明，对于绝大多数省份来说，FDI 引起进口增加，但近年来对中国进口的促进作用在减弱；从不同省份来看，FDI 对进口的影响程度是不同的。⑥

---

① 祖强、刘海明：《改革开放 30 年来中国加工贸易发展与 FDI 效应及开放度效应的协整分析》，《国际贸易问题》2009 年第 1 期。

② 王三兴：《我国超额外汇储备成因：基于 FDI 和加工贸易视角的解释》，《国际贸易问题》2011 年第 2 期。

③ 赵婷、赵伟：《产业关联视角的 FDI 出口溢出效应：分析与实证》，《国际贸易问题》2012 年第 2 期。

④ 王恕立、胡宗彪：《服务业 FDI 流入与东道国服务贸易出口》，《国际贸易问题》2010 年第 11 期。

⑤ 黄新飞：《基于贸易引力模型的 FDI 与省区双边贸易流量的实证分析》，《国际贸易问题》2011 年第 2 期。

⑥ 高越、曲建忠：《分割生产、外商直接投资与中国进口》，《世界经济研究》2009 年第 7 期。

三　FDI 与技术进步和产业结构升级之间的关系

FDI 主要通过市场力量推动了我国技术进步。中国制造业 2003—2010 年 28 个细分行业面板数据显示，高技术服务业 FDI 对中国制造业效率均有正的直接效应，但中介效应不同，信息传输、计算机服务和软件业通过降低交易成本提高制造业效率；科学研究、技术服务和地质勘查业通过提高创新能力提高制造业效率，然而生产制造成本并没有通过中介效应的检验。[①] 服务业跨国公司具备所有权优势，不但通过提供优势服务投入的方式直接提高了东道国制造业效率，而且服务业 FDI 通过竞争效应、示范效应、增加东道国服务种类、降低服务价格、技术外溢等方式促进东道国制造业效率提升。[②]

外资优惠政策促进了中西部地区技术外溢，但对全国及东部地区的效果并不显著。中国制造业 2001—2007 年分区域数据实证研究显示，在现有外资鼓励政策条件下，FDI 对内资企业产出、全要素生产率、技术效率和技术进步总体上具有显著的负面影响。[③] 地区间税收竞争导致各地区外资企业所面临的实际税率下降，这对东西部省区产生了不同的影响，对中西部省区而言，税收竞争降低了流入我国 FDI 的技术水平，从而降低了企业的技术吸收门槛，提高了中西部省区对 FDI 溢出技术的技术吸收能力，提高了 FDI 的技术溢出效应；而东部省区的技术水平相对较高，多以跨过 FDI 技术吸收门槛，流入 FDI 技术水平的下降缩小了其与企业的技术差距，降低了利用"技术后发优势"的可能，所以税收竞争反而阻碍了 FDI 的技术溢出；随着近年来国内技术水平的提高，税收竞争已逐渐成为阻碍 FDI 技术溢出的重要因素。[④]

此外，还有一些研究讨论了 FDI 对中国产业结构升级的影响。一些学者认为，加工贸易相关的 FDI 不但产业链短、辐射面窄，对我国经济发展的带动效应弱，而且产品附加值低，贸易条件恶化使我国陷入了"贫困

---

① 华广敏：《高技术服务业 FDI 对东道国制造业效率影响的研究——基于中介效应分析》，《世界经济研究》2012 年第 12 期。

② 罗立彬：《服务业 FDI 与东道国制造业效率提升》，《国际经贸探索》2009 年第 8 期。

③ 孙少勤、邱斌：《制度因素对中国制造业 FDI 技术溢出效应的影响研究》，《世界经济与政治论坛》2010 年第 2 期。

④ 刘厚俊、王丹利：《我国地区间税收竞争、劳动力市场发育程度对 FDI 技术溢出效应的影响》，《国际贸易问题》2011 年第 6 期。

化增长"。① 另一些学者则认为，我国居民储蓄转化为有效资本的机制存在问题，利用外商投资则是较好的选择；在经济全球化的大环境下沿用传统意义上的民族工业的概念会产生很多方面矛盾；FDI 可以通过资本形成、贸易创造、产业联系、技术外溢、产业结构和制度变迁等六条途径促进中国经济发展；② 在全球生产网络下，通过针对领导厂商和高层级供应商的专用性投资，我国企业可以利用全球生产网络的正外部性及其动态学习效应来促进产业结构升级。③

四　FDI 与环境保护之间的关系

FDI 碳排放的规模效应、结构效应、技术效应、管制效应错综复杂，总体效应为负。我国 28 个省市区面板数据实证分析显示，FDI 与我国二氧化碳排放正相关，FDI 每提高 1%，人均二氧化碳排放就增加 0.09% 左右。④ FDI 增加了中国工业行业的碳排放，总效应是负的，但 FDI 的规模、结构、技术和管制效应存在差异，其规模效应和结构效应为负，技术效应为正，环境管制效应对各行业碳排放的约束作用不明显。⑤ 能源结构、二氧化碳排放强度和能源消费强度的进一步研究表明，FDI 与上述指标呈长期的负向协整关系，FDI 引致我国二氧化碳排放规模负效应大于结构和技术正效应。⑥ 我国 1988—2007 年数据进一步研究表明，FDI 对环境产生了消极的规模效应、积极的结构效应、积极的环境技术效应，管制效应尚不明显，总效应为负。⑦

FDI 对工业污水排放影响的大小决定于 FDI 结构和环保技术效应，以

---

① 如：李国学：《以人为本的内外平衡的发展战略》，《中国社会科学院院报》2006 年 9 月 14 日；潘永源：《加工贸易之我见》，《经济学动态》1999 年第 8 期；胡峰、程新章：《跨国公司并购我国本土品牌的背景、现状及趋势》，《世界经济研究》2002 年第 5 期。

② 刘琛、卢黎薇：《VAR 模型框架下外商直接投资时滞效应的动态分析》，《数量经济技术经济研究》2006 年第 10 期。

③ 李国学：《资产专用性投资与全球生产网络的收益分配》，《世界经济》2009 年第 8 期。

④ 牛海霞、胡佳雨：《FDI 与我国二氧化碳排放相关性实证研究》，《国际贸易问题》2011 年第 5 期。

⑤ 代迪尔、李子豪：《外商直接投资的碳排放效应——基于中国工业行业数据的研究》，《国际经贸探索》2011 年第 5 期。

⑥ 牛海霞、胡佳雨：《FDI 与我国二氧化碳排放相关性实证研究》，《国际贸易问题》2011 年第 5 期。

⑦ 张学刚：《FDI 影响环境的机理与效应——基于中国制造行业的数据研究》，《国际贸易问题》2011 年第 6 期。

及我国对环境保护认识的程度。1994—2006 年省级面板数据实证检验表明，由于中国特有的分权模式导致了地方政府间"竞争到底"行为，地方政府有动机以放松环境管制为手段来吸引更多的 FDI 流入，这导致中国成为跨国污染企业的"污染避难所"。[①] FDI 规模对我国工业污染变化的影响具有同向性，FDI 对生态环境的影响具有区域和行业差异，FDI 的技术效应发挥使 FDI 产生生态环境正效应。FDI 对生态环境的效应是复杂的，正负效应交织在一起。正负效应的大小决定于 FDI 的结构和 FDI 的环保技术效应，以及我国对环境保护认识的程度。[②]

五　FDI 与劳动力就业之间的关系

FDI 具有就业创造效应，但在地区、行业和劳动力类型方面存在显著差异。关于 FDI 对中国就业的影响，国内学者们认为，外商直接投资与我国就业量之间存在着长期均衡关系，外商直接投资每增长 1% 将带动我国就业增长 0.13%。[③] 就 FDI 对我国不同行业就业影响而言，我国制造业企业调查数据研究发现，进口贸易和外国直接投资与高技能劳动力需求之间存在显著的正相关关系，但在行业和区域上表现出强烈差异。[④] FDI 增长显著地提高了中国制造业高技能劳动的相对需求，且该结论并不是由 FDI 所选择行业本来就是高技能劳动密集型的行业造成的。[⑤] 特别是 FDI 有利于促进农村剩余劳动力转移和第二产业就业，但对第三产业影响不足；就 FDI 对我国不同地区的就业影响而言，FDI 对于东部地区的就业创造效应要小于中部和西部地区。[⑥]

---

① 陈刚：《FDI 竞争、环境规制与污染避难所——对中国式分权的反思》，《世界经济研究》2009 年第 6 期。

② 李惠茹、杨丽：《基于提高引资质量的 FDI 生态环境效应分析》，《国际商务：对外经济贸易大学学报》2010 年第 2 期。

③ 沙文兵、陶爱萍：《外商直接投资的就业效应分析——基于协整理论的实证分析》，《财经科学》2007 年第 4 期。

④ 黄乾：《国际贸易、外国直接投资与制造业高技能劳动力需求》，《世界经济研究》2009 年第 1 期。

⑤ 殷德生、唐海燕、黄腾飞：《FDI 与中国的高技能劳动需求》，《世界经济》2011 年第 9 期。

⑥ 如王燕飞、曾国平：《FDI 就业结构及产业结构变迁》，《世界经济研究》2006 年第 7 期；郑月明、王伟华：《FDI 对我国东、中、西部就业影响的实证分析》，《商场现代化》2007 年第 12 期。

六　FDI 与汇率之间的关系

外商直接投资与人民币汇率之间相互影响，但并不存在稳定的协整关系。FDI 是人民币汇率升值的格兰杰原因。外商直接投资在一定程度上引起了我国人民币实际有效汇率的升值，FDI 对人民币实际有效率的影响大小主要取决于国际直接投资是用于国内消费还是贸易品部门或非贸易品部门的资本积累。[①] 1979—2008 年度人民币双边实际汇率与美国对华直接投资的关系实证研究表明，从长期来看，人民币对美元升值不仅不会导致中国 FDI 流入减少，反而能够促进 FDI 流入增加。[②] 香港对内地服务业 FDI 实证研究结果发现，对以跨境交付为主要贸易提供方式的服务业，人民币升值会抑制 FDI，大幅升值会加剧这种负面作用；对以商业存在为主要贸易提供方式的服务业，人民币升值同样会抑制 FDI 活动，但汇率升值预期可能会导致 FDI 活动的提前进行。[③]

第三节　跨国公司

一　关于跨国公司对东道国经济影响的研究

跨国公司对东道国经济有着正反两方面的影响。在 20 世纪 80 年代初期，由于中国尚处在由计划经济向市场经济转变的初期阶段，对跨国公司及其资本扩张的认识很大程度上还有一定的局限性。在肯定其对发展中国家经济有一定积极性作用的同时，但时常有批评性的限制跨国公司发展的研究结论。

谢志洪认为，从作用与后果来看，跨国公司对发展中国家的扩张与兼并具有两重性。一方面，它的扩张在某种程度上促进了发展中国家的资本主义生产关系与生产力的发展；另一方面，由于这种发展是在从属于外国垄断资本的条件下进行的。因此，跨国公司的扩张严重地阻碍与破坏了发

---

① 如杨青：《人民币实际汇率与外商直接投资的实证分析》，《特区经济》2006 年第 12 期；王志鹏：《论外商直接投资对实际汇率的影响》，《经济评论》2002 年第 2 期。

② 徐伟呈、范跃进：《人民币汇率与 FDI 关系的实证研究》，《国际商务：对外经济贸易大学学报》2010 年第 1 期。

③ 宋爽：《汇率对香港与内地服务业 FDI 流入的影响——基于不同贸易提供方式的分析》，《国际经贸探索》2012 年第 6 期。

展中国家沿着独立自主的道路发展民族经济。跨国公司在发展中国家经济上都具有某种程度的殖民地性，民族经济的发展受到严重的阻碍。[①]

伴随着中国对外开放程度的不断提高，跨国公司对推动中国经济的积极作用便受到了普遍性的肯定。王洛林、江小涓和卢圣亮提供的研究数据表明，20 世纪 90 年代初期以来，大型跨国公司的投资项目最密集的行业包括微电子业、汽车制造业等，都是技术、资金密集型的行业，跨国公司在这些领域的投资，对于提高中国的产业结构已经产生了显著的积极影响。[②]

同时，王洛林等人也对跨国公司对于中国技术进步的推动作用作出了研究。他们认为，通过跨国公司投资促进我国企业技术水平的提高，具体表现在：第一，通过吸引跨国公司引进先进技术，大大降低了中国技术进步的风险。以往通过技术贸易方式引进技术，有相当比例的技术引进项目不能很好地发挥作用，或者当吸收、消化之时，引进的技术已经落伍；第二，企业技术升级速度较快，跨国公司经过一段时期投资，特别是取得较好的经营业绩后，多数企业都会再次引进更先进的技术，甚至是最先进的技术；第三，技术水平与股权结构明显相关，500 强在华投资企业企业技术水平的先进程度，直接受企业的股权结构的影响。[③]

二　关于跨国公司投资区位理论的研究

跨国公司投资区位的选择受诸多因素的影响。一些中国学者结合我国引进外资实际状况，对这一问题进行了研究。

梁琦基于空间经济理论讨论了关联效应、贸易成本与跨国公司之间的关系。从垂直跨国公司和水平跨国公司两个角度，阐述了 FDI 与产业集聚的相关性理论。同时，他用国内外案例进行了分析检验，得出的基本结论是：第一，优惠政策不再是吸引外资的主要因素，地区的开放度和产业集聚所产生的关联效应，才是外商投资区位选择的最主要的驱动力；第二，

①　谢志洪：《跨国公司对发展中国家扩张的基本战略及其实质》，《世界经济》1981 年第 7 期。

②　王洛林、江小涓、卢圣亮：《大型跨国公司投资对中国产业结构、技术进步和经济国际化的影响（上）》，《中国工业经济》2000 年第 4 期。

③　同上。

低层次的地方专业化并不对吸引 FDI 有利。①

　　肖光恩提出了不同行业跨国公司海外生产聚集是不同的的看法。他认为，第一，资源追求型的跨国公司主要聚集在资源所在地；第二，市场追求型的跨国公司多聚集在目标国市场容量较大的地区；第三，效率追求型的跨国公司主要聚集在与其相关产业或互补产业密集的地区；第四，聚集经济、国际投资自由化和产业群"区位品牌"的培育等因素，对跨国公司上述区位选择具有很大影响。②

三　关于跨国公司全球价值链增值理论的研究

　　全球价值链增值理论涉及制造、研发、营运等多个环节。例如，陈健考察跨国公司在制造、研发和营运三个价值增值环节，在全球的投资分布状况及其影响因素。跨国公司各价值链增值环节在地理分布上表现出了明显的差异性。

　　徐康宁、陈健对跨国公司价值链不同增值环节在中国的区位分布状况进行了仔细的观察，并运用同一数据库分析省级层面和城市层面的情况，通过实证检验，找出决定跨国公司价值链区位选择的主要因素。他们研究认为，不同类型跨国公司或跨国公司价值链内部各增值环节的区位选择，受到了多种因素的影响，反映了 FDI 聚集的一些细致特征。第一，在区位选择上，市场规模、交通便利程度、金融条件等对制造类跨国公司的影响度较大；第二，研发类跨国公司对区域或城市的技术基础或人力资本、通信能力等较为敏感；第三，营运类跨国公司与地理方位、制度透明性和服务业发达程度关联紧密；第四，高端跨国公司在区位选择上对低成本劳动力这一重要因素并不敏感。③

四　关于跨国公司技术转移问题的研究

　　东道国国内经济状况对跨国公司技术转移有很大的影响。在一个两阶段古诺竞争模型的基础上，谢建国研究了东道国引资政策对跨国公司技术

---

　　①　梁琦：《跨国公司海外投资与产业集聚》，《世界经济》2003 年第 9 期。
　　②　肖光恩：《跨国公司国际直接投资区位聚集化特点及原因分析》，《理论月刊》2003 年第 9 期。
　　③　徐康宁、陈健：《跨国公司价值链的区位选择及其决定因素》，《经济研究》2008 年第 3 期。

转移的影响。他认为，跨国公司对东道国的技术转移取决于东道国市场竞争程度、本地企业的模仿能力与跨国公司的技术转移成本。在东道国企业模仿能力有限的情况下，跨国公司低技术的直接投资将损害东道国企业，从而降低东道国的国民福利水平。从这个角度分析，谢建国认为，对中国政府来说，在以后的引资过程中，应当注意维持一个适度的有序竞争的国内市场。同时，对跨国公司的直接投资进行有选择的甄别与吸收，比单纯的竞争战略更有利于跨国公司的技术转移与技术扩散。①

张汝根的研究旨在证明股权与技术转移之间的关系。其研究结果认为，跨国公司进行决策的目标是追求自身利润的最大化，只有当在拥有较多股权时，才有可能弥补并购模式下其承担的较高的技术转移成本。②

五　关于研发国际化问题的研究

跨国公司研发国际化有多种动机和特征。罗佳、吴林海和杜文献提出，跨国研发投资与 FDI 的差异性分别体现在：第一，投资强度不同，跨国公司海外 R&D 投资与 FDI 的区位分布并不完全一致；第二，投资时序不同，一般是先有 FDI，后有 R&D 投资；第三，区位指向的不同，FDI 区位标准主要是成本最小化和市场潜力，R&D 投资的区位指向，主要选择高科技资源密集的国际化城市；第四，行业分布不同，FDI 更广泛地集中于电子信息、交通工具、化工和机械设备等行业，而生物医药行业的 FDI 比较少，R&D 投资则主要集中于生物医药、电子信息等产业。③

林进成、柴忠东认为，在 20 世纪末期，跨国公司技术研发的国际化便呈现出以下一些显著特征：第一，投资国外的科研经费在其研究与开发费用总额中的比例不断上升；第二，国外企业中研发人数的比重大幅度提高；第三，科研政策宽松、服务设施完善、新产品市场大的东道国最受青睐。④

姚战琪则以公共选择理论和博弈论为基础，对跨国公司研发的影响进

① 谢建国：《市场竞争、东道国引资政策与跨国公司的技术转移》，《经济研究》2007 年第 6 期。

② 张汝根：《跨国公司国际技术转移效应分析及政策启示》，《科技管理研究》2009 年第 6 期。

③ 罗佳、吴林海、杜文献：《跨国 R&D 投资与 FDI 差异性研究》，《科学管理研究》2006 年第 4 期。

④ 林进成、柴忠东：《试析跨国公司技术研究与开发的国际化趋势》，《世界经济》1998 年第 7 期。

行了深入分析。他认为，跨国公司的研发投资活动是各种利益集团的矛盾与冲突过程中诸方博弈的结果。[①] 冼国明、葛顺奇认为，跨国公司 R&D 的对外直接投资存在多种动机，他们根据国外学者的企业调查资料分析认为，不同国家需求因素对 R&D 区位选择的影响力各异。在此基础上，冼国明、葛顺奇认为，积极吸引跨国公司的直接投资，特别是吸引跨国公司 R&D 的直接投资，是发展中国家提高技术能力的有效途径。而发展中国家如何创造具有国际竞争力的吸引跨国公司 R&D 投资的区位，关键是公共政策制定者对于他们的区位特征应该采取现实的态度。[②]

喻世友、万欣荣和史卫采用了美国跨国公司海外 R&D 投资的数据，研究结果表明，东道国的外资规模、国内生产总值、知识产权保护力度，是影响跨国公司 R&D 投资国家选择的关键因素。[③] 林进成、柴忠东（1998）认为，跨国公司海外 R&D 投资模式主要有：第一，组建跨国战略联盟；第二，兼并与收购；第三，直接投资建立海外的技术研发机构。[④]

六　关于跨国公司社会责任及组织形式等问题的研究

履行社会责任是跨国公司应尽的义务，也是多方共赢的过程。刘恩专认为社会责任的定义源于这样的两条重要原则：第一，社会契约原则。跨国公司如果拒绝承担社会责任，则同样会被社会所拒绝。第二，附属原则。跨国公司必须接受母国和东道国政府的必要干预和管理。[⑤]

王漫天、隋丹概括了在华跨国公司社会责任的不良表现：第一，市场垄断。对中国一些重要产业和品牌的占有率不断扩大并渐成垄断之势。第二，行贿。在中国有采用行贿等不正当竞争手段以迅速占领市场的情况。第三，逃避税收。运用转让定价、账面亏损等手段逃避中国税收。第四，环境污染。向中国转移污染严重、资源耗费巨大的生产环节，破坏中国的环境和生态系统。第五，双重标准。一些在华跨国公司从产品质量、技术

---

① 姚战琪：《跨国公司研发投资的经济学分析》，《世界经济》2001 年第 11 期。

② 冼国明、葛顺奇：《跨国公司 R&D 的国际化战略》，《世界经济》2000 年第 10 期。

③ 喻世友、万欣荣、史卫：《论跨国公司 R&D 投资的国别选择》，《管理世界》2004 年第 1 期。

④ 林进成、柴忠东：《试析跨国公司技术研究与开发的国际化趋势》，《世界经济》1998 年第 7 期。

⑤ 刘恩专：《论跨国公司的社会责任》，《国际贸易问题》1999 年第 3 期。

标准、售后服务到环保标准，往往与发达国家实行不同的标准现象。[1]

针对在华跨国公司社会责任问题，崔新健、张天桥对 1993—2006 年的中、外资企业在薪酬、社会公益、生产污染等各个方面进行了详尽的数据比较后，指出：中资企业社会责任现状是推进在华跨国公司社会责任前行的障碍。中资企业社会责任现状是跨国公司社会责任的重要参照系和主要外部驱动力源，外资企业与中资企业（尤其是国有企业）社会责任水平比较结果，将会对中国企业社会责任整体产生完全不同的作用机制。[2]

李雪玲认为，只要跨国公司认真履行社会责任，那不仅对东道国而且对其自身都具有很重要的积极意义。具体体现在：第一，提升企业品牌形象和美誉度。第二，改进财务状况。一方面，可能提高企业股票价格约 5 个百分点，另一方面，可以改善投资者关系，进而可以获得更多更好的融资机会。第三，改善人力资源状况。第四，有利于持续发展。统计数据显示。注重公司社会责任的企业，其经营状况明显好于不注重社会责任的公司，其可持续发展指数较高。李雪玲指出，跨国公司强化社会责任的路径主要包括：将公司社会责任（CSR）纳入公司战略规划、公司社会责任理念制度化，等等。[3]

最后，关于跨国公司组织结构的研究，主要认为复合经营战略导致了管理体制的变革。王立新认为，在新经济和经济全球化的影响下，跨国公司的组织结构从金字塔式的等级制向网络型的模式转变，并朝着扁平化、柔性化方向发展。同时，在世界主要投资区域设立地区总部成了这些跨国公司 21 世纪变革的主流。[4]

第四节　外汇储备投资

一　中国外汇储备的来源结构

吴念鲁对中国外汇资金的来源作了细致的研究。中国外汇资金来源渠

---

[1]　王漫天、隋丹：《跨国公司在中国的社会责任调查》，《现代管理科学》2010 年第 5 期。

[2]　崔新健、张天桥：《推进在华跨国公司社会责任前行的障碍——基于在华中外资企业社会责任现状的比较》，《社会科学》2008 年第 10 期。

[3]　李雪玲：《强化跨国公司社会责任的意义和对策分析》，《现代管理科学》2008 年第 7 期。

[4]　王立新：《跨国公司组织结构模式变化及其对我国企业的启示》，《中山大学学报》2002 年第 6 期。

道有：物品贸易收入；非物品贸易收入；从国际货币基金组织融资；从世界银行集团融资；从国外政府融资（出口信贷）；从联合国农发基金融资；从国际金融市场和银行机构融资；地方、部门直接从国外筹集外资；国内金融机构筹集外资。[①] 张燕生、张岸元和姚淑梅认为外贸顺差、直接投资净流入是中国外汇储备的主要来源。另外，热钱和外汇储备投资收益也是来源渠道。[②]

关于中国外汇储备迅速膨胀的原因，张燕生、张岸元和姚淑梅指出：一是长期有偏的外经贸制度导致中国国际收支出现高额、持续的双顺差局面。二是以企业结售汇、银行外汇结算头寸限额和中央银行干预为主的汇率形成机制及资本项目管理政策。三是美元的霸主地位及人民币国际化进程滞后。[③]

二　中国外汇储备的适度规模

王令芬指出，外汇储备最优规模取决于多项国内外要素。国内因素包括经济发展的速度和规模、经济开发程度、贸易条件和融资能力、外汇政策目标、持有国际储备的机会成本。国际因素包括国际汇率制度、国际金融市场发达程度、国际经济政策协调性。[④] 刘莉亚、任若恩系统综述了国际主流的外汇储备适度规模理论。具体有：储备/进口比例法；机会成本说（阿格沃尔模型）；货币供应量决定论；定性分析法；外债/储备比例法；进口支付、外债还本付息和外商直接投资资金回流因素的比率方法。[⑤]

巴曙松将外汇储备的需求动机划分为交易性需求、预防性需求、营利性需求（投机性需求）和发展性需求。其中，发展性需求是指我国在确定外汇储备的水平时，还必须考虑到我国现阶段经济发展的需求，给政府

---

① 吴念鲁：《货币、汇率、外汇储备及其风险》，《国际金融研究》1987 年第 5 期。

② 张燕生、张岸元、姚淑梅：《现阶段外汇储备的转化与投资策略研究》，《世界经济》2007 年第 7 期。

③ 同上。

④ 王令芬：《试析决定最适国际储备量的一般规律——兼论我的外汇储备管理对策》，《国际金融研究》1989 年第 8 期。

⑤ 刘莉亚、任若恩：《我国外汇储备适度规模的研究综述》，《经济问题》2003 年第 5 期。

主导性的发展方式提供一定的外汇资金支持。① 武剑认为,从经济效率角
度看,1996—1998 年我国外汇储备总量明显超过合理水平,若一味追求
外汇储备高速增长,势必对宏观经济运行造成消极影响。② 许承明
(2001)指出,我国外汇储备需求是由经济规模、国际收支变动率和汇率
变动率三个因素所决定,1990 年以来我国实际外汇储备大多年份处于相
对过剩状态。③

　　李巍、张志超构建一个包含外汇储备、金融不稳定、资本流动以及实
体经济变量的系统分析框架,模拟中国合意的外汇储备规模。研究结果表
明,在确保国内金融稳定的前提下,中国的外汇储备总量并不过度,处于
合意的区间范围之内。④

三　中国外汇储备的币种构成

　　沈锦祖认为,为避免因储备货币汇率的剧烈波动而遭受损失,外汇储
备不应集中于单一的一种外国货币,而是分散采用多种外国货币。⑤ 吴念
鲁也指出,储备货币要多元化,要根据支付进口所需的货币来确定货币比
例,选择资产应兼顾流动性和收益率,做好汇价趋势的预测,适当调整货
币比例。⑥

　　郭树清指出,由于美元目前仍然是国际货币体系中最主要的货币,我
国对外贸易和投融资往来大都以美元结算,且其他金融市场投资机会和容
量有限,因此我国外汇储备货币结构中美元占了很大比重。我国外汇储备
资产币种结构的调整,基于长期、战略和发展的考虑,并不盲目追随市场
波动。⑦

　　孔立平在考虑了中国的贸易结构、外债结构、外商直接投资来源结构
和汇率制度以及外汇储备收益风险的情况下,提出了一个中国当前合理的

　　① 巴曙松:《外汇储备需求动机的变动与外汇储备管理政策的调整》,《经济问题》1997 年
第 11 期。
　　② 武剑:《我国外汇储备规模的分析与界定》,《经济研究》1998 年第 6 期。
　　③ 许承明:《我国外汇储备需求的动态调整模型》,《经济科学》2001 年第 5 期。
　　④ 李巍、张志超:《一个基于金融稳定的外汇储备分析框架——兼论中国外汇储备的适度
规模》,《经济研究》2009 年第 8 期。
　　⑤ 沈锦祖:《浅谈我国外汇储备问题》,《金融研究》1984 年第 11 期。
　　⑥ 吴念鲁:《货币、汇率、外汇储备及其风险》,《国际金融研究》1987 年第 5 期。
　　⑦ 郭树清:《关于中国当前外汇储备的几个重要问题》,《中国金融》2005 年第 7 期。

储备币种权重，以及逐步减持美元、增持欧元、推进人民币国际化的建议。①

徐永林、张志超作了一个系统的文献综述。研究发现，储备币种结构的演变是缓慢的过程，取决于路径依赖、惯性和各储备货币本身的特性。各国中央银行选择储备币种结构时，通常考虑汇率制度的性质、与储备货币国的贸易和金融联系及两者间的互动关系。②

四 外汇储备管理的原则和目标

吴念鲁、吴念鲁和张颖分别讨论国家外汇库存和中国银行外汇结存的管理原则，认为中国银行的外汇结存是其对外负债，应实行借、存、用和还的货币一致性原则。③④ 于瑞厚认为，外汇储备经营要科学运筹，分层配置，将储备资产按照流动性的强弱和盈利性分档管理。⑤

胡小炼详细阐述了外汇储备的管理目标和需要，主要有：满足日常交易的需要；满足宏观政策的需要；进行投资的需要；还有辅助性目标：用于满足紧急情况下的国际支付需要；中央银行给予本国商业银行临时性外汇资金支持；作为信心的支持和信誉的保证。⑥

景学成、胡哲一指出，外汇储备经营管理授权可分为三个层次：第一层次是储备的持有和储备运用层次上的授权，被授权对象是国家货币当局或国家其他管理部门。第二层次是储备经营运作和经营管理上的授权，被授权对象是有关政府部门或商业银行。第三层次是储备交易操作上的授权，被授权对象是商业银行经营部门及外汇交易员。⑦

---

① 孔立平：《全球金融危机下中国外汇储备币种构成的选择》，《国际金融研究》2010 年第 3 期。

② 徐永林、张志超：《外汇储备币种结构管理：国际研究综述》，《世界经济》2010 年第 9 期。

③ 吴念鲁：《谈我国黄金外汇储备的管理和运用》，《金融研究》1984 年第 10 期。

④ 吴念鲁、张颖：《我国外汇储备的现状及加强管理的建议》，《国际金融研究》1989 年第 5 期。

⑤ 于瑞厚：《我国外汇储备管理与经营的若干问题探讨》，《国际金融研究》1989 年第 11 期。

⑥ 胡小炼：《论我国中央银行对外汇储备的经营和管理》，《中国金融》1995 年第 6 期。

⑦ 景学成、胡哲一：《国家外汇储备经营基本原则与经营管理体系》，《中国外汇管理》1996 年第 2 期。

五　中国外汇储备的投资收益

盛柳刚和赵洪岩估计了 2000—2006 年中国外汇储备的收益率和币种结构。研究发现，2003 年前外汇储备年平均收益率分别为 4.8%，欧元资产比例大约为 7.2%；2003 年后欧元资产比例上升至 26.7%，收益率在 2.3%—2.5%。但是欧元比例上升主要原因是欧元升值，而不是由于中国政府大规模增持欧元资产。[①]

张斌、王勋和华秀萍发现，与美元计价的名义收益率相比，主要币种资产加权后中国外汇储备的真实有效收益率更低，且波动更加剧烈；美元计价的外汇储备名义收益率与进口商品篮子购买力衡量的外汇储备真实有效收益率在运动轨迹上并不保持高度一致，二者的相关系数只有 0.36；美元计价的外汇储备名义收益率的上升（下降）伴随着的外汇储备真实有效收益率下降（上升）。[②]

王永中认为，绝大部分中国外汇储备为美元、欧元资产，而美国的国债和机构债券占主体地位。若以美元计价，2000—2009 年中国外汇储备的平均收益率尚达 4%—5%；若以人民币计价，汇改前平均收益率为 5.54%，汇改后仅为 1%。在剔除外汇冲销成本后，汇改前平均净收益率为 3.59%，汇改后为 -1.64%。[③]

六　中国外汇储备的成本与风险

王荫乔、朱新天、张平较早地探讨了持有较多外汇储备给中国经济建设带来的不利影响，如信贷收支紧张、资源配置不当和汇率风险。[④] 刘莉亚和任若恩指出，外汇储备规模过大，会导致通货膨胀率上升，产生较高的机会成本，加大汇率波动风险。[⑤] 夏斌指出，中国外汇储备的负面影响主要有：妨碍独立的货币政策；不利于提高经济运行效率；面临美元贬值

①　盛柳刚、赵洪岩：《外汇储备收益率、币种结构和热钱》，《经济学（季刊）》2007 年第 4 期。

②　张斌、王勋、华秀萍：《中国外汇储备的名义收益率和真实收益率》，《经济研究》2010 年第 10 期。

③　王永中：《中国外汇储备的构成、收益与风险》，《国际金融研究》2011 年第 1 期。

④　王荫乔、朱新天、张平：《我国的外汇储备不宜过多》，《天津金融研究》1985 年第 3 期。

⑤　刘莉亚、任若恩：《我国外汇储备适度规模的研究综述》，《经济问题》2003 年第 5 期。

的风险；在贸易、汇率方面承担的国际压力加大。①

　　张曙光、张斌认为，外汇储备的持续积累，将导致货币当局的外汇资产（国外资产）和国内债务（央行票据）的持续上升，加剧央行资产负债的货币错配程度；2005—2010 年，中国货币当局的直接损益为正，但其他方面福利损益均为负；导致可贸易品部门的工资收入相对于资本收入的比例下降，促进了出口部门的投资进一步增长，致使资源配置偏向可贸易品部门，从而使国内经济出现结构失衡。②

　　王永中建立了一个简明的外汇储备经济成本分析框架，分析了中国外汇储备的机会成本、冲销成本、经济扭曲成本和资产损失风险。2001—2011 年，中国外汇储备的年均机会成本为 1140 亿美元，占 GDP 的 2.60%；中国货币当局的冲销成本先由 2002 年的 0.93% 稳步升至 2008 年 2.57%，后降至 2009—2011 年的 1.57%；2003—2011 年，中国货币当局为发行央行票据、回购国债和增加的银行法定准备金存款而支付的总利息成本约为 1.4 万亿—1.5 万亿元，占 2011 年 GDP 的 3.0%—3.2%。③ 张明认为，中国央行资产负债表面临的资本损失是显著的；中国外汇储备国际购买力的波动显著高于市场价值的波动，尤其是用油价来衡量的外汇储备购买力波动相当剧烈。④

　　王永中基于对中国外汇冲销实践的考察，系统论证和综合测算了中国外汇冲销的有效性、成本与可持续性，为评价中国外汇冲销的绩效及可持续性提供了一个可进行成本收益权衡的分析框架。他认为，中国的外汇冲销和资本管制是大致有效的，冲销成本持续高于外汇储备收益，冲销不满足可持续性条件。⑤

　　胡小炼系统归纳了外汇储备经营风险的类型，如信用风险、流动性风险、市场风险、内部操作风险、国家风险和法律不完善风险等。⑥ 余永定认为，中国未能把外汇盈余转化为贸易上的购买力，却把资金低成本地重新借给了美国，属于资源配置的错位。他还指出，美国国债存在较大的安

　　① 夏斌：《提高外汇储备使用效益》，《银行家》2006 年第 5 期。
　　② 张曙光、张斌：《外汇储备持续积累的经济后果》，《经济研究》2007 年第 4 期。
　　③ 王永中：《中国外汇储备的经济成本》，《金融评论》2012 年第 6 期。
　　④ 张明：《略论中国外汇储备面临的潜在资本损失》，《经济理论与经济管理》2010 年第 1 期。
　　⑤ 王永中：《中国外汇冲销的实践与绩效》，世界图书出版公司 2013 年版。
　　⑥ 胡小炼：《论我国中央银行对外汇储备的经营和管理》，《中国金融》1995 年第 6 期。

全隐患，原因在于：第一，美国金融市场本身存在很大问题；第二，美国
经济中各种债务占 GDP 的比例过高，会助长美国的机会主义行为，美元
资产风险显著上升；第三，美国人对美元的前途也很担忧，美国政府维持
强势美元的意愿和能力是值得怀疑的。① 王晓钧、刘力臻通过对美国未来
财政预算计划可持续性分析及美国国债利息成本的估算，发现美国财政状
况比欧洲主权债务危机国家更加严重，这将加大我国持有美国国债的
风险。②

七　中国外汇储备的投资策略

唐云鸿对中国外汇储备管理和运用作了初步的探讨，主张采取积极的
管理办法和多样化的原则。③ 基于新加坡和挪威的经验，何帆和陈平建
议，中国的外汇储备积极管理的架构可以考虑采取以外管局为中心的
"三驾马车"，建立中国的 GIC、淡马锡和国家物资储备机构。④

夏斌建议：第一，要提高居民持有的外汇资产规模，实行意愿结售汇
制，外汇储备设立海外投资基金，在国际上进行资产组合投资管理。第
二，鼓励进口关键设备、技术和原材料，支持并购海外能源性企业、关键
性原材料生产企业和国际跨国金融机构。第三，在黄金价位偏低时择机增
持。第四，用适量外汇储备注资国有银行和弥补部分社保资金缺口。第
五，借鉴国际经验，确保 80% 的外汇储备投资于流动性资产，将 20% 的
储备主要投资于海外股权。第六，组建直接隶属中央政府的专门的外汇投
资机构，扩大股权投资包括海外投资，并引入衍生工具进行外汇风险管理
和套期保值。⑤

在中国外汇储备的转化与投资策略方面，张燕生、张岸元和姚淑梅提
出了系统的政策建议。主要有：一是组建外汇平准基金干预外汇市场；二
是组建国家外汇资产管理委员会及国家外汇投资公司；三是积极支持企业

---

①　余永定：《国际金融危机下的外汇储备与中国经济发展》，《马克思主义与现实》2009 年
第 3 期。

②　王晓钧、刘力臻：《欧元区主权债务风险对我国外汇储备安全的启示》，《亚太经济》
2010 年第 6 期。

③　唐云鸿：《对我国外汇储备管理和运用的一点看法》，《世界经济研究》1984 年第 12 期。

④　何帆、陈平：《外汇储备的积极管理：新加坡、挪威的经验与启示》，《国际金融研究》
2006 年第 6 期。

⑤　夏斌：《提高外汇储备使用效益》，《银行家》2006 年第 5 期。

境外投资；四是继续制定和执行各种藏汇于民的措施；五是配套进行外贸、外资、资本项目管理政策调整，促进国际收支基本平衡；六是积极探索本币区域化、国际化途径。①

盛松成认为，中国外汇储备不应大幅度降低美元资产的比重。从长远看，美元无疑具备长期稳定的国际支付与结算能力，美元仍将是世界的硬通货，仍将是主要的国际结算与储备货币。即使是出于保值增值考虑，我国当前也不宜轻易将美元外汇储备转换成欧元或其他货币资产。②

余永定指出，从流量的角度看，最重要的问题是减少贸易顺差，使资源尽可能用于国内的消费与投资。如果外贸顺差在短时间内无法压缩或压缩的代价过高，我们就应首先考虑让这部分顺差转化为对外投资而不是美元储备的增加。从存量的角度看，中国应该积极寻找多样化避险的方法。从期限结构上看，可以增加短期国债的比重减少长期国债的比重。从资产种类上看，减少政府机构债的比重可能是必要的。同时，我们也可以考虑购买 TIPS 之类的债券。③

王永中基于对中国外汇冲销实践的考察，系统论证和综合测算了中国外汇冲销的有效性、成本与可持续性，为评价中国外汇冲销的绩效及可持续性提供了一个可进行成本收益权衡的分析框架。他认为，中国的外汇冲销和资本管制是大致有效的，冲销成本持续高于外汇储备收益，冲销不满足可持续性条件。④

在外汇储备投资与美国国债市场的关系方面，张明指出，美元汇率是中国投资者购买美国国债行为的影响因素，而美国国债收益率并非中国投资者购买美债行为的长期决定因素，从而，中国投资者是美元汇率的稳定者，但不是美国国债价格的稳定者。⑤ 另外，刘澜飚、张靖佳从中美两国经济差异出发，建立了两国央行与金融市场的斯塔克尔伯格模型和古诺模

① 张燕生、张岸元、姚淑梅：《现阶段外汇储备的转化与投资策略研究》，《世界经济》2007 年第 7 期。

② 盛松成：《"人民币升值中国损失论"是一种似是而非的理论——兼论我国外汇储备币种结构调整的问题》，《金融研究》2008 年第 7 期。

③ 余永定：《国际货币体系改革与中国外汇储备资产保值》，《国际经济评论》2009 年第 3 期。

④ 王永中：《中国外汇冲销的实践与绩效》，世界图书出版公司 2013 年版。

⑤ 张明：《中国投资者是否是美国国债市场上的价格稳定者》，《世界经济》2012 年第 5 期。

型，认为中国外汇储备投资于美国风险资产的规模将影响外汇储备间接转化为美国对中国 FDI 的比例。[①]

第五节　主权财富基金

一　外汇储备与主权财富基金

外汇储备在什么情况下可以被认为是充足的？什么时候从外汇储备中分离出主权财富基金？主权财富基金的资金来源与外汇储备是什么关系？这是分析主权财富基金首先要回答的问题。韩立岩等构建了国际收支受到外部冲击时，外汇储备与主权财富基金的随机优化配置模型，并采用中国的实际数据进行了情景分析。结果表明，外汇储备最佳持有量随着持有的机会成本的增加而降低；SWF 的适度追加量与其变现成本的变动趋势相反。[②]

SWF 建立的条件包括多个方面，对这方面的讨论包含定量分析和定性分析。戴利研对宏观经济、政治以及基金治理三个方面的分析表明，一国的总储备、能源出口、总储蓄、人均 GDP、话语权和问责制、政治稳定程度以及基金的结构、管理、问责制和透明度、建立的时间长度等因素对主权财富基金的规模具有显著影响；而一国的政府效率、监管质量、法制环境、腐败控制以及基金的投资行为等因素对主权财富基金规模的影响不显著。[③]

谢平、陈超从主权财富基金兴起的原因看，国际货币体系的变革是主权财富基金兴起的根本原因；能源价格上涨是导致主权财富基金规模扩张的重要原因；经济全球化为主权财富基金的运作提供了良好的环境。[④]

国外文献中，从外储中分离出主权财富基金的标准和时间通常以一国有"充足"的或是"最优"的外汇储备，其次一国的国际收支或财政盈余达到了给定值（Critical Mass）时，一国政府决定建立 SWF。相比而言，

---

① 刘澜飚、张靖佳：《中国外汇储备投资组合选择——基于外汇储备对外投资规模的内生性分析》，《经济研究》2012 年第 4 期。

② 韩立岩、魏晓云、尤苗：《外部冲击下外汇储备与主权财富基金的最优配置》，《系统工程理论与实践》2012 年 3 月。

③ 戴利研：《主权财富基金规模的实际表征：经济要素抑或政府行为》，《财政金融》2011 年第 12 期。

④ 谢平、陈超：《论主权财富基金的理论逻辑》，《经济研究》2009 年第 2 期。

中国国内的研究仍然没有突破国外文献的结论。

二 全球主权财富基金的投资行为

目前国际较为成功的主权财富基金的建立国家包括挪威、新加坡、俄罗斯，石油生产国家，以及亚洲部分国家，现有的文献也主要集中在对这些国家主权财富基金情况的介绍，投资及管理经验的总结，比较这些国家主权财富基金的异同等方面。

叶楠从多方面讨论了挪威模式的特征和局限，包括组合型投资策略是否为最优策略？SWF 透明度是不是越高越好？投资区域应该仅仅局限于国外还是国内外都进行投资？资产类型多样化能否有效对冲风险？社会责任投资的边界可以有多大？[1]

戴利研对资源型主权财富基金的资金来源、治理结构、资产配置策略等运营模式进行了研究，她将挪威作为典型案例进行了研究。随着资源类商品价格的上涨，资源型主权财富基金的规模将继续增长，其投资活动将对一国经济产生重要影响。[2]

王应贵等认为目前淡马锡控股的投资策略具体表现为四个方面：投资与一国经济转型密切相关的产业部门；寻找能够满足购买力日益增强的中产阶级消费需求的公司或产业；挖掘有竞争实力的公司潜力；挑选在地区内或国际上被最终证明是一流的公司等。但淡马锡的区域投资和金融资产选择上存在一定的失误。[3]

田春生认为俄罗斯的主权财富基金——稳定基金的投资领域包括外国的国债、国际组织的债券，偿还俄罗斯所欠的债款等。稳定基金的投资不仅为了获取技术和市场，在一定意义上也是国家战略和意志的执行者。[4]

叶楠认为亚洲 SWF 在全球 SWF 中占有显著地位且具有鲜明的特色，次贷危机后，亚洲的 SWF 投资具有了新的特点，例如地域逐渐向新兴市场集中；投资行业也逐渐淡出金融服务业，更加青睐另类投资，多元化程

① 叶楠：《探析亚洲主权财富基金发展的新趋势》，《亚太经济》2012 年第 6 期。
② 戴利研：《资源型主权财富基金运营模式研究——以挪威和俄罗斯主权财富基金为例》，《世界经济与政治论坛》2012 年第 11 期。
③ 王应贵、甘当善：《主权财富基金投资管理问题和思考——以新加坡淡马锡控股为例》，《亚太经济》2010 年第 1 期。
④ 田春生：《俄罗斯"国家资本主义"的形成及其特征》，《经济学动态》2010 年第 7 期。

度不断提高；亚洲各 SWF 的国际合作更加密切；更加重视社会责任等。[①]

王震与陈冬月总结产油国 SWF 的投资具有明显的特征：地理分布上集中于 OECD 市场；行业上重视房地产和金融市场，避开敏感性行业；管理方式主要聘请外部基金经理；同时不断寻求投资领域和区域的多元化。[②]

一方面国内对国外主权财富经济现状的研究受制于信息的公开程度和数据的可获得性，难以进行完整的量化分析；另一方面 SWF 本身发展变化较快，相关的监管规则尚不成熟，监管法规的发展是一个各国政治博弈的过程，学术讨论可以为政策制定提供多种思路，这方面的研究还有待深入。

三　国外成功主权财富基金对中国的启示

国外较为成功的主权财富基金可以在投资模式、治理结构和透明度建设、社会责任等方面给予中国新成立的主权财富基金一些启示。

周煊认为，中投投资美国黑石集团失败的具体案例，反映了中投公司在决策机制、投资结构、风险防范等方面的不足之处。[③]

目前国外对主权财富基金的治理结构研究包括对主权财富基金与外储委托部门的关系，内部管理机构与投资部门、外包机构的关系，主权财富基金内部前中后台的关系，以及委托代理问题等。周晓虹认为，主权财富基金的治理结构有不同于一般企业的特征。但周晓虹认为"去主权化"不应作为主权财富基金治理的重心，因为首先，将私人投资者作为主权财富基金的行为模板在逻辑上和实践中都是有问题的，其次，过分强调主权要素会掩盖主权财富基金成立和运行的经济逻辑，最后，由于 SWF 的投资有多方面的利益相关者，因此 SWF 的治理还有其他向度。[④]

透明度问题是主权财富基金监管的核心问题。对于主权财富基金的透明度和投资行为之间的关系，有两种相联系的观点。第一种观点认为，透

---

① 叶楠：《探析亚洲主权财富基金发展的新趋势》，《亚太经济》2012 年第 6 期。

② 王震、陈冬月：《产油国主权财富基金的投资行为和发展趋势分析》，《中国软科学》2011 年第 4 期。

③ 周煊：《黑石事件的反思与中国主权财富基金运营策略的建议》，《经济体制改革》2010 年第 3 期。

④ 周晓虹：《关于主权财富基金治理的三重追问》，《当代法学》2012 年第 6 期。

明度与主权财富基金投资的经济动机没有直接的逻辑关联，代表学者如周晓虹，她认为透明度依然是一个自我实施的问题，透明度要求不应该违背平等和适度的原则。① 第二种观点认为，透明度过低可能影响 SWF 的投资待遇，例如陈克宁与陈彬认为，目前，主权财富基金的透明度与信息披露存在高水平要求和适当要求两种意见。②

李睿鉴的研究发现，主权财富基金同一般的国有企业在本质上一样，也存在无法根本解决的所有权人缺位的委托代理人问题。③

练爽认为，主权财富基金的社会责任与一般公司社会责任有相同点，也有不同点。例如并非所有的 SWF 都表现为公司或者法人的形式，另外 SWF 与母国的关系密切，在商业运作时要尊重并遵守该国在国际法上所承担的义务和其他国际规则。因此，SWF 承担社会责任有多种方式。④

国内对主权财富基金治理结构、社会责任的研究针对性不强，未来的研究中可能会更多地加入对中国实际情况的考虑。

四　主权财富基金的投资待遇

主权财富基金因为与国家主权关系密切，在对国外投资时面临其他机构投资者不一样的投资待遇。特别是"国家安全"方面的指责，对 SWF 的投资形成了较大的影响；各国国内的投资法规也出现了对 SWF 的不同态度。

对国际规则的讨论围绕现有规则的形成、规则背后的"主义"之争、对 SWF 的投资影响等方面展开。赵小平认为主权财富基金的外部投资环境并不乐观，部分国家/国际组织对主权财富基金加强监管并制定相应规则，当前加强监管的政策倾向有失偏颇。⑤

翟东升的主权基金投资规则之争反映了西方大国同新兴工业国以及资源出口国之间在全球主权投资规则主导权上的博弈和争夺，其中的核心问

---

① 周晓虹：《关于主权财富基金治理的三重追问》，《当代法学》2012 年第 6 期。
② 陈克宁、陈彬：《主权财富基金的透明度与信息披露》，《证券市场导报》2011 年 5 月。
③ 李睿鉴：《主权财富基金的委托代理人问题及其投资策略》，《经济研究参考》2012 年第 50 期。
④ 练爽：《论主权财富基金的社会责任与治理——以 GPFG 的最新实践为例》，《江汉论坛》2012 年第 4 期。
⑤ 赵小平：《主权财富基金开展对外投资所面临的外部投资环境和中国的对策》，《财贸经济》2009 年第 6 期。

题包括：政治性或战略性投资是否合理合法，透明度要求如何实施，国际规则制定的适格主体和程序。①

周晓虹认为，SWF 作为受限制的投资者，比私人投资者面临更多的说服成本、更多投资审查和更高的政治风险。从 SWF 在东道国和国际法上的待遇来看，SWF 面临并不公平的投资待遇，因此周晓虹呼吁 SWF 应该享有公平的投资待遇，包括尊重主权财富基金的多样性，与私人投资者享有平等待遇，东道国政府承担相应的义务等。②

金英姬指出西方国家试图通过行政和立法等手段对其进行干预，使主权基金的投资活动遭遇金融保护主义壁垒，形成主权财富基金在投资活动中面临的某些"困境"，导致主权基金的一些投资活动不能顺利进行甚至无法进行。③ 王璐瑶与葛顺奇认为，SWF 投资的增长带来了投资门槛和审查程序的增长，而平衡"国家安全"与"投资自由化"的关键在于坚持"非歧视性"原则。④

从投资接受国的政策来看，侯幼萍归纳了美国和欧盟对主权财富基金的监管模式和框架，以及国际货币基金组织、经合组织对 SWF 的监管框架。⑤

易在成认为目前直接调整股东权限的法律制度主要体现在一国的公司法和证券法之中，但现行的公司法和证券法是否足以约束 SWF 的政治性行为尚没有定论。从公法限制角度看，各国多借助"国家安全"的这一较为模糊的实体标准对 SWF 的投资进行审查，导致了较大的投资不确定性。⑥

五　中国主权财富基金的投资

针对中国 SWF 的讨论包括两大部分，第一部分是投资行为，包括对投资资产类别的选择，对投资币种的选择，对投资区域的选择，风险管理

---

① 翟东升：《主权基金国际规则的主导权斗争》，《太平洋学报》2010 年 6 月。

② 周晓虹：《是否存在一个公平的竞技场？——论主权财富基金的投资待遇》，《当代法学》2011 年第 6 期。

③ 金英姬：《主权财富基金困境因素分析》，《当代亚太》2011 年第 1 期。

④ 王璐瑶、葛顺奇：《国际投资规制与中国主权财富基金对外投资》，《世界经济研究》2012 年第 5 期。

⑤ 侯幼萍：《论主权财富基金的国际监管》，《亚太经济》2010 年第 2 期。

⑥ 易在成：《主权财富基金：界定、争议及对策探讨》，《比较法研究》2012 年第 1 期。

等。第二部分是对 SWF 的治理分析，包括治理结构、透明度、社会责任等。

从投资行为的文献来看，张明对中投的经营策略和投资策略提出了一些建议。[1] 张明认为，中投公司是中国政府开展外汇储备积极管理迈出的重要一步，但目前在投资策略、绩效评价和治理结构方面均存在一定的不足或不确定性。[2]

张世贤与徐雪认为，主权财富基金通常投资于具有稳妥收益的债券，但随着美元贬值及国际金融危机等金融波动这种投资策略造成了巨额亏损。作者认为中国 SWF 的主要投资方向是对外直接投资。[3]

喻海燕等等以现代投资组合理论为基础，选用 10 个世界主要国家或地区的证券市场指数，研究了时间跨度在 1996 年 1 月 1 日—2012 年 1 月 10 日这些指数之间的相关性，在此基础上，构建了中国主权财富基金投资模拟资产池，构建了最优投资组合。[4]

韩立岩等（2012）将我国主权财富基金作为国家整体经济布局的海外投资手段，并建立理论模型分析了我国主权财富基金的战略价值与模式选择。首先，在实现国民效用最大化的目标下，建立了两基金分离模型。结果表明：我国主权财富基金的最优投资模式是将其分离成组合收益型和战略型两大类基金。[5]

对于投资风险问题，范德胜认为被投资国对 SWF 的风险评价包括金融保护主义、国家资本主义、透明度不够等，主权财富基金自身主要承担市场风险、操作风险、法律风险、国家风险和政策风险等。

从治理结构来看，张明认为中投公司在制度设计上存在一些先天不足，包括由于财政部与央行在外汇管理方面的争夺给外部传递的信息不明，中投公司定位问题，中投公司的投资战略呈混合型，中投公司的市场

---

① 张明：《主权财富基金与中投公司》，《经济社会体制比较》2008 年第 2 期。

② 张明：《论次贷危机对中国主权财富基金带来的机遇与挑战》，《国际经济评论》2008 年第 5—6 期。

③ 张世贤、徐雪：《我国主权财富基金的投资方向选择问题—基于国家利益原则的战略视角》，《中国工业经济》2009 年第 7 期。

④ 喻海燕、田英：《中国主权财富基金投资——基于全球资产配置视角》，《国际金融研究》2012 年第 11 期。

⑤ 韩立岩、魏晓云、尤苗：《外部冲击下外汇储备与主权财富基金的最优配置》，《系统工程理论与实践》2012 年第 3 期。

化程度仍有待提高等。[①]

　　对于中国 SWF 透明度的选择问题，对外经贸大学研究课题组过分析国际社会对主权财富基金透明度的要求，包括主权财富基金的结构、治理、透明度和问责制、行为规则几方面。在比较了几个主要主权财富基金（包括挪威、韩国、新加坡、沙特阿拉伯）的透明度之后，作者对中投公司透明度的选择提出了建议。[②]

　　对中投公司投资行为和治理结构的分析是伴随着中投公司的发展而不断深化的。中投公司的投资风格自 2007 年以来有了较大变化，但同样受制于数据的可得性，对中投投资行为的分析有较大的深入空间。

第六节　国际投资规则

一　双边投资协定的发展与反思

　　双边投资协定（BITs）成为调整国际投资关系最重要的法律形式，研究不断深入。BITs 的功能被定义为是能够建立一种保护相互投资的具体的法律机制的一种特别法（a lexspecialis）。[③] 对于 BITs 的实践，曾华群认为，存在发达国家与发展中国家之间在谈判地位与能力、谈判目标与效果、权力与利益等方面的不平等或不平衡现象，国际社会特别是发展中国家应积极探索双边投资条约实践的革新路径。[④] 随着中国对外投资规模迅速增长，卢进勇等认为中国同时作为重要的资本输入国和输出国的独特地位使得中国在双边投资协定的谈判中需要兼顾不同方面的利益。[⑤]

　　中美 BIT 谈判是 BIT 研究的热点问题。追求高标准与高度自由化的美式 BIT，一直引领着双边投资保护协定的发展方向与趋势，美式 BIT 范本内容、新发展及其影响一直是学者研究的重要问题之一。随着 2008 年中

---

　　① 张明：《全球金融危机背景下中国主权财富基金投资行为的转变》，《国际经济评论》2010 年第 5 期，第 99—109 页。

　　② 对外经济贸易大学金融学院主权财富基金研究课题组：《主权财富基金透明度的选择》，《对外经济贸易大学学报》2008 年第 4 期。

　　③ 刘笋：《浅析 BIT 作用的有限性及对 BIT 促成习惯国际法规则论的反对论》，《法制与社会发展》2001 年第 5 期。

　　④ 曾华群：《论双边投资条约实践的"失衡"与革新》，《江西社会科学》2010 年第 6 期。

　　⑤ 卢进勇、余劲松、齐春生：《国际投资条约与协定新论》，人民出版社 2007 年版，第 267 页。

美 BIT 谈判的启动，中美 BIT 谈判成为了近年学界研究的热点问题之一。桑百川等对中美双边投资协定谈判前景进行了分析。① 田丰对按照美国 BIT 范本达成中美双边投资协定，会对中国经济带来的影响进行了评估。② 2012 年，美国推出了新的 BIT 范本，韩冰采用法学理论与规则分析方法，对美国最新版本的 BIT 范本的新变化予以了详细研究，指出该范本反映了美国政府继续探索介于卡尔沃主义与新自由主义这两种制度间的国际投资法的"第三条道路"的发展范式，也反映了美国对外投资政策近来力推竞争中立政策与寻求可持续发展的新动向，而这对于中国走出去的企业将带来一定的影响与挑战，因此中国政府需要在中美双边投资协定谈判中予以高度重视。③ 随着中美 BIT 谈判进入实质性阶段，中国应如何应对这一阶段成为研究热点。姚枝仲认为中美 BIT 的实质性谈判是中美两国重设双边国际投资规则的过程。这是一场美国发起的规则重构活动，中国在有限满足美国核心利益诉求的过程中，能够利用 BIT 为中国长期发展服务，但也需要特别小心由此带来的隐患，尤其是 BIT 可能带来的国内政策国际化和资本账户过度过快自由化。④

二 区域投资协定研究

国际投资协定的谈判侧重点从双边向区域转移，区域投资协定渐成研究热点问题。与双边投资条约相较，区域投资协定更能适应经济一体化的趋势，因为它本身就是区域经济一体化的产物。⑤

1992 年《北美自由贸易协定》（NAFTA），是政府间高标准自由贸易协定签署。叶兴平对 NAFTA 的投资规则进行了深入研究，认为 NAFTA 规定了涵盖内容广泛的投资和投资者定义、高标准的投资待遇、严格的投资业绩要求、高水平的征收补偿标准以及高效而独特的投资争端解决机制，

---

① 桑百川、靳朝晖：《中美双边投资协定前景分析》，《国际经济合作》2011 年第 11 期。

② 田丰：《中美双边投资协定对中国经济的影响——基于美国双边投资协定范本（2004）的分析》，《当代亚太》2010 年第 3 期。

③ 韩冰：《美国对外投资政策法律新进展——基于 2012 年美国双边投资协定范本的分析》，《国际经济评论》2013 年第 5 期。

④ 姚枝仲：《如何应对中美双边投资协定的实质性谈判》，《国际经济评论》2013 年第 6 期。

⑤ 叶兴平、王作辉、闫洪师：《多边国际投资立法：经验、现状与展望》，光明日报出版社 2008 年版，第 11—12 页。

其是 OECD 起草《多边投资协定（草案）》之前在投资保护方面范围最广
泛和标准最高的区域多边国际协定条款。①

2002 年《中国—东盟全面经济合作框架协议》确定了中国—东盟自
由贸易区的法律基础和基本框架。魏艳茹认为，中国与东盟之间的 BITs
本来就存在保护水平参差不齐的弊端，新签订的《投资协议》虽然在中
国—东盟自由贸易区范围内首次创建了统一的国际投资保护规则，并开始
注意平衡投资者私益与东道国主权之间的关系，其意义值得肯定，但其不
仅保护水平不高，而且还使得中国与东盟各国之间的国际投资法律环境更
加复杂化。从而不利于促进中国与东盟国家之间的国际直接投资流动。②

2009 年 12 月《里斯本条约》正式生效，使得欧盟获得了对于外国直
接投资（FDI）事务的排他性管辖权。肖芳认为《里斯本条约》的通过和
生效将极大地促进欧盟成员国国际投资保护协定的欧洲化。③ 张庆麟等认
为，欧洲目前的双边投资条约网络在过渡期内仍会保持完整，但欧盟凭借
此项权能正式取得国际投资舞台的单一合法身份，无疑有助于欧盟与其他
国家进行投资谈判，欧盟共同投资政策前景将逐渐明朗。④

此外，目前进行中的"超大型区域协定"谈判的潜在系统性影响已
受到国际社会广泛关注。超大型区域协定是由一些国家谈判的涵盖内容广
泛的综合性经济协定，其中投资一般是这类协定涵盖的重要领域。例如区
域全面经济伙伴关系协定（RCEP）、欧美跨大西洋贸易投资协定
（TTIP）、TPP 等。如果这些协定最终缔结，很可能对目前的多层次的国
际投资体系和国际投资模式产生重要影响，其既可能有助于巩固现有投资
协定体系，也有可能因与现有的国际投资协定的重叠造成进一步的不一致
性。同时超大型区域协定有可能边缘化非参与第三方。

---

① 叶兴平：《〈北美自由贸易协定〉争端解决机制的创新及意义》，《当代法学》2002 年第
7 期。

② 魏艳茹：《中国—东盟框架下国际投资法律环境的比较研究——以〈中国—东盟投资协
议〉的签订与生效为背景》，《广西大学学报（哲学社会科学版）》2011 年第 1 期。

③ 肖芳：《〈里斯本条约〉与欧盟成员国国际投资保护协定的欧洲化》，《欧洲研究》2011
年第 3 期。

④ 张庆麟、张惟威：《〈里斯本条约〉对欧盟国际投资法律制度的影响》，《武大国际法评
论》2012 年第 1 期。

三　投资自由化与多边投资协定的制定

投资自由化趋势推动多边投资协定谈判，但全球性多边投资协定的制定任重而道远。伴随全球化的纵深发展与国际经济形势日新月异的变化，世界各国的外资立法放松了对资本流动的管制，呈现出投资自由化的趋势。为巩固与推进投资自由化成果，发达国家试图推动具有普遍约束力的综合性、实体性的多边投资协定的制定。例如 1995—1998 年经合组织成员国达成了《多边投资协定（草案）》。但由于各国在诸多投资规则的实质性问题上仍存在分歧，此次多边投资立法的努力最终宣告失败。我国学者对这种自由化趋势予以了关注和研究，沈伯明认为，投资自由化问题十分复杂，一个全面的广义的具有法律约束力的以保护投资者为宗旨的多边投资协议，可能对发展中国家利用外资实现社会经济发展目标的战略产生负面影响。[1] 刘笋认为，跨国投资的国际法制近年来的发展速度明显加快，也引发了南北国家之间更加尖锐的矛盾和冲突。未来国际投资的国际立法，应当注意在推动国际投资自由化和保护投资者利益的同时，确保东道国对跨国投资的适当管理和控制，以利于建立投资领域的国际法律新秩序。[2] 詹晓宁、葛顺奇认为在当今全球经济一体化背景下，制订一个综合性、实体性并具有普遍约束力的多边投资协定不仅十分必要，而且已成为当前国际经济政策议程中的核心。[3] 并且认为在建立国际多边投资框架方面，中国应根据自身发展需要及强弱势地位，努力参与设计和制订国际投资体系的全球性解决方案。积极参与多边投资框架的谈判与规则制订，对中国实施"走出去"的经济发展战略意义重大。[4]

四　WTO 协定与国际投资规则

从现有的与 WTO 相关的国际投资问题研究的论著来看，主要集中在两个方面，一是对 WTO 协定中与投资相关的协议规则的研究。余劲松对《与贸易有关的投资措施协定》（"TRIMs 协定"）进行了深入分析，认为

---

①　沈伯明：《多边投资协议谈判和发展中国家的对策》，《世界经济》1999 年第 7 期。

②　刘笋：《跨国投资国际法制的晚近发展》，《法学研究》2001 年第 5 期。

③　葛顺奇、詹晓宁：《WTO 未来多边投资框架与东道国经济发展问题》，《世界经济与政治》2002 年第 9 期。

④　詹晓宁、葛顺奇：《多边投资框架与中国战略利益》，《国际经济评论》2002 年第 4 期。

贸易与投资有着密切的关系。影响市场准入或出口竞争的贸易措施，对投资的数量、部门构成、地理分布会产生重要影响，甚至对投资流向造成扭曲。因此，从投资的角度看，对"与投资有关的贸易措施"，特别是对发达国家采取的保护主义的措施，应予调整或限制。[①]

二是对在 WTO 体制下启动多边投资协定谈判问题的研究。一些学者认为随着经济全球化的发展，国际贸易、国际金融和国际投资的关系更加密切，WTO 协调国际经济活动的范围不断扩大，这为 WTO 的职能范围逐渐向国际投资领域扩展提供了必要性，相信在相关的国际经济组织和非政府组织的参与下，WTO 有能力成为未来全球性国际投资协议的倡导者和制订者。[②] 另一些学者则对在 WTO 体制中启动 MIA 谈判表示担忧，认为发达国家将 MIA 纳入 WTO 体制的主要目的是通过 WTO 的贸易自由化机制扩大投资自由化，确保其海外投资者在发展中国家自由进入和经营，从而消除或削弱发展中国家调整外资准入和外资经营的权力，因此，将 MIA 纳入 WTO 体制有可能会使发展中国家因外国投资问题而面临交叉报复的风险。[③] 陈安认为，WTO 包含的诸多规则至今存在着大量的例外及模糊之处，特别是对国际弱势群体开具空头支票，口惠而实不至之处，已经引起发展中国家改革的呼声。[④] 葛顺奇认为，对于 WTO 体制下多边投资框架问题，中国的基本立场应当建立在多边投资框架是否有利于更多地吸引外资，增加外资对我国经济发展的贡献度，减少外资的负面效应；是否有利于我国的"走出去"战略；是否超越我国现有的国际投资承诺能力上面。[⑤]

五　投资者—东道国争端解决机制的改革

投资者—东道国争端解决机制的改革已提上议程。自 20 世纪 90 年代

① 余劲松：《论"与投资有关的贸易措施"》，《中国法学》2001 年第 6 期。
② 李国学：《WTO 能够制定全球统一的国际投资协议吗?》，《国际经济评论》2008 年第 3 期。叶兴平：《WTO 体系内制定投资规则的努力——历史、现状与展望》，《现代法学》2004 年第 1 期。
③ 曾华群：《论 WTO 体制与国际投资法的关系》，《厦门大学学报（哲学社会科学版）》2007 年第 6 期。刘笋：《WTO 框架下的多边投资协议问题述评》，《中国法学》2003 年第 2 期。
④ 陈安：《中国加入 WTO 十年的法理断想：简论 WTO 的法治、立法、执法、守法与变法》，《现代法学》2010 年第 6 期。
⑤ 葛顺奇：《WTO 多边投资框架与我国对策探讨》，《世界经济与政治》2003 年第 9 期。

中期以来，国际投资仲裁机构尤其是根据《华盛顿公约》成立的"解决投资争端国际中心"（ICSID）受案数量激增，但由于 ICSID 在投资者与东道国之间，往往偏向投资者的经济利益，而忽视了东道国的社会利益保护，并存在裁决相互冲突、管辖权扩大等问题，从而备受批评，以至于一些国家宣布要退出该公约，改革的呼声四起。王贵国认为，虽然 ICSID 在解决投资争端中存在相互矛盾的缺陷，但当前以投资者与东道国争议裁决为主体的国际投资判例法已然成形，并且这些裁决对各国的影响愈来愈大，而这些裁决展示了当代国际投资法的问题所在和趋势。[①] 蔡从燕指出，国际投资仲裁面临的危机的根源在于国际投资仲裁被商事化，因此应逐步推动投资仲裁去商事化。[②] 余劲松认为 ICSID 应通过在现行的投资条约中设置必要的例外条款，改进和完善投资条约中核心条款的规定等做法，为东道国维护国家安全和公共利益预留必要的空间，合理平衡投资者和东道国权益保护二者间的关系。[③]

六 国际投资协定与中国海外投资法律风险的防范

保障中国企业海外直接投资安全成为研究国际投资协定的新视角。随着中国"走出去"战略的提出，愈来愈多的中国企业走向海外开展直接投资。在这一过程中，中国企业遭受到了如东道国的政变、动乱、征收、外汇管制等政治风险以及其他国家企业所没有遭遇的"非传统政治风险"，这促使我国学者开始研究如何通过国际投资协定保障中国企业海外直接投资安全与规避海外直接投资可能遭遇的各种风险的问题。梁咏从促进中国企业开拓海外投资市场、大力发展海外能源投资的视角，对中外 BITs 进行了全面深入的研究，并系统分析了我国如何建立和完善海外能源投资法律保障制度。[④] 单文华在厘清我国海外资源能源投资所切实面临的政治风险和主要法律障碍的基础上对改善我国海外投资法律保护的方法

---

① 王贵国：《从 Saipem 案看国际投资法的问题与走势》，《中国政法大学学报》2011 年第 2 期。

② 蔡从燕：《国际投资仲裁的商事仲裁与去商事仲裁化》，《现代法学》2011 年第 1 期。

③ 余劲松：《国际投资条约仲裁中投资者与东道国权益保护平衡问题研究》，《中国法学》2011 年第 2 期。

④ 梁咏：《双边投资条约与中国能源投资安全》，复旦大学出版社 2012 年版。

和途径进行了探讨。①

（本章执笔人：王碧珺、李国学、张金杰、王永中、潘圆圆、韩冰、张明，中国社会科学院世界经济与政治研究所国际投资研究室。分工如下：王碧珺负责对外直接投资部分；李国学负责外商直接投资部分；张金杰负责跨国公司部分；王永中负责外汇储备投资部分；潘圆圆负责主权财富基金部分；韩冰负责国际投资规则部分；张明负责统稿。

其中，张明、王永中、张金杰为研究员；李国学、韩冰为副研究员；潘圆圆、王碧珺为助理研究员。）

---

① 单文华：《中国海外资源能源投资法律问题调查报告》，载陈安主编《国际经济法学刊》第 19 卷第 2 期。

第 五 章

发展中国家经济

发展经济学是经济学的一个重要分支，旨在帮助低收入国家发展经济，提高收入水平，改善收入分配，实现现代化的综合性框架。1943 年，Rosenstein-Rodan 第一次将"发展"议题引入经济学前沿讨论。1949 年世界银行任命 Lauchlin Currie 组织和领导第一个去哥伦比亚的研究考察团。Lauchlin Currie 认为这是将经济学的许多分支应用到分析并解决一个国家的经济发展问题，于是他招聘了一组包括公共财政、外汇、交通、农业等方面的经济学专家，甚至包括一些工程师和公共卫生专家。这大概就是人们对发展经济学研究领域的最早感受。1950 年开始，William Lewis 在英国的曼彻斯特大学教授发展经济学，同年，HlaMyint 在牛津大学做了第一个关于发展的学术讲座。1952—1953 年，发展经济学开始进入美国的哈佛和耶鲁大学。自此逐渐成为现代经济学的一个独立分支，至今已经有60 年的历史了。发展经济学涉及的领域很广，包括不平等问题（分配环节）、城市化、移民、教育体系和卫生系统的发展、农业转型与农村发展、环境问题、贸易理论和发展经验、贸易政策争论、发展中国家的债务问题、发展中国家的金融政策、全球化与国际金融改革等。考虑到学科的交叉性、中国相关发展问题的重要性和篇幅限制，本章只关注狭义的发展经济学，主要着眼于发展中国家特别是中国，如何实现持续的经济增长。林毅夫提出了一个"新结构经济学"的概念，[1] 指出在经济发展过程中，必须发挥市场和政府的协同作用，同时，政府的政策和各种制度安排必须考虑不同发展水平的结构性特征，这些结构性特征在很大程度上由各个发

---

[1] 林毅夫：《新结构经济学——重构发展经济学的框架》，《经济学（季刊）》2010 年第 10 期。

展中国家要素禀赋结构及其市场力量内生决定，而非旧结构主义所假设的那样，是由权力分配或其他外生固有刚性因素所决定。新结构经济学认为，经济发展水平并非仅有穷与富或发展中与发达这两种离散状态，而是一条从低收入农业经济一直到高收入工业化经济的连续频谱。给定产业结构的内生性，处于任何一个发展水平的发展中经济体的产业和基础设置升级的目标，并不必然是比自己所处水平更高的发达经济体的产业和基础设置。市场是在每个给定的发展水平上配置资源最有效率的根本机制，但一个经济体的最优产业结构也会随发展水平不同而不同。不同的产业结构不仅意味着不同的产业资本密集度，还意味着不同的最优企业规模、生产规模、市场范围、交易复杂程度以及不同的风险种类。因此，每个特定的产业结构都要求与之相适应的软性和硬性的基础设置来尽可能降低运行和交易费用。政府必须在发展过程中发挥积极而重要的协调或提供基础设置改进以及补偿外部性的作用。

第一节　发展经济学综述

1978 年以后，中国坚定不移地推行的改革开放和社会主义现代化战略取得了举世瞩目的成就。人民生活水平从温饱不足转变到基本实现小康生活，农村贫困人口从 2.5 亿下降到 1000 万人左右，中国的经济实力、综合国力和人民生活水平都得到了极其显著的提升。中国采取的独特发展道路和现代化战略使得世界人口第一的大国，在三十多年的时间以超快的速度崛起，不仅使中国自身的面貌发生了历史性的转变，而且极大地改变了世界经济和政治格局。学界对于这样的经济发展事实进行了丰富的讨论，通过中国数据验证经典的经济增长理论模型，考察经济发展的地区差异，将中国的经济发展与其他国家进行比较，将经济发展与其他交叉领域的问题结合讨论，以及经济发展与城镇化的问题等。本节总结的，正是这些话题的相关研究。

一　经济增长理论模型在中国的验证

投资对中国经济增长的作用是公认的。武剑指出，[①] 改革开放以来资

---

①　武剑：《储蓄、投资和经济增长》，《经济研究》1999 年第 11 期。

本投入对经济总产出的贡献率达到 56.3%，超过其他要素贡献的总和，
大规模的投资是中国经济增长的主要动力。蔡昉、都阳表明，[①] 1978—
2000 年，中国经济增长年平均速度为 9.67%，其中物质资本的贡献率超
过 51.9%。从中国与其他东南亚国家的横向比较来看，中国的经济增长
一直存在着严重的投资依赖倾向。栾大鹏、欧阳日辉运用 1997—2009 年
中国 31 个省市的面板数据，[②] 对资本、劳动和人力资本的投入及三者的
内部投入结构与经济增长的关系进行了分析，发现近年来中国的经济增
长，除了技术进步的推动之外，主要依赖于投资的带动。加大对第一产业
的投资力度，继续大力发展劳动密集型第二产业和高等教育事业，是提高
资本、劳动和人力资本边际产出弹性的有效途径。张学良运用非参数
DEA 分析方法，[③] 将长三角地区的经济增长分解为物质资本积累、效率改
善、技术进步和人力资本投入四部分，利用空间统计与空间计量经济分析
技术，采用绝对收敛方程考察了长三角经济增长与这四类因素的收敛效
应。结果表明，物质资本所贡献的经济增长主导着长三角各县市区的实际
经济增长，物质资本积累是唯一使得长三角地区间差距缩小的因素，主导
着长三角地区经济收敛的方向。就引入资本的途径而言，何启拔考察了东
盟的发展经验，[④] 认为外资能够解决发展中国家资金不足、生产技术落后
的问题，促进生产力发展和国民经济增长，改善国民经济部门结构，改善
就业结构，增加内部积累，培养技术工人和管理人员，提高人民收入水
平，对经济发展有重要作用。舒元指出，[⑤] 20 世纪 90 年代，我国需求结
构的显著特点是低消费、高积累，个人消费在国内生产总值中的比重很
低，政府消费的比例也比其他国家要低，消费水平严重落后；另外，大量
资金投入于投资积累，而投资效率却比较低。以异常高的积累率为代价，
只达到了中等的增长率，这种情况需要改变，以增加经济进一步增长的推
动力。柳庆刚、姚洋认为，[⑥] 在政治锦标赛的框架下，地方政府成为生产

①　蔡昉、都阳：《中国地区经济增长的趋同与差异》，《经济研究》2000 年第 10 期。

②　栾大鹏、欧阳日辉：《生产要素内部投入结构与中国经济增长》，《世界经济》2012 年第
6 期。

③　张学良：《长三角地区经济收敛及其作用机制：1993—2006》，《世界经济》2010 年第 3
期。

④　何启拔：《东盟的经济发展与外资》，《世界经济》1980 年第 3 期。

⑤　舒元：《中国经济增长的国际比较》，《世界经济》1993 年第 6 期。

⑥　柳庆刚、姚洋：《地方政府竞争和结构失衡》，《世界经济》2012 年第 12 期。

型政府，在财政支出方面表现为更偏好于投资生产性的公共品，挤压其他非生产性但和民生福利紧密相关的支出项目。生产型政府一方面会加大自身部门的储蓄（投资）倾向，另一方面通过生产性公共品对企业部门形成补贴，从而会进一步加大企业部门可支配收入以及企业部门的再投资倾向，最终导致低消费和高储蓄的经济结构。当国内储蓄率增长过快而国内投资因为金融抑制和投资回报率下降等原因无法跟上时，国内就会形成净储蓄，即经常账户盈余。张勇、古明明认为，[1] 中国公共投资对私人投资的实际拉动作用显著为负，而资本成本对私人投资贡献显著为正。赵勇、雷达考察了金融发展对经济增长方式转变的影响，[2] 发现经济增长方式在由投资推动向生产率主导的转变过程中存在着门槛效应，而金融发展水平的提高可以通过降低增长方式转变的门槛值来推动经济增长的集约式转变，其效应大小与经济发展的阶段有关。

技术进步、人力资本积累对于经济增长的贡献也是显著的。在技术进步方面，王沛芳、王伟军认为，[3] 大力引进技术、推动技术进步对于日本的发展具有重要影响。日本的举措包括，首先，从本国资源、工业基础和实际需要出发，注重发展和引进农业技术，确定工业发展的方向并大力支持，并通过企业引进先进技术，推动企业升级生产设备，其次，在消化吸收技术设备的过程中大力提高自己的技术水平，形成自己的技术体系；最后，大力培养人才，重视教育发展，造就高质量的技术队伍。康荣平、张毛弟总结并对比了新中国建立以来中国和日本引进技术的体制，[4] 认为中国的技术引进行政化色彩较浓，管理程序烦琐，反应速度慢，效率低，企业对新技术既无动力也缺能力。日本引进技术则表现出明显的经济收益和技术能力提高，面广量多，宏观优化。在技术的引进过程中增强需求导向、依赖市场机制是重要的。李飞跃考察了技术选择在经济发展中的多重影响，[5] 发现政府对技术选择的干预，能够通过要素的相对生产效率影响

---

① 张勇、古明明：《公共投资能否带动私人投资：对中国公共投资政策的再评价》，《世界经济》2011 年第 2 期。

② 赵勇、雷达：《金融发展与经济增长：生产率促进抑或资本形成》，《世界经济》2010 年第 2 期。

③ 王沛芳、王伟军：《技术引进要具备必要的经济技术基础——日本引进国外技术的基本经验》，《世界经济》1981 年第 3 期。

④ 康荣平、张毛弟：《中日技术引进体制比较》，《世界经济》1988 年第 8 期。

⑤ 李飞跃：《技术选择与经济发展》，《世界经济》2012 年第 2 期。

要素价格，进而调节部门间的要素配置，改变经济结构和技术进步速度。因此，发展中国家政府在干预技术选择时，应使得技术进步偏向于其相对丰富的要素，这样既能改善收入分配，促进经济结构转型，又能保持高速技术进步。王永齐指出，[①] 融资效率的提高将增强资本的可获得性，促进R&D企业内部人力资本学习水平上升，进而提高人力资本由 R&D 企业流出转而建立自己的企业，从而加速技术扩散。这意味着融资效率的提高使得 R&D 投资产生的技术扩散效应同时增加了 R&D 企业和非 R&D 企业的产出，即增加整个社会的边际产出。在人力资本积累方面，蔡昉、都阳的研究表明：[②] 1978—2000 年，人力资本存量对经济增长的年平均贡献率约为 19.8%。而林毅夫、章奇、刘明兴的研究却显示人力资本存量对中国经济的增长并不存在促进作用。[③] 祝树金、虢娟讨论了开放条件下教育支出、教育部门的技术溢出与经济增长的关系，[④] 并利用中国省际面板数据进行了经验验证。结果表明教育支出对地区经济增长有显著的正向作用，其生产弹性要大于物质资本的生产弹性；存在教育部门的技术溢出效应。这种教育溢出与区域人力资本、研发投入和贸易开放等因素相互结合，共同推动地区经济增长。黄玖立、冼国明基于 1990—1997 年中国 28 个省区31 个工业部门的经验研究发现，[⑤] 初始人力资本水平推动了中国省区的产业增长，这种推动作用是通过产业的技能劳动投入特征实现的。从全国范围内看，高等和中等职业教育显著地促进了产业增长。从东中西部地区分别来看，高中、中等职业和大学文化程度人口对东中部地区产业增长均有明显的推动作用，但在西部地区无显著的效果。该文还发现，在制造业发达的东部沿海地区，大学文化程度人口对产业增长的促进作用反而不如中等职业教育人口产生的效果显著。

　　一些研究通过工业行业数据考察了全要素生产率（TFP）的贡献。王

　　① 王永齐：《融资效率、劳动力流动与技术扩散：一个分析框架及基于中国的经验检验》，《世界经济》2007 年第 1 期。

　　② 蔡昉、都阳：《中国地区经济增长的趋同与差异》，《经济研究》2000 年第 10 期。

　　③ 林毅夫、章奇、刘明兴：《金融结构与经济增长——以制造业为例》，《世界经济》2003 年第 1 期。

　　④ 祝树金、虢娟：《开放条件下的教育支出、教育溢出与经济增长》，《世界经济》2008 年第 5 期。

　　⑤ 黄玖立、冼国明：《人力资本与中国省区的产业增长》，《世界经济》2009 年第 5 期。

小鲁利用生产函数的估算结果显示，[①] 1978—1999 年，中国的全要素生产率年均增长为 1.46%，对经济增长的贡献率为 14.9%。郭庆旺和贾俊雪的估算显示，[②] 1979—2004 年中国的全要素生产率年平均增长约为 0.89%，对经济增长的贡献度仅为 9.46%，其中技术进步对经济增长的平均贡献率为 10.13%，而生产要素的配置改善对经济增长的贡献却为负值。中国全要素生产率对经济增长贡献度较低，一方面原因在于技术进步较为缓慢，更为主要的原因在于生产能力利用水平和技术效率低下，资源配置不合理。但同样有相关多的研究表明，改革开放以来，全要素生产率对经济增长起到了关键性的作用。涂正革、肖耿运用增长核算法系统地研究了 1995—2002 年 37 个工业行业的全要素生产率的增长趋势，[③] 发现这一时期工业增加值增长率平均为 11.5%，而 TFP 的行业加权年均增长率为 6.8%，且呈逐年上升的趋势，全要素生产率的增长逐渐成为经济增长的主要源泉。从行业分布来看，开放程度高、竞争程度高的行业的全要素生产率增长快，而高垄断、开放程度低的行业生产率增长慢，甚至出现下降的局面。孙琳琳、郑海涛、任若恩在行业面板数据的基础上，[④] 从三个方面分析信息化对中国经济增长的贡献：ICT 资本深化、ICT 生产行业的全要素生产率改进以及 ICT 使用行业的全要素生产率改进。从研究结果看，信息化对中国经济增长的贡献主要体现于 ICT 资本深化的贡献以及 ICT 制造业的全要素生产率改进，ICT 使用还未带来行业的全要素生产率改进。由于中国处于 ICT 扩散的初期，尽管 ICT 有着很高的扩散速度，但 ICT 资本水平相对发达国家还比较低，信息化将在未来促进中国经济增长和全要素生产率增长中扮演越来越重要的角色。

二　经济增长地区差异的分析与解释

不同研究文献考察了不同影响因素对地区间经济增长差距的贡献作用，这些影响因素包括投资、全要素生产率差异、贸易、市场化程度差

---

① 王小鲁：《中国经济增长的可持续性与制度变革》，《经济研究》2000 年第 7 期。

② 郭庆旺、贾俊雪：《中国全要素生产率的估算：1979—2004》，《经济研究》2005 年第 5 期。

③ 涂正革、肖耿：《中国经济的高增长能否持续：基于企业生产率动态变化的分析》，《世界经济》2006 年第 2 期。

④ 孙琳琳、郑海涛、任若恩：《信息化对中国经济增长的贡献：行业面板数据的经验证据》，《世界经济》2012 年第 2 期。

异、税收等。徐现祥、舒元借助 O'Neil（1995）框架考察了中国的地区差距,[①] 发现 90 年代后, 沿海与内地之间在物质资本积累上差距逐渐扩大, 沿海、内地的组内收入差距逐步缩小, 而组间收入差距不断拉大, 中国地区出现双峰趋同。傅晓霞、吴利学,[②] 李静、孟令杰、吴福象认为物质资本深化并不能完全决定地区差异的变化过程,[③] 全要素生产率同样是地区差异扩大的主导力量之一。郭庆旺、赵旭杰考察了地方政府在投资规模上的竞争,[④] 利用动态因子模型和贝叶斯空间计量模型检验了这种竞争对全国经济周期波动的影响, 发现地方政府在非政府投资规模上的竞争加剧了全国经济周期波动, 而在政府投资规模上的竞争在一定程度上缓解了全国经济周期波动。李斌、陈开军利用变异系数度量了 1981—2003 年以人均国内生产总值为代表的地区经济差距及出口、进口贸易差异程度,[⑤] 描述了改革开放至今三者的变动趋势, 认为中国地区经济差距出现了先缩小后不断拉大的趋势, 而地区对外贸易差异则一直处于上升状态。利用多变量协整分析技术, 文章检验了三个变异系数序列的长期协整均衡关系、基于误差修正模型的短期 Granger 因果关系, 并刻画了其脉冲响应函数, 发现地区对外贸易差异是影响地区经济差距变动的重要原因。盛丹、王永进探讨了市场化程度对省级区域产业增长的作用机制,[⑥] 发现市场化程度较高的地区有利于技术复杂度较高的产业的发展, 地区的人力资本水平、产业的专业化、多样化均对产业增长具有促进作用, 其中产业专业化的作用更为显著。李涛、黄纯纯、周业安借助省级面板数据,[⑦] 发现地区之间的税收竞争促进了经济增长; 增值税、企业所得税以及地方费类收入这三个主

---

① 徐现祥、舒元:《物质资本、人力资本与中国地区双峰趋同》,《世界经济》2005 年第 1 期。

② 傅晓霞、吴利学:《中国地区差异的动态演进及其决定机制: 基于随机前沿模型和反事实收入分布方法的分析》,《世界经济》2009 年第 5 期。

③ 李静、孟令杰、吴福象:《中国地区发展差异的再检验: 要素积累抑或 TFP》,《世界经济》2006 年第 1 期。

④ 郭庆旺、赵旭杰:《地方政府投资竞争与经济周期波动》,《世界经济》2012 年第 5 期。

⑤ 李斌、陈开军:《对外贸易与地区经济差距变动》,《世界经济》2007 年第 5 期。

⑥ 盛丹、王永进:《市场化、技术复杂度与中国省区的产业增长》,《世界经济》2011 年第 6 期。

⑦ 李涛、黄纯纯、周业安:《税收、税收竞争与中国经济增长》,《世界经济》2012 年第 4 期。

要收入种类间的竞争对经济增长具有显著的正增长效应。付强、乔岳则认为，[①] 政府竞争促进经济增长是有条件的，这些条件包括制度软约束、外向型经济发展模式和中央政府集权。市场分割的形成是区域异质下政府竞争的均衡结果，其与经济增长之间并不存在必然联系。李涛、周业安利用1994—2005 年中国省级面板数据，[②] 研究了政府竞争、公共支出、经济增长三者之间的关系，发现其他地区的总体财政支出或教科文卫财政支出水平的增加能够显著地促进本地区的经济增长，而其他地区的基本建设财政支出或行政管理费支出水平或比重的增加则作用相反；地区财政分权程度的空间策略性互动以及地区财政分权本身对本地区的经济增长没有显著且稳定的影响。朱虹、徐琰超、尹恒考察了北京和上海两大中心城市对周边腹地辐射模式的差异，[③] 发现北京对环京地区的辐射模式主要以"空吸"效应为主，而上海对周边腹地则表现为"反哺"效应。崔维认为，[④] 20世纪末，美国的经济发展不平衡性非常严重，财政的宏观调控对于改变地区经济发展差距的格局非常重要。美国联邦政府采取的政策，包括军事拨款、刺激新兴工业发展、对落后地区进行农业补贴、行业补贴等财政政策，也包括赠款建立经济开发区、兴办水利等经济手段。此外，联邦政府为私人资本提供信贷、资助教育、鼓励人口流动，很大程度地提高了市场的活跃程度。这些做法对于中国都是具有借鉴意义的。

　　一些研究检验了影响经济增长的主要因素的地区差异，例如劳动生产率、创新能力等。丁淼、朱乃新认为，[⑤] 各国在进行国民经济区域规划时都要解决一些共性的地区问题。第一，国民经济的总体利益与地区经济利益之间、地区与地区之间的经济利益需要协调；第二，生产布局需要在地区间平衡，但需要注重宏观经济效果；第三，区域规划中经济问题和社会问题需要统一，公共福利、城市建设、就业等需要兼顾；第四，地区经济结构中要重视基础结构建设的作用。杨文举考察了 1990—2004 年中国各

---

① 付强、乔岳：《政府竞争如何促进了中国经济快速增长：市场分割与经济增长关系再探讨》，《世界经济》2011 年第 7 期。

② 李涛、周业安：《财政分权视角下的支出竞争和中国经济增长：基于中国省级面板数据的经验研究》，《世界经济》2008 年第 11 期。

③ 朱虹、徐琰超、尹恒：《空吸抑或反哺：北京和上海的经济辐射模式比较》，《世界经济》2012 年第 3 期。

④ 崔维：《财政对美国经济地区发展不平衡的调控》，《世界经济》1995 年第 12 期。

⑤ 丁淼、朱乃新：《浅谈区域经济学》，《世界经济》1984 年第 1 期。

省的劳动生产率的变化，① 发现省级劳动生产率差距在此期间显著地扩大了，技术进步的省际差异是导致这一扩大的主要原因，技术效率和资本深化的省际差异却对此具有明显的抑制作用。万广华、范蓓蕾、陆铭考察了中国东中西部地区和省份间创新能力的不平等现象，② 发现到 2003 年为止，地区间创新能力的不平等逐年上升，省份间的不平等显示了一个 V 型的趋势，这两种不平等在 2004—2006 年基本保持在同一水平；影响创新能力差异的主要因素是人口、经济发展水平、研发投入、地理位置以及开放度。黄赜琳、朱保华以 1978—2005 年中国经济为考察对象，③ 分析宏观经济变量的波动性、协动性、稳定性以及冲击的持久性特征，归纳总结中国经济周期的特征事实。在考察的 21 个经济指标中，除就业、城镇居民消费以外的经济变量的波动性均高于产出的波动性，投资、劳动生产率等经济变量与产出呈较强的正向协动变化，出口、政府消费、货币等经济变量的稳定性较强，就业、居民消费等经济变量的稳定性较差。脉冲反应分析显示，产出具有较强的冲击持久性，居民消费等经济变量具有比产出更弱的持久性，而第二、第三产业就业可能存在伪周期信息。

三　经济增长模式的国际比较

一些研究对比了中国与其他国家的经济增长差异，提出了产业结构、资本投资结构和教育发展模式等方面的政策建议。张康琴发现，④ 20 世纪 90 年代，前苏东地区由计划经济向市场经济转轨，尽管价格机制、银行体制、金融市场、商品市场、税收和财政体制以及对外贸易的市场经济因素逐渐增多，但企业资产账目不健全，国有资产评估困难，企业债务严重，资金不足，缺乏管理人才，市场法规不健全，基础设施落后，劳动力在私有化后需要重新安置，这些问题仍严重制约着这些国家的发展。林进成指出，⑤ 东亚地区人口众多，劳动力价格低廉，不仅对于发展本地区的经济有重要作用，而且对于世界经济发展的意义也不可低估。考虑到储

① 杨文举：《技术效率、技术进步、资本深化与经济增长：基于 DEA 的经验分析》，《世界经济》2006 年第 5 期。
② 万广华、范蓓蕾、陆铭：《解析中国创新能力的不平等：基于回归的分解方法》，《世界经济》2010 年第 2 期。
③ 黄赜琳、朱保华：《中国经济周期特征事实的经验研究》，《世界经济》2009 年第 7 期。
④ 张康琴：《前苏东地区经济转轨现状及新动向》，《世界经济》1996 年第 12 期。
⑤ 林进成：《论世界经济增长重心的转移》，《世界经济》1994 年第 12 期。

蓄、技术潜力、内部发展机制、政治环境和市场容量，东亚地区会逐步成为世界经济发展的重心。金凤德考察了韩国 20 世纪的发展过程，[①] 认为韩国的高速增长与其在产业发展顺序上的灵活性（"先发展下游产业再发展上游产业"）、支柱产业发展战略的决绝果敢（从进口替代迅速定位为出口导向）、资本积累充分依赖外资、对外经济关系依存大国。作为新型工业化经济迅速崛起的代表，韩国的经验值得中国借鉴。沈华嵩以发展理论的演化为背景考察了东亚地区 20 世纪 90 年代的高速增长，[②] 认为东亚模式的主要启示在于：第一，高投资—高出口—高储蓄良性循环的出口导向型经济发展战略；第二，利用国际分工体系的产业升级政策；第三，温和极权主义与市场原则结合的政府主导型经济；第四，注重内化的技术引进政策；第五，高水平的国民教育体制和对中等职业技术教育的高度重视。这些结论与世界银行的分析非常吻合。邱彤认为，[③] 在世界经济的区域化和国际化的趋势下，东北亚地区生产要素的强互补性使东北亚区域合作势在必行，东北亚区域化应以次区域合作带动整体区域合作，并以科技与环境方面的合作为重要内容。江时学指出，[④] 发展中国家在实施新的发展模式时，应关注参与全球化与维护经济安全的关系、利用外资与提高国内储蓄的关系、工业化与农业发展的关系、经济增长与收入分配的关系、政府干预与市场调节的关系。裴桂芬发现，[⑤] 日元汇率波动与东亚经济增长存在极为密切的关系，日元升值则东亚经济出现高增长，日元贬值则降低东亚经济的增长率，1995 年下半年开始的日元贬值是东亚金融危机的原因之一，东亚金融危机推动日元进一步贬值，而日元贬值不利于东亚经济的恢复。吴蔚考察了美国战后经济持续稳定增长的原因，[⑥] 阐述了美国经济增长方式由粗放型转化为集约型的过程。田春生考察了 90 年代以来世界经济发展变化对美、德、日经济模式的影响，[⑦] 发现国家对经济干预相对较强的"政府主导型"模式的"不适应症"更为明显，西方各国都

---

① 金凤德：《南朝鲜经济发展模式简论》，《世界经济》1989 年第 2 期。
② 沈华嵩：《现代化——发展理论与东亚模式》，《世界经济》1992 年第 8 期。
③ 邱彤：《东北亚区域合作与可持续发展》，《世界经济》1997 年第 12 期。
④ 江时学：《发展中国家发展模式中的五大关系》，《世界经济》1999 年第 12 期。
⑤ 裴桂芬：《日元汇率波动与东亚经济增长》，《世界经济》1998 年第 12 期。
⑥ 吴蔚：《美国经济增长方式分析》，《世界经济》1999 年第 12 期。
⑦ 田春生：《美、德、日三种经济模式的调整与改革——从国家与市场力量变化的角度观察其走向》，《世界经济》1997 年第 12 期。

在对其经济模式进行调整改革，其主趋势是市场竞争力量愈益强于国家干预的作用。王小广认为，[①] 中国的经济发展道路与东亚其他国家除了具有共同的基本特征之外，中国模式也有明显不同于其他模式的一些特点，主要表现为过度的投资倾向——投资率水平明显地高于一般的高投资率国家的水平，并且，投资率存在较高的依赖外资增长的倾向。杨天宇、刘贺贺考察了中印两国的总劳动生产率差距，[②] 分三次产业考察了劳动生产率的情况。文章认为，印度目前的产业结构升级模式使其第三产业劳动生产率增长比第二产业更快，这造成印度的总劳动生产率相对中国不断下降。如果印度试图缩小与中国的劳动生产率差距，应借鉴中国的产业结构升级模式，同时提高第一、第二产业的生产率，而如果中国试图继续保持在生产率方面对印度的领先优势，则需要提高第三产业的劳动生产率。刘金全、隋建利、闫超通过将面板数据的单位根检验、门槛模型以及 bootstrap 模拟计算临界值三种方法相结合，[③] 检验亚洲具有代表性的 8 个国家人均实际GDP 面板数据的实际收敛性特征，进而检验亚洲不同地区的经济增长路径收敛情况以及区域间的经济差异状况。孙文凯、肖耿、杨秀科对比了中国、美国和日本资本回报率及其影响因素，[④] 发现中国具有非常可观的投资回报，这带来了 FDI 的较快速增长。文章指出，中美日三国资本回报率在过去三十年尚未出现收敛，这意味着 FDI 将持续涌入中国。黄先海、刘毅群考察了 26 个国家或地区在 1980—2004 年的数据，[⑤] 发现设备投资在GDP 中的比重每提高 1%，劳均 GDP 增长将提高 0.4%；设备资本的 ETC对 TFP 增长的平均贡献为 36%；包括中国在内的六个新兴经济体的 ETC对 TFP 增长的贡献要高于发达国家 4.8%。为保持经济的持续性增长，中国应转变资本投资结构并加强对设备资本的研发。姚益龙、林相立以中

①　王小广：《中国经济发展模式调整与战略思路》，《改革》2010 年第 8 期。

②　杨天宇、刘贺贺：《产业结构变迁与中印两国的劳动生产率增长差异》，《世界经济》2012 年第 5 期。

③　刘金全、隋建利、闫超：《亚洲国家经济增长路径的实际敛散性》，《世界经济》2009 年第 2 期。

④　孙文凯、肖耿、杨秀科：《资本回报率对投资率的影响：中美日对比研究》，《世界经济》2010 年第 6 期。

⑤　黄先海、刘毅群：《设备投资、体现型技术进步与生产率增长：跨国经验分析》，《世界经济》2009 年第 4 期。

国、巴西、美国、英国、日本和加拿大为样本，① 考察了经济发展程度和教育发展模式的差异与教育对经济增长的贡献程度，证实了教育对各国经济的积极影响，也证实了教育与产出之间存在双向的因果关系，发现一国经济的发展程度与教育对经济增长的贡献呈现正的非线性相关。汪川指出，② 工业化过程中工业部门生产力的飞跃使得工业品相对价格显著下降，会压缩工业利润空间，因此工业部门的扩张本身抑制了工业化过程，这造成了法国等欧洲大多数国家工业化的相对迟滞。与工业化同时进行的农业生产力变革对工业化以及长期经济增长有着重要的支持作用，而这正是英国成功实现工业革命的原因。

四　经济增长与其他

1. 经济增长与政治激励。李晓考察了东亚各国的发展模式，③ 认为20世纪60年代东亚国家开始迅速发展，这并不是纯粹的经济过程，而明显表现出"强政府"主导下的特殊政治过程，采用了有效的政府替代直接发育和扩张市场，这反映出制度的重要性，传统的经济增长理论模型需要反思。徐现祥、王贤彬尝试定量分析政治激励对中国经济增长的促进作用有多大，④ 是否因条件而异。该文发现，省长晋升为本省省委书记样本，是识别政治激励的自然观察平台。基于该样本，该文采用倍差法发现，中国地方官员对政治激励作出有利于辖区经济增长的反应不是绝对的，而是有条件的，会因年龄和任期而异：年龄越大，政治激励的作用越小；任期适度延长，也有利于政治激励作用的发挥。该文的发现是稳健的，能够增进人们对中国经济增长中的政治激励的理解。周黎安通过对晋升锦标赛模式的研究，⑤ 揭示了这种特定模式与中国高速经济增长及其各种特有问题的内在关联。他认为，以经济增长考核官员为基础的晋升锦标

① 姚益龙、林相立：《教育对经济增长贡献的国际比较：基于多变量 VAR 方法的经验研究》，《世界经济》2005 年第 10 期。

② 汪川：《阶层变迁的工业化过程：19 世纪英法工业化差异的一个解释》，《世界经济》2009 年第 11 期。

③ 李晓：《"东亚模式"的理论反思——当代发展经济学的危机》，《世界经济》1996 年第 12 期。

④ 徐现祥、王贤彬：《晋升激励与经济增长：来自中国省级官员的证据》，《世界经济》2010 年第 2 期。

⑤ 周黎安：《中国地方官员的晋升锦标赛模式研究》，《经济研究》2007 年第 7 期。

赛结合了转型时期中国政治体制和经济结构的独特性质，在政府官员拥有巨大的行政权力和自由处置权的情况下，以一种具有中国特色的方式，激励地方官员推动地方经济发展。他同时也注意到晋升锦标赛自身所存在的一些缺陷，如政治竞争的零和博弈特性会导致区域间恶性经济竞争；其次，面对政府职能的多维度和多任务时，晋升锦标赛却使得地方官员只关心可测度的经济绩效，而忽略了许多不可测度但是有长期影响的因素；另外，晋升锦标赛使地方官员在地区间晋升博弈中扮演参赛运动员角色，但与此同时，政府职能又要求他们要担当辖区内市场经济发展的裁判员，这种既是裁判员又是运动员的独特地位，往往会导致地方政府利用裁判员的便利来做运动员的事情，从而干扰了正常市场经济的发展。这些问题都制约着中国经济的日益发展和市场经济的进一步完善，中国的进一步改革必须实施晋升锦标赛模式的转型。周黎安开创了从官员激励的视角研究中国经济增长的先例，如今该领域已经成为解释中国经济现象的一个重要分支。王世磊和张军分析了在此激励机制作用下，[1] 地方政府改善物质基础设施的表现。梁若冰从晋升激励的视角研究了地方政府"以地生财"的土地财政与各地层出不穷的土地违法案件。[2] 徐现祥和王贤彬定量分析了政治激励对中国经济增长的促进作用，[3] 增进了人们对中国经济增长中的政治激励的理解。

2. 经济增长与人口结构变迁。张宝珍考察了日本的老龄化问题，[4] 发现老龄化使得日本的劳动力资源减少、储蓄率下降、企业经济效率下降、劳动年龄人口的社会负担加重、老年人的社会问题日益突出等，认为需要延长退休年龄、吸引国外非熟练劳工、改善社会保障体系。这些发现和结论对于中国目前应对老龄化问题十分具有借鉴意义。蔡昉等分析了不同时

---

① 王世磊、张军：《中国地方官员为什么要改善基础设施?》，《经济学（季刊）》2008 年第 2 期。

② 梁若冰：《财政分权下的晋升激励、部门利益与土地违法》，《经济学（季刊）》2010 年第 1 期。

③ 徐现祥、王贤彬：《晋升激励与经济增长：来自中国省级官员的证据》，《世界经济》2010 年第 2 期。

④ 张宝珍：《日本人口老龄化与社会经济的发展》，《世界经济》1990 年第 5 期。

期中国的劳动力、物质资本、人力资本及技术进步对中国经济增长的贡献，[①] 发现劳动要素的重新配置对于经济增长发挥了显著的作用。都阳关注了中国生育率下降与经济发展之间的关系，[②] 发现生育政策对生育率的边际效果渐趋下降，而经济发展所产生的影响依然明显。同时，生育率下降对经济增长的负面影响已开始显现。因此，人口发展政策不可能继续保持单一和纯粹的目标，充分考虑人口数量、质量和结构变化对长期经济增长所产生的影响，将是人口政策调整的重要要求。刘永平、陆铭在迭代模型的基础上加入了家庭养儿防老的机制，[③] 探讨了微观家庭的消费、储蓄、后代教育投资决策与经济增长的相互关系。模型的分析表明：在养儿防老机制和生育控制情况下，高储蓄往往伴随着高的教育投入。随着老龄化程度的增加，后代的教育投资量和投资率也将增加。从宏观层面上看，工资收入比重的增加，人均资本装备率的提高都将增加对后代的教育投入，这同中国目前的高储蓄、高教育投入的现状是吻合的。老龄化程度增加虽然降低了家庭储蓄率，但并不必然导致经济的衰退，其对经济增长的影响，具体取决于老龄化程度、资本产出弹性、教育部门资本投入产出弹性等参数。彭浩然、申曙光利用世代交叠内生增长模型，[④] 考察了现收现付制与生育率、储蓄率、人力资本投资、经济增长的相互关系。文章发现现收现付制会促进人口增长，降低储蓄率，对经济增长产生不利影响，但对人力资本投资的影响并不确定。利用中国 31 个地区的数据进行经验研究的结果表明，现收现付制养老保险降低了居民储蓄率以及人力资本投资占居民收入的份额，不利于经济增长。利用制度外资金来解决中国养老保险改革的转轨成本问题和扩大养老保险覆盖面将有助于降低养老保险缴费率，从而对经济增长有利。

　　3. 经济增长与财政税收体制。郭庆旺、贾俊雪、高立通过一个两部

---

　　① 蔡昉、王德文：《中国经济增长可持续性与劳动贡献》，《经济研究》1999 年第 10 期；蔡昉：《人口转变，人口红利与经济增长可持续性——兼论充分就业如何促进经济增长》，《人口研究》2004 年第 2 期。

　　② 都阳：《中国低生育率水平的形成及其对长期经济增长的影响》，《世界经济》2005 年第 12 期。

　　③ 刘永平、陆铭：《从家庭养老角度看老龄化的中国经济能否持续增长》，《世界经济》2008 年第 1 期。

　　④ 彭浩然、申曙光：《现收现付制养老保险与经济增长：理论模型与中国经验》，《世界经济》2007 年第 10 期。

门内生增长模型考察了最优中央财政转移支付规模及其对经济增长的影响,[1] 并以中国宏观数据验证了这种影响。研究表明,最优的中央财政转移支付规模主要取决于财政收支分权水平。1995 年以来中国中央财政转移支付规模总体上较为合理,有助于地区经济增长但影响并不显著;2002 年所得税分享制度改革以来,中央财政转移支付规模增长过快,与中国的财政收支分权水平不相适应,对地区经济增长产生抑制作用;东部地区中央财政转移支付规模偏大,进而不利于地区经济增长但显著性不够稳健;地方公共资本投资和财政收入政策与中央财政转移支付政策之间存在明显的相互影响,且这种影响强化了中央财政转移支付的地区经济增长效应。严成樑、龚六堂发现,[2] 当政府通过征收更多的税收为生产性公共支出融资时,消费税税率与经济增长率正相关,劳动收入税税率与经济增长率之间存在一个倒 U 型关系,公司收入税、资本收入税税率与经济增长率负相关;相对于生产性公共支出,政府对资本积累或是研发的补贴可能更有利于促进经济增长。在基准经济参数环境下,若政府收入占 GDP 的比例从 25% 提高至 35%,经济增长率将降低 2.55%,对应的社会福利损失相当于减少 36.24% 的消费;若政府收入占 GDP 的比例从 25% 减少至 15%,经济增长率将上升 2.71%,对应的社会福利改善相当于增加 51.78% 的消费。

4. 经济增长与基础设施。王任飞、王进杰基于协整理论和 VECM 分析了中国主要门类基础设施指标与总产出之间的协整及 Granger 因果关系。[3] 发现在基础设施与经济增长的互动关系中,基础设施促进经济增长居于主导地位。周浩、郑筱婷以铁路提速作为交通基础设施质量改善的自然实验,[4] 构造了 1994—2006 年提速铁路线沿途站点和其他未提速站点相对应的城市一级面板数据,考察了铁路提速对经济增长的影响。文章发

① 郭庆旺、贾俊雪、高立:《中央财政转移支付与地区经济增长》,《世界经济》2009 年第 12 期。

② 严成樑、龚六堂:《资本积累与创新相互作用框架下的财政政策与经济增长》,《世界经济》2009 年第 1 期;严成樑、龚六堂:《税收政策对经济增长影响的定量评价》,《世界经济》2012 年第 3 期。

③ 王任飞、王进杰:《基础设施与中国经济增长:基于 VAR 方法的研究》,《世界经济》2007 年第 3 期。

④ 周浩、郑筱婷:《交通基础设施质量与经济增长:来自中国铁路提速的证据》,《世界经济》2012 年第 1 期。

现，铁路提速促进了沿途站点的经济增长。在整个铁路提速期间，铁路提速将提速站点的人均 CDP 增长率提高了约 3.7 个百分点；同时，在铁路提速后期，其对经济增长的促进作用更为明显。刘阳、秦凤鸣利用包括中国在内的 15 个国家数据，[①] 分析了基础设施存量水平和收入提升的关系。文章发现，随着人均收入水平的提高，基础设施需求总量会不断增加，但不同类别基础设施存量的增长各不相同。中国未来尤其需要加大资源类基础设施的建设，投资量应保持年均 15%—24% 的增长水平，基础设施投资应高于名义 GDP 的增长水平。

5. 经济增长与环境变化。涂正革、肖耿根据中国 30 个省市地区 1998—2005 年规模以上工业企业投入、产出和污染排放数据，[②] 构建环境生产前沿函数模型，解析中国工业增长的源泉，特别是环境管制和产业环境结构变化对工业增长模式转变的影响。研究发现：现阶段中国工业快速增长的同时，污染排放总体上增长缓慢；环境全要素生产率已成为中国工业高速增长、污染减少的核心动力；环境管制对中国工业增长尚未起到实质性抑制作用；产业环境结构优化对经济增长、污染减少的贡献日益增大，逐步成为中国工业增长模式转变的中坚力量。总体上，通过产业环境结构优化和环境全要素生产率提高，转变工业增长模式，环境约束对经济增长的抑制效应呈减低态势。

五　经济发展与城市化

曹裕、陈晓红、马跃如分析了城市化水平、城乡收入差距与经济增长的长期关系，[③] 认为城市化的过程能够明显缩小城乡收入差距，促进经济增长，这也从另一个角度验证了城市化对经济发展的意义。袁富华分析了发达国家的增长历程，[④] 认为随着就业人口向服务业部门集中，服务业所具有的高就业比重、低劳动生产率增长率的特点必然拉低全社会劳动生产

---

① 刘阳、秦凤鸣：《基础设施规模与经济增长：基于需求角度的分析》，《世界经济》2009 年第 5 期。

② 涂正革、肖耿：《环境约束下的中国工业增长模式研究》，《世界经济》2009 年第 11 期。

③ 曹裕、陈晓红、马跃如：《城市化，城乡收入差距与经济增长》，《统计研究》2010 年第 3 期。

④ 袁富华：《长期增长过程的"结构性加速"与"结构性减速"：一种解释》，《经济研究》2012 年第 3 期。

率增长率，可称为"结构性减速"。王小鲁认为，[1] 从城市化指标和国际比较来看，我国目前的城市化水平不仅滞后于国内经济发展水平、工业化或非农化进程，也滞后于国外同等发展水平或同样发展阶段国家和地区的城市化水平。长期以来，我国为配合经济发展政策，先后执行了抑制大城市扩张、到"严格控制大城市规模，合理发展中小城市，积极发展小城镇"、再到近年来的"大中小城市和小城镇协调发展"的方针，实质上是采用行政手段迫使资源向小城市和小城镇转移，这导致了我国大城市数量偏少，且平均城市规模较小、资源配置效率下降。同时，很多学者指出，我国的实际城市化水平比统计水平要低。目前的城市化统计指标是根据城镇人口占总人口的比重进行计算，然而由于我国长期以来存在的户籍制度等各种制度障碍，被统计为城镇常住人口的农民工实际上没有像市民一样生活，只是被"半城市化了"。[2] 他们在城市的生活并不稳定，被长期排斥在城镇社会保障体系之外，当就业形势出现波动的时候很可能选择回到迁出地。这样的处境使农民工将收入的很大一部分用于储蓄。2008 年，我国农村人口占居民人口总数 54.3%，其消费支出的比重仅为 25.1%。蔡昉指出，[3] 我国的人口结构增长曾经保障了充足的劳动力供给和高储蓄率，充当了我国经济增长的重要动力，然而这种"人口红利"将逐渐消失，农民工的市民化、深度城市化是我国下一阶段经济增长的主要动力。Bao et al.（2011）也发现，[4] 改革户籍制度将使得迁移人口的规模和结构都发生显著变化，对我国劳动力迁移方式有显著影响。另外，李力行指出，[5] 近年来我国城市建成区面积的扩张速度大大快于常住人口数量的增长，在沿海省份尤其明显。这其中的主要原因是地方政府对土地财政的依赖。合理提升城市化水平，应在发展经济、吸引就业、推进公共服务均等化的同时，改革土地制度。对于中国未来的城市化发展趋势，简新华、黄

---

[1]　王小鲁：《中国城市化路径与城市规模的经济学分析》，《经济研究》2010 年第 10 期。

[2]　胡英、陈金永：《1990—2000 年中国城镇人口增加量的构成及变动》，《中国人口科学》2002 年第 4 期。

[3]　蔡昉：《人口转变，人口红利与刘易斯转折点》，《经济研究》2010 年第 4 期。

[4]　Bao, Shuming, B. Bodvarsson, Jack W. Hou, Yaohui Zhao, The Regulation of Migration in a Transition Economy: China's Hukou System, IZA DP No. 4439, Oct 2009.

[5]　李力行：《中国的城市化水平：现状，挑战和应对》，《浙江社会科学》2010 年第 12 期。

锟预测,[1] 中国城市化还将保持较快的发展,以年均提高 1 个百分点左右的速度推进,在 2020 年中国的城市化率将达到 60% 左右。根据世界其他国家城市化发展的估计模型,王小鲁的结果显示,[2] 中国一百万人以上规模的大城市的数量和所吸引的人口比重将在 2030 年以前迅速增加。顾乃华基于省市制度互动视角,[3] 发现在中国经济转型期,城市化进程是影响城市服务业增长速度和比重的重要因素;在城市利用城市化推动服务业发展背后,所属省的制度和政策发挥着重要的调节作用,通过改变城市化对于服务业发展的作用强度,间接影响所辖城市的服务业增长速度和增加值比重,这意味着制度变迁进程在省份之间的不均匀分布也会成为城市服务业发展不均衡现象的一种生成机制。陆铭、向宽虎、陈钊指出中国经济的发展不应牺牲大城市的集聚和扩散效应,[4] 城市体系的调整将向大城市尤其是东部大城市进一步集聚。这一道路从长远来看有利于区域和城乡间人均收入的平衡,从而实现增长与和谐的共赢。现有体制下城乡和区域间的利益矛盾是造成城乡分割的根本原因。城乡分割政策阻碍了生产要素在城乡和区域间的自由流动,其后果不仅是城市化进程受阻、大城市发展不足和城市体系的扭曲,还造成了城乡、区域收入差距的扩大,以及城市内部的社会分割。刘晓峰、陈钊、陆铭构建了一个城市化和城市发展的内生政策变迁理论模型,[5] 社会融合和经济增长的关系是模型的重点。证明在经济发展和城市化的早期,对于移民的歧视可能有利于城市居民,但是当城市化进程达到一定阶段、城市内移民规模达到一定水平时,对于移民的公共服务歧视也会加剧城市内部不同户籍身份的劳动力之间的福利差距和社会冲突,而这又将造成社会资源的非生产性消耗,阻碍城市化进程,并有损于城市户籍人口的利益。这时,均等化公共服务的社会融合政策就可能内生地产生,并相应地减少不同身份居民

---

① 简新华、黄锟:《中国城镇化水平和速度的实证分析与前景预测》,《经济研究》2010 年第 3 期。

② 王小鲁:《中国城市化路径与城市规模的经济学分析》,《经济研究》2010 年第 10 期。

③ 顾乃华:《城市化与服务业发展:基于省市制度互动视角的研究》,《世界经济》2011 年第 1 期。

④ 陆铭、向宽虎、陈钊:《中国的城市化和城市体系调整:基于文献的评论》,《世界经济》2011 年第 6 期。

⑤ 刘晓峰、陈钊、陆铭:《社会融合与经济增长:城市化和城市发展的内生政策变迁》,《世界经济》2010 年第 6 期。

间的福利差距和社会冲突，促进城市部门的资本积累、城市化进程和经济
增长。

第二节　主要新兴经济体的经济发展

进入 21 世纪以来，中国与亚非拉地区新兴经济体在世界经济中扮演
着越来越重要的角色。过去 30 多年来，中国在经济发展方面取得了令人
瞩目的成就，与中国相比，其他发展中国家的经济发展道路并不平坦，经
济发展的曲折历史和经验教训展现出丰富的内涵。总结回顾中国和这些国
家的经济发展经验和教训，无疑对于正确认识和评价当代中国经济发展的
成就和不足，进一步促进中国经济社会全面发展，具有重要的现实意义。
本节主要回顾和总结我国改革开放以来，国内学者对中国以及其他分布于
亚非拉地区五个主要新兴经济体，包括印度、韩国、俄罗斯、巴西、南非
经济发展相关方面的研究。

一　关于中国经济发展的研究综述

过去 30 多年来，中国经济发展无疑是亚洲新兴经济体中最为突出的
典型代表。对于中国经济发展的巨大成就，国内学者从不同角度进行了多
方面深入的研究。20 世纪 80 年代国内学者对中国经济的探讨主要集中在
发展战略的转变。刘国光在其主编的《中国经济发展战略问题研究》和
发表的相关的学术论文中回顾了新中国建立以来经济建设的成就和经济发
展中遭遇"挫折"的原因[1]，并多次提出要实行经济发展战略的转变思路
和方法，从战略目标、发展速度与经济效益、平衡发展与不平衡发展[2]、
外延发展与内涵发展、物力开发与人力开发、内外关系以及经济体制七个
方面，阐述了战略转变的内容；着重论述了从我国国情出发来看战略目标
的多层次性和分阶段性[3]；实现战略目标的关键在于不断提高经济效益；
逐步建立合理的产业结构、技术结构、企业规模结构与地区布局结构；正
确处理人口控制、劳动就业和智力开发的关系；正确处理集中与分散、计

---

[1]　刘国光：《中国经济发展战略的转变》，《中国经济问题》1982 年第 4 期。
[2]　刘国光：《中国经济发展战略的若干重要问题》，《中国社会科学》1983 年第 6 期。
[3]　刘国光：《中国经济大变动中的双重模式转换》，《中国经济问题》1987 年第 1 期。

划与市场的关系。罗元铮①、钱俊瑞②、马洪③主要分析了 20 世纪 80 年代初期中国经济与世界经济的关系和作用，强调了对外开放对中国经济增长的重要性，80 年代初期中国在世界经济中的作用主要包括：一是中国对外贸易发展迅速；二是国际金融关系发展，利用外资有了良好开端；三是开发中国能源资源是国际技术经济合作的重要方面；四是中国赞成发展南北经济合作和支持发展中国家建立国际经济新秩序的努力，在发展南南合作中，中国也可以发挥重要的作用。张曙光主要从中国对外经济、计划和市场经济、政治经济学中国化、改革十年以来的回顾总结探讨了经济发展过程中的问题和挑战，④ 关于中国的对外经济的阐述主要从工业化发展取得成功的国家中总结出经济与贸易相互关系的若干有益的经验，然后分析了中国经济和贸易相互关系的一些特点，并在此基础上提出了中国贸易战略和政策选择的几点设想：首先，需要重新认识贸易在大国经济发展及其结构转换中的战略地位和作用；其次，要建设强大的出口产业，发展中国的垄断性出口商品；再次，实行水平分工和垂直分工相交叉的"十字型"国际分工和出口战略；最后，制定和实施自由贸易和保护贸易相结合的体制和政策。

　　进入 20 世纪 90 年代以来，国内学者对中国经济发展战略、问题、挑战以及改革思路进入了更为深入和全面的探讨，罗元铮⑤、冒天启⑥、张卓元⑦、郭树清⑧在 90 年代初期对中国经济发展的战略、体制改革进行了多方面的阐述，主要分析了体制改革与经济发展之间的关系。如何判断中国 90 年代初的经济现状，直接涉及整个 90 年代经济发展战略的制订和体制改革方案的设计。对此，中国经济学界分歧颇大，围绕着总量失衡的问

　　① 罗元铮：《中国经济在世界经济中的作用》，《世界经济》1982 年第 12 期。
　　② 钱俊瑞：《八十年代世界经济和中国经济展望》，《世界经济》1982 年第 7 期。
　　③ 马洪：《中国经济的对外开放——在杭州〈外资在经济发展中的作用〉国际学术讨论会上开幕词》，《世界经济》1985 年第 5 期。
　　④ 张曙光：《经济发展及其结构转换中的贸易问题——国际经验和中国的选择》，《中国社会科学》1988 年第 5 期。
　　⑤ 罗元铮：《中国的体制改革与经济发展》，《国际社会科学杂志（中文版）》1990 年第 2 期。
　　⑥ 冒天启：《中国 90 年代的经济发展与改革》，《改革》1990 年第 6 期。
　　⑦ 张卓元：《中国经济改革理论三部曲：商品经济论、市场取向论、市场经济论》，《财贸经济》1992 年第 11 期。
　　⑧ 郭树清：《中国经济发展的战略取向》，《管理世界》1992 年第 5 期。

题是否已经解决,大体上有三种看法:第一种看法,认为总量已经大体平衡;第二种看法,认为社会总供给已经超过了总需求;第三种看法,认为总量失衡的矛盾并没有从根本上得到缓解。林毅夫、蔡昉、李周在其受到广泛关注的专著《中国的奇迹:发展战略与经济改革》中,从中国的体制改革、工业化战略、农村改革、要素禀赋和比较优势、对外开放等多个方面对中国经济增长的奇迹进行了全面的理论分析和政策阐述。余永定[①]主要从克服通货膨胀、经济可持续发展进行了多角度的深入研究,文章认为,在 90 年代末期既然承认中国经济目前正处于通货收缩状态,既然我们认为中国目前的通货收缩的根本原因是企业生产效率过低、生产成本过高所造成的企业亏损,我们就不能期待中国目前的经济困难可以在短时间内通过扩张性的宏观经济政策加以根治;既然承认造成通货收缩的关键环节是企业亏损,刺激需求的措施就无法从根本上打破通货收缩的恶性循环,为使经济形势得到根本好转所采取的供给方面的措施(减员增效),不可避免地将涉及大量亏损企业的破产和大量职工的下岗。中国经济很可能将不得不经历一个增长速度疲软、职工失业增加的时期。与此同时,如果农村经济形势恶化,农村人口可能大量涌入城市。中国经济可能将面临前所未有的失业问题。如果不能首先建立一套比较完善的社会保障体系,失业问题必将对社会的稳定带来极大冲击。因而,为了迎接以大量亏损企业破产这一难以回避的发展前景,中国政府应该大大加速社会保障体系的建设工作。这种制度性基础设施的重要性远远超过某些物理的基础设施的重要性。为了恢复经济自主增长的能力,政府应把社会性、制度性基础设施的建设放在首要的地位。政府在这方面的财政支出不但能刺激有效需求,而且能为供给方的结构性调整创造必要条件。各种社会性、制度性基础设施的投资可能是短期宏观经济政策和长期供给改善的最佳结合点。

　　进入 21 世纪以来,国内学者对中国经济发展的特征、道路以及面临的挑战和问题研究更趋多元化且更为深入细致。刘国光[②],李京文[③]主要

① 余永定:《打破通货收缩的恶性循环——中国经济发展的新挑战》,《经济研究》1999 年第 7 期。

② 刘国光:《21 世纪初中国经济增长问题》,《中国社会科学》2000 年第 4 期。

③ 李京文:《21 世纪中国经济发展展望》,《中国社会科学院研究生院学报》2001 年第 1 期。

对21世纪初中国经济增长、经济中心、区域差距和协调发展、路径依赖、发展机制及解释方面对中国经济发展进行了多方面的论述。21世纪初，中国经济发展将步入一个新的阶段。新阶段我国经济将面临重大转折，但仍可以在较长时间内保持较快的增长速度。消费市场容量大、投资需求旺盛、储蓄率较高、劳动力资源丰富、工业基础产品供给充裕、第三产业发展空间巨大、社会主义市场经济体制日渐成熟是增长的有利条件。发展的制约因素是人口和就业压力；资源和环境压力；技术落后和国际竞争的压力以及消除体制性障碍的难度越来越大。为完成这一时期的主要战略任务，在经济发展中需要把握的重点问题主要有：（1）立足于扩大国内需求应是我国经济发展的长久之计；（2）调整产业结构总的方向是改善第一产业，提高第二产业，加快发展第三产业；（3）西部大开发和促进地区经济协调发展只能先从缓解地区差距继续扩大的趋势做起，逐步缩小差距；（4）不能也不必提出全国同一的城市化道路，要因地制宜，分类指导；（5）国有经济的改革主要围绕产业结构调整进行，全面推进体制创新；（6）正确处理稳定、改革与发展的关系。江小娟[1]、林毅夫[2]、张军[3]要从中国经济发展进入新阶段的挑战和战略、经济结构变化、中长期发展战略、民营经济发展方面全面深入地阐述中国经济发展的新形势和新挑战。从比较优势和市场竞争方面探讨了中国经济发展的动力。江小娟认为中国经济正处于一个重要的转折时期，国际经验表明，在这个时期继续保持较快增长的难度加大。中国面临一些发展中国家共有的条件和问题，也面临独有的挑战与机遇。要保持我国经济继续较快增长，就要立足国情，立足当代，选择正确的发展战略，包括坚持继续深化改革，消除增长的体制障碍；更加注重就业问题，保证经济增长的共享性和社会稳定；促进形成资源节约型增长方式，使经济增长可持续；更加注重扩大内需，降低开放性增长动力减弱的影响；加快发展服务业，提高服务业对增长和就业的贡献率；加大对重大战略问题的科技投入，解决我国经济增长面临的技术瓶颈；更多关注公平和稳定问题，减少发展的阻力和摩擦；维护并积极推动全球资源、技术与产品的自由贸易体制，为我国中长期经济发展争

---

① 江小娟：《中国经济发展进入新阶段：挑战与战略》，《经济研究》2004年第10期。
② 林毅夫：《比较优势与中国经济发展》，《经济前沿》2005年第11期。
③ 张军：《中国经济发展：为增长而竞争》，《世界经济文汇》2005年第1期。

取较好的外部环境。

蔡昉[1]，陈佳贵等[2]从经济发展面临的转折和改革的挑战、高速增长走向和谐发展、发展阶段、动力和前景、李约瑟之谜和韦伯疑问等角度分析中国经济发展的特征和挑战。蔡昉用中国经济发展经验扩展和修正了刘易斯模型，并以之作为分析框架，描述了改革开放期间中国特色的二元经济发展路径和推动经济增长的主要因素，揭示了改革开放的制度变革效应，如何通过人口红利的利用、比较优势的发挥、全要素生产率的改进和参与经济全球化，促进了中国经济的高速增长。本文还通过观察劳动力供给和需求的最新变化，对中国经济发展阶段的重要转折点作出预测，分析了在这一转折点到来之际，制度创新和政策调整将面临哪些挑战，以及如何应对这些挑战，以保持经济增长的可持续性。

二　关于印度经济发展的研究综述

过去 30 多年来，特别是进入 21 世纪以来，印度经济的发展同样取得了显著的成就，对于印度经济发展过程中的问题，国内学者同样进行了长期的跟踪研究和探讨。在 20 世纪 80 年代，国内对印度经济发展模式的探讨主要是集中于一些翻译资料，宇泉[3]翻译了阿兰·韦恩奥勒有关印度经济发展模式与消除贫困之间的关系论文；华碧云，[4] 回顾了印度建国三十年来的经济发展状况，论述了印度经济发展战略的调整，印度经济计划战略及其结果[5]。刘连增等[6]，叶正佳[7]主要从印度经济战略得失对中国经济发展的启示，印度经济建设成就和问题等方面考察了印度经济发展历程，就中印经济战略的异同及其影响进行了战略比较研究，通过对印度独立以来经济发展的战略得失的分析得出对我国经济发展战略的几点启示：第

---

① 蔡昉：《中国经济面临的转折及其对发展和改革的挑战》，《中国社会科学》2007 年第 3 期。

② 陈佳贵、黄群慧、张涛：《从高速增长走向和谐发展的中国经济》，《中国工业经济》2007 年第 7 期。

③ 阿兰·韦恩奥勒；宇泉：《印度的发展模式不大能消除贫困》，《国际经济评论》1981 年第 3 期。

④ 华碧云：《印度建国三十年来的经济》，《现代国际关系》1981 年第 1 期。

⑤ 华碧云：《展望八十年代印度的外援和外资》，《南亚研究》1982 年第 4 期。

⑥ 刘连增、黄建、范业强、张延崎：《印度经济起伏的战略得失对我国经济发展战略的其实——战略比较研究之一》，《管理世界》1985 年第 2 期。

⑦ 叶正佳：《印度经济建设的成就和问题》，《国际问题研究》1985 年第 1 期。

一，必须从本国国情出发，建立合理的经济结构；第二，经济结构的调盈是一个长期任务，必须随时给予高度重视；第三，在发展经济中，必须注重强调提高经济效益；第四，必须加强外资利用，以促进我国经济的迅速发展。

进入 20 世纪 90 年代以来，国内学者继续关注印度的经济发展，国务院发展研究中心赴印度考察团的研究报告（1990）总结了印度经济发展的成就和问题；考察团调研认为：印度近十年来放宽管制的改革政策，其成效是相当显著的。但是，改革打破了原有的利益格局，自然引起了某些社会阶层的不满，原来行政管制中受益的权势阶层固然会维护自己的特权地位而采取抵制态度，广大的小生产者也会因为受到市场竞争的威胁而加以反对，认为解除管制、强化竞争是中产阶级的一种利己主义政策。因此，在最近的政治变动中，新政府会不会改变近十年这种政策取向，就成为一个值得注意的问题。某些外国学者认为，新政府会在"左"右两方的压力下改变方针。但是多数印度学者认为，目前的政策取向是国内外的大势所趋，不论哪个政党上台，都不可能逆转潮流。戴永红[1]、左连村[2]对中国和印度的经济发展作了多方面的比较研究，对印度在 20 世纪 90 年代的经济发展战略作了展望和总结，分析了印度的人口增长对其经济发展的影响作用。唐鹏琪[3]总结了阻碍印度经济发展的几个主要的非经济因素，认为印度经济不发达的主要原因仍然是其落后的社会结构，阻碍印度经济发展的三个主要因素是：一是种制度；二是宗教和传统主义；三是动荡的政治。

刘健明[4]，于海莲[5]对中国与印度的经济发展模式进行了对比分析，分析了印度混合经济体制的发展和变革过程。中国和印度这两个国家的经济发展成就统计记录表明，从总体上看，中国比印度取得的成就更大——这可以从一系列的研究中得出这一结论。在对中、印两国进行比较性的透视中，中国为其正在经历的高速发展，对下述考虑深信不疑：（1）人力

①　戴永红：《试论印度经济计划的发展战略》，《南亚研究季刊》1991 年第 2 期。
②　左连村：《印度的人口增长及其对经济增长的影响》，《世界经济与政治》1991 年第 8 期。
③　唐鹏琪：《试析阻碍印度经济发展的几个非经济因素》，《南亚研究季刊》1995 年第 3 期。
④　刘健明：《中国和印度经济发展比较研究》，《南亚研究季刊》1996 年第 3 期。
⑤　于海莲：《印度混合经济体制的发展与变革》，《当代亚太》1996 年第 5 期。

资本发展的高速度。这方面通过采取下述措施已经取得了成就：给包括妇女在内的人们提供良好教育，以提高劳动者的素质；促进社会——政治联系与现代化；提供更好的医疗卫生设施，普及计划生育等。从长远观点看，既有助于减少妇女的依赖性，又可动员人们参与有价值的、生产性的活动，特别是有助于农业基础的建设。（2）结构改革的高速度。这种改革得益于由农业向工业转移了相当部分的劳动力。通过乡镇企业、村镇企业，通过资本形成比率和基础设施的发展来提高农业生产率和建立农村工业基础。（3）宏观经济的稳定性达到一个相当高的程度。特别是在经济改革的最初几年，采取了将物价保持在人们可承受的限度内以内外债务实行控制的措施。（4）政府奉行了干涉性政策。这种政策具有选择性、财政上的紧迫性、官僚主义管理的有效性以及政治上的承诺与决心。它还鼓励下放经济权力以及营造良好的省级工业与投资政策环境。（5）中国认识到——虽然晚了些时候——国外部分连同出口领域，能全面地促进经济的发展。为此，中国大规模利用外国资本和引进技术，鼓励外国直接投资，放开汇率条款，实行鼓励出口的外向性政策。中国内地之外华人的作用，特别是来自中国香港、中国台湾、新加坡、朝鲜和日本的华人，在促进这一地区的发展中理所当然地要受到赞赏。（6）社会价值观结构方面的变化带来了关于妇女观点的重要变更。妇女不仅在家庭事务中，同时在国家的经济和决策方面担当了一个更为进步与现代的角色。这里也需要提出的是，中国在取得很多的发展增长率的同时，也带来了对环境的破坏和范围更大的地区不平衡，需及时地引起中国的重视。

进入 21 世纪以来，印度的经济发展引起了更多国内学者的关注。马常娥[1]探讨了印度的经济转型对中国经济发展的启示，文章认为印度的经济发展在多边贸易体制下经历了从保护到开放的转型过程。汽车业和软件业的发展是这一过程中的两个典型部门。印度经济转型的过程对"入世"后的中国经济发展有着重要的启迪作用。既要在保护的基础上积极对外开放，又要注意在开放的过程中实施必要的保护，是中国必须把握好的两个关键环节。韦森[2]主要从文化精神、制度变迁与经济增长的关系角度对中

①　马常娥：《印度经济的转型及其对中国的启迪》，《世界经济与政治论坛》2002 年第 3 期。

②　韦森：《文化精神、制度变迁与经济增长——中国与印度经济比较的理论反思》，《国际经济评论》2004 年第 4 期。

国和印度经济发展进行了理论比较和反思，文章认为比较近些年来中国和印度在经济增长速度和经济整体绩效方面的差异，反思当代印度社会的体制结构和中国经济改革过程中的制度变迁路径，发现：（1）对经济增长而言，市场的制度规则是重要的，但可能并不像新制度经济学家们所相信的那样是决定性的。（2）市场的制度规则，只有在一定的文化氛围中方能发挥起合意的作用，而内在于市场运行中的商业伦理规范，对市场本身扩展而言，其作用可能是根本性的。（3）对一个社会、一个国家、一个地区的经济增长孕育机制而言，商业精神尤为重要。杨文武等[1]，刘小雪[2]主要探讨了印度经济发展模式形成的基础、架构替代和对中国的启示，以及印度经济发展模式对中国的借鉴意义，文章认为：第一，任何经济发展模式的演进均离不开其内外政治经济、社会文化与历史制度环境，因此印度经济发展模式的演化进程均是多种综合因素的必然结果，对印度经济发展模式绝不能简单地给予对与错的评价。第二，研究表明，要充分认知印度经济发展模式并非是一件容易的事情，因为它是印度经济发展体的多维度、多视角的模式集合。第三，要想对印度经济发展模式绩效进行评判也同样是十分困难的事情。即便通过某一经济发展模式的各相关评价指标体系的构造，以量化形式来综合反映经济发展模式的运行绩效也存在自身的缺陷。因为"仅仅根据现有经验，根据几个指标就对未来很多年下断语，这样的预测有多大的科学性值得怀疑"。第四，根据系统论的理论原理，事物的结构决定其性质。因此，揭示印度经济发展模式演进规律的着眼点仍需努力揭示印度经济结构的演化规律性，才能真正把握印度经济发展模式的演进本质。第五，目前有人认为"西方的经济模式对中国不适用，对印度也不适用"、"中印经济发展模式没有可持续性"。黄永春等[3]主要分析了印度的"跨工业化"经济增长模式及其对中国经济发展的启示，以竞争优势理论为分析框架，研究了跨工业化经济增长模式的内涵、生成机制与优劣势。研究表明，"基础设施薄弱、精英人才涌现"的

[1]　杨文武、雷鸣：《试论印度经济发展模式的形成基础、架构替代及其启示》，《南亚研究季刊》2008 年第 1 期。

[2]　刘小雪：《辨析印度经济发展模式及其对我国的借鉴意义》，《经济学动态》2008 年第 6 期。

[3]　黄永春、郑江淮、杨以文、藏灿甲：《"跨工业化"经济增长模式分析——来自印度经济增长模式的启示》，《中国人口、资源与环境》2012 年第 11 期。

资源禀赋结构、社会内部消费需求拉动、相关产业支撑、龙头企业带动、自由化的政策改革环境以及技术进步推动，促进了印度"跨工业化"经济增长模式的生成。基于此，通过中印两国经济增长模式的比较，指出"跨工业化"经济增长模式具有资源环境友好特征、能借助服务业的发展反向刺激工业发展等优势；并揭示了"跨工业化"增长模式的劣势，即难以提高就业率、服务业持续发展缺乏基础设施和制造业支撑等。鉴于我国服务业发展滞后，工业发展面临资源与环境高消耗的困境，我国应借鉴印度经验，培养服务业人才队伍、提高社会消费需求、优化服务业产业结构、培育服务业龙头企业、加快服务业自由化改革、提高服务业创新能力，以加快服务业的发展，增强服务业对工业的反哺效应，保障我国工业化进程在"资源与环境双约束下"又快又好地和谐推进。齐明珠①从人口变化与经济增长之间的关系考察了中国和印度的经济发展前景。文章认为：中国和印度在人口和经济发展方面有很多共同点，但人口特征及变化趋势又有很多不同，这将对两国经济的可持续发展带来不同影响。文章采用历史增长核算法，将经济增长分解为三个贡献要素，即劳动年龄人口规模的增长、劳动生产率的增长及劳动力利用效率的增长，对中国和印度过去二十年的人口与经济变化进行实证研究，结果表明，劳动生产率的提升是中国经济增长的最主要动力，而劳动生产率的提升和劳动年龄人口增长同为印度经济增长的主要动力，劳动力利用效率的下降对两国的经济增长贡献度均为负。文章认为，为应对我国未来劳动力减少的挑战，在非充分就业率较高且产业升级要求迫切之时，应寻求降低非充分就业率，力求真正提升劳动力的利用率，并积极关注第二次人口红利的实现。

三　关于俄罗斯经济发展研究综述

自苏联经济解体以来，俄罗斯经济发展经历了多次的经济波动，国内学者对俄罗斯经济的发展从多方面进行了长期的跟踪研究。王建平②、许新③评述了俄罗斯的激进改革措施，认为俄罗斯的经济改革是在社会经济全面危机并日益深重的条件下进行的。面对的问题极其复杂，许多带有综

---

① 齐明珠：《人口变化与经济增长：中国与印度的比较研究》，《人口研究》2013 年第 3 期。

② 王建平：《评俄罗斯激进经济改革》，《今日苏联东欧》1992 年第 6 期。

③ 许新：《俄罗斯经济转轨评析》，《东欧中亚研究》2000 年第 4 期。

合症的性质，这使改革措施出台进退维谷，主要措施之间存在内在矛盾，它们相互钳制，使改革难以达到预期的目的，主要矛盾表现在：一是俄罗斯的经济改革是在经济危机与财政危机交织并发的条件下进行的，这使稳定经济与无赤字预算的措施相互矛盾，两个目标不可兼得；二是在存在垄断的条件下放开价格难以达到刺激扩大生产的目的，放开价格与居民社会保护措施对平衡供求的作用相互抵触，实行价格与工资同时放开的政策，可能导致二者轮番上涨；三是实行无赤字预算和紧缩信贷政策，可以减少货币投放，但造成企业税负过重，资金不足，不利于恢复生产和稳定经济；四是私有化进程与休克疗法其他措施不同步，将使休克期拖长，变成长期动荡和痛苦的慢性过程；五是商品短缺与外汇短缺并存，内需与出口矛盾，难以扭转外贸急剧下降局面，而外汇枯竭和经济衰退则使卢布汇率难以稳定，这又反作用于通货膨胀使其难以遏制。陆南泉①全面回顾了俄罗斯经济改革中的理论纷争；江春泽②分别考察了制约俄罗斯经济发展的主要因素，以及俄罗斯与中国经济转轨过程的差异。王世才③分析了俄罗斯的社会政治矛盾对俄罗斯经济的影响。徐坡岭等④从制度变迁的视角回顾和分析了俄罗斯经济转轨的理论，自实行西方倡导的激进的经济改革以来，俄罗斯社会政治斗争不断，社会政治矛盾激化，对经济起了巨大的破坏作用，使俄罗斯经济陷入深刻的危机之中。俄罗斯经济危机的程度已超过1929—1933年西方的大萧条时期，当时美国和欧洲的一些主要资本主义国家工业生产下降40%—45%，而现在俄罗斯的工、农业生产均下降50%以上。工农业生产的持续萎缩，物价暴涨，通货膨胀加剧，贪污腐败现象增多，影子经济盛行，各种犯罪猖獗，绝大多数人生活水平下降，人们对政府和金融机构不信任感加深，金融危机、经济危机、政治危机、社会危机相互作用，使俄罗斯经济陷入长期的衰退之中。1990年，俄罗斯国内总产值在世界总产值中所占的份额只略少于5%，而现在这一份额仅稍高于1.6%。1990—1997年，俄罗斯经济在世界经济中的比重大约减少2/3。在不到10年的时间里已从一个强盛的超级大国变成一个经济矮人。

---

①　陆南泉：《俄罗斯经济改革中的理论纷争》，《价格与市场》1994年第8期。

②　江春泽：《俄罗斯与中国经济体制转轨比较》，《管理世界》1996年第6期。

③　王世才：《社会政治矛盾对俄罗斯经济的影响》，《世界经济与政治》1999年第9期。

④　徐坡岭、郑维臣：《俄罗斯经济转型过程中通货膨胀问题的货币解释》，《东北亚论坛》2013年第2期。

早在 1985 年俄罗斯（在其现在的疆域内）国内总产值就已相当于美国的 22.6% 和日本的 69.5%，高于其他主要工业发达国家，居世界第三位。而现在它与一些主要国家间的差距已拉大。美国的国内总产值超过俄罗斯将近 11 倍，日本将近 4 倍，德国 1.8 倍，其他欧洲大国约 1 倍。在国内总产值方面，俄罗斯比中国少 85%，比印度约少 50%。

进入 21 世纪以来，俄罗斯经济出现了众多的新特点，国内学者进行了深入的分析和研究。许新[1]、关雪凌等[2]进一步评析了俄罗斯经济转轨的代价和教训，同时对俄罗斯经济全球化背景下面临的问题及出路进行了深入的分析研究，研究认为：俄罗斯的经济转轨已经进行了八年，休克疗法的神话变成了冷酷的现实。脱离国情的药方使玻利维亚奇迹变成了俄罗斯失败；不符合俄经济特点的目标模式和违反经济转轨规律的过渡方式，使期望的自由市场经济变形为"资本原始积累"式的野蛮的市场经济；经济政策的内在矛盾和在经济学上犯忌导致经济形势非但没有好转，反而一直处于衰退性危机之中，并最后演变成以金融危机为尖锐表现的社会经济政治全面危机。这一切都源于政治目的和理论误区：崇拜新自由主义经济理论，在经济体制上迷信市场万能，反对国家干预；奉行现代货币主义政策，在反危机上片面抑制需求，忽视增加供给；把转轨的成败建立在依赖大量外援的基础上，幻想靠外援解决休克疗法造成的各种尖锐问题，渡过各种危机交织的难关。庄起善[3]、李健民[4]分别对制约俄罗斯经济增长的主要因素，以及俄罗斯私有化历程及其相关问题进行了分析，文章认为俄罗斯经济转轨是一次深刻的变革，包括从经济制度到社会制度的全面重构和建设。私有化是构造市场经济微观基础的基本条件，在俄罗斯经济转轨政策中居于核心地位。通过实行私有化，俄罗斯的基本经济制度已经发生了重大的变化，原有的决定国家经济生活本质特征的国家所有制在经济生活中的统治地位已得到彻底改造，俄罗斯已经建立了市场经济的基础，但从新制度结构的行为能力看，这一基础尚不健全，在基本经济制度建设中都还存在许多消极后果，对俄罗斯经济的发展产生了不可低估的负面影

[1] 许新：《俄罗斯经济转轨评析》，《东欧中亚研究》2000 年第 4 期。
[2] 关雪凌：《制度变迁中的俄罗斯经济转轨战略——理想化和现实性的冲突与调整》，《东欧中亚研究》2000 年第 5 期。
[3] 庄起善：《论俄罗斯经济增长的制约因素》，《世界经济研究》2003 年第 3 期。
[4] 李健民：《俄罗斯私有化的进展与现状》，《俄罗斯中亚东欧研究》2003 年第 1 期。

响。郭连成①、李新②分别分析了俄罗斯的资源依赖型经济对俄罗斯经济
增长和发展的影响,以及俄罗斯经济复苏的主要动力和制约因素,研究认
为:在今后一个相当长的时期内,俄罗斯经济增长依赖石油天然气出口的
状况难以根本改变。这主要是由两个因素决定的:一是长期以来形成的以
能源和原材料等初级产品为主的生产和出口结构已根深蒂固,短期内改变
难度很大;二是国际石油价格居高不下会刺激俄大幅增加石油产量和出
口。但我们认为,从长期经济增长与经济发展的角度看,俄罗斯还必须有
步骤地采取以下必要措施:第一,逐步摆脱对能源出口的过分依赖,这是
俄罗斯今后相当长时期内所面临的艰巨任务。从中短期看,大力发展资源
经济,特别是利用国际市场石油价格上涨的有利因素大力发展石油产业,
以此增加外汇收入和扩大外汇储备,增加财政收入,提高居民的生活水平
和社会保障程度,保持经济的快速增长,对俄是一种必要的选择;第二,
全面推进结构改革,加快产业结构的调整,实现经济多元化发展战略,应
是俄罗斯的唯一选择。余南平等③主要分析了俄罗斯金融部门对俄罗斯经
济增长的影响作用,通过对俄罗斯经济结构和金融服务水平的现状分析,
认为未来几年俄罗斯的强劲的经济增长势头可能会持续下去,但这种高增
长率的持久程度和稳定性将取决于结构性改革。文章认为,在不利的人口
发展结构的背景下,一个更有效率、以创新为重点来合理使用人力资本的
结构对俄罗斯是必要的。同时俄罗斯进一步的贸易开放和更有效、透明的
政府机构运作也将有助于经济增长的保持。值得特别指出的是,鉴于目前
的俄罗斯存量设备的高使用率和低下的资本存量,加大更高水平的投资对
俄罗斯经济至关重要。另外,从俄罗斯经济增长的前景看,财政部门由于
有巨大的积累,未来可以在经济增长中发挥越来越重要的作用。特别是如
果发生重大外围环境变化时,这个作用将显得十分重要。但无论财政的作
用今天和未来如何体现,俄罗斯深层次金融市场的运作和效率的发挥,不
仅可以带动全社会生产率的提高,并可能有助于使经济多样化,而非仅仅
依靠石油部门。我们必须看到,目前,资金的缺乏成为众多俄罗斯企业发
展的瓶颈,尤其是中小型企业。因此,在剔除石油因素带来的投资与经济

---

①　郭连成:《国际高油价对俄罗斯经济的正负影响效应》,《世界经济》2005 年第 3 期。

②　李新:《俄罗斯经济复苏的动力与制约因素》,《上海财经大学学报》2005 年第 5 期。

③　余南平、潘登:《俄罗斯金融部门对俄罗斯经济增长作用研究》,《俄罗斯研究》2008 年
第 3 期。

繁荣后，文章更认为，在俄罗斯，一个更有效、更深化的金融市场对于其国家经济的稳定发展将起到的作用会更加持久。程伟[1]主要分析了在全球金融危机中俄罗斯的经济发展状况并且对俄罗斯的反危机政策进行了评析，在世界金融危机的打击之下，俄罗斯经济遭受重创，突出地表现为经济增长大幅下滑。但是，俄罗斯的通胀率、失业率、国际收支等指标表现尚好，宏观经济继续处在整体可控状态。正反两方面的结果与俄罗斯反危机有所取舍的目标追求以及相应的政策安排直接相关，其反危机的实践基本达到了预期设想。值得引起特别关注的是，俄罗斯在反思教训的过程中并没有局限于外部因素负面影响的总结，而是空前理性地解析了自身的原料经济发展模式，进而明确提出了创新现代化道路的时代任务。俄罗斯目前正借助世界金融危机的倒逼机制，把反危机与现代化有机地衔接起来，实施反危机的过渡性退出与创新现代化道路的战略性进入。在今后的十年中，无论俄罗斯经济发展的宏观构想还是具体政策与措施，必将发生深刻的变化。

四　关于韩国经济发展研究综述

韩国作为亚洲重要的新兴经济体，过去三十多年来，顺利地从发展中国家进入高收入国家行列，其发展经验值得许多国家借鉴。国内学者对韩国经济发展历程、发展模式、经验教训以及对中国经济发展的启示都作了多方面的深入分析和研究。国内学者在20世纪80年代对韩国经济发展的研究并不多见，高建[2]、李相文[3]分别总结了80年代韩国经济迅速发展的政策原因以及韩国采取的一系列促进经济振兴的发展战略，文章认为在过去的二十年里，韩国利用美国日本等发达国家改革经济结构的机会，将外国的资本技术同本国的廉价劳动力结合起来，60年代发展了轻纺工业，70年代又突击发展了重化工业，用出口带动了经济的迅速发展。然而，韩国在二十年来所追求的是数量型经济发展，实行的是靠廉价劳动力不断扩大出口的所谓"输出立国"的经济发展战略。随着经济规模的扩大和国际环境的变化，"输出立国"的经济发展战略越来越暴露出弊端。为此，韩国改变其经济发展战略，80年代开始大力发展科学技术，追求质

---

①　程伟：《世界金融危机中俄罗斯的经济表现及其反危机政策评析》，《世界经济与政治》2010年第9期。

②　高建：《南朝鲜经济迅速发展的政策措施》，《计划经济研究》1985年第3期。

③　李相文：《"太平洋世纪"与南朝鲜经济发展战略》，《亚太经济》1985年第1期。

量型经济发展，即实行所谓"技术立国"的经济和社会发展战略。调整的内容主要包括：大力发展科学技术，建立发达国家型的经济结构；从"高速增长"转为"稳步增长"；将"政府"主导型经济体制改为民间主导型经济体制；谋求部门之间、地区之间的平衡发展；实行对外经济关系的多边化；关心社会开发和所得分配等。张英①、尤安山②对韩国经济高速发展与通货膨胀之间的关系，韩国发展外向型经济的背景、特点和成效，以及韩国经济发展与中国的关系方面进行了多角度的分析，认为韩国产生通货膨胀的重要原因之一是不重视国内市场需要，不抓生活必需品的生产，尤其是从 20 世纪 70 年代初到 70 年代末的一段时间里，为了适应扩大出口的需要，进行产业结构的调整，过分增加重化学工业投资，减少了轻工业和农业的投资，以致造成多数生活日用品供不应求，物价飞涨。基于此种教训，韩国把抓轻工业生产、增加市场物品供应作为控制通货膨胀的重要手段。

进入 90 年代以来，随着中韩正式建立外交关系，经贸活动日渐频繁，国内对韩国经济发展的研究进入了新的阶段，藏跃菇③、南德祐等④、慕海平⑤论述了韩国政府在市场经济中的作用及其对韩国经济的具体影响，以及韩国政府与企业之间的关系，韩国在市场经济模式下，经过三十多年的快速发展，脱颖而出，成为一个新兴的工业国家。在发展过程中，政府通过制定经济发展五年计划和执行相应的经济政策，对经济实行有效的干预。可以说，是韩国政府主导了经济发展，它实际上属于市场经济与政府干预相结合的"混合型经济体制"，是有调控的市场经济。金承权⑥详细论述了韩国的出口主导型和引进外资的经济发展战略以及韩国的经济发展模式，主要包括：（1）运用国家资本扶持大企业，发挥大企业在出口加工工业中的骨干作用；（2）降低汇率，实行单一汇率，增强出口产品的

① 张英：《南朝鲜经济高速发展与通货膨胀的治理》，《世界经济与政治》1989 年第 5 期。

② 尤安山：《南朝鲜发展外向型经济的背景、特点及成效》，《国际科技交流》1989 年第 4 期。

③ 藏跃茹：《韩国政府在市场经济中的作用》，《经济研究参考》1992 年第 7 期。

④ 南德祐、邵建云：《在经济发展的早期阶段上政府的领导作用：韩国的经验》，《经济社会体制比较》1992 年第 1 期。

⑤ 慕海平：《韩国经济发展中的政企关系》，《世界经济与政治》1993 年第 7 期。

⑥ 金承权：《论韩国出口主导型经济发展战略——韩国经济发展战略研究》，《天池学刊》1995 年第 1—5 期。

国际竞争力；（3）实行刺激出口的财政、金融政策，充分调动出口的积极性；（4）推动重化工业，重点发展出口战略产业；（5）兴建出口贸易区和出口工业园区；（6）引进外资和国外先进技术。王沅等①、孙敬水②、金承男③主要分析了韩国在东南亚金融危机的表现及成因，韩国经济增长方式的转变经验及其对中国的启示，并对韩国的经济发展模式重新进行了审视，文章认为，作为亚洲四小龙之一，近三十年以来，韩国经济持续高速增长，年均国内生产总值增长率保持在 8.6% 左右，韩国也一跃成为世界第十一大经济强国，并于 1996 年 12 月加入了"富国俱乐部"——经合组织，创造了所谓的"东亚奇迹"。多年来，韩国一直实行"政府主导型的市场经济体制"，在经济发展的初期，这一体制对韩国经济的飞速发展确实起到了促进作用。但随着韩国经济实力的提高以及与发达国家差距的减小，这一体制弊端也日益显现出来，并由此埋下了经济与金融危机的祸根。

进入 21 世纪以来，韩国逐渐走出了东南亚金融危机的阴影，重新步入了快速增长渠道，国内学者对 2000 年以后韩国经济发展特征及其模式进行了更为广泛和深入的关注。张宝仁等④、孙茂辉⑤、王春法⑥分别探讨了韩国在金融危机后的经济政策调整，以及韩国的经济波动和经济周期变化特征，文章认为，韩国金融危机后，金大中政府开始对韩国经济进行全面而彻底的调整，已表现出健康发展的新契机。但同时也应注意到，此次经济改革过程中韩国取得的成绩仅是阶段性的，在韩国经济体系中至今仍存在着许多不稳定因素，影响经济发展；而政府在对经济结构进行调整，尤其是联合债权银行对产业结构和大企业结构进行调整时，许多做法也似乎有悖于经济市场化的根本主张，使人感到有重蹈越权覆辙之虞；韩国的经济结构调整实际上是对三十余年来形成的社会经济体制进行脱胎换骨式的更新改造，目的在于使经济具有一个更合理的制度基础。金融部门改革意味着在银行和非银行金融机构中要取得更高的效率和更大的活力，需要

---

① 王沅、朱隽：《韩国经济危机研究》，《金融研究》1998 年第 1 期。

② 孙敬水：《韩国经济增长方式转变的经验及启示》，《世界经济》1998 年第 2 期。

③ 金承男：《重新审视韩国经济发展模式》，《世界经济》1999 年第 6 期。

④ 张宝仁、韩笑：《金融危机后韩国经济政策调整》，《东北亚论坛》2000 年第 4 期。

⑤ 王春法：《金融危机以来的韩国四大经济改革措施及其经济复兴》，《世界经济》2001 年第 5 期。

⑥ 孙茂辉：《韩国经济波动和经济周期》，《世界经济文汇》2000 年第 5 期。

公司部门遵守全球通行的信贷准则，意味着一种有效的监管系统将促进更好的管理和透明度。企业部门改革意味着韩国企业在今后的国际竞争中将从注重规模转向注重效率，国际竞争力将获得极大的提升；劳工部门和公共部门的改革意味着韩国将建立起一种新的、更加符合市场经济原则的雇用制度和政府管制制度。所有这些都表明，韩国的经济结构调整并不仅仅局限于经济部门，而是涉及社会经济发展体制的方方面面。在这样一个基础之上，韩国将建立起一种全新的、迥然有别于 20 世纪 80 年代以大企业为中心、以政—商—金融三结合为特征的新型社会经济体制，从而将韩国未来的经济增长置于一个更为坚实合理的制度基础之上，市场经济原则真正成为支配韩国经济发展的唯一原则。应该说，这样一种市场经济体制少了些发展中国家的特色，多了些发达工业化国家色彩，因而意味着韩国的市场经济体制的进一步完善和成熟。刘信一[①]、李银珩分别考察了对外贸易和人口结构变化对韩国经济发展的影响作用，韩国从 20 世纪 60 年代试图开始实质性的经济开发，到 2004 年为止与 230 多个国家和地区进行贸易。2004 年，其 GDP 是 6801 亿美元，为世界第十位，人均收入 14162 美元，交易额 4783 亿美元，为世界第十二位。2004 年外币储备额是 1991 亿美元，居世界第四位。韩国以韩国式经济开发，即实行市场亲和式政府干预的经济政策，通过出口为主导的经济开发实现了经济的快速增长。正高速增长的中国亦以中国特色社会主义，以中国式改革开放追求出口和贸易的共同增长。中国和韩国都持续着经济的高速发展，被公认为是以出口和贸易为主的经济开发模式的典范。韩国进口能源、原材料和资本品，出口工业制成品。中国的贸易由外资企业为主进口半成品和资本品，出口工业制成品。而中国贸易在经济发展中所发挥的影响与韩国相比还小。为了持续增长，韩国需要以技术和经营革新提高国际竞争力，尤其要改善以资本品进口为主的贸易结构。杨少英、李海霞[②]具体论述了政府的威权统治与韩国经济发展之间的关系，文章认为，威权统治的政治模式的突出特征是高度集权。在这种政治模式下，由于社会监督缺位，权力便容易向少数人集中，成为统治者谋取和维护个人、家族或集团利益的工具，滋生社会

---

①　刘信一：《韩国经济发展中的对外贸易》，《中国工业经济》2006 年第 7 期。

②　杨少英、李海霞：《韩国经济发展与威权统治的关系研究》，《人民论坛》2012 年第 11 期。

腐败。在危机时刻，民主让位于专制统治有其合理性和必要性，韩国在威权统治下的经济发展就很好地证明了这一点。但当经济发展到一定阶段的时候，威权统治的合法性危机便凸现出来，大众的民主化呼声也日益高涨。然而，韩国虽然在宪法中宣布基本人权、私人财产权利和公民自由，但这些权利和自由常常为紧急措施和戒严法所限制和搁置。比如，从1948 年到 1987 年，韩国共宣布了 11 条戒严法令，推迟人权自由已成为韩国政治的一条准则，而不仅仅是一种例外。在西方法治的发展历程中，规范和限制政治威权大致有两种方式：一是保障个人的权利，即人权和公民权，使之成为权力行使的重要目的和边界；二是给权力运行设置明确的范围和程序，以制约政治威权。而对政治威权的制度约束，主要是对权力及其行使过程进行明确、公开的限制和制约。这样看来，韩国的威权统治限制和侵蚀了人权和公民权，容易导致权力的恣意行使，使大众对统治的合法性和程序正当性产生质疑。也正因此，在韩国的现代化进程中，威权统治只能作为一种过渡性的政治阶段而存在。

五　关于巴西经济发展研究综述

自 20 世纪 80 年代以来，巴西经济增长经历了数次波动，巴西作为南美洲大国很早就进入中等收入的发展阶段，但进入 80 年代以后，经济发展却长期停滞徘徊不前。进入 21 世纪以来，巴西经济又逐步进入了快速发展时期，其经济发展的历史经验和教训值得中国借鉴。20 世纪 80 年代，国内学者对巴西经济发展状况进行了多方面的追踪研究，苏振兴和陈作彬[1]、陈作彬[2]，分别考察了巴西的外债和巴西的外国直接投资对巴西经济发展产生的影响作用，以及巴西的工业发展水平状况，文章认为，巴西的工业化进程"起飞"较晚，至今农业产值在巴西国内生产总值中仍占 10% 以上，农业劳动力占全国总劳动人口的 40% 以上，而且巴西农业生产中还严重存在着前资本主义残余，资本主义农业不甚发达。此外，巴西工业结构也不平衡，钢铁、石油化工、汽车等耗能量大的部门发展过快，而燃料动力工业远远不能满足需求。巴西能源总消费量的 60% 是石油，而巴西石油及其制品的 80% 以上靠进口，近几年来，在世界能源危

---

[1]　苏振兴、陈作彬:《巴西的外债问题》,《拉丁美洲丛刊》1980 年第 1 期。
[2]　陈作彬:《巴西的工业发展水平》,《拉丁美洲丛刊》1981 年第 2 期。

机冲击下，巴西的石油危机日趋严重，已成为经济发展的严重障碍。在制造业中，外国资本仍占相当比重，不论在资金还是技术方面对国外的依赖仍然较深。总的看来，战后特别是近十多年来，巴西工业生产获得了迅速发展，但就整个工业生产水平而言，还是比较低的。金计初①总结了现代巴西发展的主要经验与教训，吕银春②主要分析了巴西的通货膨胀对经济的影响及其对策。张宝宇③探讨了巴西的城市化进程及其主要特点。文章认为巴西的城市化主要有三大特点：第一，开发农村，避免农民盲目流入城市，减轻城市负担。第三个全国发展计划指出："发展农牧业，以减少所谓农村人口迁移，缓解城市，特别是首府大城市急剧膨胀的进程"。同时，提出领土利用的地区政策，其目的在于"制止某些农村人口下降和控制城市增长"。以上两项政策是着眼于整个社会发展进程，从调整城乡关系和开发地区政策入手，从战略高度提出的影响城市发展的措施。第二，不使首都变为工业城市。"在联邦区建立工业是不适宜的。联邦区的历史和宪法使命是作为联邦政府三权的地址"。但是，联邦区周围的工业也是要发展的，为此确定卢济亚尼亚城为巴西利亚地理经济区的工业中心，这样能避免因办工业造成城市人口增加和环境污染，使首都更好地发挥国家政治中心和文化中心的作用。第三，分散工业布局以解决城市集中的问题。认定"工业布局分散化可以同时解决工业集中和人口集中的问题"。基于这一思想提出：（1）分散东南部地区的城市布局，努力避免圣保罗和里约热内卢等大城市过于集中发展。（2）整顿南部地区城市发展进程，有秩序地扩大地区性城市和加强中等城市发展。（3）使东北部的城市经济生活活跃起来，加强生产活动，加强内地城市基地的综合性建设。（4）在北部和中西部新开发地区促进城市化进程，加速正在形成的地方性城市的发展。

进入90年代以后，国内学者对巴西经济发展同样进行了许多研究，李向阳④主要论述了巴西的技术引进对其经济发展产生的影响作用，戴羿⑤对比分析了巴西和中国经济发展模式的差异和特点，文章认为，巴西

---

①　金计初：《现代巴西发展的经验与教训》，《世界历史》1988 年第 3 期。
②　吕银春：《巴西的通货膨胀与对策》，《拉丁美洲研究》1988 年第 5 期。
③　张宝宇：《巴西城市化进程及其特点》，《拉丁美洲研究》1989 年第 3 期。
④　李向阳：《巴西的技术引进与经济发展》，《管理世界》1990 年第 6 期。
⑤　戴羿：《试析巴西、中国经济发展模式》，《当代财经》1990 年第 4 期。

模式突出的特征是政府在市场经济的原则下积极参与对经济的宏观管理。巴西政府按照市场经济原则推动经济运行，但并不放任自流，而是通过经济性参与对经济进行宏观干预，政府对经济进行干预的形式有以下方面：一是对宏观经济进行直接干预和间接调控；二是通过政府计划对经济实行宏观指导；三是通过增强国有化经济来加强政府对经济的干预和调节。巫宁耕①主要分析了中国、印度和巴西工业化道路的不同发展特色，文章认为，战后中国、印度、巴西三国工业化的目标，都是要把以农业为主的经济结构改造为以工业为主导的经济结构；在工业结构中，由战前以一般消费产品为主，转向耐用消费品，特别是中间产品和资本货物工业为主；由一般劳动密集型工业为主，转向资本密集型特别是技术和知识密集型工业为主。几十年来，应该说它们都取得了不同的成就，都建立了部门比较齐全的工业体系。同时，我们不难发现，它们在增长速度、工业规模、工业结构、资金积累、经济效益和未来的发展前景等方面，又表现出很大的差异，主要表现：（1）从工业和国民经济增长速度看，根据世界银行材料，在 60 年代和 70 年代，巴西的增长速度高于中国，中国高于印度；（2）从工业和整个经济的规模和结构看，三国国民经济和制造业的规模，在发展中国家中列居前三位；（3）从主要工业部门的产品产量看，战后初期，中国在三国工业发展中处于末位。四十年来，由于中国工业增长速度超过其他两国，它在主要工业产品产量方面已大都居领先地位，并在世界上占有重要地位。刘士余、李培育②、宋群③分别探讨了巴西的经济改革及政策调整对中国经济发展的启示，巴西防范通货膨胀的举措（雷亚尔计划），文章认为，巴西的通货膨胀之所以难以治理，重要的原因是形成了长期的通货膨胀惯性，人们已习惯在通货膨胀下生活，似乎没有通货膨胀就不是正常的生活了。造成通货膨胀惯性的主要原因是，由于采取了工资物价指数化政策和由此形成的通货膨胀预期，一切交易价格都要同通货膨胀预期相联系。这无形中就助长和加速了通货膨胀，并逐步形成一种通货膨胀再生和加速的机制。通货膨胀惯性对于经济稳定增长是危险的，同时也给有效治理通货膨胀带来了难度。要防止通货膨胀惯性，根本一点就是

---

①　巫宁耕：《中国和印度、巴西工业化道路比较》，《北京大学学报（哲学社会科学版）》1991 年第 4 期。

②　刘士余、李培育：《巴西的经济改革与政策调整及启示》，《管理世界》1995 年第 3 期。

③　宋群：《巴西反通货膨胀的新举措：雷亚尔计划》，《经济改革与发展》1995 年第 4 期。

在通货膨胀产生时要及时治理，同时要通过深化改革，尽快建立起需求的自我约束机制和价格自我调节机制，消除产生通货膨胀的各种"土壤"和条件，将治标和治本有机地结合起来。其次，战后，造成巴西通货膨胀的重要原因是长期以来财政赤字过大（目前年财政赤字达 250 亿美元）和对外借债过多（目前外债余额为 1350 亿美元）。为弥补财政赤字，巴西大量发行货币，造成市场货币流通量过多，为支付每年 10 亿美元还本付息外债，强化出口力度，造成国内本不充裕的市场供应能力更加满足不了需求，形成了国内市场物价大幅度上升。

　　进入 21 世纪以来，巴西经济又展现出发展的趋势和特点，国内学者对此进行了广泛深入的探讨和研究，尚玥佟[1]主要探讨了巴西的贫困现象以及政府的反贫困政策，文章认为，第二次世界大战后，经过历届政府的努力，巴西经济得到了快速发展。目前巴西已成为世界第八经济大国，1998 年其国民生产总值达到 7580 亿美元，人均国内生产总值达 4570 美元。然而，国内仍存在十分严重的贫困问题。20 世纪 70 年代，巴西的贫困人口发生率一度下降较快，但自 80 年代初起，尤其是债务危机以后，其贫困人口发生率有所上升。据世界银行的统计，1995 年每天生活在不足 1 美元的贫困人口占总人口的 23.6%。另据巴西应用经济研究所统计，1999 年巴西有贫困人口 5700 万，占总人口的 35%。贫困人口的大量存在不仅有碍于经济发展，而且给社会稳定带来了不良影响。张宝宇[2]进一步探讨了巴西经济发展与社会发展之间的关系，文章认为巴西的经济发展与社会发展不协调。1974 年，巴西人均 GDP 已达到 1140 美元，因此，巴西不再是一个穷国，但它仍是一个非正义的国家。其表现是穷人所占比重高，地区之间发展程度差别大，以及民族成分之间存在社会地位明显差异。经济发展与社会发展不协调产生于诸多因素，如历史因素作用依然存在，国家土地占有制度的不利影响，国民教育相对落后以及教育模式不切实际，通货膨胀作为经济发展的伴生现象与之长期相随，社会领域投资结构不合理，等等。尽管如此，巴西社会依然发生着重大的变化。它的社会发展成果如同其国民收入分配差别之大一样，同样受到国际社会的关注。虽然巴西社会的经济发展与社会

---

①　尚玥佟：《巴西贫困与反贫困政策研究》，《拉丁美洲研究》2001 年第 3 期。

②　张宝宇：《巴西经济发展与社会发展关系问题》，《拉丁美洲研究》2005 年第 1 期。

发展不协调，但不能否定巴西政府致力于社会发展的努力。20 世纪 40
年代初，瓦加斯政府即提出向西挺进的口号，旨在促进国家地区一体化
的发展。在随后历届政府的国家计划和有关法律文件中均有强调社会发
展的内容。当前，卢拉总统的零饥饿计划是巴西政府强调社会发展的重
要例证。然而，对政府的重大挑战不在于制定计划，而在于如何落实计
划。翟雪玲、赵长保①专门探讨了巴西的工业化、城市化以及农业现代化
之间的关系，经过一百多年的发展，巴西已经基本上实现了工业化、城市
化和农业现代化。从三大产业产值占 GDP 的比重看，农业占 5.8%，第二
产业占 19.1%，第三产业占 75.1%（2003 年），城市化达到了 83.6%
（2004 年），综合国力已经排到了世界前列。但是巴西走过的发展道路令
人深思，从创造"巴西奇迹"到陷入"拉美陷阱"，从高速发展到经济停
滞，工业化、城市化和农业现代化的发展并未使巴西真正成为经济现代化
的国家，甚至还造成了严重的社会问题。这些问题的出现，与巴西工业
化、城市化和农业现代化的推进方式有密切关系。王海燕②、余勇③主要
评述了巴西陷入"中等收入陷阱"的历史经验和教训。

六　关于南非经济发展研究综述

　　近年来南非经济异军突起，成为非洲经济发展最为活跃的国家。但国
内学者对南非经济发展的关注主要开始于 20 世纪 90 年代，即南非正式结
束种族隔离制度之后，90 年代之前很少有国内学者专门探讨和分析南非
经济发展的研究。20 世纪 90 年代，国内学者对南非经济发展的研究主要
包括：夏吉生④论述了南非的种族隔离制度与南非经济发展之间的关系，
文章认为，种族主义的政策不但决定了南非经济中不平等的种族关系，而
且决定了南非在对邻国的经济关系中奉行不平等的方针。南非经济在南部
非洲具有支配的地位，南非的邻国在经济上严重依赖南非，这是历史上形
成的。博茨瓦纳、莱索托、斯威士兰、马拉维、赞比亚和津巴布韦这 6 个
国家都是内陆国，它们对外贸易的大部以至全部都要通过南非的运输系

①　翟雪玲、赵长保：《巴西工业化、城市化与农业现代化的关系》，《世界农业》2007 年第
5 期。
②　王海燕：《"中等收入陷阱"：巴西的教训》，《政策瞭望》2012 年第 9 期。
③　余勇：《从巴西经济发展看"中等收入陷阱"》，《中国对外贸易》2013 年第 3 期。
④　夏吉生：《种族隔离和南非经济》，《西亚非洲》1992 年第 2 期。

统，南非邻国的粮食、电力工业品和劳务输出等在很大程度上依赖南非。在财政金融方面，博茨瓦纳、莱索托和斯威士兰是"南非关税同盟"的成员国，莱索托、斯威士兰和纳米比亚则是"兰特货币区"的成员国。南非当局利用这一优势地位，把南非经济作为工具，对邻国实行经济上的控制、掠夺和威胁，以阻止邻国进行和支持反对种族主义的斗争。70 年代末，博塔政府曾炮制所谓"星座国家"计划，企图建立以南非为核心、邻国为卫星国的地区经济关系，进一步从经济上控制南部非洲。尽管这一计划由于遭到南部非洲国家的抵制和南部非洲发展协调会议的成立而宣告破产，但充分暴露了南非种族主义政权在对外经济关系中的险恶居心。汪勤梅[1]、苏泽玉[2]分别论述了南非的经济地位和发展前景，以及南非的产业结构变化与调整，文章认为，经过多年的高速发展，制造业已成为南非的主要经济支柱，成为国民经济的重要部门，南非的工业部门比较齐全，基本上已形成独立的工业生产体系，工业中的主要部门有钢铁、基本金属冶炼加工、重型机械、运输设备、汽车、电工机械、食品加工、纺织、服装、造纸、化工、医药等。工业技术特别是采矿技术比较先进，是世界主要工业国。南非的第三产业部门一直比较发达。由于南非历史上采矿业和农业一直占据重要地位，而铁路是运输农、矿产品的最经济的运输手段。所以，南非的铁路运输业一直较发达。同时，随着工业化进程的加快，各种工业基础设施和服务业也迅速发展起来。目前，南非的金融业、商业与采矿业、制造业一起都成为南非的重要经济支柱。这些都使第三产业的产值不断增加，比重不断上升。农业虽然在南非国民经济中的比重呈下降趋势，但南非农业生产对其经济仍然很重要，除灾年外，南非一直是食品净出口国。沐涛[3][4]论述了矿业革命对南非经济社会发展的影响作用，南非的工业化道路及其经验教训，文章认为，在不到一百年的时间里，南非之所以能取得令人瞩目的工业成就，除了得益于丰富的矿产资源和资本的不断输血这两条众所周知的原因外，还与其国家政权的运用得当密不可分，

---

[1]　汪勤梅：《南非经济的地位和前景》，《西亚非洲》1993 年第 5 期。

[2]　苏泽玉：《南非的产业结构变化与调整——兼论我国的对策》，《西亚非洲》1993 年第 5 期。

[3]　沐涛：《浅论矿业革命对南非社会经济发展的影响》，《华东师范大学学报（哲学社会科学版）》1996 年第 6 期。

[4]　沐涛：《南非的工业化道路及其经验教训》，《社会科学》1997 年第 8 期。

同时还与政府直接参与经济活动。当然，南非的工业化道路也存在一些经验教训：第一，工业分布严重不均。南非工业主要集中在四个地区，这四个地区的人口占全国总人口的三分之一，占全国城市人口的80%，拥有工厂数量占全国工厂数量的73%，产业工人数量占全国的76%。第二，工业化过程中打上的种族歧视烙印越来越制约南非经济的进一步发展。从工业化起步，即矿业发现和开采时起，黑人就受到不公正的待遇。最初在矿山劳动的黑人并非全部自愿而来，他们中的大多数是为了挣得需向政府缴纳的各种税收而被迫前来，来了后所挣得的工资又极其微薄。

进入21世纪之后，随着中国和南非经贸活动日益密切，国内对南非经济发展的相关研究也越来越丰富，主要包括：邓祖涛、杨兴礼[1]、曲如晓[2]主要论述了南非的对外贸易发展状况和发展环境，文章认为：第一，南非具有高度集中的能源密集型工业，并且许多工业在出口市场上非常活跃，这些工业通过以煤为燃料的火力发电获得能源，并享受着世界上最低的电力价格。任何反对以燃烧煤做能源的行为（如反对温室气体排放活动）都对南非出口有着重要的影响。第二，南非出口大部分是初级产品和加工原料，如黄金、煤炭、金属以及资源的加工出口，这与环境有着极为重要的关系。第三，从80年代中期以来，南非固定投资减少很多，尤其是在制成品部门。由于投资的低水平，导致在许多工业领域没有足够的再投资能力，结果工业的资本存量老化。相应地，用于环境保护的新的资本设备缺乏。在一些部门，如钢铁部门，安装环保设备的投资金额很大。第四，与发达国家相比，南非的环境规章法规相对薄弱，许多部门的环境标准非常低。李志强[3]主要通过对比分析了巴西、南非、印度的政府政策对支柱产业竞争优势形成的影响。戴翔[4]分析了南非经济在低处徘徊的问题和主要原因，文章认为，导致高失业率的最直接原因是，南非工资水平远远高于能够使劳动力的市场处于基本供求均衡的实际水平。有关研究表明，通过与收入水平相近的其他国家进行粗略比较，不难发现，南非多数部门的工资水平偏高。南非高失业率的深层原因在于，南非在过去的十年

---

① 邓祖涛、杨兴礼：《南非对外贸易简论》，《西亚非洲》2001年第6期。
② 曲如晓：《南非的对外贸易与环境》，《国际经济合作》2001年第12期。
③ 李志强：《政策造就了支柱产业的竞争优势——巴西、南非、印度的主要做法和经验》，《国际经济合作》2004年第12期。
④ 戴翔：《低处徘徊的南非经济：问题与原因》，《西亚非洲》2008年第1期。

间无能力开发和积累足够的经济增长要素。高失业率和低经济增长率都是20世纪90年代初期非矿产贸易部门萎缩的结果。特别是加工制造业出口导向型发展的乏力剥夺了南非经济持续高速增长的机会。结构模式的变化是导致高失业率的关键因素,因为在南非,非矿产贸易部门(主要是加工制造业)与服务业相比,属于非熟练劳动密集型行业。相关加工制造业(能够伴随经济发展而进行技术升级)的萎缩使得对非熟练劳动力的需求也急剧下滑。秦晖[1]主要考察了南非经济与社会转型的历史经验。

第三节 "金砖国家"研究综述

一 "金砖国家"研究的雏形与酝酿

2001年11月,高盛就在"Building Better Global Economic BRICs"[2]一文中首次提出了由巴西、俄罗斯、印度和中国构成的"金砖四国"(BRICs)的概念。2003年10月高盛在该报告基础上推出了颇具影响力的《Dreaming With BRICs:The Path to 2050》[3],预言在2025年"金砖四国"的产出将达到并超过G7集团的一半。该报告指出在此后不到50年的时间中,"金砖四国"将与美国和日本一起成为世界新的六大经济体,英国、德国、法国和意大利则将被超越。该报告的发布引起全球各界的广泛争议。为了回应在2003年报告发布之后的各种质疑,奥尼尔等[4]于2005年底再次发布了一份新报告,指出他们对于"金砖"的估计不仅没有错而且还存在低估。也正是在这一报告出炉以后,全球才开始认真对待"金砖"这一新型国家概念。

中国学术界有关"金砖"国家集团的研究,大体是从2005年之后才逐步发展起来。2006年期间大多数研究为针对高盛研究的引荐与评论,

---

① 秦晖:《南非经济与社会的转型经验》,《老区建设》2009年第11期。

② O'Neill, J. Building Better Global Economic BRICs. Goldman Sachs Global Economics Paper No. 66, 2001, pp. 1 - 16.

③ O'Neill, et al. Dreaming With BRICs:The Path to 2050. Goldman Sachs Global Economics Weekly, 2003, Issue 03/34, pp. 1 - 12.

④ O'Neill, et al. How Solid are the BRICs? Goldman Sachs Global Economics Paper No. 134, 2005, pp. 1 - 24.

学者针对"金砖国家"进行独立思考分析的学术论文并不多见（井华[①]；江涌[②]）。2007 年之后，中国的学界开始重视针对新兴经济体的研究，"金砖国家"是其中重要的研究对象，同时也包括针对"VISTA 五国"等其他类型的国家集团分析。总体而言，研究者对于"金砖国家"的经济表现持肯定态度。通过历史和截面数据的比较，对比分析"金砖国家"的赶超表现以及"金砖国家"内部的经济表现比较（莱恩·布鲁玛、王圣佳[③]；艾农[④]；卢峰、李远芳、杨业伟[⑤]；李扬[⑥]等）。部分研究关注新兴经济体的整体崛起以及世界格局多元化趋势。这部分文献多在强调美国单极时代的结束（程极明[⑦]；严英龙[⑧]）。

二 "金砖国家"研究的深化与提升

充分发挥和引导诸如"金砖国家"、G20 等新型国际经济治理平台的作用，推动新兴经济体更好地参与全球经济治理活动，将有助于全球经济治理向着更为民主化的进程迈进。基于"金砖国家"在经济地位的上升与良好的合作基础，联合国开发计划署在《2013 年全球人类发展报告》中特别提出了"南方的崛起"。张宇燕等[⑨]、韦宗友[⑩]、徐秀军[⑪]等针对新兴经济体这一国家群体进行了分析。认为新兴经济体国家需要依托自身实力、改变合法性欠缺的现状、更多参与到全球治理的规则制定中去。

随着新兴国家的群体性崛起，"金砖国家"走到了一起并建立了新的

---

① 井华：《金砖四国的故事：是美好幻想还是理性预测——来自高盛全球经济研究部主管吉姆·奥尼尔的解读》，《国际融资》2006 年第 6 期。

② 江涌：《金砖四国》，《世界知识》2006 年第 20 期。

③ 莱恩·布鲁玛、王圣佳：《俄罗斯：金砖四国里很特别的一块》，《国外社会科学文摘》2006 年第 7 期。

④ 艾农：《"金砖四国"快步赶超西方"G7"》，《金融经济》2007 年第 17 期。

⑤ 卢峰、李远芳、杨业伟：《"金砖五国"的合作背景和前景》，《国际政治研究》2011 年第 2 期。

⑥ 李扬主编：《"金砖四国"与国际转型》，社会科学文献出版社 2011 年版。

⑦ 程极明：《美国单极独霸战略的失败与世界经济格局的变化》，《世界经济与政治论坛》2007 年第 1 期。

⑧ 严英龙：《多元大国崛起改变世界格局——评五大国经济社会发展比较研究》，《世界经济与政治论坛》2007 年第 2 期。

⑨ 张宇燕等：《博鳌新兴经济体年度报告 2011》，对外经济贸易大学出版社 2011 年版。

⑩ 韦宗友：《新兴大国群体性崛起与全球治理改革》，《国际论坛》2011 年第 2 期。

⑪ 徐秀军：《新兴经济体与全球经济治理结构转型》，《世界经济与政治》2012 年第 10 期。

合作机制（李晗璐）①。金砖国家间的合作有助于推动全球治理向符合时代要求的平等参与和互利共赢的民主型特征转化（徐秀军②）。2009 年 6月，"金砖四国"领导人在俄罗斯举行了首次会晤并发表联合声明，2010年底南非正式被邀请加入。从此，"金砖国家"从一个投资理念正式转化为一个国际合作平台。从 2009 年到 2013 年的五年时间里，金砖合作机制已经演变成含有横跨亚、欧、非、美四大洲，五个区域性的新兴经济体大国合作平台。尽管"金砖国家"在世界经济中地位上升，但是不仅需要正确认识自身地位，也需要合理运用影响力争取国家利益，加强利益平衡和分歧化解合作建设将有助于强化合作（黄仁伟③；汪巍④；蔡春林等⑤；庞中英⑥）。林跃勤⑦回顾了大国崛起的国际历史经验，分析了复杂世界形势下后发新兴国家赶超利益既得国家会面临众多困境与变数。他认为应该强化理论准备、把握促进成功崛起的基本方向。作为一个分水岭，从此中国学术界对于"金砖国家"的研究也从过去仅作为新兴经济体代表样本研究，扩展为针对全球治理、国际金融、国际贸易、科技、能源、国际关系等专业领域的国家群体研究。林跃勤、周文⑧所编纂的新兴经济体蓝皮书系列，以金砖国家的国别研究为基础，对金砖国家的财政政策、金融体制、经贸与国际竞争力、合作与发展以及创新型发展等诸多议题进行了全面剖析，探索金砖国家的新型合作之路。

三　"金砖国家"经济治理模式研究

还有不少研究关注经济治理问题。在过去的几十年中，国际金融机构

　　①　李晗璐：《金砖国家合作机制研究》，外交学院硕士论文，2011 年。

　　②　徐秀军：《制度非中性与金砖国家合作》，《世界经济与政治》2013 年第 6 期。

　　③　黄仁伟：《金砖国家崛起与全球治理体系》，《当代世界》2011 年第 5 期。

　　④　汪巍：《金砖国家多边经济合作的新趋势》，《亚太经济》2012 年第 2 期。

　　⑤　蔡春林、刘畅、黄学军：《金砖国家在世界经济中的地位和作用》，《经济社会体制比较》2013 年第 1 期。

　　⑥　庞中英、王瑞平：《从战略高度认识金砖国家合作与完善全球经济治理之间的关系》，《当代世界》2013 年第 4 期。

　　⑦　林跃勤：《论新兴大国崛起的理论准备》，《南京社会科学》2013 年第 7 期。

　　⑧　林跃勤、周文：《金砖国家发展报告》（2011、2012、2013），社会科学文献出版社2011、2012、2013 年版。

如世界银行、国际货币基金组织推行的"华盛顿共识"①在新兴市场国家的实践效果并不理想。这使得"金砖国家"对于西方经济政策建议的态度更为审慎。尽管"金砖国家"支持改革与开放，也支持市场化建设，但与"华盛顿共识"存在较大差异。

"金砖国家"强调经济政策的独立自主性以及国家在经济发展中的重要性（Ban 和 Blyth）。② Ramo③、陈坤耀④认为中国采用的是"北京共识"⑤，即通过自主创新和特区实验等具有中国特色的方式推动经济政策改革。作为民主政体，印度的经济治理思想更加倾向自由市场，但Mukherji⑥发现印度的经济制度建设主要受到专业人士的想法和利益集团，如行会、农场主等的影响。因此印度在放松劳动力市场管制、去农场补贴、零售部门自由化等领域几乎没有取得任何进展。Ban⑦认为巴西通过"逐步的私有化"、"有限的自由化"以及"有条件的现金转移程序"等方式修正和部分采用了"华盛顿共识"。苏联激进改革派对于"华盛顿共识"的实践，导致国家经济出现大幅动荡。现在的俄罗斯已经从早先的自由市场治理转向了政府参与宏观经济治理模式。普京领导下的俄罗斯提高了战略部门中的国有比例，1997—2009 年国有经济比重从 30% 上升至67%。⑧普京在第二任期期间将国防、石油、天然气、运输、电力、外贸、银行、渔业、钢铁制造等领域 1063 家企业确定为国有战略企业，规

①　Williamson（2004）指出华盛顿共识大致涵盖 10 个方面的内容：财政纪律、对公共支出的重新排序（将医疗、教育等公共产品的支出重要性提高）、税制改革（扩大税基和降低白边际税率）、利率自由化、汇率市场化、贸易自由化、输入性 FDI 自由化、私有化、放松政府管制、强化产权保护。

②　Ban, C., Blyth, M. The BRICs and the Washington Consensus: An introduction. Review of International Political Economy, 2013, Vol. 20, No. 2, pp. 241 –255.

③　Ramo, J. C. The Beijing Consensus, The Foreign Policy Centre, 2004. pp. 1 – 74. http: // fpc. org. uk/fsblob/244. pdf.

④　陈坤耀：《"金砖四国"信奉"北京共识"》，《中国商界》2008 年第 4 期。

⑤　此"北京共识"与"华盛顿共识"相呼应，主要侧重政治经济制度选择。

⑥　Mukherji, R. India's Economic Transition: The Politics of Reforms. Oxford: Oxford University Press, 2013.

⑦　Ban, C. From Cocktail to Dependence: The Great Recession and the Transformation of Romanian Capitalism, 2013, Feb. 11.

⑧　《国有企业引领俄罗斯经济发展——访俄罗斯科学院世界经济和国际关系研究所前所长西莫尼亚院士》，《光明日报》，2013 年 6 月 10 日。

定政府无权将这些企业私有化。Rutland① 的研究认为正是普京的国有化战略使得俄罗斯从一个"失败的国家"转变成一个新兴能源大国。

四　"金砖国家"国际金融领域研究

金融领域的研究大致集中在两个层次：第一个层次的研究关注国际货币体系改革中的金砖合作，属于全球经济治理范畴的讨论；第二个层次则是"金砖国家"间的比较与合作。第一层次的研究与前文提及的全球治理领域有较多重合，不再单独叙述。第二层次的研究大体可以划分为三类：一类侧重"金砖国家"经验借鉴，一类探讨目前"金砖国家"之间可能开展的金融合作新领域，最后一类则主要针对现有金融合作机制展开探讨。由于"金砖国家"绝大多数均属于发展中国家，金融实力普遍弱于发达经济体，金融市场开放程度不同，金融系统的发育途径不同，因此第一类研究重点在于通过研究"金砖国家"的发展经验，对中国的金融政策提供借鉴与建议。研究范畴涉及金融系统、汇率、证券市场等等（孟宪强、魏世红②；陈雨露③；黄薇、陈磊④）。第二类研究主要关注"金砖国家"如何以更好的更加深入的方式开展国家间合作，以改革现存国际金融体制、推进金融市场效率、强化"金砖国家"的金融实力等（金岩石、宋励强⑤；陈叶婷、周晗⑥；张茉楠⑦；桑百川、刘洋、郑伟⑧；

①　Rutland, P. Russia as an Energy Superpower. New Political Economy, 2008, Vol. 13, No. 2: pp. 203 – 210.

②　孟宪强、魏世红：《"金砖国家"证券市场开放进程及其评述》，《亚太经济》2011 年第 6 期。

③　陈雨露：《"金砖国家"的经济和金融发展：一个比较性概览——金砖国家金融发展的特征与趋势》，《金融博览》2012 年第 5、6 期。

④　黄薇、陈磊：《金砖国家汇率制度演进研究——兼论危机前后金砖五国汇率表现》，《世界经济研究》2012 年第 4 期。

⑤　金岩石、宋励强：《"金砖四国"股市与经济成长比较》，《现代审计与经济》2007 年第 1 期。

⑥　陈叶婷、周晗：《国际金融体制改革下金砖国家合作战略思考》，《商业时代》2012 年第 22 期。

⑦　张茉楠：《推动金砖国家形成新金融循环模式》，《中国投资》2012 年第 8 期。

⑧　桑百川、刘洋、郑伟：《金砖国家金融合作：现状、问题及前景展望》，《国际贸易》2012 年第 12 期。

李玉梅、张薇薇①；梁顺②）。还有些研究尽管没有明确指出金砖未来的合作方向，但其研究为此提供了信息上的支持（张金萍、杜冬云③）。最后一大类是对现有金砖金融合作机制重点围绕金砖国家开发银行（马黎④；胡其伟、张汉林⑤；吴国平、王飞⑥）以及"金砖国家"储备基金（关雪凌、张猛⑦）进行研究。这些研究一方面肯定了现有合作机制的必要性，另一方面也给这些合作机制的下一步工作提出了具体的建议。

五　"金砖国家"国际贸易与投资领域研究

研究发现"金砖国家"的贸易竞争力正在逐步增强（薛荣久⑧；陈海波、王婷⑨）。关于金砖国家间的经贸合作，中国的主流观点认为：首先金砖国家间目前的经贸关系并不紧密，仍有较大的合作空间（马洪亮⑩）；其次金砖国家间存在较强的经济互补性，但是即便如此贸易竞争也同时存在（武敬云⑪；吕博⑫；李春顶⑬）。部分学者建议"金砖国家"建立相应的利益评估与冲突化解机制，积极倡导建立"金砖国家自由贸易区"，扩大经贸合作，夯实共同利益基础（陈万灵、韦晓慧⑭；蔡春林、刘畅⑮）。

　　① 李玉梅、张薇薇：《金砖国家货币国际化进程比较分析及中国借鉴》，《国际贸易》2012年第4期。
　　② 梁顺：《金砖国家国际储备的比较分析》，《商业时代》2013年第1期。
　　③ 张金萍、杜冬云：《金砖国家股票市场联动性探讨》，《商业时代》2011年第29期。
　　④ 马黎：《金融合作的共同诉求——解读〈金砖国家银行合作机制金融合作框架协议〉》，《中国金融家》2011年第6期。
　　⑤ 胡其伟、张汉林：《金砖国家金融合作路径探析》，《国际贸易》2013年第6期。
　　⑥ 吴国平、王飞：《金砖国家金融合作的机遇与挑战》，《中国金融》2013年第12期。
　　⑦ 关雪凌、张猛：《成立金砖国家开发银行正当其时》，《中国金融》2012年第18期。
　　⑧ 薛荣久：《"金砖国家"货物贸易特点与合作发展愿景》，《国际贸易》2012年第7期。
　　⑨ 陈海波、王婷：《金砖国家对外贸易竞争力评价体系构建与实证分析》，《商业时代》2014年第8期。
　　⑩ 马洪亮：《金砖国家的贸易互补性研究》，《兰州商学院学报》2012年第3期。
　　⑪ 武敬云：《"金砖国家"的贸易互补性和竞争性分析》，《国际商务》2012年第2期。
　　⑫ 吕博：《"金砖国家"间的贸易和投资》，《国际经济合作》2012年第10期。
　　⑬ 李春顶：《中国与金砖国家贸易发展的前景》，《中国经贸》2013年第1期。
　　⑭ 陈万灵、韦晓慧：《金砖国家经贸合作关系的定量分析》，《经济社会体制比较》2013年第1期。
　　⑮ 蔡春林、刘畅：《金砖国家发展自由贸易区的战略冲突与利益协调》，《国际经贸探索》2013年第2期。

在针对具体行业领域的贸易合作中，李杨①认为大力发展服务业并进一步提升服务贸易竞争力水平是"金砖国家"的共同选择，张苏宇②对"金砖国家"服务贸易对经济增长的影响进行了对比分析，提出要促进服务贸易均衡发展。翟立强、韩玉军③在针对"金砖国家"能源贸易的研究中，提出了涉及建设能源合作机制、推动新技术开发与应用合作、着力化解贸易摩擦、引导直接投资等方式发展"金砖国家"能源合作路径。

过去"金砖国家"是全球主要的接受对外直接投资的国家，早期的研究专注于分析 FDI 的利用效率和增长潜力（何菊香、汪寿阳④；张为付⑤）。随着经济实力的增强，"金砖国家"的对外直接投资规模快速提升。尽管从存量角度而言，与西方发达国家还存在较大差距，但是增长迅猛。与此现象相适应，国内关于"金砖国家"投资领域的研究方向也开始转为以对外直接投资的分析为主（黄庐进、梁乘⑥，吕博⑦；竹子俊⑧；韩琪、高依凡⑨）。

六　"金砖国家"能源、农业及其他领域研究

能源合作已成为新时代促进金砖国家间经济合作的重要途径（熊鹰、熊斌)⑩。能源领域"金砖国家"迅速崛起，打破美国对全球能源领域的垄断（陈家琪⑪；周勇刚⑫）。"金砖国家"在经济发展过程中也确实带动

①　李杨：《金砖国家服务贸易竞争力比较及其合作研究》，《亚太经济》2012 年第 2 期。
②　张苏宇：《金砖国家服务贸易对经济增长影响的比较》，《东北财经大学学报》2012 年第 3 期。
③　翟立强、韩玉军：《中国与金砖国家的能源贸易发展》，《对外经贸实务》2013 年第 12 期。
④　何菊香、汪寿阳：《金砖四国利用 FDI 的业绩与潜力比较研究》，《管理评论》2007 年第 12 期。
⑤　张为付：《"金砖四国"国际直接投资比较研究》，《国际贸易》2008 年第 10 期。
⑥　黄庐进、梁乘：《金砖国家对外直接投资发展水平比较》，《商业时代》2012 年第 2 期。
⑦　吕博：《"金砖国家"间的贸易和投资》，《国际经济合作》2012 年第 10 期。
⑧　竹子俊：《中国投资瞄准"金砖国家"》，《中国对外贸易》2012 年第 5 期。
⑨　韩琪、高依凡：《"金砖国家"跨国公司对外直接投资分析》，《国际经济合作》2013 年第 11 期。
⑩　熊鹰、熊斌：《金砖国家能源合作前景、机制与对策建议》，《中国市场》2013 年第 1 期。
⑪　陈家琪：《全球高油价低通胀现象分析》，《宏观经济管理》2006 年第 11 期。
⑫　周勇刚：《"金砖四国"打破美国能源垄断》，《金融博览》2007 年第 9 期。

了清洁能源的消费（李治国、杜秀娥①）。"金砖国家"从加强能源需求管理、建立实质性能源合作机制、共同开发新能源等方面已经开展了广泛的合作（刘文革、王磊②）。建立实质性能源合作组织，加强能源企业走出去策略的交流与合作（郭强、李耀先③）。

作为发展中的人口大国，"金砖国家"均将粮食安全作为政府需要解决的首要问题。相关研究一方面落脚在分析"金砖国家"的粮食供给能力，通过对单个"金砖国家"粮食供需的分析，寻求在农业管理、生产以及贸易等各方向上的合作（赵勤④）；另一方面则仅侧重研究针对农产品的贸易情况，探索推进金砖国家间农产品贸易合作的新机制。在增强自身农业发展的同时需要拓展农业领域合作。吴殿廷、杨欢等⑤考察了农业资源条件、产出与贸易等方面的差异性与互补性，提供了"金砖国家"2015 年和 2020 年的农业合作方向。"金砖国家"农业各有所长，优势互补，在农产品贸易方面具有较大合作潜力（方晓丽⑥）。通过对显示性比较优势、贸易结合度指数、产品相似度指数以及贸易互补性指数等的测算，中国与金砖其他国家间的农产品互补性要高于竞争性，加强"金砖国家"间的农业贸易合作对中国的经济发展有利（汤碧）⑦。

在科技创新领域，"金砖国家"已经取得了一定进展（张永凯）⑧。虽然"金砖国家"科技资源具有一定的互补优势，但是还存在缺乏多边合作、缺乏协调机制、缺乏信息平台等问题。"金砖国家"科技合作尚属于政府主导型，需要构建一个包括网络平台、服务体系、人才交流平台和

---

① 李治国、杜秀娥：《"金砖国家"清洁能源利用及能源消费结构的实证分析》，《亚太经济》2012 年第 3 期。

② 刘文革、王磊：《"金砖国家"能源合作机理及政策路径分析》，《经济社会体制比较》2013 年第 1 期。

③ 郭强、李耀先：《"金砖国家"能源合作研究》，《中国商报》2013 年第 5 期。

④ 赵勤：《"金砖国家"粮食生产与安全问题研究》，《学习与探索》2012 年第 10 期。

⑤ 吴殿廷、杨欢、耿建忠、吴瑞成、郭谦：《金砖五国农业合作潜力测度研究》，《经济地理》2014 年第 1 期。

⑥ 方晓丽：《"金砖国家"农业外贸竞争力分析及合作发展探索》，《商业时代》2013 年第 3 期。

⑦ 汤碧：《中国与"金砖国家"农产品贸易：比较优势与合作潜力》，《农业经济问题》2012 年第 10 期。

⑧ 张永凯：《"金砖国家"研发创新能力及科技政策激励分析》，《科技进步与对策》2014 年第 6 期。

保障机制的综合性科技合作平台（欧阳峣、罗会华）①。

　　针对"金砖国家"的研究是 21 世纪以来的新命题，研究的学者队伍、研究的领域范畴目前均处于不断扩大的发展过程中。尽管大量的研究仍处于描述性研究阶段，研究的理论深度和覆盖广度仍有局限。但是作为试图解决中国在"金砖国家"合作的现实问题、顺应时代需求而出现的新研究命题，"金砖国家"研究将随着新兴经济体的发展而继续蓬勃。

　　（本章执笔人：宋锦，毛日昇，黄薇，中国社会科学院世界经济与政治研究所经济发展研究室、全球治理研究室。）

---

① 欧阳峣、罗会华：《"金砖国家"科技合作模式及平台构建研究》，《中国软科学》2011年第 8 期。

第 六 章

发达国家经济

第一节　发达国家的区域一体化

经济一体化的含义是参加者为了共同利益而让渡部分民族国家主权，由参与者共同行使这部分经济主权，实行经济的共同调节。[①] 区域经济一体化则指由地理距离相近或相邻，经济社会制度相似，生产力水平和社会发展阶段接近，有共同经济利益或经济条件互补的国家组成，其要求参与国之间消除各种贸易壁垒以及阻碍生产要素自由流动的歧视性经济政策，因而从本质上必然涉及参与国将某些经济领域（如对外贸易、财政金融、人员劳务等）内的国家主权部分或全部地让渡给共同建立起的超国家机构，通过一系列的协议和条约形成具有一定法律约束力和行政管理能力的地区经济合作组织，在成员国之间达成权利和义务的平衡。[②] 经济一体化已成为潮流。[③] 相比较而言，区域一体化则是比区域经济一体化更为高级的形式，除了经济的融合，还会涉及政治、军事、外交等各领域，它不是一种静止的状态，而是一个动态的过程。在这一过程中，随着经济融合程度的加深，一体化可以采取由低至高的不同形式。（邓子基、邓力平，1994）在当今世界政治经济格局发展中具有里程碑意义的区域一体化事件，莫过于几乎覆盖西欧和北美两大区域的一体化组织——欧洲联盟（EU）和北美自由贸易协定（NAFTA）正式生效。[④] 区域一体化的出现有

---

① 罗肇鸿：《世界经济一体化的若干思考》，《世界经济》1993 年第 6 期。
② 王鹤：《经济全球化和地区一体化》，《世界经济》1999 年第 3 期。
③ 孙杰：《后金融危机时代的全球经济与竞争格局》，《当代世界》2012 年第 11 期。
④ 宋玉华：《评美国政府的亚太新战略——"新太平洋共同体"的战略构想》，《世界经济》1994 年第 12 期。

着深厚的理论根基与发展脉络,且形式灵活多变。为了深刻理解区域一体化的发展历程,本节将分别从区域一体化的理论基础及其发展现状展开梳理综述。

一　区域一体化的理论基础

区域一体化是战后世界经济中出现的一种新现象,[①] 与此相应的是经济一体化理论作为国际经济学的一个分支于 20 世纪 50 年代兴起,并随着国际上各种形式的地区一体化组织的涌现而获得发展。(王鹤,1999)经济一体化的实质是参与国通过机制化的经济合作,不断降低妨碍各种生产要素在本地区流通的壁垒,不断优化生产要素在本地区的配置,实现所有合作成员共同繁荣的目标,[②] 直到实现整个区域的一体化。据此,区域性一体化进程一般具有以下五种依次递进的组织形成。(邓子基、邓力平,1994;裘元伦,2001;张维克,2002;卢新华,2007)第一种也就是最基本与初级的形式为"自由贸易区"(Free Trade Zone),即缔约成员国相互拆除彼此间的关税(及非关税)壁垒,从而促进商品与劳务在区域内的自由或相对自由流通。[③] 第二种组织形式是贸易一体化的较高级形式,即所谓"关税同盟"(Customs Union),各成员国在拆除相互间贸易壁垒的同时,对任何贸易第三方建立统一的对外关税或非关税壁垒。第三种组织形式则是所谓"共同市场"(Common Market)。这种形式已经超出了贸易一体化的基本要求,一般包括对相互间人员流动、资本移动、技术转让等方面的合作与自由化措施,可以认为是区域性经济一体化的较成熟形式。第四种组织形式即"货币同盟"(Monetary Union),其基本特征就是将货币一体化列为经济一体化的重要组成部分,在共同市场的基础上,在区域同盟内逐步建立统一的中央银行,发行统一的共同体货币,执行统一的货币政策。第五种也就是最高级的经济一体化形式,即所谓"经济政治同盟"(Economic-Political Union),要求各成员国在所有涉及相互经济关系的国内法律、法令、规定等方面实现全面协调化,而

---

① 陈耀庭:《论世界经济区域集团化和亚太经济合作组织》,《世界经济》1996 年第 4 期。

② 沈骥如:《地区经济合作:理论、现状和我国对策——兼论中国—东盟自由贸易区》,《国家行政学院学报》2002 年第 4 期。

③ 王志乐:《关于"区域化"和"集团化"概念的一点看法》,《世界经济》1993 年第 3 期。

要实现这一目的，一定意义上的政治同盟及其对应的体制保证是不可避免的。以上五种形式的演变与交替是一个动态过程，各个过程之间的转换也可以是相互重叠，或者可以从一种组织形式直接跨越其理论承继形式而进入较高级阶段。（吴克烈，2000①）

依照国家垄断资本主义的观点，资本主义国家的运行必然会遵从资本积累与扩张的逻辑，资本主义国家是受垄断资本家阶级控制的制度化工具。因资本集约与集中导致价值规律不能仅仅依靠市场机制发挥应有的效用，促使资本家阶级发展出复杂的国家规制与干预机制。② 比利时学者欧内斯特·曼德尔据此将区域一体化界定为资本与国家权力融合导致的超国家制度安排，其动因在于"二战"后西欧资本集约化进程溢出了民族国家的界限。

区域领导者理论认为区域一体化发展需具备四个条件：一是区域内存在能打破格局的领导者，协调参与各方利益，并引导和带动市场的发展。（赵伟，1995③；张天桂，2007④）二是领导者能以自身实力或条件做出理性决策，影响其他的市场参与者，进而产生羊群效应。（冯仲平，2011）三是领导者的领导力与条件，包括领导者的观点及其吸引程度等。四是领导者的收益与成本平衡。（方壮志，2002⑤）满足以上条件才能真正实现区域一体化的发展。或言之，区域一体化的实现必须协调好排他性与开放性、主导权与非主导权、制度化与非制度化、多数与少数、国家利益与区域利益、经济与非经济因素六方面的平衡问题。（谷源洋、郝忠胜，2004⑥）区域经济新古典学派理论则认为，在自由竞争的条件下，生产要素（资本和劳动力）的充分流动将使区域之间的资源布局从不平衡向平衡发展。新制度学派运用社会经济因素的整体分析方法，揭示了区域经济

---

① 吴克烈：《世界经济区域一体化与我国区域经济理想模式》，《世界经济研究》2000 年第1 期。

② Resnick, S. A. and Wolff, R. D. *Rethinking Marxism：Struggles in Marxist Theory-Essays for Harry Magdoff & Paul Sweezy*. New York：Autonomedia，1985，pp. X – XV.

③ 赵伟：《英国区域政策：最近 10 年的调整及其趋向》，《世界经济》1995 年第 6 期。

④ 张天桂：《欧盟、北美自贸区和中国—东盟自贸区政府作用的比较》，《当代亚太》2007 年第 10 期。

⑤ 方壮志：《区域领导者与区域经济一体化》，《世界经济》2002 年第 12 期。

⑥ 谷源洋、郝忠胜：《区域经济一体化的理性选择——建立自由贸易区及其相关理论问题》，《财经问题研究》2004 年第 2 期。

一体化发展的趋势。[①]

　　长期以来，政府间主义及自由政府间主义都突出强调国家的主体性与联盟的依存性，认为一体化的进程始终是由成员国主导的。新功能主义的外溢论则强调一体化的自产性，主张一体化的深化与发展均为"外溢"的结果。比较政治学派偏重超国家的独立创制性，认为欧盟已经形成了与民族国家一样的独立的民主政治体系。[②] 试图超越政府间与超国家路径的"多层级治理"理论事实上也因其突出治理网络的自组织性而倒向了超国家的路径。[③④] 新葛兰西主义者的解读则更具深刻性，认为一体化的深化与扩大均根源于资本主义生产的变革与重构。[⑤] 由此可见，国际关系学派、治理学派、比较政治学派的探究并未触及一体化的本质规定性。至少在西方马克思主义看来，一体化并没有超越资本主义发展的范畴，是资本扩张以及资本主义生产方式的变化推动了市场的不断扩大、政治上层建筑的不断变革、国家体系的不断调整。学界对欧洲一体化的理论解释一直局限于国家与超国家的分析路径。西方马克思主义指出，欧洲一体化并非是物质基础"缺位"的发展进程，其本源性驱动力是资本国际化以及资本主义生产方式变革所导致的新的社会历史现象，[⑥] 一体化的深化以及欧盟权力的扩张是资本主义生产方式的变革以及资本主义社会和政治进行不断调整的结果。

二　区域一体化的进展

（一）欧洲一体化

1. 回顾与现状

迄今为止，在现存的各种区域一体化组织中，欧洲联盟（以下简称

　　① 刘朝明：《区域经济一体化与中国的发展战略选择》，《经济学动态》2002 年第 4 期。

　　② Hix, S. *The Political System of the European Union.* London：Macmillan Press LTD, 1999, pp. 2 – 5.

　　③ Marks, G.；Hooghe, L. and Blank, K. "European Integration from the 1980s：State-Centric v. Multi-level Governance." *Journal of Common Market Studies*, Vol. 34, No. 3, 1996.

　　④ Jachtenfuchs, M. "The Governance Approach to European Integration." *Journal of Common Market Studies*, Vol. 39, No. 2, 2001.

　　⑤ Bieler, A. "Austria's Application to the European Community：A Neo-Gramscian Case Study of Europe." *New Political Economy*, Vol. 3, No. 1, 1998, p. 29.

　　⑥ 贾文华：《从资本逻辑到生产逻辑——西方马克思主义关于欧洲一体化的理论解释》，《世界经济与政治》2009 年第 7 期。

"欧盟"）作为欧洲乃至全球成立最早、最完善的多部门一体化组织，是一体化程度最高、影响最大的组织。（王鹤，1988①；王鹤，1999；古惠冬，2001；雅梅、谭晓钟，2012）在国际关系领域，一体化通常指国家与国家之间的联系，或是各国之间的直接联系非常紧密，以至于国家主权受到了质疑。欧洲一体化是指在平等与和平的基础上，各个社会、各个国家和各种经济超越了现存的民族、宪法和经济界限的互相接近。② 欧洲共同体是一个制度化的政治实体。③ 促进欧洲一体化最具代表性的宏伟蓝图出自欧共体执委会主席雅克·德洛尔于1989年提出的"同心圆欧洲"：内环是欧共体，目标是建成统一市场并实现经济货币联盟；中环是欧洲自由贸易联盟，目标是建立欧洲经济区；外环是东欧国家及欧洲边缘的土耳其等国家，目标是通过发展经贸合作关系建立一个以欧共体为核心，囊括所有欧洲国家的多层次一体化结构。从欧洲一体化发展来看，其基本上是沿着这个方向进行的。（王鹤，1995）也即统一煤钢市场、统一关税、统一市场，进而统一货币，这个逻辑一直没变。（裘元伦、王鹤，1996；丁一凡，2012）现将欧洲一体化的发展历程简单归纳如下。

　　1957年煤钢共同体6国签署了《罗马条约》，作为执行机构的欧共体委员会和初期的欧洲议会建立，欧洲联合走出了重要的一步。1967年完成对《罗马条约》的第一次修订，成立了欧洲共同体，由欧洲经济共同体、欧洲煤钢共同体、欧洲原子能共同体组成。70年代欧洲联合有长足的进步和发展，首先成员国从7国发展为9国，其次把共同体扩建为包括经济和货币联盟在内的欧洲联盟。1979年第一次通过直接选举产生欧洲议会议员。80年代共同体又接纳了希腊、西班牙和葡萄牙3个成员国。1991年12月10日，欧共体在马斯特里赫特召开欧洲一体化的标志性会议，会议通过了建立欧洲经济货币联盟和欧洲政治联盟的《欧洲联盟条约》（以下简称《马约》）。1993年1月1日欧洲统一大市场诞生，（沈骥如，1996④）11月1日《马约》正式生效，欧洲联盟接替欧共体登上了

---

　　① 王鹤：《经济一体化理论述评》，《世界经济》1988年第10期。

　　② Kohler-Koch, B. and Schmidberger, M. "Integrationstheorien," in Dieter Nohlen, eds., *Lexikon der Politik*, Vol. 5, Die Europdische Union, Munich: C. H. Beck, 1996, p. 152.

　　③ 法布里斯·拉哈：《欧洲一体化如何运作？——分析框架之设想》，《欧洲研究》2003年第3期。

　　④ 沈骥如：《欧盟统一大市场建设对我国的启示》，《世界经济》1996年第9期。

历史的舞台，为未来的欧洲联合之路夯实了最坚实的制度基础。至此，如果说统一市场已初具规模，那么单一市场的最终实现仍有很长的路要走。① 1999 年 1 月 4 日，欧盟开始实行单一货币欧元，② 并在实行欧元的国家实施统一货币政策。2002 年 1 月 1 日欧元纸币和硬币正式流通，该年 7 月成员国本币退出流通，欧元成为欧元区唯一的合法货币，真实意义上的统一货币区正式运行。2007 年以来，斯洛文尼亚、马耳他、塞浦路斯、斯洛伐克和爱沙尼亚五国加入欧元区，组成欧元区 17 国。基于欧洲一体化时间路径的各成员国加入情况参见表 6 - 1。

表 6 - 1　　　　　　　　　　欧洲一体化进程表

时间	先后加入的国家
1951 年 4 月 18 日	法国、联邦德国、意大利、荷兰、比利时和卢森堡 6 国在法国巴黎签署关于建立欧洲煤钢共同体条约（又称《巴黎条约》），1952 年 7 月 25 日，欧洲煤钢共同体正式成立。1967 年 7 月 1 日，《布鲁塞尔条约》生效，欧共体正式诞生。
1973 年 1 月 1 日	英国、爱尔兰、丹麦正式加入，欧共体扩大为 9 国。
1981 年 1 月 1 日	希腊加入欧共体。
1986 年 1 月 1 日	葡萄牙、西班牙加入欧共体，1993 年 11 月 1 日，欧共体正式易名为欧洲联盟。
1995 年 1 月 1 日	奥地利、瑞典、芬兰加入欧盟。
2004 年 5 月 1 日	塞浦路斯、爱沙尼亚、匈牙利、拉脱维亚、立陶宛、马耳他、波兰、斯洛伐克、捷克、斯洛文尼亚加入欧盟。
2007 年 1 月 1 日	罗马尼亚、保加利亚加入欧盟，至此，欧盟成员国达到 27 个。

总体而言，区域经济合作正在成为民族国家应对经济全球化的一项重要选择。③ 欧洲一体化的进程循着先经济、后政治的轨迹，跨越了从关税同盟到经济货币联盟，再到政治联盟三个阶段。（张维克，2002）建立在共同文化传统、价值观念基础上的欧洲意识是欧洲一体化的精神纽带，坚

① 鲁桐：《欧洲共同体经济增长迟缓　欧洲一体化进展曲折》，《世界经济》1993 年第 4 期。
② 余永定：《2000—2001 年世界经济形势的回顾与展望》，《世界经济》2001 年第 2 期。
③ 李向阳：《全球化时代的区域经济合作》，《世界经济》2002 年第 5 期。

持制度创新是欧洲一体化迅速发展的重要原因。[①] 长期以来，有关欧洲一体化原动力的假说很多，其中占据主导地位的是"和平说"，但也有"繁荣说"。无论如何，欧洲一体化给欧洲带来了历史上最长时期的和平是不争的事实。[②] 实际上，欧洲一体化有其现实的外部因素和内在动力。外因是冷战、美苏争霸和争夺势力范围、世界格局多极化、发达经济体间竞争加剧，内因则是不断推动欧洲一体化进程、为一体化寻求新动力。[③] 根本原因在于欧洲一体化是欧洲国家实现各自国家利益最大化的最重要途径。经济决定政治，经济一体化最终会导致政治一体化，欧洲正在向着政治联合的更高层次发展。

2. 机制与意义

（1）运行机制

欧洲一体化在探索区域治理的制度建设上进行了许多创新尝试，并孕育了一种独特的制度模式。这种模式既超出传统的政府间合作组织而又远未形成独立的国家实体。从一体化理论的角度看，欧盟一体化是经济上的新职能主义与政治上的邦联主义相混合模式。（裘元伦、王鹤，1996[④]）其中，制度变革与创新动力是欧洲一体化的政治意图，独特的法律体系是其具体体现，组织体制和权力配置的完善则是其核心。[⑤] 欧洲经济模式则是社会市场经济和福利国家市场经济的混合模式。从理论政策上讲是寻求自由主义与规则秩序的均衡，从体制上讲是寻求自由经济与福利社会的均衡，从效率和公平的关系而言是寻求经济效率和社会公平的均衡发展。[⑥]

在政治经济体制方面，欧盟内存在三大支柱。其中最主要的支柱是经济货币联盟，由超国家集权性质很强的经济共同体演变而来；（张海冰，2005）另外两个支柱分别为外交防务政策与内务司法合作，（江春泽、王海军，1992）则仍然停留在较为松散的政府间合作的框架之内。这使欧盟在面对军事冲突、成员国之间存在利益和观点分歧时表现得较为被动。

① 卢新华：《欧洲一体化的经验对东亚经济一体化的启示》，《改革与战略》2007年第6期。
② 冯仲平：《欧洲，何去何从》，《世界知识》2011年第23期。
③ 徐明棋：《欧洲联盟扩大对欧洲一体化及世界经济的影响》，《财经研究》1995年第5期。
④ 裘元伦、王鹤：《欧盟经济一体化与世界经济格局》，《世界经济》1996年第11期。
⑤ 张海冰：《欧洲一体化的制度变革与创新研究》，《世界经济研究》2005年第2期。
⑥ 王鹤：《欧洲经济模式评析——从效率与公平的视角》，《欧洲研究》2007年第4期。

（王鹤，2008）

在劳动力市场方面，欧洲在欧盟层面上采取协调就业政策、整合劳动力市场。[1] 欧盟的劳动力市场既存在功能性分割，即它被明显地分割为主要市场和次要市场两部分；也存在制度性分割和区域性分割，即由于制度和区域差异所引起的分割。功能性分割不会因为欧盟一体化进程的推进而消失，但制度性分割和区域性分割却有可能因制度和社会经济发展水平趋近而消弭。因此，欧盟一体化劳动力市场整合的重点放在制度性整合和区域性整合上。[2] 欧洲就业战略和新的治理模式对成员国劳动力市场政策的趋同起到了积极的推动作用。开放协调法形成了欧盟、成员国、社会伙伴、市民社会等参与的多层治理网络，通过相互监督和相互约束，努力将欧盟的就业指导原则转化为国家或地区政策，促进成员国之间相互认知过程。[3] 欧盟就业战略标志着欧盟建立了一种"志愿性的社会政策治理模式"，这将有利于欧洲一体化进程。[4][5]

在应对气候变化挑战方面，欧盟的政策进程一直领先世界。2009年11月，欧委会启动"欧洲2020战略"代替"里斯本战略"。"欧洲2020战略"确定的四大关键领域中就包括创新和知识、绿色增长两大目标。欧盟最新的气候政策不仅出于解决经济增长、就业及能源供应等社会经济问题的需要，[6] 而且旨在建构"欧洲认同"，推动欧洲一体化深入发展，提高欧盟的国际竞争力和国际政治影响力。（崔宏伟，2010[7]）可以说，欧盟在内部气候变化政策和国际气候协议方面的成效，已经成为欧洲一体化的增加值。[8] 在农业方面，欧盟共同农业政策的最大特点是对内实行价

---

①　张敏：《欧洲一体化进程中劳动力市场模式的演变机制》，《欧洲研究》2006年第6期。

②　赖德胜：《欧盟一体化进程中的劳动力市场分割》，《世界经济》2001年第4期。

③　吴志成：《治理创新——欧洲治理的历史、理论与实践》，天津人民出版社2003年版，第357—364页。

④　田德文：《欧盟社会政策与欧洲一体化》，社会科学文献出版社2005年版，第179—180页。

⑤　Jacobsson, Kerstin. "Employment Policy in Europe: A New System of European Governance." http://www.score.su.se/pdfs/1999 – 11.pdf.

⑥　张宇燕、管清友：《世界能源格局与中国的能源安全》，《世界经济》2007年第9期。

⑦　崔宏伟：《欧盟气候新政及其对欧洲一体化的推动》，《欧洲研究》2010年第6期。

⑧　Henningsen, Jorgen. "EU Energy and Climate Policy: Two Years on." *European Policy Center Issue Paper*, No. 55, September 2008.

格支持，对外实行贸易保护。① 其作为欧洲一体化的基石之一，为成员国经济结构变迁及欧盟扩大奠定坚实基础，为欧洲一体化进程提供强劲驱动力。②③

（2）重要意义

欧洲一体化的推进不仅有经济因素的考量，还有其政治动因。④ 经济因素主要包括可以增加该国的贸易福利、减少其交易费用、还有助于一国抵御经济全球化的影响。政治动因则主要包括加强该国的安全保障、解决该国的国内问题并加强其国际谈判能力等。⑤

欧盟扩大对世界经济发展和格局变化产生重大影响，欧洲一体化进程具有重要的政治和现实意义。主要表现如下：一是确保欧盟在欧洲经济中的核心地位，使中东欧国家进一步向欧盟靠拢，增强欧盟作为世界经济中重要一极的分量。（徐明棋，1995）二是进一步推动全球区域经济集团化和一体化的发展。（江春泽、王海军，1992）欧洲一体化的发展既促进了本地区的经济发展，提高了其在世界上的地位，又对世界其他地区的经济联合提供了借鉴。⑥⑦ 欧盟扩大将刺激其他区域更快地走上一体化的道路。三是提升自身软实力和国际影响力。欧盟依据其经济实力在国际事务中发挥软力量的行为模式，是其内部规则和价值观念的向外延伸，以寻求解决国际关系的新道路。⑧ 四是对全球多边自由贸易体制的影响利大于弊。（徐明棋，1995）五是促进欧洲科学技术发展、经济结构调整和经济稳定增长。（崔宏伟，2010）

总之，如果说多边贸易体制是实现全球贸易自由化目标的"主干

① 尹显萍、王志华：《欧洲一体化的基石——欧盟共同农业政策》，《世界经济研究》2004年第7期。

② 王鹤：《2004年欧洲经济》，《世界经济》2005年第3期。

③ 史世伟：《欧洲经济一体化与欧盟经济宪法——一个制度和演化经济学的分析视角》，《欧洲研究》2007年第1期。

④ 王鹤：《论欧洲经济一体化》，《世界经济》1995年第5期。

⑤ 李燕、冉波、吴郁琴：《论国家参与区域一体化的动因》，《特区经济》2006年第2期。

⑥ 李向阳：《全球化时代的区域经济合作》，《世界经济》2002年第5期。

⑦ 张维克：《漫漫征程五十年，史无前例创奇迹——欧洲一体化发展历程评析》，《世界经济与政治论坛》2002年第1期。

⑧ 王鹤：《论欧盟的经济力量》，《欧洲研究》2008年第4期。

道"，那么各种区域一体化则是相伴而行的"支流"。① 区域经济一体化组织在当代世界经济格局中的主体化倾向，为世界经济的发展提供了更多的挑战和机遇。② 如何使其走向世界经济一体化，建立公正合理的新的世界经济格局，以实现各国经济的共同发展，将是世界经济追求的理想目标。

（3）对中国的影响

世界范围内的区域经济贸易合作日渐活跃，欧盟扩大并积极开展与欧盟以外国家和地区的经贸往来合作即是良好事例。③④ 欧洲联合虽有助于推动世界多极化趋势的进一步发展，但对中国的影响各有利弊。有学者认为，欧洲一体化给包括中国在内的亚洲国家带来发展机遇，中欧快速增长的经贸联系为中国进入欧盟市场提供便利，⑤ 这对中国利用国际环境、抓住机遇和加快社会主义现代化建设事业也有利。（裴元伦，2001）具体表现有：一是欧洲市场容量大，对发展中国家具有很大依赖性；二是"无国界欧洲"将为外部商品和业务进入提供便利。⑥ 但同时，也不容忽视市场竞争加剧、市场保护主义、反倾销措施等对中国对欧贸易的弊端。（徐明棋，1995；李玉平，1989）此外，欧洲一体化使欧盟短期内对中国直接投资难有大的突破，原因如下：扩大对华投资意愿与加强内部经济努力的冲突；欧盟吸引国际资本的投资转移效应；中国投资环境短板以及欧盟南下与东扩的影响。⑦ 总之，对中国和其他发展中国家而言，应着眼于未来，未雨绸缪，按照国际市场的发展趋势加速调整产业结构，使产品向深加工、高质量、多品种和多功能的方向发展，（李玉平，1989）提升自身竞争力，以更好地开展对欧经贸往来。

3. 未来展望

现在的欧洲一体化进程正处于历史发展的十字路口，机遇与挑战并

　　① 曾令良、陈卫东：《从欧共体看 21 世纪区域一体化对多边贸易体制的影响》，《武汉大学学报（人文社会科学版）》2000 年第 3 期。

　　② 宋杰、王炳春：《世界经济多极化及其发展趋势》，《世界经济》1998 年第 11 期。

　　③ 秦柳方：《1995 年世界区域经济贸易一体化》，《世界经济》1996 年第 5 期。

　　④ 段锡平：《欧洲一体化进程对发展中国家可能产生的影响》，《世界经济研究》1996 年第 1 期。

　　⑤ 米锡尔·塞尔维恩：《欧洲一体化市场及亚洲企业的机遇和挑战》，《国际贸易》1993 年第 1 期。

　　⑥ 李玉平：《欧洲共同体大市场对世界经济的影响》，《国际技术经济研究学报》1989 年第 2 期。

　　⑦ 钟伟：《欧洲一体化对中、欧经济合作的影响》，《世界经济》1996 年第 9 期。

存。(宗夏，1997[①]) 欧盟经济的突出问题包括经济增长内劲不足、国家财政形势严峻以及结构性失业问题依然突出等，[②] 学者们对其未来发展观点各异。持乐观态度者认为，欧洲经济区的建立加强了欧洲以"一个声音说话"的趋势，扩大了欧洲在国际政治、外交和安全事务方面的影响。尽管有种种矛盾和障碍，一体化进程中也可能会出现某些暂时挫折，但从整体来看，在 90 年代欧洲一体化进程加快的趋势将不会有根本的改变。[③] 欧盟与各成员国间权力与权限的调整，需寻得超国家权力与国家主权之间的平衡点。[④] 只要欧洲一体化的发展模式既能保持欧洲一体化的整体性，又能顾及各成员国间组织形态和发展途径的差异性，[⑤] 欧洲一体化进程就会持续。

但也有学者并不认可这种观点，对欧洲一体化持悲观态度。他们认为经济复苏缓慢，民族主义抬头，各成员国内存在一些不稳定因素；(宗夏，1997) 英法德三国争夺欧盟发展方向主导权；欧盟第四次扩大带来一系列新问题；欧洲经济和货币联盟的建设过程出现不少困难。[⑥] 再加上经济危机的影响，欧洲一体化进程步履艰难。[⑦] 过于忽视各成员国的自身内部差距和状况，将结果代替进程，试图建立一个超越目前生产力发展水平的生产关系，即经济合作模式和政治联盟，单纯为了一体化而一体化，必然会深深影响欧洲一体化的进程和效果。[⑧] 换言之，现阶段的欧洲一体化已走得太远，其还不具备真正完全一体化的基础，这必将影响欧洲一体化的最终进程和预期目标。[⑨] 因此，适度一体化应该是目前欧洲一体化的政策选择。

毋庸置疑的是，区域一体化正成为区域经济发展的热点。[⑩] 可以预

---

① 宗夏：《处在十字路口的欧盟》，《世界经济》1997 年第 10 期。

② 李玉平：《欧盟经济停止下滑　转向平稳发展》，《世界经济与政治》1998 年第 3 期。

③ 江春泽、王海军：《欧洲一体化的新进展及其影响——1992 年 1—2 月赴欧考察报告》，《世界经济》1992 年第 8 期。

④ 戴炳然：《欧盟的机构体制改革：欧洲一体化内部关系的大调整》，《世界经济文汇》1995 年第 6 期。

⑤ 伍贻康：《欧盟发展的前景》，《世界经济》1997 年第 12 期。

⑥ 吴丰：《欧洲联盟面临严峻的挑战》，《世界经济》1995 年第 7 期。

⑦ 鲁桐：《经济停滞和衰退困扰着西欧》，《世界经济》1994 年第 3 期。

⑧ 杜国功、金永生：《欧洲适度一体化分析》，《世界经济研究》2000 年第 5 期。

⑨ 薛誉华：《区域化：全球化的阻力》，《世界经济》2003 年第 2 期。

⑩ 张利华、徐晓新：《区域一体化协调机制比较研究》，《中国软科学》2010 年第 5 期。

计，在今后相当长的时间内，欧盟统一的经济实体与成员国国别经济的多样性并存仍是欧盟经济的重要特征。（王鹤，2007[①]）虽然各因素的相互作用最终汇成一股动力，把欧洲合作向着一体化的方向越推越远，[②] 但欧洲一体化还有很长一段路要走。（江春泽、王海军，1992）未来的欧洲联合将继续沿着过去五十年的历史轨迹进行：着力实现重要的具体目标，而不花过多精力去考究它的最终目的地。[③]

（二）北美一体化

1. 回顾与现状

早在 1854 年美国与加拿大签订的互惠条约中就有建立美加自由贸易区的设想。1935 年美加两国签订了双边关税协定，降低了某些商品的税率。1944 年双方正式取消农业机械的关税。1965 年两国又签署了关于汽车贸易的协定，自此以后两国之间实施了汽车及其零部件的自由贸易。（武雅婷，1992）1980 年罗纳德·里根在竞选美国总统时就提出建立一个包括美国、加拿大、墨西哥及加勒比海诸国在内的"北美共同市场"的设想，加拿大也于 1983 年提出关于建立加美自由贸易区的主张。1988 年1 月两国签署《美加自由贸易协定》后，两国议会又在 1989 年 1 月 1 日分别通过了美加自由贸易协定法案，该协定正式生效。与此同时，1986年 8 月美墨两国开始进行双边自由贸易框架协定计划谈判。1992 年 8 月美、加、墨三国签订《北美自由贸易协定》，该协定于 1994 年 1 月 1 日正式生效。（舒波，2004）北美自贸区成立一年后，美国增加了 10 万个就业机会，美、加、墨的出口增长近 20%，前 9 个月墨西哥向美国的出口增长了近 22%。[④]

回顾美洲自由贸易区的发展过程，它的产生是美洲地区经济一体化和贸易自由化的必然结果。其历程中的标志性事件总结如下：一是《美加自由贸易协定》的签署生效。美国和加拿大作为发达工业国家，双边贸易量很大，且经济实力很强，该协定的生效对美洲地区的一体化活动起到

[①]　王鹤：《欧洲统一经济体评析》，《欧洲研究》2007 年第 1 期。

[②]　法布里斯·拉哈：《欧洲一体化如何运作？——分析框架之设想》，《欧洲研究》2003 年第 3 期。

[③]　裘元伦：《欧洲联合的前景》，《世界经济》2001 年第 4 期。

[④]　秦柳方：《世界区域经济贸易一体化的发展概况》，《世界经济与政治》1995 年第 5 期。

较好的示范作用。[①] 二是 1990 年 6 月 27 日美国总统布什提出的"美洲事业创议"。该创议的政策目标是贸易自由化、投资创造和债务减免，目的是在美国传统后院建立大自由贸易区，通过扩大贸易和增加投资促进整个美洲经济增长，推动拉美地区民主和自由化的发展。（武雅婷，1992）三是 1994 年 1 月 1 日生效的《北美自由贸易协定》。该协定是一个包含美国、加拿大、墨西哥的综合性自由贸易协定，目的是逐步消除三国间所有工农业产品关税。但 NAFTA 不包括共同对外关税和财政、金融方面的合作。（王晓德，2001）四是 1994 年 12 月美洲 34 国聚首迈阿密举行的美洲首脑会议，通过了《原则宣言》和《行动计划》，明确了 2005 年前建立美洲自由贸易区的目标。建成后的美洲自由贸易区将是一个北起阿拉斯加、南至阿根廷，既有发达国家（美国和加拿大），也有新兴工业化国家（巴西和墨西哥等）和发展中国家参加的、国内生产总值和市场规模最大的自由贸易区。（古惠冬，2001）

与欧洲联盟等其他类型的经济一体化组织相比，NAFTA 是典型的南北合作型、大国主导型的区域经济一体化组织，（周文贵，2004）其通过灵活性的制度安排不仅恰当地解决了北美自由贸易区内各成员国经济发展水平不一所带来的诸多问题，而且开创了"南北合作"的新路径，对于"南北合作"类型的区域一体化具有较强的模式借鉴价值。（李亚联，1991）NAFTA 模式为在经济发达国家与发展中国家间建立南北型的区域经济一体化组织提供了成功的范例，它表明在当前的新形势下，南北关系应是一种双赢而不是零和的关系。（王春婕，2009）尽管也存在不少难题，但经过美洲国家的共同努力，美洲经济一体化的前景依然是光明的，美洲自由贸易区的最终组成必将对全球经济集团化乃至世界经济政治产生难以估量的影响。[②]

2. 理论解说

经典的区域经济一体化理论是指以欧盟为模型的"同质"结构成员间区域一体化组织模式的框架。该理论认为，区域一体化协定是从部门优

---

① 赵曙明、朱农飞：《北美自由贸易区的建立对我国经济的影响以及采取的对策》，《世界经济》1993 年第 11 期。

② 佟福全：《迈阿密会议后美洲经济一体化的进展、问题与前景》，《世界经济与政治》1999 年第 6 期。

惠贸易安排直到完全经济一体化的一种由低级到高级排列的组织形式。①
北美自由贸易区则是"异质"结构成员间自由贸易协定的代表。新区域
主义理论认为,在大国与小国缔结区域贸易协定过程中,小国会对大国作
出更多的让步。小国对大国的让步不仅体现在传统的关税与非关税壁垒减
让领域,而且更主要体现为国内政治经济体制、法规、政策向大国靠拢,
这种小国对大国作出的单方面让步现象即新区域主义。② 而正是这种让步
促成了北美自贸区的出现。

相互依赖理论认为在北美自由贸易区内,美国、加拿大、墨西哥分别
处于不同的经济发展水平,三者之间的相互依赖显示出极大的不对称性,
美国的优势地位极为突出,其对加拿大、墨西哥的制约力毋庸置疑。(张
天桂,2007)这种非对称的相互依赖正是依赖性较小的行为体的权力来
源之一,而美国所积极倡导并身体力行的"霸权稳定论",也意味着其不
仅有意愿也有能力在北美自由贸易区的运行中占据绝对的主导和支配
地位。

3. 机制与问题

北美自由贸易区(North American Free Trade Area,NAFTA)是以北
美自由贸易协定(North American Free Trade Agreement)为依据而建立
的。在组织模式上,NAFTA 兼具软法与硬法特征,具有鲜明的自身特
色,表现为:弱化的机构框架,差别性的制度安排,独特而具有实用主
义色彩的争端解决机制。(王春婕,2009③)NAFTA 并不是将北美大陆的
政治、社会一体化作为设计目标,而主要是想将其作为在成员国领土内
促进经济发展的手段或方式,其基本理念是促进贸易和投资。就其机制
特征而言:一是松散的组织机构。NAFTA 的组织机构主要由四个部分组
成,即自由贸易委员会、秘书处、专门委员会、工作组和专家组。作为初
级形式经济集团的组织机构,上述诸机构的权力仅限于对建立本组织条约
的解释和督促条约权利和义务的落实,但不具有立法权和司法权。(王春

① 徐春祥:《贸易一体化条件下区域一体化组织模式——基于"异质"结构成员的研究》,
《亚太经济》2008 年第 4 期。

② Perroni,C. and Whalley,J. "The New Regionalism:Trade Liberalization or Insurance?" *Canadian Journal of Economics*,2000,Vol. 33,No. 1,pp. 1 – 24.

③ 王春婕:《北美自由贸易区模式的创新价值探析》,《山东社会科学》2009 年第 2 期。

婕，2005①）二是温和与实用并举的争端解决机制。在机构设置方面，NAFTA 没有常设性争端解决机构。在争端解决机制的安排上，NAFTA 启用多套争端解决机制。在争端解决方式上，NAFTA 模式融合了外交和司法两种方式，但政治性色彩较浓，司法性弱，凸显了灵活性和非强制性的特点。（古惠冬，2001；王俊，2006）三是差异化的法律规则。作为建立在经济发展水平不同的国家间的纵向一体化组织，由于区域内发达国家（美国和加拿大）与发展中国家（墨西哥）经济发展差别悬殊，再加上政治因素与对外经济贸易政策的差异，决定了北美自由贸易区不可能制定高度统一的对成员国有拘束力的法律，而是更加注重协调成员国的法律与政策，从而在成员国间取消关税和其他贸易限制。（邓子基、邓力平，1994）

　　建立北美自由贸易区的直接目标成果是在一定程度上达到了美国、加拿大和墨西哥三国合作的初衷，给三国带来了巨大的经济实惠。示范效应成果则是给南北国家区域范围内的合作开了先河，谱写了南北关系的新篇章。② 北美自由贸易区最明显的特点在于它是典型的南北合作型、大国主导型的区域经济一体化组织，（周文贵，2004；李亚联，1991）突破了传统理论认为经济发达国家和发展中国家很难结成经济集团的观点。但在北美一体化的运行中，由于各成员国的经济发展水平不一，经济结构差异，一些问题和矛盾也日渐显露。概而言之，南北两种类型的国家在处理区内事务以及国际经济事务方面天然存在着利益取向上的"错位"，不易形成共同声音。（周文贵，2004）墨西哥的农业遭受严重冲击，生活贫困化加剧，环境污染恶化；（高颖，1996）美国与墨西哥、加拿大的贸易逆差扩大，影响其工人就业及工资水平；加拿大国内的收入差距拉大，过分保护投资者权利带来消极影响。③ 这些都成为北美区域一体化的羁绊。除此之外，北美自由贸易区的环境合作也存在环境合作委员会与 NAFTA 机构之间缺乏实质性合作、公众参与缺乏系统性与效率不高等问题。（佘群芝，2001④）

　　① 王春婕：《NAFTA 模式对我国的借鉴价值分析》，《商场现代化》2005 年第 16 期。

　　② 古惠冬：《北美自由贸易区的解析及其对区域经济合作的启示》，《改革与战略》2001 年第 6 期。

　　③ 舒波：《北美自由贸易区成效分析及利益比较》，《世界经济研究》2004 年第 7 期。

　　④ 佘群芝：《北美自由贸易区环境合作的特点》，《当代亚太》2001 年第 6 期。

4. 现实与借鉴意义

北美自由贸易区的建立与运行体现出南北共存性、一国主导性和经济互补性的明显特点。① 也即，发达经济体与发展中经济体的互利共存。（高颖，1996）各成员国政府的权力转移几近为零，但美国一家独大，占据主导地位，其他两国积极参与多边推动。②（方壮志，2002）各成员国在诸如能源、劳动力市场、技术产业等领域的经济互补关系随处可见。（陈继勇，1996）

北美自由贸易区的成立对世界区域一体化发展具有重要的现实与借鉴意义。主要表现如下：一是贸易的扩展促进经济增长。美洲自由贸易区的建立，将提升各国贸易能力，进一步推动半球经济的增长。随着各国对外交流的增多，其贸易依存度也越来越高。③（徐春祥，2008）二是促进地区安全与稳定。贸易的扩展和强劲的经济增长，有助于保持拉美地区的政治和经济稳定繁荣。减少由极端贫困导致的民主政治脆弱与不稳定，同时打击贩毒、洗钱等犯罪活动，减少非法移民对美国的冲击等。④ 三是实现区内资源的优化配置，促进多边贸易体系的自由化。NAFTA 向全美洲地区贸易集团转化，这是经济全球化和区域化的一般发展趋势。⑤（舒波，2004）四是政策稳定性改善了投资环境，为某一市场或经济部门实现"范围经济"提供了可能。（高颖，1996⑥；朱书林，1992⑦）五是增加就业，特别是促进墨西哥和加拿大就业的增加，提高了民众的生活水平。⑧ 六是基于全球布局的视角，北美自由贸易区的创建和发展是适应冷战结束后世界经济格局多极化发展的需要，以应付来自欧盟和日本经济的挑战。（宋杰、王炳春，1998）七是推动世界经济区域化和集团化发展，加深世

---

① 周文贵：《北美自由贸易区：特点、运行机制、借鉴与启示》，《国际经贸探索》2004 年第 1 期。

② 张天桂：《欧盟、北美自贸区和中国—东盟自贸区政府作用的比较》，《当代亚太》2007 年第 10 期。

③ 张学良：《新区域主义在北美自由贸易区的应用》，《世界经济研究》2005 年第 7 期。

④ 李亚联：《美国墨西哥自由贸易协定对世界经济格局的影响》，《美国研究》1991 年第 4 期。

⑤ 张巍：《美洲自由贸易区：未来一致的目标》，《国际经贸研究》1997 年第 1 期。

⑥ 高颖：《北美自由贸易区简析》，《国际经济合作》1996 年第 4 期。

⑦ 朱书林：《墨西哥加入北美自由贸易区的背景》，《现代国际关系》1992 年第 5 期。

⑧ 王晓德：《对北美自由贸易区批评的评析》，《世界经济》2001 年第 8 期。

界生产一体化进程，加强各国之间彼此依赖性。①②

第二节 发达国家的经济政策

发达国家的经济政策涵盖广泛，内容丰富，本节将主要以欧洲一体化与北美一体化为例，对其区域内的货币、财政、金融、贸易和投资等经济政策展开梳理。

一 欧洲一体化的经济政策

（一）欧元的诞生

欧元的产生有着深刻的经济政治背景，它是欧洲一体化的必然产物，其经历充满了艰难和曲折。③ 从短期看，欧元促进了欧元区的消费需求、投资需求以及对外出口，刺激欧洲的短期经济增长；从长期看，欧元也将通过促进技术创新、资本供给和创造劳动就业而增强欧洲长期经济增长潜力。④ 欧元的诞生是欧洲经济一体化合作的内在要求和逻辑发展，它的问世将加速多极化世界格局的形成。⑤ 现将欧元及其相关政策的发展历程简单回顾如下。

1989 年 6 月，欧洲共同体首脑通过了《德洛斯报告》，欧洲货币体系开启了向欧洲货币联盟转变的进程。1991 年 12 月，欧洲共同体首脑通过了《马斯特里赫条约》，使欧洲货币联盟的建立过程得到了条约的规范和约束。1994 年 1 月，作为欧洲中央银行准备机构的欧洲货币机构正式成立。1995 年 12 月，欧洲联盟成员国首脑会议正式确定未来的单一货币为欧元。1999 年 1 月 1 日决定各成员国货币与欧元不可改变的转换率，欧元开始投入使用，欧洲中央银行体系将制定和执行统一的货币政策，欧洲货币联盟将宣告成立。（黄永富，1997；张颖，1998；李翀，1998）欧元的出现使欧洲的梦想成为现实，消除了币种的限制和汇率的风险，并会对

---

① 王丽军：《北美自由贸易区及中美贸易》，《国际贸易》1992 年第 10 期。

② 林海军、刘明兴：《北美自由贸易区对世界经济的影响》，《国际贸易》1993 年第 7 期。

③ 周茂荣、申皓：《论欧元的产生及其对中国与欧盟经济关系的影响》，《世界经济与政治》1998 年第 10 期。

④ 杨伟国：《欧元与欧洲经济增长》，《欧洲研究》2003 年第 1 期。

⑤ 沈骥如：《欧元启动的历程、影响和前景》，《世界经济与政治》1998 年第 11 期。

成员国的经济产生重大的推动作用。[①] 截至 2007 年初，欧元区内各成员国先后实现与欧元的汇率接轨或完全欧元化（详见表 6 - 2）。（王鹤，2008）

表 6 - 2　　与欧元有联系汇率制度的国家（截至 2007 年 1 月 1 日）

地区	汇率制度	国家
欧盟国家 （非欧元区）	第二汇率机制	塞浦路斯、丹麦、爱沙尼亚、拉脱维亚、立陶宛、马耳他、斯洛伐克
	以欧元为基准的货币局	保加利亚
	以欧元为基准的钉住汇率	匈牙利
	以欧元为参考货币的管理浮动汇率	捷克、罗马尼亚
	独立浮动汇率	瑞典、英国、波兰
欧盟候选国和 潜在欧盟候选国	单方欧元化	黑山
	以欧元为基准的货币局	波黑
	以欧元为参考货币的管理浮动汇率	克罗地亚、马其顿、塞尔维亚
	独立浮动汇率	阿尔巴尼亚、土耳其
其他	欧元化	圣马力诺、梵蒂冈、摩纳哥
	单方欧元化	安道尔、科索沃
	以欧元为基准的钉住汇率	贝宁、布基纳法索、科特迪瓦、几内亚比绍、马里、尼日尔、塞内加尔、多哥、喀麦隆、中非、乍得、刚果、赤道几内亚、加蓬、佛得角、科摩罗
	包括欧元的货币篮子的钉住或管理浮动汇率（欧元份额）	塞舌尔（38%）、俄罗斯（40%）、利比亚、博茨瓦纳、摩洛哥、突尼斯、瓦努阿图

资料来源：参见王鹤（2008）以及 The European Central Bank（2007）[②]

---

① 李月平：《单一欧洲货币欧元对欧盟企业的深远影响》，《世界经济与政治》1998 年第 6 期。

② The European Central Bank（ECB）．"Review of the International Role of the Euro."
2007. http：//www. ecb. int/press/pr/date/2007/html/pr070625. en. html.

欧洲单一货币如期启动成定局。理由有三：一是世界经济集团化、一体化、全球化不可逆转；二是抗衡美元的必然结果；三是大部分各成员国已达到《马约》的标准；四是相关配套法律法规及政策的实施。（杜厚文，1998①）欧元区成立以来，区内经济得到了快速发展。欧元区的繁荣极大程度上受益于欧元区内部贸易的发展和要素的自由流动。② 作为支撑欧洲大厦基石的欧元，不仅仅是一种货币工具，还将在欧洲建设中继续起到催化剂和黏合剂的作用。（张维克，2002）欧元在开拓欧洲市场、促进欧洲资源合理配置、激发企业革新、保持欧洲金融稳定等诸多方面发挥着积极作用，并将与美元进行强有力的抗衡。③

（二）理论解说

欧元诞生最为重要的理论基础是由蒙代尔提出的最优货币区（Optimal Currency Areas，OCA）理论。该理论认为在生产要素特别是劳动力自由流动的前提下，两个区域之间需求转移导致的冲击可得到消除，要素流动性是建立最优货币区的一个重要标准。在此基础上，传统的 OCA 理论提出了一系列建立 OCA 的标准，包括经济开放度、产品多样化、金融一体化、通胀偏好相似性、政策一致性等。④ 现代 OCA 理论则更加关注最优货币区的收益和成本。克鲁格曼认为，成员国的经济一体化程度越高，加入货币区的货币效益越大、经济稳定性损失越小。20 世纪 90 年代以来，经济冲击的对称性成为 OCA 的主要标准，如果外部冲击对不同成员国产生不同影响，则加入货币区的稳定性成本会很高；成员国之间的经济趋同性越强，遭受非对称冲击的概率越小。OCA 具有的内生性特征为欧元区的扩张提供了理论支持，即一国在加入货币联盟后其经济结构会受到影响，事先不满足条件的国家事后可以得到满足。（粟勤、周银红、张艳玲，2012）但也有学者从成本收益视角对指导货币同盟实践的流行经典理论"最优货币区"（OCA）进行批判性反思，认为 OCA 标准的内生性在一定程度上削弱了其政策的适用性。货币同盟的政策制定者要谨慎使用

---

① 杜厚文：《欧洲单一货币如期启动大局已定》，《世界经济》1998 年第 1 期。

② 郑联盛：《欧元区繁荣，谁得的更多》，《世界知识》2011 年第 22 期。

③ 李琮：《新世纪的竞争——美、欧、日经济新动向》，《世界经济与政治论坛》2000 年第 1 期。

④ 梁双陆、程小军：《国际区域经济一体化理论综述》，《经济问题探索》2007 年第 1 期。

OCA 标准，防止简单化和机械化倾向。[①]

　　（三）欧元的意义

　　欧元自 1999 年启动以来很快便以仅次于美元的国际货币在国际金融体系中站稳脚跟，并形成对美元的直接竞争与挑战，[②] 这要归因于欧元区的经济规模、对世界贸易的开放、欧元区金融市场的一体化程度、对谨慎的经济管理的承诺以及欧洲中央银行确保价格稳定的货币政策，以上因素使得欧元迅速成为国际金融市场上有吸引力的货币。（王鹤，2008）从国际政治经济学视角来看，欧元的出世并非偶然事件，其既是欧洲人对付美元霸权的产物，也是欧洲本身地缘政治平衡的产物。[③] 换言之，与其说欧元是欧洲经济金融融合的自然结果，不如说欧元是政治意志的产物。（温军伟，2012）它使欧盟成为在世界经济中与美国势均力敌的一极。[④] 欧洲经济和货币联盟早已经超越最优通货区范畴，它承担了重大的政治使命，推动了欧洲融合，维护了欧洲和平，实现了经济发展。[⑤][⑥] 尽管当前欧债危机形势依然严峻，但欧盟国家的根本利益和长远利益决定了它们不可能因为一些具体问题的矛盾而改变一体化的方向，欧元的产生具有重要的政治与现实意义。

　　意义之一：欧元是欧洲国家参与国际政治经济博弈的重要工具。世界金融危机、欧洲债务危机凸显美元与欧元两大货币的较量。自从 20 世纪末欧元一问世，美元就视之为最严重的挑战。[⑦][⑧] 欧元如期启动象征一个政治上谋求强大统一的欧洲，欧元的成功运作象征一个经济上完全可以和美国抗衡的欧洲。[⑨] 欧元的推出削弱了美元在国际货币体系中的霸权地位，[⑩] 增强了欧盟与美国及美元对抗的整体实力。（王雅梅、谭晓钟，

　　① 祝丹涛：《最优货币区批判性评析》，《世界经济》2005 年第 1 期。

　　② 李国学：《欧元区经济：痛并快乐着》，《西部论丛》2008 年第 5 期。

　　③ 丁一凡：《欧元区债务危机背后的国际政治博弈》，《国际经济评论》2012 年第 2 期。

　　④ 沈骥如：《欧元的启动及其影响》，《求是》1998 年第 23 期。

　　⑤ ［美］罗伯特·吉尔平：《全球资本主义的挑战——21 世纪的世界经济》，杨宇光、杨炯译，上海人民出版社 2001 年版，第 195 页。

　　⑥ 王雅梅、谭晓钟：《论欧元的"政治使命"》，《和平与发展》2012 年第 5 期。

　　⑦ 胡瑾：《欧元的启动及其对欧洲一体化的积极作用》，《文史哲》1999 年第 4 期。

　　⑧ 丁原洪：《严重受阻的欧洲一体化进程》，《和平与发展》2011 年第 4 期。

　　⑨ ［西］米格尔·奥特罗－伊格莱西亚斯：《欧元对国际货币体系的冲击：中国和巴西的经验》，《国际经济评论》2009 年第 7—8 期。

　　⑩ Stefan Collignon、王巍：《欧元的未来》，《世界经济》1999 年第 7 期。

2012）从全局的角度看，欧元的使用将有利于欧盟保持趋同，加快一体化步伐，这将大大增加欧盟的整体实力和整体竞争力，缩小与美国经济的差距。[1] 意义之二：欧元是欧洲团结和统一的重要象征。欧元的流通是给欧洲统一市场戴上一顶"王冠"，欧元已经成为欧洲一体化在其他政策领域发展的催化剂，[2] 它使欧洲一体化的发展从此进入一个新的历史发展阶段。[3]（王雅梅、谭晓钟，2012）欧洲一体化的发展过程，就是成员国的各种利益相互协调的过程，在这个过程中，欧盟国家已培育出一种具有欧洲特色的妥协文化和合作主义。（朱晓中，2001[4]）意义之三：欧元承载着欧洲人由来已久的和平愿望。欧洲充满纷争的历史决定了第二次世界大战后欧洲国家的选择就是从经济一体化入手，把分散的欧洲主权国家聚合在一起，以避免战争，实现永久的和平与繁荣。（王雅梅、谭晓钟，2012）换言之，解决欧洲问题的唯一出路只能是统一欧洲，通过联合来避免战争、保障欧洲的和平与稳定。意义之四：欧元成为全球主要储备货币。[5]（杜厚文，1998）欧元成长至今，已成为国际货币领域不可或缺的重要成员，全球储备高度集中于美元和欧元两大货币，国际储备货币的竞争也演化成美元与欧元的双头垄断竞争。意义之五：汇率波动消失，贸易成本下降。[6] 欧元统一后，各成员国间的汇率波动问题也随之消除，节约了贸易交易费用，并提高欧洲市场的透明度和可比性，（周茂荣、申皓，1998；杜厚文，1998）增强其整体的国际竞争力。（杨伟国，2003）

（四）对中国的影响与启示

欧元的使用对中国来说既有机遇，也有挑战。从中欧贸易和就业的角度看，一是欧元的使用将为中国企业进入欧洲市场提供更多的贸易合理化的机会和在欧元使用区直接投资的机会，这会扩大中欧的贸易额和投资额。[7] 二是贸易成本下降将使竞争更加直接和深入，（任健，1998）这将有利于中国企业学习和掌握新的竞争手段、方法和工具，把中国企业的竞

---

[1] 战勇：《欧元：开辟欧洲一体化新纪元》，《当代财经》1998 年第 8 期。

[2] 王鹤：《欧元——欧洲一体化的催化剂》，《历史教学》2002 年第 6 期。

[3] 连平、廖新军：《评欧元的国际货币地位》，《国际经济评论》1998 年第 7—8 期。

[4] 朱晓中：《"回归欧洲"历史与现实》，《东欧中亚研究》2001 年第 1 期。

[5] 刘昊虹：《欧元问世后国际储备货币竞争格局与欧元危机》，《财经科学》2010 年第 8 期。

[6] 方福前：《欧元：从现在看未来》，《经济理论与经济管理》2006 年第 12 期。

[7] 张颖：《欧元的发行及其对我国的影响》，《国际经济合作》1998 年第 4 期。

争观念和竞争能力提高到一个新的水平。（战勇，1998）三是为中国出口市场多元化战略提供机会。（周茂荣、申皓，1998）四是为开辟人民币国际化的道路提供借鉴，也即人民币国际化应避免货币联盟的方式。（粟勤、周银红、张艳玲，2012）人民币国际化必须在明确目的、看清方向、细致规划的前提下，逐步推进。[①] 四是欧元流通后，各成员国为了达到统一的标准，可能采取紧缩财政的措施，进而导致高失业率，失业率居高不下常是贸易保护主义的助燃剂，这可能导致针对中国出口商品反倾销案的增多。（周茂荣、申皓，1998）

从中国外汇储备和债务的角度看，中国可以利用该机会对外汇储备和债务进行战略性调整和结构性调整。（任健，1998）欧元将会成为中国外汇储备的重要选择，使中国的外汇储备结构更趋合理，这有利于改进人民币汇率的形成机制，但也很可能会对人民币与欧元汇率走势造成上升压力。（周茂荣、申皓，1998）中国应利用利率调期、货币互换等金融工具和手段，改变原利率水平或者货币形态，优化债务结构。（战勇，1998）以不变应万变，在欧洲货币联盟建立后把持有的成员国货币转换为欧元，保持外汇储备结构不变；[②] 适当增加欧元储备，以防止中国外汇储备实际购买力的下降。

（五）欧元的未来

判断一种货币的前景走强还是走疲，归根结底取决于两个因素：一是货币区的货币制度是否合理，货币政策是否稳健；二是其经济实力。（李翀，1998；沈越，1999）此外，还取决于多种政治、经济、甚至文化和社会因素。（黄永富，1997；方福前，2006）学者们对欧元的未来充满争议，莫衷一是，但过于乐观和悲观的论点都是不全面的。（沈骥如，1998）

对欧元持积极态度的学者认为，欧元区不会解体，因为这样做的政治代价过高，欧洲的经济能力应该能够解决危机。[③] 断言危机国家将退出欧元区并因此而最终导致欧元崩溃缺乏根据，（王鹤，2008）但这些国家要重新达到欧元区财政趋同标准必须经过痛苦的调整过程。原因在于：一是欧元是战后欧洲一体化长期发展的必然结果，现已成为欧洲经

① 余永定：《再论人民币国际化》，《国际经济评论》2011 年第 5 期。
② 李翀：《从单极走向双极的国际储备货币格局——欧元的产生对国际储备货币格局的影响》，《金融研究》1998 年第 5 期。
③ 余永定：《欧洲主权债务危机的起源与演进》，《浙江金融》2010 年第 8 期。

济政治一体化的象征；二是欧元崩溃的巨大成本各国都难以承受。① 债务危机并非欧元区所独有，欧元虽然在欧债危机形成过程中起了推波助澜的作用，但绝对不是形成欧债危机的最根本原因。从积极的角度看，欧债危机反而相当于一次难得的压力测试，将迫使欧元区各国正视并解决问题，极有可能成为推动解决欧元区内在制度性缺陷的契机。（温军伟，2012）欧元不会崩溃，但欧元区需要更加审慎地对待扩张，加强政策协调和财经纪律约束，并建立健全退出机制，（余永定，2010）着力避免逆向选择和道德风险。随着欧洲一体化的发展，欧盟实力不断增强，欧元在国际货币体系中的地位超过美元也是可能的，但需要漫长的时期。②

对欧元持消极态度的学者认为，欧元区的建立从一开始就是个错误，直接导致欧元区危机国家脆弱的银行资产负债状况、高失业率及巨额贸易赤字现状。（Feldstein，2011）在欧元发行至完全流通的过渡期内，各国本币与欧元是平行货币，可能因名义汇率与实际汇率不符带来"劣币驱逐良币"现象等。（杜厚文，1998）欧元启动后，为了达到并保持经济趋同标准，欧盟各国将不得不采取紧缩财政政策，这无疑将是促使各国的失业在一个较长时期内保持在较高水平的最主要因素。（任健，1998；周茂荣、申皓，1998）欧洲经济一体化远未达到理想的程度，财政和政治联盟的缺失导致欧元区无力应对非对称冲击，严重挫伤投资者对欧元的市场信心。因而，加入欧元区的稳定性成本高于预期。③ 此外，未达标成员国分批加入单一货币的实施开创"多速欧洲"的先例，这也不符合欧洲联合的宗旨，必然损害联合。④

还有学者对欧元未来发展持谨慎态度。其认为欧元面临着区内成员国国情差异大、⑤ 信心基础不足、缺乏明确利益代表等内部挑战，且缺乏明晰的国际化战略，国际行动能力有限，欧洲央行事实上只能施行低效的货

① 周茂荣、杨继梅：《"欧猪五国"主权债务危机及欧元发展前景》，《世界经济研究》2010 年第 11 期。

② 黄永富：《欧元国际化初探》，《世界经济文汇》1997 年第 4 期。

③ 粟勤、周银红、张艳玲：《从欧债危机的视角分析欧元的困境》，《国际经济合作》2012 年第 3 期。

④ 钱能欣：《关于"欧洲单一货币"的一些看法》，《世界经济》1998 年第 1 期。

⑤ 任健：《欧元的进程、地位、前景及影响评价》，《经济学动态》1998 年第 7 期。

币政策，[1] 因此，欧元体系在今后的岁月中将经受更为严峻的考验，欧元要与美元平分秋色，还有很长的路要走。[2][3] 换言之，欧洲不仅需要进一步强化经济一体化程度，而且要加快政治一体化进程，同时还需要对欧洲大陆的莱茵模式进行深层次的改革。在这些方面取得实质性进展之前，欧元的地位很难与美元相提并论。[4]

（六）货币政策与财政政策的"二元结构"

随着欧洲经济一体化的发展，欧盟经济模式确立了增长、稳定、凝聚的"三合一"的政策目标。其中，推动增长的工具是统一市场（四大自由、竞争政策、结构政策），保持稳定的工具是经济货币联盟（货币政策），促进凝聚的工具是欧盟财政（财政结构）。[5] 也即通过关税同盟、统一市场、财政结构、经济货币联盟、"里斯本议程"的一体化措施，使得欧盟的经济增长、稳定和凝聚可以同时推进，并且相互加强。（周茂荣、申皓，1998）

欧元区内货币政策的目标是要在密切协调成员国宏观政策的基础上形成共同的货币政策体系，逐步实行单一的货币，制定统一的货币兑换率，建立一个制定和执行欧共体货币政策的欧洲中央银行体系。（江春泽、王海军，1992）欧洲中央银行作为一个刚刚诞生不久的新型超国家货币机构，需要通过不断的政策实践去逐步积累管理经验，这对它来说无疑是一个空前而巨大的挑战。到目前为止，尽管欧洲中央银行的单一货币政策操作可圈可点，但在欧元区内仍然存在着一些亟待解决的问题：一是物价稳定与经济增长的关系问题；（任健，1998）二是欧元区单一货币政策与成员国财政政策的关系问题，体现为货币政策与财政政策合作不均衡的矛盾；[6] 三是欧元区币值稳定与汇率波动的关系问题；[7] 四是欧洲一体化扩

① 罗敏：《从欧元体系的结构弊端看欧元内在危机》，《世界经济研究》2000 年第 6 期。

② 余翔：《欧元国际化进程及其面临的挑战》，《现代国际关系》2009 年第 1 期。

③ ［丹麦］亨瑞克·普拉斯切凯：《欧元挑战美元：失去的机会》，《经济理论与经济管理》2011 年第 7 期。

④ 沈越：《欧洲一体化进程与欧元前景》，《北京师范大学学报（社会科学版）》1999 年第 5 期。

⑤ 王鹤：《欧盟经济政策目标的历史性分析》，《欧洲研究》2012 年第 4 期。

⑥ 徐明棋：《欧元区国家主权债务危机、欧元及欧盟经济》，《世界经济研究》2010 年第 9 期。

⑦ 温军伟：《欧元区主权债务危机与欧元的前景》，《金融理论与实践》2012 年第 1 期。

大与深化之间的关系问题，以及经济发展差异与欧盟财力不足的矛盾等。①

有学者认为欧盟的财政协调政策具有一定的可行性和非常乐观的预期效应。②③ 但也有学者持相反观点，认为欧洲货币一体化并没有看起来那么顺畅，货币财政纪律苛刻与欧盟区域内高失业率之间、货币财政政策之间、各国经济实力和欧盟总体财力之间存在着长期矛盾。④ 欧元区国家丧失了独立的货币政策，政府无法通过自行调节利率、汇率来更灵活地减小经济波动造成的负面影响。⑤ 与美国相比，欧盟各国在劳动力市场流动性、中央财政系统及地方平衡预算等方面有诸多不同，加之缺乏强力约束，使得欧盟各国的财政赤字情况远逊于美国各州。⑥

总之，欧元正式流通实现了区内货币政策的统一，也对欧盟财政政策协调提出了更高的要求。欧盟原有财政政策的协调机制、各成员国税制的差异、欧盟东扩带来的新老盟国税制差异等问题成为欧盟未来发展的制约因素。⑦ 在未来，如何进一步完善财政协调的制度框架，加强财政和货币政策当局的协调和对话，真正实现成员国税制的趋同政策，应是欧盟财政与货币政策协调的重点。⑧

（七）金融、贸易与投资的融合

从金融市场一体化来看，金融市场一体化有利于欧盟区域内企业融资范围扩大、成本降低、效率提高。（李月平，1998）在债券市场方面，欧洲货币联盟成立后，汇率风险消失，欧元债券的收益差由于债券信用等级、流动性、税收和市场基础设施的不同（如分销方式和结算的效率等）

---

① 申皓、蔡铭华：《欧元区单一货币政策浅析》，《武汉大学学报（人文科学版）》2004 年第 5 期。

② 杜厚文、邢广玉：《欧共体 1992 年统一税制计划》，《世界经济》1990 年第 4 期。

③ 成新轩：《欧盟财政政策协调分析》，《世界经济》2003 年第 5 期。

④ 陈志昂：《欧盟货币一体化的内在矛盾》，《世界经济》1998 年第 3 期。

⑤ 李旭章、龙小燕：《欧债危机：深层原因与十大矛盾分析》，《经济研究参考》2012 年第 40 期。

⑥ Feldstein, Martin. " Weaker Euro will Help Solve Europe Deficit Woes. " http：// www.ft.com/intl/cms/s/0/985821ea－27f3－11e1－a4c4－00144feabdc0.html # axzz1lRKUOH7t，2011.12.19.

⑦ 黄立新：《欧元与欧盟的财政政策协调》，《欧洲研究》2003 年第 1 期。

⑧ 胡琨：《欧元区最后贷款人机制的制度创新》，《欧洲研究》2012 年第 6 期。

而出现新的特征。欧元债券市场将比成员国市场更广大、更深厚。[1] 在资本市场方面，有学者研究发现在 1985—2009 年的检验区间内，由于电子信息化的发展和普及、金融自由化和金融开放，欧洲货币联盟成员国股票市场与欧洲的区域一体化水平显著地高于它们与美国的一体化水平。[2]

从国际贸易与对外直接投资来看，区域经济一体化对于 FDI 的影响存在市场规模效应和门槛效应，在区域一体化背景下，贸易与投资呈互补关系。[3] 在对外直接投资方面，随着单一欧洲货币的实施和一体化的进一步增强，欧盟内部的国际投资将变为国内投资，也即对内将以全欧化为主，对外有一定的"投资转移效应"。（李月平，1998）在对外贸易方面，一体化的一些限制虽会成为从低收入国家进口商品的障碍，从而减少在这些国家以出口为目的的投资数额，但区域一体化也可以刺激需求增加，扩大进口贸易额。[4] 欧洲一体化所带来的产出和投资的增加将给所有经济伙伴带来好处，发展中国家可能从中获益良多。[5] 欧洲一体化使欧盟内部的资源要素商品、劳动、资本流动更自由，而欧元的产生则使欧盟内部汇率风险得到消除和交易费用下降，欧盟企业在各成员国之间贸易比重上升，加剧了"贸易转移效用"。[6][7]（李月平，1998）

二　北美一体化区内经济政策

鉴于北美自贸区在北美一体化中的先导作用，本部分将主要针对该组织内的经贸政策和实施成果进行回顾：

一是实现优势互补，取得规模经济效益。[8] 北美自由贸易区是世界上最大的自由贸易区，很容易从规模经济中获益，降低平均成本，并在此基

---

①　英航：《欧洲单一货币之后的欧元债券市场》，《国际金融研究》1998 年第 10 期。

②　费兆奇：《股票市场的国际一体化进程》，《世界经济》2011 年第 10 期。

③　鲁晓东、杨子晖：《区域经济一体化的 FDI 效应：基于 FGLS 的估计》，《世界经济文汇》2009 年第 4 期。

④　黄金老：《欧元对中国—欧洲经济贸易关系的影响》，《财贸经济》1998 年第 2 期。

⑤　邵天光、田雁：《1992 年欧洲一体化对跨国公司及发展中国家的影响》，《世界经济》1991 年第 6 期。

⑥　李铁立：《边界转型对欧洲一体化进程的影响机制》，《欧洲研究》2008 年第 4 期。

⑦　王鹤：《欧洲经济政策结构评述》，《欧洲研究》2003 年第 3 期。

⑧　徐环云：《试析北美自由贸易区及其前景》，《现代国际关系》1991 年第 3 期。

础上取得竞争优势。① 三国经济水平、文化背景、资源禀赋等各方面的差别，也使得区域内经济的互补性很强，提供了更多的专业化生产和协作的机会，促进整体经济的发展。（古惠冬，2001）

二是优先发展区域内贸易。降低直至消除贸易壁垒，增加相互投资机会，这无疑会对北美区域性经济发展起促进作用。（林海军、刘明兴，1993）税收一体化作为贸易一体化的必然延伸，在北美自贸区内实施也是不可避免的，这将主要表现在各国对其税收政策的协调运用上。（邓子基、邓力平，1994）

三是改善各成员国投资环境。北美自由贸易协定中的投资条款由两大部分组成：第一部分是投资措施，即明确地涉及外国直接投资问题的措施，如投资与服务条款、投资者—国家争端解决机制、知识产权保护；第二部分涉及与投资有关的贸易措施，包括原产地规则及与关税减让和税收延付有关的措施。（陈继勇，1996）这些政策在未来的很长一段时间内将保持不变，有利于增强在北美地区的投资人的信心。（高颖，1996；古惠冬，2001）

四是对原产地原则的规定。即在美、加、墨三国内签发统一原产地证，只有获得原产地证，该商品才能在成员国之间免征关税，实行自由流通。（古惠冬，2001；林海军、刘明兴，1993）从国家级水平上看，北美自由贸易协定各成员国均选择将特定产业排除在各种投资条款之外。从地区级水平上看，针对特定产业极为严格的原产地规则可能导致一些贸易和投资转向，且使传统供货网络位于其他地区的北美新建厂商处于不利之地。北美自由贸易协定在开创国际投资领域内积极先例的同时，也为未来全球贸易协定或地区贸易协定在有限地使用原产地规则来保护特定产业方面发出了一个危险的信号。（陈继勇，1996）

五是北美自由贸易区的协商制度比较健全。NAFTA 争端解决机制以种类繁多、体系庞大而闻名于世。② 三国所签订的《北美自由贸易协定》以法律形式规范三国的经贸关系，具有很强的约束力。该《协定》的投资条款在建立明确的规则、有执行力的投资争端机制和各签字国歧视体制

---

① 武雅婷：《北美自由贸易区形成原因和进程浅析》，《对外经济贸易大学学报》1992 年第 5 期。

② 王俊：《三大区域贸易组织保障措施法比较研究》，《江海学刊》2006 年第 3 期。

日益增加的透明度等方面取得了显著的突破，这有力地推动北美三国跨国
公司在北美地区对其经营活动进行合理化重组，并促进三国相互间直接投
资的增长、投资效益的提高和经济的一体化。[1] 此外，北美自由贸易区还
有一套固定的运行机制以及经济政策定期协商机制，（古惠冬，2001）以
确保区域内各成员国间相关争端的解决和宏观政策的协调。

综上，区域一体化路径选择大体经历国家作为（主导国家推进和非
主导国家响应）、功能互补（政治安全与经贸合作相互促进）、组织搭建
（组织机构创设和组织程序建构）等三个相互支撑的层面，正是它们彼此
间的相辅相成促进了区域一体化的不断深化。[2] NAFTA 代表了一种由经济
发展水平差异很大、经济结构不同、互补性很强的国家开展的经济一体化
合作模式，（沈骥如，2002）它仅是迈向"美洲大陆经济圈"的第一步。[3]
北美经济一体化的未来取决于 NAFTA 是向"深度"（更高的一体化形式）
还是向"广度"（吸收中南美国家参加）发展。[4]

第三节　危机的爆发及其影响

按照 Reinhart 和 Rogoff（2008）[5] 对金融危机历史经验的分析，金融
危机之后通常会跟随发生政府债务危机，但二者之间一般有着数年的间
隔，最长可达十年，"危机已经过去"的美好想法往往被随后的政府债务
危机打破。果真后来发生的事实不幸被他们言中，而且间隔时间仅仅为一
年。肇始于美国的次贷危机引发的金融风暴席卷全球，不仅对全球经济和
国际贸易往来带来巨大冲击，而且使主要发达国家身陷重重困境，[6] 对发
达经济体区域一体化进程产生重大影响。为了应对美国次贷危机的不利影
响，欧洲中央银行实行宽松的货币政策，这为欧元区各国政府债务融资带
来极大便利，但也使得各国政府的公共债务急剧膨胀。根据制度非中性和

---

① 陈继勇：《论 NAFTA 投资条款与美加墨相互直接投资》，《世界经济》1996 年第 5 期。

② 储新宇：《试论区域一体化合作路径——历史维度的经验分析》，《社会科学战线》2007
年第 1 期。

③ 刘宁：《论北美自由贸易区的组建及影响》，《山东社会科学（双月刊）》1996 年第 2 期。

④ 邓子基、邓力平：《北美自由贸易区与税收一体化》，《世界经济》1994 年第 6 期。

⑤ Reinhart，C. M. and Rogoff，K. S. "This Time is Different：A Panoramic View of Eight Centu-
ries of Financial Crises." *NBER Working Paper*，No. 13882，2008. 03.

⑥ 张宇燕：《中国和平发展面临的国际经济环境及其挑战》，《求是》2011 年第 22 期。

利益集团理论的精神实质，在同一制度下不同个体所获得的往往是各异的
东西，而那些已经或将要能够从某种制度安排中获益的个人或集团，定会
竭尽全力地去为之奋斗。① 最终，个体的理性行动可能导致集体非理性后
果。欧债危机的爆发即是如此。2009 年希腊政府的财政赤字占国内生产
总值的比例达到 15.4%，公共债务占国内生产总值的比例达到 127.1%，
远超欧元区所要求的 3% 和 60% 的上限，这导致美国三大评级机构惠誉、
标准普尔和穆迪相继下调对希腊的主权信用评级，进而触发了希腊主权债
务危机。希腊主权债务危机爆发，欧元汇率大幅下跌，欧洲股市遭受暴
挫。随后，西班牙、意大利、葡萄牙和爱尔兰等国也相继陷入信用危机
（详见表 6 - 3），希腊主权债务危机迅速蔓延并演变成席卷欧元区多国的
欧债危机。为了应对危机，救助国内金融机构，如英国先后投入巨额资
金，很可能会造成财政亏空，其潜在主权债务风险更令人担忧。② 这场危
机使欧元区面临严峻的考验，也对欧洲一体化进程带来负面影响。深究原
因，引致欧债危机的因素除了外部国际金融危机的影响，③④（周茂荣、杨
继梅，2010）其内部架构的体制缺陷也难辞其咎。

表 6 - 3　　"欧猪五国" 2009—2010 年的债务状况（占 GDP 的比）⑤

国家	预算赤字（%）		累计债务（%）	
	2009 年	2010 年	2009 年	2010 年
希腊	15.4	10.5	127.1	142.8
葡萄牙	10.1	9.1	83	93
爱尔兰	14.3	32.4	65.6	96.2
西班牙	11.1	9.2	53.3	60.1
意大利	5.4	4.6	116.1	119

① 张宇燕：《个人理性与"制度悖论"——对国家兴衰的尝试性探索》，《经济研究》1993
年第 4 期。
② 何帆、金惠卿：《警惕英国的主权债务风险》，《中国金融》2010 年第 9 期。
③ 汪涛：《欧债危机的出路》，《国际经济评论》2011 年第 6 期。
④ 梅兰德：《欧洲债务危机对欧洲经济的影响》，《经济研究参考》2012 年第 18 期。
⑤ 戴炳然：《方方面面话欧债》，《欧洲研究》2011 年第 6 期。

一 追本溯源：欧洲主权债务危机的起因

欧洲主权债务危机的爆发不仅因于美国次贷危机的影响，也有其内部经济结构不平衡、财政和货币政策二元结构、扩张速度过快以及过高的福利等原因。具体表现如下：

一是欧元区体制的先天缺陷：统一的货币政策、分散的财政政策。[①②③] 欧债危机无疑是"二战"以来欧洲一体化面临的最大挑战之一。这场史无前例的债务危机折射出欧洲一体化进程中存在的三大问题：一体化发展程度超过了成员国经济趋同的实际水平；高福利社保体系的弊端；统一的欧元缺乏统一财政的配合。[④⑤⑥] 其中，财政政策与货币政策的"二元结构矛盾"是导致欧债危机爆发的内在根本原因。[⑦⑧⑨⑩]（戴炳然，2011）在欧元创立以后，只有统一的货币政策而没有统一的财政政策迟早要表现出其跛足运行的缺陷。[⑪] 欧洲货币体系的形成与发展虽提高了欧洲经济的微观效率，但对经济差异明显的各成员国而言，其宏观政策协调成本也是巨大的（Feldstein，2012[⑫]）。换言之，单一货币微观效率的提高是建立在牺牲各国宏观协调灵活性的基础之上。由于欧盟内实行统一的货币和汇率政策，因而在面对国际金融危机冲击时，各成员国失去了本国货币和汇率政策自主性，而只能采用扩张的财政政策加以应对，[⑬] 而这又导

① Pisani-Ferry, Jean and von Hagen, Jürgen. "Why is Europe Different from What Economists Would Like?" Paper Presented at the 1th Congress of the French Economic Association（AFSE），Paris，19 – 20 September，2002.

② 周小川：《金融危机中关于救助问题的争论》，《金融研究》2012 年第 9 期。

③ 张宇燕：《债务危机与世界经济》，《北京工业大学学报（社会科学版）》2012 年第 3 期。

④ 陈继勇：《欧洲债务危机与中国的对策》，《当代财经》2012 年第 1 期。

⑤ 冯仲平：《欧洲，何去何从》，《世界知识》2011 年第 23 期。

⑥ 马俊：《欧债危机的下一步演进及对中国的影响》，《国际经济评论》2011 年第 6 期。

⑦ 王辉：《欧洲主权债务危机的根源、影响与启示》，《财政研究》2010 年第 5 期。

⑧ 白光裕、庄芮：《从主权债务危机看欧洲一体化的两大缺陷——兼论对东亚一体化的启示》，《广东金融学院学报》2011 年第 6 期。

⑨ 郑联盛：《欧元区繁荣，谁得的更多》，《世界知识》2011 年第 22 期。

⑩ 石清华：《欧元区体制缺陷对成员国债务的影响及对欧债危机的治理分析》，《现代经济探讨》2011 年第 12 期。

⑪ 孙杰：《后金融危机时代的全球经济与竞争格局》，《当代世界》2012 年第 11 期。

⑫ Feldstein, M. "The Failure of the Euro." *The Foreign Affairs*，2012（2）.

⑬ 王霞、王启利：《欧债危机：原因、对策与启示》，《河北经贸大学学报》2012 年第 3 期。

致了公共债务危机的恶化。① 缺乏纪律性的财政政策，②（汪涛，2011）再加上欧洲央行采取的宽松货币政策降低各成员国筹资成本，也变相助推政府债务高企，最终酿成主权债务危机。因而，要从根本上治理欧债危机，就需要改革这一体制。（石清华，2011）

二是欧洲区域一体化扩张过快。此次欧洲主权债务危机的爆发与欧洲一体化进程的缺陷密不可分。这种缺陷集中表现为欧盟发展至今的数次扩张，越来越凸显一体化扩张过快问题，主要表现在各个成员国经济发展不平衡，通货膨胀率参差不齐，失业率表现明显不均等；（陈继勇，2012；白光裕、庄芮，2011）同时，过快的扩张速度进一步拉大现有成员国间的经济发展差距，当遭遇外部不对称冲击时，难免令欧洲一体化陷入两难境地，也使得各国应对危机的措施和效力大打折扣。③（冯仲平，2011）

三是过高的社会福利待遇。战后欧洲各国发展模式的一个重要特征是高福利，但这一模式近年来越来越难以为继，原因在于在经济全球化快速发展、新兴经济体群体崛起的情况下，维护高福利就意味着保持欧洲产品的高成本，其后果则是欧洲国际经济竞争力的下降。④ 可以说，"欧猪国家"巨额的私人与公共债务是危机的根源。（陈继勇，2012；周茂荣、杨继梅，2010；阿尔伯特·施魏因贝格尔，2012）在欧债风暴袭来之际，民众普遍反对政府采取紧缩政策，拒绝对福利制度进行结构性变革，这样就使得像希腊这样的债务国很难取得德国等援助国对其的救助。这也是最初欧元区失去有效扭转这场危机最佳时间的原因。（冯仲平，2011）为了解决债务危机，需要满足五个条件：降低国债收益率，债务货币化，（朱一平，2012）保持经济增长，适当财政紧缩，债务重组。⑤ 然而，持反对观点者也有之。有学者认为欧债危机的爆发并非因于社会高福利政策，⑥⑦

---

① 余永定：《后危机时期的全球公共债务危机和中国面临的挑战》，《国际经济评论》2011年第1期。

② ［法］查尔斯·维普洛兹（Charles Wyplosz）：《欧洲货币联盟设计中的缺陷》，《国际经济评论》2012年第2期。

③ 朱邦宁：《欧债危机与欧元的命运》，《红旗文稿》2012年第21期。

④ ［瑞典］阿萨尔·林德白克：《高级福利国家的后果》，王鹤译，《西欧研究》1988年第5期。

⑤ 任若恩：《解决欧洲债务危机面临诸多两难选择》，《经济研究参考》2012年第18期。

⑥ 王鹤：《欧洲债务危机有望缓解》，《国际金融》2011年第11期。

⑦ Krugman, Paul. "Legends of the Fail." http://www.nytimes.com/2011/11/11/opinion/legends-of-the-fail.html? ref = paulkrugman, 2011.11.10.

脱离实体经济的虚拟经济才是主因。如社会开支最高的北欧国家反而受危机影响最小。此外，德国在危机中的表现一枝独秀，除了施罗德执政后期的经济与社会改革，其坚实的产业基础绝对功不可没。（戴炳然，2011）

二 纾困之道：欧债危机的应对策略

鉴于欧元区政治一体化还有很长的路要走，在短期内统一财政难以成行，因此，要从根本上治理欧债危机，只能进行循序渐进的改革，分阶段有步骤的推出短期、中期和长期救助方案和改革计划，提高各成员国抵御债务危机风险的能力，逐步推进欧洲一体化进程。

从短期看，以维持成员国债务持续性的目标为主，欧盟和国际货币基金组织（IMF）设立 1100 亿欧元的希腊援助计划和 7500 亿欧元的欧洲金融稳定机制（European Financial Stability Facility，EFSF）即属于此。其中，欧洲金融稳定机制是 2010 年 5 月在卢森堡设立，可以发行总额为 4400 亿欧元的债券，以此为高债务国提供利息率为 5% 的低息贷款。[1] 这些短期救助方案的主要目的是平息市场的恐慌情绪，维护成员国的债务可持续性。[2] 但这些办法只能解决燃眉之急，不是根本之道。[3] 并且，各国政府救市向市场注入的大量流动性资金被金融机构窖藏。次贷危机过后，市场很可能出现更加严重的流动性过剩局面，届时全球通货紧缩很可能再次转变为更加汹涌的通货膨胀。利率市场动荡不可避免。[4][5]

从中期看，建立欧洲货币基金（European Monetary Fund，EMF）、[6]组建"欧洲经济政府（EEG）"、完善成员国退出机制[7]以及欧元"二元

---

[1] 朱一平：《欧洲债务危机的最新进展和前景》，《经济研究参考》2012 年第 1 期。

[2] 蔡彤娟、黄瑞刚：《欧元区主权债务危机的治理方案分析》，《国际金融研究》2010 年第 9 期。

[3] 张严柱、王天龙：《欧洲主权债务危机的形势及前景》，《经济研究参考》2012 年第 2 期。

[4] 孙杰：《危机即将过去吗》，《中国外汇》2009 年第 2 期。

[5] 孙杰：《金融深化论析》，《世界经济》1991 年第 4 期。

[6] Gros, D. and Mayer, T. "How to Deal with Sovereign Default in Europe: Towards a Euro (pean) Monetary Fund." *Job Market Papers*, 15 March, 2010.

[7] Feldstein, Martin. "The Euro and European Economic Conditions." *NBER Working Paper*, http://www.nber.org/papers/w17617, 2011.11.14.

论"（Arghyrou 和 Tsoukalas，2011[1]）等，可以改善欧元区内的财政状况，是中期救助方案中可供选择的选项。危机后的欧盟银行业监管理念与模式从"母国控制"原则向审慎监管原则发生根本转变，成员国向欧盟层面上交银行监管权，以维护金融体系稳定。[2] 而建立欧洲货币基金将增强欧元区内部经济政策协调和对成员国的监督，它既能促进成员国维持良好的财政状况，又能在危机时对成员国实施救助，有利于维护市场信心，减少成员国债务风险，对稳定欧元区十分有利。（石清华，2011）但该方案的弊端在于：EMF 与 IMF 的关系与定位、各成员国缴纳基金的比例以及相关条约内容的修改等。完善成员国退出机制，虽可避免个别成员国的债务危机拖累整个欧元区，但也面临新币种选择、欧元区信心、阻滞欧洲一体化等问题。（蔡彤娟、黄瑞刚，2010）欧元"二元论"的核心思想是将欧洲货币体系一分为二，由德、法、荷、奥等核心国家组成"强势欧元"，以希腊为首的"欧猪五国"等成员国退出并组成"弱势欧元"，其优点是改善汇率调节机制，将区域收入分配和财政转移支付制度缺失的负面影响降到最低，但保守派认为任何"退出"都相当于欧洲一体化进程的倒退，这是不可接受的。（蔡彤娟、黄瑞刚，2010；张严柱、王天龙，2012）组建欧洲经济政府的优点在于 EEG 与 ECB 合作加强区域财政政策和货币政策的协调；超国家的预算管理能够为反周期经济政策的实施提供保障；EEG 能够将欧盟和成员国债务纳入统一的债务管理体系，实现区域债务的有效监管。[3] 但成员国对 EEG 在成立方式、表决权、运行机制等方面存在分歧。此外，还可考虑建立欧盟成员国联合发行统一欧元债券（Euro Bond）体系，允许成员国按照统一成本进行融资，债券信用由全体成员国共同担保。[4]

---

① Arghyrou, M. G. and Tsoukalas, J. D. "The Greek Debt Crisis: Likely Causes, Mechanics and Outcomes." *The World Economy*, 2011, Vol. 34, No. 2, pp. 173 – 191.

② 胡琨、刘东民：《欧债危机下欧盟银行规制与监管体系的转型与创新》，《欧洲研究》2013 年第 3 期。

③ Busch, K. "European Economic Government and Wage Policy Coordination: The Eurozone Crisis Calls for Structure Reforms in Europa and Deutschland." *International Policy Analysis*, Friedrich Ebert Stiftung, May, 2010.

④ Stiglitz, Joseph E. "Europe finally Admits its Debt Problem to Save the Euro." http://blogs.ft.com/the-a-list/2011/07/22/europe-finally-admits-its-debt-problem-to-save-the-euro/# axzz1SkoNkaPv, 2011. 07. 22.

　　从长期看，统一财政制度，（朱一平，2012）推行积极宏观经济政策，[1]（Stiglitz，2011）对欧元区进行经济结构改革，改善欧元区经济发展前景，才是解决债务危机问题的根本。其中，关键是社会保障改革、增加科技投入和提高国际竞争力。（蔡彤娟、黄瑞刚，2010）欧元区核心国家和边缘国家经济社会的不平衡性是欧债危机的重要原因，减少乃至消除成员国间的不平衡性，对统一货币政策的实施、欧元区经济的平稳运行及债务危机的减少都有积极影响，（蔡彤娟、金山，2012[2]）为此，需要进行欧元区内的经济社会结构变革。这也为建立"单一货币、统一财政"体制做必要准备。（戴炳然，2011）而统一财政有利于财政约束，消除各成员国的财政机会主义，换言之，解决危机的最终方案可能是欧元区财政收支的一体化，实现欧洲经济联邦化，否则主权债务危机的蔓延就可能演变为欧元本身的危机。[3] 但也有学者对欧元区经济结构与统一财政的先后次序提出异议，其认为最终建立"单一货币、统一财政"的体制，应首先进行结构性改革，然后进行财政一体化改革。（石清华，2011）还有学者对欧洲政治领导人达成一致的财政计划持非常负面的评价，认为该计划的实施可能将欧洲推向严重萧条，欧元区国家没有货币政策工具可用，汇率调整之路也不可行，因此，只能使用财政政策工具来对经济进行调节。如果财政计划条款过于严厉，将扼杀自动周期性财政调整，而这又将很容易导致需求的下跌循环和严重萧条。（Feldstein，2011）因而，从欧元区结构调整上来说，保留各国的财政独立性是必要的，但同时需要更严格的财政纪律来约束各国的发债行为，以避免欧债危机的重演。[4] 欧元区各国应关注周期性和结构性赤字的区别，因为对于投资者来说，结构性赤字才是财政偿付能力的关键指标。[5]

　　最后，不论从金融危机前后银行同业拆借市场的利率波动，还是从在

　　① Krugman，Paul. "Euro Zone Death Trip." http：//www. nytimes. com/2011/09/26/opinion/euro-zone-death-trip. html？ ref = paulkrugman，2011. 09. 25.

　　② 蔡彤娟、金山：《欧元区单一货币政策区域非对称效应的实证研究——基于 VAR 方法的检验》，《国际金融研究》2012 年第 6 期。

　　③ 孙杰：《主权债务危机与欧元区的不对称性》，《欧洲研究》2011 年第 1 期。

　　④ 延斯·魏德曼：《欧洲经济需要再平衡》，《中国外部经济环境监测（CEEM）全球智库半月谈》，2012 年 3 月。

　　⑤ Feldstein，Martin. "How to Create a Depression." http：//www. project-syndicate. org/commentary/feldstein44/English，2012. 01. 16.

工薪收入缓慢增长时的消费萎缩看，造成欧洲经济衰退的主要因素似乎都是心理上的冲击。① 在某种意义上，财政联盟背后的政治联盟对恢复金融市场信心、维护欧元国际地位更为重要。(粟勤、周银红、张艳玲，2012)欧债危机爆发后，欧洲央行一直在是否充当政府债券市场最后贷款人的问题上摇摆不定。货币联盟中的政府债券市场存在缺陷，很容易爆发流动性危机，只有中央银行做出最后贷款人的承诺才能解决这一问题。为了维护金融稳定，欧洲央行必须公开声明将在政府债券市场上坚定不移地履行最后贷款人职责。② (查尔斯·维普洛兹，2012) 总而言之，无论采取何种救助措施，关键是提升市场对欧元区国家的信心。③

三　前途坎坷：欧债危机对欧洲一体化进程影响几何

本轮全球金融危机虽然滥觞于美国次贷危机，但对欧元区的冲击似乎更为深重。④ 在欧元区内部，各成员国在复苏速率上的不平衡十分明显，可能会影响到整个欧元区经济复苏的稳定性。⑤ 欧债危机的爆发不仅暴露出欧洲一体化的脆弱性，而且对世界经济增长带来负面影响。为了解决欧洲的债务危机，2011 年以来欧盟国家领导人研究了各种解决方案。最终除英国与捷克外，其余欧盟国家领导人都同意要继续迈向欧洲一体化，要进一步统一欧盟的财政，设立统一的财政标准，制定惩罚机制并付诸实施。⑥ (张健，2012) 从短期看，欧债危机虽然迟滞了欧洲一体化的进程，但从长期看，其反而可能扫除了阻碍欧洲一体化的制度障碍——统一财政，进而促进了欧洲一体化进程。(石清华，2011) 据此，大致可将相关研究观点分为如下三种：

第一种属于乐观态度，认为本次欧债危机为进一步推进欧洲一体化进程提供了良好的契机，(张宇燕，2012) 可能成为深化欧洲一体化建设的

　　① 孙杰：《全球金融危机对欧洲经济的影响》，《欧洲研究》2009 年第 1 期。

　　② [比] 保罗·德·格罗韦：《欧洲央行的最后贷款人角色》，《国际经济评论》2012 年第 2 期。

　　③ Summers, Lawrence. "It's time for the IMF to Step Up in Europe." http://blogs. reuters. com/lawrencesummers/2011/12/08/its-time-for-the-imf-to-step-up-in-europe/, 2011. 12. 08.

　　④ 张明、杨天成：《美国著名学者论欧债危机》，《国际经济评论》2012 年第 2 期。

　　⑤ 张宇燕：《世界经济形势的回顾与展望》，《求是》2011 年第 3 期。

　　⑥ 丁一凡：《欧元区债务危机背后的国际政治博弈》，《国际经济评论》2012 年第 2 期。

催化剂。①（朱邦宁，2012）从严格意义上讲，此次欧债危机是欧元区内部分国家遇到的危机，而不是整个欧洲陷入了债务危机，欧债危机进一步恶化的可能性不大，欧元不会崩溃。②③④ 如果从政治利益角度判断，欧元崩溃论更是无稽之谈。⑤ 虽然欧元的设计本身有其制度性缺陷，但欧债危机的深化必将促使各国寻找更深层原因，并据此进行一些规则和制度安排并强化监管，最大程度降低危机的损失。欧盟各国力图从盟约里面寻找更多的协作空间，诸如财政政策协作、税收和福利政策的协调等。这将在很大程度上克服欧元的缺陷，深化欧洲一体化进程。（王艳，2012）简言之，欧债危机既构成欧盟能否有效运作的挑战，也可能化为促进欧洲一体化深化发展的压力和动力。⑥ 欧洲一体化素来是在矛盾中渐进的，（周茂荣、杨继梅，2010）如果欧盟能够切实展现强有力的政治意志，重新树立政治公信力，并通过落实财政政策的统一协调，进一步完善治理体系，将有利于推动成员国进行结构性改革，也有利于欧盟从整体上提高竞争力，从而为推进欧洲一体化奠定坚实基础。⑦（房乐宪，2012）

　　第二种属于悲观态度，认为本次欧债危机给欧洲一体化进程带来挑战。随着国际金融危机的持续恶化，欧盟和欧元区经济陷入衰退、金融形势不容乐观。⑧ 欧盟受其利益多元和政治体制复杂性以及法律框架的制约，难以独立做出迅速和有效的危机应对举措，因此，债务危机的解决方式不可能立竿见影。在市场信心问题未能解决之前，欧债危机有进一步恶化的趋势。同时，市场对欧元区国家风险同质的幻象将不复存在，欧元区国别风险溢价波动将成为常态，这对欧洲一体化进程是沉重打击。⑨ 从欧洲央行视角来看，随着欧债危机的持续恶化，欧洲央行将被迫购买数量甚巨的欧元区主权债券，如果主权违约风险成为现实，那么欧洲央行自

①　房乐宪：《欧债危机与当前欧洲一体化面临的困境》，《和平与发展》2012 年第 1 期。

②　江时学：《欧洲债务危机前景及其对中国的影响》，《经济研究参考》2012 年第 61 期。

③　王艳：《欧债危机再升级的发展趋势评估——基于意、西及欧元区外围国家债务问题的分析》，《国际经济合作》2012 年第 9 期。

④　温军伟：《欧元区主权债务危机与欧元的前景》，《金融理论与实践》2012 年第 1 期。

⑤　Bergsten, C. F. "The Coming Resolution of the European Crisis." Peterson Institute for International Economics, Policy Brief 12 – 1, 2012（1）.

⑥　余永定：《欧洲主权债危机和欧元的前景》，《和平与发展》2010 年第 5 期。

⑦　张健：《从欧盟债务危机管理看欧洲一体化前景》，《现代国际关系》2012 年第 2 期。

⑧　钱小平：《综述：欧洲应对金融危机的挑战》，《欧洲研究》2009 年第 1 期。

⑨　陈新：《欧债危机：治理困境和应对举措》，《欧洲研究》2012 年第 3 期。

身也将需要资本重组。届时欧洲央行很可能被迫通过印钞来实现自身的资本重组，[①] 这对欧元及欧洲一体化进程来说也都非利好。德国作为欧元区内具有举足轻重地位的支柱国家，除非其采取针对经济弱国更加合作的态度，否则欧元区将极有可能归于终结，欧洲一体化进程也将寿终正寝。[②]

第三种属于谨慎态度，认为欧洲主权债务危机将考验欧元体系的稳定性和未来发展战略。欧盟今后的改革与发展，不仅将影响欧洲一体化进程，而且将对国际政治经济格局的演变带来深远的影响。（周茂荣、杨继梅，2010；王辉，2010）如果欧债危机处理不妥，希腊等国退出欧元区的代价巨大；若要渡过难关，则需一揽子计划来稳住市场信心，这可能包括欧洲央行扩大购买主权债务数量、弱国有序债务重组以及让渡部分财政主权等。[③] 有学者认为，欧债危机对欧洲一体化进程的影响利弊参半，不利因素包括：债务还本付息、无法由贬值促出口、财政紧缩、决策机制缺陷、民意反对等；有利因素包括：欧元区仍保持经济增长、欧洲金融稳定工具扩容、强化经济治理、欧洲央行积极作为、一致的政治决心等。[④] 对于欧洲国家来说，解决欧债危机面临着两难选择：一是债务货币化和对通货膨胀的担忧，二是保证经济增长和财政紧缩之间的平衡。如何处理好这种两难选择问题，将对欧洲一体化进程产生重要影响。（任若恩，2012）

除此之外，欧洲一体化还面临着"三反三保"的威胁，也即"反解体、保成果，反衰退、保增长，反民粹、保多元"。解决这些问题的根本之道在于实现欧洲的自主性经济增长，同时进行深刻的经济社会体制改革，最终提高欧洲的经济竞争力。（冯仲平，2011）也即，尽管欧盟前进阻力增大，但欧洲国家放弃一体化转而走回头路的可能性不大，欧盟特别是欧元区内部在经济和财政政策上的协调力度已经开始并将继续加大，欧洲一体化将进入一个新的发展阶段。[⑤]

---

① Rogoff, Kenneth. "A Gravity Test for the Euro." http://www.project-syndicate.org/commentary/rogoff86/English, 2011.11.03.

② 阿尔伯特·施魏因贝格尔：《欧债危机：一个德国视角的评估》，孙彦红译，《欧洲研究》2012年第3期。

③ 汪涛：《欧债危机的出路》，《国际经济评论》2011年第6期。

④ 江时学：《影响欧债危机前景的利弊因素》，《经济研究参考》2012年第30期。

⑤ 张健：《从欧盟债务危机管理看欧洲一体化前景》，《现代国际关系》2012年第2期。

四　中国的立场与危机的启示

（一）中国的态度

学者对中国是否应帮助欧元区渡过危机存在着广泛讨论，争论也比较激烈。主要分为以下三种观点：一是支持派。金融危机爆发之初，欧元区对中国的出口增长仍很迅速。2009—2010 年，欧元区对中国名义出口和实际出口分别增长 170% 和 90%。但 2011 年 6 月成为欧元区对中国出口增速下滑的拐点。鉴于欧债发展态势以及对欧债未来发展的判断，有学者建议中国应增加从欧洲的进口，同时增加对欧元区的直接投资。（朱一平，2012）中国对欧伸出援助之手有利于深化中欧全面战略伙伴关系，也有利于提升中国的国际地位。（余永定，2010；江时学，2012）二是反对派。中国作为世界上最大的发展中国家，做好自己的事情就是对世界最大的贡献。中国对欧盟的救助犹如杯水车薪，难以起到力挽狂澜的作用。欧洲内部的事情，最终还是要由其自己解决。[1] 三是有条件参与派。如果欧元区领导人对经济进行根本性的结构改革，并发行统一的欧元区债券，中国则应该大量购买，以支持欧元区渡过债务危机。这不仅对欧元区经济有益，对稳定世界经济形势、避免世界经济陷入大衰退有益，也对中国经济自身发展有益。（张严柱、王天龙，2012）

（二）危机对中国的警示

欧洲债务危机的爆发虽抑制了中国的出口需求，使中国的经济增长有所放缓，但也并非有百害而无一利。危机促使中国政府放缓紧缩的经济政策，推迟加息及进一步调控房地产市场，还为人民币汇改创造有利时机。[2][3] 危机爆发以来，中国采取了很好的财政和货币政策措施。中国增长模式对全球重新平衡和支持欧洲渡过债务难关贡献重大。[4] 随着经济全球化，各国之间的联系日益增强，欧债危机的爆发不仅影响到欧洲，而且使世界经济都产生震动。中国虽暂时不会出现主权债务危机问题，但此次

① 杨斌：《美欧债务危机、金融动荡与中国应对策略》，《开放导报》2012 年第 1 期。
② 中国社会科学院欧洲研究所课题组：《希腊主权债务危机的由来及其对中国的影响》，《欧洲研究》2010 年第 4 期。
③ 沈建光：《欧洲债务危机对中国并非全是负面影响》，《财会研究》2010 年第 11 期。
④ 梅兰德：《欧洲债务危机对欧洲经济的影响》，《经济研究参考》2012 年第 18 期。

危机还是为中国政府债务敲响了警钟。[①] 中国应合理判断政府债务规模的发展规律及趋势，严格控制债务规模的增长，完善债务结构，建立行之有效的稳定基金，将能有效地防范债务危机的发生，保障国家经济安全、稳定、高效运作。具体而言：一是应高度重视政府债务问题；（陈继勇，2012）二是强化内部结构调整，转变以往依赖出口拉动经济增长的发展模式，[②] 有效促进内需增长；三是完善社会保障制度时，避免福利水平过高；四是审慎考虑建立或加入亚洲共同货币区。[③]

（本章执笔人：贾中正，助理研究员。中国社会科学院世界经济与政治研究所《世界经济》编辑部。）

---

① 陈燕飞、杨明：《欧债危机对欧元区国家政府债务影响的实证研究》，《世界经济与政治论坛》2012 年第 4 期。

② 张宇燕、田丰：《新兴经济体的界定及其在世界经济格局中的地位》，《国际经济评论》2010 年第 4 期。

③ 鲁敏：《欧债危机的成因分析及对中国的影响》，《经济研究参考》2012 年第 53 期。

第 七 章

转型经济学

　　迄今为止，包括中国在内的计划经济向市场经济的全面转型已有三十年的时间。作为人类社会中的体制和制度性的历史性变革，计划经济的退出和市场经济转型以及由此引发的全球制度变迁，转型对全球政治经济格局所产生的影响极为深刻。又由于人类发展史上从未有过从中央计划经济向市场经济的变革，所以 20 世纪 90 年代以来的这场历史性的制度变迁，引发了世界各国学术界和理论界的探讨。不仅中国的研究者、而且西方经济学家都认为，20 世纪计划经济的问世与退世，是"人类历史上最重要的经济试验败笔之一"，① 中央计划经济的兴起和衰落，是 20 世纪最为重要的历史事件。因此，中央计划经济向市场经济的转型，始终是经济学家、历史学家和政治学家所关注的一个重要话题。

第一节　转型经济学的形成、发展与演变

　　转型经济学（Transition Economics）作为一门新兴学科，它是在 20 世纪末迅速发展起来的以中国和苏联、中东欧等国家的经济转型实践为主要研究对象的一个新的经济学研究领域。该研究领域的诞生和迅速崛起，缘于中央计划经济向市场经济转型的特殊性。苏联、中东欧和中国等国家在 20 世纪后期所发生的转变传统计划经济体制的重大变革，在短短的三十年时间里，就实现了市场经济制度的建构，成为西方发达国家几百年不断发展的市场经济进程中的一个缩影。这其中的巨大变化无疑具有重要的研究价值，也因为这一制度变迁为人类历史上前所未有，使得转型经济的

---

　　① 　热若尔·罗兰：《转型与经济学》，北京大学出版社 2002 年版。

学术研究对象能够与经济学的其他分支学科加以区分、从而形成一个独立的经济学分支学科加以研究。

一　转型经济学的形成

转型经济学研究的发展与其研究对象的现实进程密切相关。从学科的角度看，转型经济学是伴随 20 世纪 80 年代中后期世界范围计划经济体制的改革、过渡、转型、市场经济形成和发展，逐渐形成的一门新兴的经济学学科。转型经济学（过渡经济学、转轨经济学）试图解释世界范围内进行的经济体制与制度的转轨与新制度的形成特点，其研究对象是苏联、东欧及其包括中国和越南在内实行计划经济国家向市场经济的过渡与转型。[①] 中国的一些研究者认为，转型国家的经济转型具有不可逆转性、过渡性和阶段性等特征；代表经济转型的阶段性转换的标志，可称作经济转型进程中的"转折点"。[②]

对于转型经济学的学术研究分期，我们主要依据转型国家的经济改革、经济转轨、制度变迁、市场经济制度确立、新制度安排、经济增长与发展状况等加以综合考察。

第一阶段为计划经济的体制改革时期：转型国家中对苏联经济体制的改革与批判。实践证明，中国的经济体制改革实践先于苏联。1978 年以后到 80 年代，中国率先进入改革开放的新时期，在解放思想、破除计划经济体制弊端、探索新的经营方式、走向市场经济等方面起步更早。在这样的背景下，我国的学者们较早地对苏联模式及其经济体制进行了学术批判，其视角是从中国经济改革看苏联经济改革及其经济模式的弊端。

苏联的经济改革探索自 1957 年赫鲁晓夫推行"工业建筑业管理改组"到 1987 年戈尔巴乔夫推行企业"三自一全"，其经济改革历经大约三十载。这期间，还应看到，当时无论是苏联或是东欧国家，尚无人提出

---

① 转型国家主要包括独联体国家（俄罗斯、白俄罗斯、乌克兰、阿塞拜疆、亚美尼亚、格鲁吉亚、哈萨克斯坦、吉尔吉斯斯坦、摩尔多瓦、塔吉克斯坦、土库曼斯坦、乌兹别克斯坦）；波罗的海三国（爱沙尼亚、拉脱维亚和立陶宛）；中欧四国（波兰、匈牙利、捷克和斯洛伐克）；巴尔干半岛八国（保加利亚、罗马尼亚、克罗地亚、马其顿、阿尔巴尼亚、斯洛文尼亚、波斯尼亚和黑塞哥维那、南斯拉夫联盟共和国）。此外，还包括中国、越南、蒙古等。

② 参见吕炜《经济转型过程中的转折点研究》。该文主要研究了中国经济转型过程中的转折点问题，见《经济学动态》2003 年第 6 期；以及景维民、孙景宇等：《经济转型的阶段性演进与评估》，经济科学出版社 2008 年版，第 18 页。

根本取消公有制和实行非国有化与私有化以及完全的市场经济。最终，苏联政府当时所提出的各种诸多改革方案，都以失败而告终。我国学者关于苏联经济改革的分析，主要集中在以下几个方面：

第一，对苏联经济弊端及其改革失败原因的探讨。一些学者对于苏联经济管理体制的根本弊病进行批判，认为，早在 20 世纪 60 年代初期，苏联一些经济学家就曾提出比较激进的经济改革理论。然而在当时的历史背景下，苏联领导人和主流经济学界为这一改革定下不触动原有管理体制的基调，并对所谓"市场社会主义"进行批判，市场经济在理论与实践中不被接受。例如，在计划调节与市场调节方面片面强调计划的决定性作用，未能有效地发挥市场机制的作用；它排斥商品货币关系，忽视价值规律的作用，否定对市场机制的利用，因而造成经济管理过分集中；苏联经济管理体制的重大弊病，是管理机关的严重官僚化，存在着管理者与劳动者的尖锐对立。① 还有学者提出，苏联传统经济管理体制的最主要弊病集中于产品经济模式，产品经济模式的一个突出特点，是整个经济生活的国家化。这是上述种种经济矛盾的重要根源。由于苏联对旧体制基本矛盾缺乏深刻认识，改革始终未触动所有制关系和产权关系，使改革没有明确的目标模式，这就决定了苏联经济改革只能是方法性的、修补性的。

第二，苏联粗放型经济导致短缺经济和经济危机的形成。苏联时期，在经济体制中存在着一系列的制约因素和障碍机制，其中，苏联粗放型经济和短缺型经济曾受到了学术界的广为批评。至于其原因，许多学者都指出了苏联当时的扩军备战和与美国进行军备竞赛，而持续冷战的国际环境，也是苏联当局奉行军事优先行动准则的背景。苏联粗放型经济的突出弱点是投入多而产出少。在战前的国家工业化时期，苏联经济曾是高速度增长的，但效益却不高。在西方科技革命迅速发展的条件下，苏联的粗放型发展的弊端和矛盾日益突出，从而使苏联经济的速度与效益不断下降。苏联在"二战"后经济发展的衰落说明，"消耗型"的粗放发展道路必然招致短缺经济和经济停滞，最后出现经济危机。② 还有的学者采用总和要

---

① 林水源：《苏联的经济改革及其发展趋势》，《世界经济》1984 年第 1 期；王金存：《苏联经济改革失败的原因和后果》，《东欧中亚研究》1992 年第 3 期。

② 参见杨庆发《苏联粗放型经济的历史局限：短缺型危机的深层次因素》，《世界经济》1992 年第 6 期。

素生产率和投入产出方法，得出苏联经济增长轨迹自始至终都是低效率的结论；提出制约经济增长方式转换的五点因素；苏联经济增长与发展道路的独特性，以此说明，苏联模式的经济从来就不是求发展、高增长的路径。①

第三，苏联解体后，我国很多学者提出并论证：经济体制的弊端和经济改革的失败是苏联剧变和苏联解体的一个重要原因。我国的学者们普遍认为，苏联的经济改革没有能够触动其传统经济体制，传统经济体制的弊病根深蒂固，并未得到改革。几十年来，高度集中的行政管理的苏联经济体制模式不仅没有根本改变，而且其矛盾和弊端日益加深，这种经济体制的理论基础在于把价值、利润、市场、竞争等商品经济的范畴，视作资本主义的残余加以排斥，把完成国家计划规定的产量任务，作为企业生产经营活动的根本目标及衡量企业和各级经济组织经营成果的根本尺度。② 也有学者认为，苏联经济体制老化，缺少经济活力和动力，改革又推不动，是苏联经济体制改革失败的主要原因。③ 在苏联解体过程中，向市场经济过渡的提出、经济非国家化和私有化的推行，标志着原体制模式的彻底瓦解。

从经济体制的角度，有学者提出，被统称为"斯大林模式"经济体制的弊端，国内外学术界曾有过详尽的评述与概说。我国学术界多从所有制结构、指令性计划、行政管理体制等方面进行概括；西方学者则认为它是一种共产主义模式，主要有行政命令、军事经济、集权体制、军事共产主义模式等若干种界说。实际上，苏联型经济体制可以归结为"准国家化"的经济体制，即指经济体制的设置、结构、管理、运行及其目标，都服从于国家特定的政治目的，用国家政权——行政机制的强制力、而非经济竞争的压力推动经济运转；国家政权在经济活动中起决定性作用，政治权力取代或排斥了经济权力的独立性，是追求国家政治利益而非经济效益；整个社会经济关系国家化使国家能够实现社会政治和经济活动的垄断，导致社会丧失前进动力和体制效率，这乃是苏联经济瓦解的根源

---

① 田春生：《苏联经济增长方式的转换及其教训》，《世界经济与政治》1997 年第 12 期。

② 罗肇鸿：《略议苏联解体的经济原因》，《华东师范大学学报（哲学社会科学版）》1994年第 5 期。

③ 王金存：《苏联剧变的经济体制因素》，《东欧中亚研究》1997 年第 6 期。

所在。①

从苏联剧变的深层原因的角度，有学者分析指出，相对于戈尔巴乔夫等人的错误政治路线，苏联解体的直接原因主要有二：一是改革长期推不动，使苏联经济体制丧失生机；二是苏共不注意自身建设，逐渐丧失了先进性和生机。这两者结合，导致了苏联政治经济总危机。苏联经济改革之所以长期推不动有多方面原因，最大的阻力还是苏共自身的特殊利益集团，它既是其经济体制丧失生机的根源，又是苏共蜕变的重要表现之一。②

第二阶段为20世纪80年代末到90年代，市场经济初创时期。这一时期是转型国家从改革走向转型的时期，也即经济转型的启动与推进阶段。转型国家的主要任务不仅是实现经济转轨与制度变迁，而且也在实践中探寻适合各国国情的转型政策、路径、理论与目标。在这一转型初始阶段，东欧剧变，苏联解体，"休克疗法"推行，计划经济瓦解，市场经济初创。转型启动后，一些国家进入了"制度性危机"和"转轨型衰退"的时期。在前苏东国家"休克疗法"全面推行，随之出现了深度经济衰退。由于制度结构、利益结构和意识形态结构的剧烈重构，造成转型国家出现严重的社会经济动荡。从俄罗斯和中东欧转型国家的经济看，俄罗斯和中东欧经济"转轨型衰退"最为严重，经济大幅度下降并几近崩溃。这一时期，苏联和中东欧国家的经济、政治、社会和意识形态等领域同时发生制度性变化，中国在80年代经济改革的推动下，以邓小平南方谈话为基础，明确提出建立市场经济的目标。由于中国的经济改革早于俄罗斯和中东欧，特别是被肯定的中国"渐进式"的改革方式，中国在经济改革进程中没有出现经济衰退，而是表现出持续的快速增长。这使得中国的学者在研究俄罗斯和中东欧经济转轨问题时，不仅对俄罗斯和中东欧经济转轨的进展、问题、现实及其绩效进行研究，而且也对中国、俄罗斯和中东欧的经济转轨进行比较研究。当时，中国学术界及国际研究的基本看法主要是，肯定中国的被称为的"渐进式"的转型道路，并分析以俄罗斯为代表的"激进式"的转型路径与"休克疗法"的经济政策。

---

① 田春生：《论苏联经济模式瓦解的体制原因》，《经济社会体制比较》1992年第4期。

② 王金存：《苏联剧变深层原因初探》，《世界经济与政治》1997年第7期。

第二阶段是 20 世纪末到 2008 年的国际金融危机之前。这一时期是大多数转型国家市场经济制度基本确立、市场化进程不可逆转、市场经济的政策、路径与国家发展取向都已确立并开始运行的时期。这一时期转型国家表现出的基本特征是：（1）尽管各国的转型政策与策略、发展路径与制度模式不尽相同，但大多数转型国家的市场经济框架已经确立；（2）市场经济的政治、法律和意识形态的制度框架与市场环境基本形成；（3）转型国家以市场经济为基础的运行机制开始发挥作用，经济走出了"转轨型衰退"并实现了经济增长，经济秩序恢复正常，更多国家加入世界经济组织并融入全球经济。标志性事件是：东欧 10 国加入欧盟；俄罗斯确立了普京新政，以及治理国家的"可控的民主"与"可控的市场"，美国与欧盟等国承认俄罗斯市场经济地位；中国确立和完善社会主义市场经济。从这一时期转型国家的经济实绩看，转型国家中的中东欧、俄罗斯等国已经摆脱"休克疗法"，确立了符合自身国情的发展模式与道路。

第三阶段是 21 世纪中后期，或者也可以说，从 2008 年国际金融危机至今。这一时期，绝大多数转型国家已经成为正常的市场经济国家。学者们逐渐对经济转型的方式、道路、理论、发展前景等有了进一步的认知。在看法上，人们不再强调"唯一的道路、唯一的模式和唯一的方法"，因而，一些学者开始超越"激进"与"渐进"孰优孰劣的争论，而更多地关注在转型可行性中的多种可能及其选择的条件与背景。在研究范畴上，学术界较多地关注对经济转型自身的理论解释，将研究重点从转型的制度变迁转向渐进运行层面的经济增长与经济社会的稳定。[1] 一些学者提出，现实世界的市场经济所表现的多样性，使经济转型的收益变得不可确定，这导致经济转型结果的不确定性。[2] 另外，在这一时期，从历史发展的逻辑与理论上说，随着经济转型的日益深化与市场制度的不断完善，转型国家逐渐确立了与市场经济相适应的政治与法律制度和市场经济体系。因

---

[1] 参见景维民、孙景宇《转型经济学》，经济管理出版社 2008 年版，第 3 页。

[2] 景维民、孙景宇：《转型经济学》，经济管理出版社 2008 年版，第 3 页。以景维民为学术带头人的研究团队致力于转型经济学的研究，发表了一系列具其风格与见解的学术专著。例如，《转型经济学》、《经济转型的阶段性演进与评估》（经济科学出版社 2008 年版）；孙景宇：《国际维度下的经济转型——理论研究与战略选择》，经济科学出版社 2007 年版。其中，经济转型的阶段及其划分以及对于经济转型各个阶段特点与规律的分析，是其对转型经济学的创新之一。

此，在这一时期，学术研究将主要的问题集中在转型是否已经终结，以及转型经济学的未来定位方面。但是，对于转型是否已经终结这一问题，在转型经济研究的理论与转型国家的现实中，始终存在着分歧。其中的一个主要原因就是，受 2008 年国际金融危机的影响，俄罗斯和中东欧个别转型国家经济出现较大波动与下滑，一些国家出现这样那样的一些问题，有的学者重又质疑这些国家的转型是否终结的问题。这里值得讨论的是，转型后的国家经济出现波动与经济增长下滑，是否可以将其原因归结为转型尚未终结，能否将经济波动作为衡量转型终结的标准？如果说正常市场经济国家也有经济波动和危机的表现，那么又如何看待转型国家所出现的经济波动与下滑现象？

二　转型经济学的研究对象

作为经济学的一个新兴学科和重要分支，转型经济学的研究对象是由它的形成背景、研究主体和特殊目的所决定的。究其实质，转型经济学研究计划经济向市场经济的过渡、转轨与转型问题，是研究一种经济制度向另一种经济制度的过渡，即中央计划经济体制与制度的变迁与市场经济的制度安排，包括过渡与转轨的方式、路径、绩效、模式与发展前景等。

什么是"经济转轨"？我国的学者们对于经济转轨的理解不尽相同，但具有基本共识的几点是：（1）经济转轨特指 20 世纪人类社会中一次由计划经济向市场经济过渡的改革运动，尽管各国进行经济转轨的初始经济条件有差异性，但引发经济转轨的基本原因是相同的，即长期的经济低效率和经济增长停滞；（2）制度结构作为经济转轨的因变量，意味着从一个旧的制度结构过渡到一个新的制度结构。尽管各国的体制改革的目标模式不尽相同，但总体目标是相同的，即从计划经济转向市场经济；（3）经济转轨启动后，各国争取尽快为经济增长提供一个高效率的均衡的制度安排。[①] 这样的经济转轨是由一系列政策措施推动的、有目的受控制的经济及其制度的变迁过程。

由于从计划经济向市场经济的转轨与转型是一个不断发展的过程，根据这一过程看，在 20 世纪 90 年代，学术界对于经济转轨的研究主要围绕

---

① 冯舜华、杨哲英、徐坡岭等：《经济转轨的国际比较》，经济科学出版社 2001 年版，第 35 页。

各转型国家转轨的过程、政策、路径和现实进行研究，其重点是转轨初始阶段的"三化"，即自由化、私有化和稳定化（或者也有的称为"四化"，即其中还包括"制度化"）。20 世纪末期，随着中东欧和俄罗斯宪政制度的确立，对于与转型相关度最高的制度（Institution）问题的研究，则成为我国学术界关注与研究的重点内容，包括政治制度在内的制度变迁是经济转型的最基本内容，"经济转轨是在实质性改变旧制度的基础上，引入全新制度安排的过程"，[①] 因而也是经济转型理论研究的重点。当转型国家从计划经济向市场经济的转轨基本实现后，一些学者仍然强调转型经济学的研究对象和特有概念，将计划经济向市场经济过渡的转型研究，扩展到更为宽泛的研究内容。这之中，转型的概念已经从经济体制由计划经济向市场经济的转型，即市场化，扩大为由传统社会向现代社会转型，即现代化；经济由封闭向开放的转型，即国际化，[②] 等等。

在学术表述与研究中，一些学者在转型过程中特别是在转型的初期以及对不同的国家，没有对改革、过渡、转轨与转型这几个概念严格区分。这是因为，在 20 世纪 90 年代到 20 世纪末期，中国甚至国际学者们都对计划经济改革和过渡的方向不确定，不能断定转型的目标是建立市场经济制度。但是，对于苏联和东欧，改革与转型具有完全不同的意义。"改革"一词，在苏联东欧国家指的是对计划经济高度集中的经济体制进行改革，这一改革早在 20 世纪 50 年代在东欧和苏联就不断进行探索，但主要的目标是针对计划经济的弊端，并不具有"市场经济"的明确目标指向。在苏联剧变前（从赫鲁晓夫到戈尔巴乔夫）都用经济体制"改革"一词，但从叶利钦时期开始，俄罗斯开始采用经济体制"转型"。叶利钦的解释是，改革的焦点是调整与完善现有制度，而转轨是改变制度基础的过程，转轨是要通过完全的制度替换和建立新型的经济关系来废除以前的制度。显然，叶利钦时期俄罗斯推行的是转型。[③] 中国在 80 年代所进行的改革也是针对指令性计划经济。在 20 世纪末期，当转型国家普遍认识到"改革"已经不能克服计划经济的弊端，而市场经济是人类社会发展

---

① 郭连成、唐朱昌：《俄罗斯：经济转轨路径与效应》，东北财经大学出版社 2009 年版，第 22 页。

② 景维民、黄秋菊：《转型经济学的学科定位与展望》，《东岳论丛》2010 年第 3 期。

③ 陆南泉：《俄罗斯缘何推行激进"休克疗法"经济体制转型?》，《苏东剧变之后——对119 个问题的思考》（中），新华出版社 2012 年版，第 499—502 页。

的规律性阶段和改革的终极目标，在转轨的实践中，向市场经济转型并确立市场经济制度安排时，转轨和转型的概念最终被转型国家所接受，市场经济成为转型各国替代计划经济的新制度安排。在学术研究中，"转型"和"转型经济学"的广泛使用，是在著名学者热若尔·罗兰的《转型与经济学》一书问世之后。以后时期，当转型国家的市场经济基本确立、中国学术界开始讨论转型是否终结的时候，我们认为，"改革"、"转型"等词语的运用，已经不是原生意义上的从计划经济向市场经济的转型，而是具有了更为广泛、更加宽泛的内涵和意义了。

三　转型经济学的基本内涵

从经济改革的一般意义上理解，转型国家出于计划经济的效率困境和体制弊端而推出的、旨在改善计划经济运行的改革措施，这是经济转轨和转型经济学的源头。从社会主义国家向市场经济过渡的演进路径看，大致经历改革——过渡——转轨——转型——制度变迁——新制度的建设与确立这样的大致过程。从学科发展的角度看，转型是最能准确表达这一研究领域和对象的术语。不同的转轨经济学家对改革、过渡、转轨与转型等概念作过界定和区别，从学者们对这些基本概念和内涵的解释来看，第一，所有概念皆指对计划经济的批判，并实现计划经济的改革和向市场经济的过渡；第二，它们的内涵都带有市场化的共性，即特指从计划经济向市场经济的转轨与转型过程；第三，市场化改革的核心在于，实现所有制改革和宪政制度的改革、价格和贸易等的自由化、构建市场经济制度；第四，向市场经济的转型过程包括两个重要方面：经济市场化和政治民主化。

中国学术界对于转轨、转型的研究，不仅是对于中国、俄罗斯等国转型实践的总结，同时也受国际学者关于转型经济学的研究与观点的影响。诸如"华盛顿共识"、"后华盛顿共识"等的转型经济学理论政策，深刻地影响着国内转型经济学研究的走向。对于中国转型经济学研究产生深刻影响的学者及其观点是热若尔·罗兰2002年出版的《转型与经济学》，由于其中对中国的经济转型给予了较大篇幅的肯定性论述，因而受到中国学者们的高度关注，它在一定程度上加速了中国转轨经济学研究向转型经济学研究的转变。另外，从对中国的转型与市场经济质疑的方面看，萨克斯、胡永泰和杨小凯批评了被许多转轨研究者所忽略的经济改革与宪政转轨之间的关系，认为渐进主义观点之所以占据优势，是源于经济学家对宪政转轨与经济转轨的认识。① 同时，一些国际学者用改革初始条件的差异来解释中俄两国不同的转轨道路，这引起国内外学者对中国和俄罗斯等经济转型问题的激烈论争，以及对中国转轨经济学的研究产生影响。

在转型经济学的发展和形成过程中，通常涉及几个重要的概念，即：改革、过渡、转轨和转型往往被研究者加以运用。一般看，人们把关于经济转型范畴的研究，称为"过渡经济学"、"转轨经济学"或者"转型经济学"，它们之间相互关联。但是，也有许多学者对于这几个概念进行了细分，对于转轨与转型的区别与联系进行了阐述。一些学者列举邹至庄的论述，认为转轨与转型都是研究经济体制的变化。区别在于，前者传递的概念，是经济处于一种向某种理想状态，如特定的市场经济过渡的暂时状态；而后者研究的是经济转型的过程，并不包含一个众所周知的最后阶段的概念。"转型比转轨能更好地描述中国经济的变化，转轨是指改革过程将达到一种明确的和最终的状态"。②

总的来看，从共性的角度，更多学者认为，改革、过渡、转轨和转型概念的核心内涵是一致的，都是指从计划经济向市场经济的变革过程。以俄罗斯的经济转轨的目标取向为例，我们看到，俄罗斯经济转型具有明确的市场经济制度目标。第一，实现经济自由化，消除国家对经济活动的限制和对资源的垄断。第二，推动制度变革。俄罗斯在转轨过程中的制度变革包括：一是通过私有化改革传统的所有制关系和保护所有者的权力；二是形成市场经济下的行为主体；三是制定市场经济活动规则，并颁布相应的各种法典和经济法规；四是建立国家调节经济的制度、原则和法律。第三，构建市场经济的基础和结构，包括各种类型的市场体系。第四，形成开放型经济，融入经济全球化。第五，实现宏观经济稳定。第六，促进经济非垄断化和鼓励竞争。第七，加强国家对经济的调节作用。③

从差异性看，研究者在对于经济转型问题进行学科综述的过程中，都会涉及对于这些概念的解释，由于学者们对各自阐述的问题角度不同，对

---

① 萨克斯、胡永泰和杨小凯：《经济改革与宪政转轨》，《经济学（季刊）》2003 年 7 月第 2 卷第 4 期；最早发表于 1999 年，由李利明翻译后发布于中文网站，2000 年又作过修改。http：//www. yannan. cn.

② 关于转型经济学及其相关的概念解释，参见张建君《经济转型与中国的转型经济学》，《甘肃理论学刊》2008 年第 9 期。

③ 郭连成、唐朱昌：《俄罗斯：经济转轨路径与效应》，东北财经大学出版社 2009 年版，第 29—32 页。

于这些概念的认识也有差异。有学者指出，由于转轨和转型都是围绕从计划经济体制向市场经济体制转变所引发的经济现象，长期没有得到很好的区分，使得国内外转轨和转型混淆使用的情况没有得到根本改善，对于其中的共同内容和不同主题区分不够明确。因此，国内外的转轨经济学和转型经济学领域存在严重的理论观点混乱的现象。[①] 有分析指出，改革、转轨和转型有不同的内涵，转轨经济学和转型经济学有不同的理论范式和研究对象。它们各自所凸显的重点并不相同。[②]

第二节　转型经济学讨论与研究的主要问题

转型与转型经济学的学术发展历史并不长，真正对于转型与转型经济学加以研究的时期，是 20 世纪 90 年代到 21 世纪这一时期。由于转型经济学科是一门新兴学科，在该研究领域，许多问题在学者之中并没有形成一致的看法，一些观点尚需经历历史的检验，因此，该学科中的很多看法都缺乏共识。为了能够表述我国学术界对于转型与转型经济学的讨论，我们将这一时期研究的重要问题加以阐述。

一　经济转型的初始方式与演化路径：激进（休克疗法）或是渐进（演进—制度观）[③]

经济转型的成效与经济转型的路径相关，转型路径主要涉及转型的速度、道路、次序等，对于从计划经济向市场经济过渡的方式、速度、次序、目的、政策、道路等，就成为转型经济学不可回避的争议焦点。过渡、转轨或转型经济学的形成发展，与转型国家的实际演变过程与现实有着密切的关系。转型伊始，各国对以何种方式、是采取渐进式还是激进式实现转轨争论不休。由于没有前人的经验可资借鉴，也缺乏一定的理论指导，对于这样前无古人的历史性的制度变迁，包括俄罗斯等转型国家最初采纳了西方主流经济学家给出的"药方"，转型国家向市场经济的过渡必

---

①　张建君：《中国转型经济研究的文献回顾与理论发展》，《山东社会科学》2007 年第 7 期。

②　周冰：《基于中国实践的转型经济学理论构建》，《学术研究》2008 年第 3 期。

③　"演进—制度观"是基于中国以及越南的转型之路而得出。这种转型的政策、路径及其指导思想，被西方学术界称为"渐进—制度观"。

须采取激进的方式，不可能两步跨越一道鸿沟，渐进式改革难以成功。大部分国家听从了国际金融组织与西方学者的建议，推行基于"华盛顿共识"的"休克疗法"（也称"大爆炸"）方式，全面与迅速地建立市场经济体系。它被认为是"激进式"的转型方式，在俄罗斯转型的前十年广为采用；而对于中国及越南的经济转型方式，则被认为是"渐进式"的制度—演进方式。中国经济转型的"渐进式"特征是：（1）先行推进经济改革，后进行政治改革，或者说是在经济改革中相应推进政治体制改革；（2）先进行经济运行机制的改革，后推进所有制改革，即使是经济运行机制的改革，也是先实行计划内和计划外的双轨制后并轨；（3）对所有制改革，采取先发展多种非公有制经济，后推进公有制内部的改革方式。①

　　"休克疗法"是俄罗斯等转型国家的初始转轨方式，它是我国学者对转型与转型经济学研究的一个重点问题。由于"休克疗法"的推行，导致俄罗斯等国出现严重"转轨型危机"或"转轨型衰退"，被中国学者广为诟病。因转轨导致的经济衰退表现为：经济停滞和经济增长大幅度下滑，因价格自由化带来物价上涨和通货膨胀，人民生活水平大幅度下降和失业人口急剧增加，贫富分化严重以及经济和社会秩序的混乱。大规模的私有化是俄"休克疗法"的核心内容，其私有化计划是先推行小私有化，后进行大私有化。俄罗斯的大私有化经历了大致三个阶段：证券私有化、货币私有化和个案私有化。到2000年底，国有企业和市政企业的比重占总数的11%，非国有企业占到89%（其中私有企业占75%）；在资产比重上，国有与国有控股的资产占资产总量的42%，非国有资产占58%。因此，俄罗斯政府认为，至此俄罗斯前一阶段经济改革的任务已经基本完成。② 其严重后果正如有的学者指出，"私有化过程中国有资产大量流失。私有化后出现的新企业主61%曾经是党、政府和原国有企业的精英成员"，"私有化的一个结果是寡头政治的出现"。③

---

　　①　洪银兴：《中国经济转型和转型经济学》，《经济学动态》2006年第7期。
　　②　关于俄罗斯的私有化及其问题的论述，参见冯舜华等《经济转轨的国际比较》，经济科学出版社2001年版，第七章第196—209页；景维民等：《转型经济学》，经济管理出版社2008年版，第114—125页；许新：《转型经济中的产权改革——俄罗斯东欧中亚国家的私有化》，社会科学文献出版社2003年版。
　　③　李建民：《俄罗斯私有化的进展与现状》，《俄罗斯中亚东欧研究》2003年第1期。

　　"休克疗法"方式转轨对俄罗斯等国的经济转型产生了严重影响。关于俄罗斯和中东欧一些国家推行"休克疗法"的背景、原因、效果等，中国学者有着比较充分的论述与分析。很多学者的论述表明，俄罗斯和一些中东欧国家政府当初决定实行"休克疗法"式的激进转轨，其原因十分复杂。[①] 对于采取激进转型的俄罗斯来说，其一，激进式改革方案的选择实乃当时国内形势所迫，斯大林之后的苏联历次经济体制改革都未取得成功，以激进的方式开始转型是俄罗斯多年来没有成效的渐进改革的逻辑发展。其二，由于受"转轨型衰退"的影响，当时俄罗斯的国家行政管理体系已开始崩溃，政府通过有效地、逐步地实行物价改革已不可能，采用激进式改革方案为迫不得已，"休克疗法"在某种意义上是一种危机应对策略，以应对俄罗斯等国当时严峻的经济和金融形势、其货币面临大幅贬值和恶性通货膨胀。其三，通过激进改革尽快摧垮传统计划经济体制的基础，使得向市场经济的转轨变得不可逆转。在激进改革者看来，激进式改革方案的改革成本更低。采取一步到位的方式，能够以尽可能快的速度将旧体制打破，按照目标模式的最优方式重新构造经济体制；在民主派看来，必须加速经济体制转轨进程，特别是要加快国有企业的私有化速度，从根本上摧垮以国有制为基础的计划经济体制，最后达到体制转轨不可逆转的目的。其四，政治局势也是促使新执政者推行经济激进转轨的一个重要因素，同时俄罗斯对政治制度及其市场经济制度具有的强烈诉求。有的学者指出，"休克疗法"的政策设计是激进民主派巩固到手的政治权力的需要，在政治权力角逐中胜出的激进民主派，需要巩固已有的政治权利和建立其需要的政治制度；"休克疗法"正是这样一种适合他们需要的政策。[②] 还有的学者指出，休克疗法虽不是俄罗斯经济政策的全部，但却是迄今政府经济方针和经济转轨方式的象征，是俄罗斯政治斗争的焦点。[③] 其五，国际势力和国际组织的影响。俄罗斯在改革过程中，经济大幅度滑坡，急需外国资金的援助。国际货币基金组织和一些西方国家正是利用援

　　① 陆南泉：《叶利钦时期经济转轨若干重要问题的再思考》，《国际经济评论》2002 年第 4 期；《对俄罗斯经济转轨若干重要问题的看法》，《经济社会体制比较》2010 年第 2 期；庄起善：《俄罗斯 12 年经济体制转轨的分析与思考》，《复旦学报（社会科学版）》2004 年第 4 期；徐坡岭：《俄罗斯经济转轨的路径选择与转轨性经济危机》，《俄罗斯研究》2003 年第 3 期。

　　② 徐坡岭：《俄罗斯经济转轨的路径选择与转轨性经济危机》，《俄罗斯研究》2003 年第 3 期。

　　③ 王金存：《俄罗斯"休克疗法"沉浮与政府经济政策走向》，《当代世界与社会主义问题》1994 年第 1 期。

助来促进其作出激进式改革方案的选择。例如，在俄罗斯实施激进式改革方案之初，西方国家制定了大约 240 亿美元的一揽子援助计划。其中，60亿美元是稳定基金，25 亿美元是延期支付，45 亿美元是国际货币基金组织和世界银行的贷款。总之，"通过激进改革尽快摧垮传统计划经济体制的基础，使得向市场经济的转轨不可逆转"。[①] 期望尽快完成计划经济向市场经济的过渡，尽快确立市场经济制度，以防止旧体制复发，是俄罗斯这样的国家推行激进式转轨最为重要的目的。

中东欧国家推行"休克疗法"的原因与俄罗斯大同小异。研究者们根据中东欧各国的情况分析指出，在东欧剧变之前的经济改革中就曾出现过"目的论"与"发生论"之争，亦即激进改革与渐进改革的争论。曾任捷克总统的克劳斯早在剧变之前，就撰文分析了经济转型的两种方式，一种是小步改革的方式，其优点在于可以避免付出较大的社会代价，缺点在于渐进的改革只会延续现存的结构危机；另一种是休克疗法，许多经济学家认同激进式改革的成功案例，一是"二战"之后德国很快过渡到所谓社会市场经济的成功范例；二是 1987 年波兰政府实行激进价格改革，但由于该计划缺乏必要的社会支持，被全民公决所否决；三是东欧剧变以来，休克疗法在该地区大获青睐，除匈牙利、罗马尼亚外，大部分中东欧国家都选择了休克疗法。[②]

二　理解经济转型演变的思路："华盛顿共识"——"北京共识"——"后华盛顿共识"——"超越华盛顿共识"

经济转型的方式取决于各国所选择的经济转型目标。在转型经济的研究中，随着以俄罗斯为代表的"休克疗法"在大多数转型国家的政策失败，肯定以中国为代表的渐进式转型的观点，在转型经济研究中逐渐占据主流地位。而对于中国转型经济成功和对于俄罗斯休克疗法失败的评价与看法，更多地是将中国的市场改革与俄罗斯的经济转轨相比较所得出的结论。因此，进入 21 世纪以来，对转型经济的研究更多地将研究目标转向了转型经济的政策比较，这一比较所显示的脉络可以是"华盛顿共识"——"北京共识"——"后华盛顿共识"——"超越华盛顿共识"

---

① 　陆南泉：《对俄罗斯经济转轨若干重要问题的看法》，《经济社会体制比较》2010 年第 2 期。
② 　孔田平：《中东欧经济转型的成就与挑战》，《经济社会体制比较》2012 年第 2 期。

的框架。

　　首先，"华盛顿共识"对于转型经济的影响及对它的批评。"休克疗法"是"华盛顿共识"的经典之作。俄罗斯和中东欧等国转轨初始阶段之所以采用"休克疗法"，是这些国家采取以"华盛顿共识"①为基础的经济转型政策。20世纪90年代，在俄罗斯前总理伊戈尔·盖达尔（Егóр Тимýрович Гайдáр）、波兰前副总理莱舍克·巴尔采罗维奇（Leszek Bal-cerowicz）和捷克前总理瓦茨拉夫·克劳斯（Vaclav Klaus）等新自由主义学说追随者的推动下，以"华盛顿共识"为基础的"休克疗法"式激进转轨，得以在俄罗斯、中东欧一些转型国家推行。事实证明，华盛顿共识主导下的改革与转型措施并未收到预期效果，反而对俄罗斯等转型国家带来严重恶果。

　　我国学者们对于以"华盛顿共识"为理论基础的"休克疗法"对转型经济的影响，进行了广泛而深刻的批评。② 以批评性评论为主要内容的论点大致是：（1）照搬西方理论的后果。"华盛顿共识"是照搬西方经济理论与市场模式。20世纪90年代以来，对"华盛顿共识"和"休克疗法"的得与失、利与弊、激进与渐进孰优孰劣等，始终是国际学界和俄罗斯精英们争议的焦点。实际上，它涉及的是转型国家向市场经济转轨的路径的理论论争。俄罗斯转轨初始，不顾国情强制建立自由市场经济为目标的自由市场经济模式，导致经济大幅度下降。俄罗斯当时的盖达尔政府全盘接受新自由主义的观点，迷信市场万能，认为只要转向市场经济就什么都可以解决，计划经济的短缺、衰退将成为历史。因此，不管客观条件如何，硬性、全面、一步到位地向市场经济过渡。③ 在中东欧实行经济过分自由化的模式，而中东欧国家的激进改革派，又过分相信西方教科书式

---

　　① 所谓"华盛顿共识"（Washington Consensus）是指在20世纪90年代初由位于华盛顿的美国政府和经济学精英、国际货币基金组织和世界银行共同制定的、旨在克服一些拉美国家80年代危机的一整套政策建议，它以拉美国家经济转型经验为依据而总结出来。它由曾任位于华盛顿的国际经济研究所（Institute of International Economies）所长威廉姆森（John Williamson，1990）将所谓"华盛顿共识"归结为10个方面，它们是：建立金融规则，重新建立公共开支的优先秩序，改革税制，实现利率自由浮动，建立有竞争性的货币兑换率，贸易自由化，国外直接投资自由化，实现国有企业私有化，废除阻碍新企业进入或限制竞争的各种旧有规则，对财产权予以保障。其中最重要的被认为是私有化、保障财产权及贸易自由化。

　　② 参见田春生：《"华盛顿共识"及其政策评析》，《南开经济研究》2004年第5期。

　　③ 许新：《俄罗斯经济转型模式的选择与反思》，《中国社会科学院研究生院学报》2005年第2期。

的转轨模式，一些经济学家把转轨和转型，以教科书式的方式简单化和公式化地理解并推广。

（2）转轨目标与实现手段之间的矛盾。在 20 世纪 90 年代转型的初始阶段，市场经济转轨的目标被认为是自由市场经济制度，即：实行以私有制和竞争为基础的自由市场经济。在俄罗斯当时的政治体制框架内，这一目标已为其国内多数党派与民众所接受，使这种转轨方向不可逆转成为当时经济转轨的一个主要目标。但是，这种目标混淆了目标与实现目标的手段之间的关系，俄罗斯等国在转型过程中，不仅没有实现经济自由化、私有化带来的经济增长，还使经济出现了严重的转轨性衰退与经济危机。

（3）过分强调转轨的速度。强调经济自由化和私有化的速度、"速度"使转型国家追求一步到位地快速推进自由化、稳定化、私有化和市场化。当时，转型国家中具有普遍性看法是，市场化首要是企业的自由化与私有化，自由化和私有化越快越好，越多越好。还有的学者以中东欧为例，批评中东欧国家所谓"著名的新经济增长三部曲：自由化 + 财政稳定化 + 私有化 = 经济增长"，即：一是在经济转轨过程中不要国家干预，国家干预越少越好；二是在实行经济自由化和私有化时伴以全面的财政紧缩政策，以达到财政稳定；三是在经济实现自由化、稳定化之后，市场机制本身可以自行启动并运转，经济就能活跃而进入稳定增长。[1]

（4）不顾国情的政策误导。"休克疗法"政策不顾国情差异，导致一些国家的转型被误导。各国不同的经济体制及其目标，导致转型的政策与不同的命运。如果认为，只要将产权从政府手中转移到私人手中，实现产权的私有化，同时资源配置方式由中央政府计划转向自由市场配置，就可以实现市场对资源的有效配置。那么，在转型中必然会将政策重点放在快速、激进地推进产权私有化和完全自由的市场化上。一些学者对比分析认为，玻利维亚属于市场经济国家，而俄罗斯属于转型经济国家；玻利维亚是在市场经济体制的基础上实现反危机的目标（主要是反恶性通胀），俄罗斯是要完成经济转轨和反危机的双重任务。一些学者指出，以"休克疗法"启动俄罗斯经济转轨进程虽有其必然性，却不是最佳的选择。"休克疗法"被执行后，导致俄罗斯 1992 年 GDP 下降 19%，通货膨胀率达

---

① 张颖：《中东欧的经济转轨与"华盛顿共识"和"后华盛顿共识"》，《东欧中亚市场研究》2002 年第 11 期。

2500%，1993 年 GDP 再下降 12%，通货膨胀率仍高达 940%。俄罗斯在
1992—1993 年间的社会经济状况急剧恶化，是"自由化、私有化、稳定
化"三位一体的休克疗法措施造成的。[①]

　　其次，"北京共识"的问世、热议及其论点。[②] "北京共识"（Beijing
Consensus）是基于转型国家对"华盛顿共识"的批判性认识而得到热赞
的学说，它被认为是"转型的不同解析意义及大国转型的世界意义"。[③]
有的学者指出，"北京共识"是对"华盛顿共识"、"休克疗法"等以往
转型政策的有力批驳。中国坚持自己的发展观以及改革路径，自改革开放
以来逐步形成了有中国特色的发展模式，"中国模式"越来越得到世界的
认可。其突出标志就是"北京共识"中所表述的思想，它更符合中国、
印度等新兴经济体的经济发展模式，因此，取代"华盛顿共识"，推广
"北京共识"及其所代表的"中国模式"，成为当时转型经济中的新动
向。[④] 与俄罗斯的转型相比，"北京共识"与"中国模式"[⑤] 的意义在于：
（1）一个国家的发展模式应该由一个主权国家独立自主地进行探索，任
何由外部强加的发展模式都注定是要失败的；（2）强调发展的包容性与
兼容性，把社会主义制度与市场经济结合起来，把经济高速增长与社会全
面发展协调起来，把效率与公正兼顾起来；（3）注重发展的人民性而不
是特权阶层性，"华盛顿共识"的目的是帮助银行家、金融家，而"北京

---

　　① 徐坡岭：《俄罗斯经济转轨进程的理论探析——以制度变迁为视角》，《东欧中亚研究》
1999 年第 3 期。

　　② 英国著名思想库伦敦外交政策中心于 2004 年 5 月发表乔舒亚·库纳·拉莫（Joshua
Cooper Ramo）题为《北京共识》的论文，对中国二十多年的经济改革成就作了全面理性的思考
与分析。文中指出，中国的经济发展模式不仅适合中国，也是适于追求经济增长和改善人民生活
的发展中国家效仿的榜样。该文既出，对"中国模式"以及"北京共识"的讨论，顿时成为国
际主流媒体的学术动向。在该文中，"中国模式"指正从三个方面扩展其能量。其一，具有某种
反弹的动力能量；其二，通过本地化使效仿者在本土实现增长的连锁反应；其三，中国的经济崛
起犹如磁石吸引铁屑，使其他国家的经济利益与中国的经济利益一致起来。中国的新理念正在对
中国以外的世界产生巨大影响，对全世界那些正苦苦寻找不仅发展自身，而且还试图融入国际经
济秩序的同时，又希望保持独立和保护本国国情与政治选择的国家来说，中国提供了一条新路。

　　③ 何恒远：《超越"华盛顿共识"："北京共识"的转型意义》，《上海经济研究》2004 年
第 9 期。

　　④ 何恒远：《超越"华盛顿共识"："北京共识"的转型意义》，《上海经济研究》2004 年
第 9 期；田春生：《"华盛顿共识"与"北京共识"比较初探》，《经济社会体制比较》2005 年第
2 期。

　　⑤ "中国模式"是"北京共识"的产物，它的提出是基于国际社会对于中国经济转型成功
而给出的。

共识"的目标是以人为本；（4）强调本民族的文化和文明传统，并努力使传统优秀文化与现代发展加以结合；（5）强调发展的积累性和渐进性，通过累积效应发展自己等。①

再次，"后华盛顿共识"及"超越华盛顿共识"的实际意义。在20世纪末，被称为"后华盛顿共识"的思想越来越占据主导地位。这也表明，我国和国际学术界对于以"华盛顿共识"为指导的转型路径与政策开始进行反思，对"华盛顿共识"弊端及其对转型经济的危害形成了基本共识。著名转型研究者热若尔·罗兰指出，整个经济学界有一个日益增长的共识，即，"华盛顿共识"的观点和所谓"转型的三位一体"，对于成功的转型来说它是引人误入歧途的药方。②"后华盛顿共识"是在中东欧国家经济转轨几年之后，"华盛顿共识"的设计者、西方一些经济学家和中东欧国家著名学者及政要对指导中东欧经济转轨的"华盛顿共识"的再认识、对俄罗斯中东欧经济转轨的评价与反思。③"后华盛顿共识"是在重新认识"华盛顿共识"的同时，从经济转型模式、经济转型战略、国家在经济转型中的职能和作用、实行的经济政策、实现经济政策的手段和制度建设等方面，回答了为什么中东欧国家的经济转型不成功或失败，为什么中东欧国家在经济转型中没能像预计的那样迅速出现经济增长，为什么中东欧国家经济转型的前十年是经济衰退等问题。

三　转型模式的经济比较：中国与俄罗斯

对于转型经济研究采取比较研究的视角，这是在转型经济研究中较为通用的研究方式。比较研究的对象主要是中国与俄罗斯的经济改革与转型之间的比较。在早期的中俄转型的比较研究中，比较多地涉猎到两种（中国与俄罗斯）不同的转型方式和改革策略及其争论，其中不乏对其优

---

①　田春生：《"华盛顿共识"与"北京共识"比较初探》，《经济社会体制比较》2005年第2期。

②　参见热若尔·罗兰：《转型与经济学》，北京大学出版社2002年版。

③　1998年1月，时任世界银行副行长兼首席经济学家的约瑟夫·施蒂格利茨（Joseph Stiglitz）在赫尔辛基的联合国大学发表学术演讲时，首次提出"后华盛顿共识"（"Post-Washington Consensus"）的概念，并对"华盛顿共识"提出批评。他号召"超越华盛顿共识"（Beyond the Washington Consensus）。所谓"超越华盛顿共识"，就是要吸取转轨国家在经济转轨过程中提供的经验和教训；重新思考和定位转型经济中政府与市场的关系；市场经济制度支撑（Institution Underpinning）的重要性；渐进—制度（或称演进—制度）的观点得到了充分肯定。

劣的评价，但是这种评价往往是从抽象的理论出发进行的规范性评价。21世纪的前十年，中俄转型比较则更加注重两种模式的经济实绩研究，即经济增长水平的比较。在实际研究中，中国经济转型的成功与俄罗斯"休克疗法"式激进转型的失败，都是相对于经济增长这一指标而言。或者，在一定程度上说，中国的成功经济转型是与俄罗斯转型相比较而言，而所谓俄罗斯的转型失败，也是相对于中国的高速经济增长而言。

对中国经济转型持肯定观点、认为中国经济转型取得成就或成功的看法，是中国学术界的一种主流舆论。许多学者从学术范畴、以不同的视角和领域，对中国经济转型给予了高度肯定，认为中国经济在过去三十年的经济改革中走出了一条成功的转型之路，这条道路为世界各国研究转轨和转型问题提供了鲜活的案例；① 创造了"中国奇迹"；② 是"增长取向的中国模式"。③ 其概括性的说法，如"北京共识"、"中国模式"、"中国道路"的概括等，则能够说明这一问题。许多在转型经济研究中很有声望的国际学者，例如热若尔·罗兰、科勒德克、斯蒂格利茨、科尔奈等等，都是从这一角度进行的研究。许成钢、白重恩、王一江、钱颖一、李稻葵、张军、吕炜、周冰、靳涛等许多学者对中国转型过程的研究，也是从比较的视角着眼，他们不仅说明中国为什么采取渐进式的改革，同时也论证这一策略和方式对于转型的优越之所在。

但是，在"北京共识"问世之后，特别是随着中国社会矛盾与问题的不断显露，国内外对于中国经济转型的特殊性、"中国模式"的普适性、"中国道路"的借鉴性、中国经济增长的持久性等的质疑之声也随之而起。对于中国市场经济的更深层次看法认为，经济转型不仅仅是人们所讨论的经济发展观念、经济增长模式、经济运行机制转换等，这些都是转型的结果，它们并未触及问题的实质。经济转型的根本问题是体制机制的转型，本质是资源配置方式的转型，核心是政府、市场与企业的合理界定问题。④ 一些坚持认定"休克疗法"合理性的学者，如萨克斯、胡景泰、

---

① 张建君：《中国转型经济研究的文献回顾与理论发展》，《山东社会科学》2007年第7期。

② 林毅夫、蔡昉、李周：《中国的奇迹：发展战略与经济改革》，上海人民出版社1994年版；盛洪：《中国的过渡经济学》，格致出版社、上海三联书店、上海人民出版社2009年版。

③ 靳涛：《转型的悖论与悖论的转型》，《江苏社会科学》2007年第2期。

④ 田国强：《中国经济转型的内涵特征与现实瓶颈解读》，《人民论坛》2012年12月中旬刊。

杨小凯等人，则认为中国的成功不具有普遍意义，转型取决于各国经济改革中的结构性因素和初始状态；中国面临的是典型的古典式经济发展问题，而苏联和中东欧各国面临的则是经济结构的调整问题。因此，中国渐进式改革的成功主要是特殊的内部条件，或者说是"经济落后"的产物。有学者甚至提出，从长期来看，苏联、中东欧国家的经济转型更为成功。

尽管一些学者认为，俄罗斯在转轨初始阶段实施"休克疗法"激进式经济转型乃是形势所迫，但是随着俄罗斯等国家的转型进展的深入，在转型经济研究中，中国学术界和国际学术界持否定激进式"休克疗法"的观点逐渐占据主导地位。如果说在1998年俄罗斯金融危机发生前，西方学术界仍有人坚持认为俄国经济转型并没有发生重大挫折的话；那么在此之后，人们对于20世纪90年代俄国经济转型基本上是一种失败的进程这一点，似乎已经没有太大的分歧。即便在普京执政后俄罗斯经济出现了恢复与发展的情况下，许多学者仍然强调，由20世纪90年代俄国经济转型失败而留下的种种负面影响，将会成为俄国今后发展的长期性制约因素，因而其"前景还远不是清晰肯定的"。[1] 俄罗斯在实行"休克疗法"20多年之后，令人非常吃惊的是，甚至连俄国的激进自由主义者都对转轨后的体制状况进行了尖锐的批评。虽然他们仍然以"资本主义"范畴来描述俄罗斯经济形态，但在"资本主义"这一范畴之前加上了种种界定，称俄的经济形态为"等级制资本主义"、"官僚资本主义"、"寡头资本主义"或者"犯罪资本主义"，诸如此类。[2] 也有学者从俄罗斯当时所处背景角度提出，俄罗斯的"休克疗法"、严峻的经济形势以及政治权力中心的转移，使得俄罗斯除启用"休克疗法"或者激进方式实施经济转轨之外，别无其他选择。[3]

总之，中国与俄罗斯中东欧的经济转轨有着本质差异。中国经济体制的转换和经济转型，是建立和发展社会主义市场经济体制、完善社会主义制度为基本目标；而俄罗斯和中东欧的经济转型，则是以否定和放弃社会主义制度为基本前提。这也可视为两类国家转型经济学的根本不同。

---

① 陈兼：《未经"改造"的"转型"——西方学术界关于后苏联时期俄罗斯经济转型的研究》，《俄罗斯研究》2004年第2期。

② 冯绍雷：《俄罗斯体制转型的发生、路径及其走向》，《俄罗斯研究》2001年第2期。

③ 程伟：《俄罗斯经济转轨成效审视》，《世界经济与政治》1996年第7期。

四　转型经济学的研究范式或理论视角

在我国学术界的一些著述中，转型经济研究的理论范式通常被认为有：新古典主义经济学范式，包括新自由主义和后凯恩斯主义；新制度经济学理论，它从历史的角度研究社会结构与制度变迁，新制度经济学认为，制度尤其是产权制度是决定一个国家经济绩效的关键，历史的进步和经济的发展就要到制度变迁中去寻找原因；以及比较经济学和演化经济学等。我国学者对于转型过程和转型问题的研究，一方面，运用了其中的论点对转型加以分析；另一方面，也对转型经济学的某些论点作批评性论述。

（一）新制度经济学理论视角下的转型经济研究。经济转型的实质是一个旧制度瓦解、新制度生成的体制转变过程。这一论点是新制度经济学理论能够解释转型的支撑点。持制度相关论的观点认为，转型绩效的差异在于，转型国家能否构建一套促进经济持续发展的有效制度安排。[①] 中东欧、俄罗斯等转型国家实践中所带来的灾难性后果使得人们逐渐意识到：一个成功的市场经济应该有充分的制度基础作为支撑。对于新制度经济学转型经济研究中的运用与分析是按照时间顺序沿着两条线索进行。[②] 一是以美国经济学家，1993 年诺贝尔经济学奖获得者道格拉斯·诺斯（Douglass C. North）开创的以新经济史学为理论工具的新制度学派，新制度学派将经济转型视作制度变迁过程，强调制度构建在经济转型过程中的重要地位，按照制度变迁理论，对不同转型战略的选择完全取决于不同转型方式下制度变迁方式的成本与收益分析。二是热若尔·罗兰将其称其为的"演进—制度"学派，它是 21 世纪以来对转型经济研究的主流派别。该学派在对制度变迁过程的分析中，强调成本—收益分析方法，强调产权和激励机制的作用，注重转轨过程中的路径依赖，批判"华盛顿共识"，强调转轨结果的唯一确定性，指出一个社会面临的真正问题是制度的选择，即确定产权的标准。

（二）新自由主义批评视角下的转型经济研究。中国学术界对于俄罗

[①] 张慧君、景维民：《从经济转型到国家治理模式重构转型——深化与完善市场经济体制的新议题》，《天津社会科学》2010 年第 2 期。

[②] 孙景宇：《转型经济研究的三个视角——综述与评价》，《河北经贸大学学报》2010 年 3 月第 31 卷第 2 期。

斯等国转型经济的研究，是伴随着对新自由主义的认识与批评不断深入和发展的。俄罗斯等国转型初始，"华盛顿共识"和"休克疗法"政策的得与失、利与弊、激进与渐进孰优孰劣等，就是俄罗斯精英们争议的焦点。究其实质，它涉及的是转型国家向市场经济转轨的路径的理论论争。[①] 在21世纪之初，一方面，对于以"华盛顿共识"为基础的"休克疗法"政策的得与失、利与弊、激进与渐进孰优孰劣的论争，已经有了来自实践的结果。另一方面，关于新自由主义及其"休克疗法"的经济转型政策对于俄罗斯等国的影响，我国研究者的态度也日益明朗，批评性论述占据主流地位。自20世纪90年代以来，俄罗斯等国的社会制度转型的实践表明，以新自由主义学说为理论依据的"休克疗法"，不仅没有获得最初所预期的绩效，而且越来越受到国际学术界的质疑与批驳。

很多学者对新自由主义持否定态度。他们认为，在俄罗斯中东欧国家面临的转型衰退、亚洲金融危机和拉美经济危机等重大灾难中，新自由主义影响"功不可没"。有的学者指出，以新自由主义学说为理论依据的休克疗法，是俄罗斯等转型国家在转型前十年所实施的经济社会政策，它是导致俄罗斯在20世纪90年代经济社会转型失败的重要原因之一。当时，俄罗斯国内以叶利钦为首的政府派，即激进民主派，也是当时俄罗斯的主流派别。他们的基本思想和主张是：采用西方的新自由主义学说与货币主义理论来指导俄罗斯转型，力主推行完全的自由市场经济模式，最大限度地减少政府的作用；在转型政策与方法上，实行激进的一步到位式的经济转轨，并宣称俄罗斯能够在若干个月内实现市场自由化和经济私有化。[②] 批评性论点是：（1）俄罗斯前十年转型的精髓是以"华盛顿共识"为导向的"休克疗法"政策；（2）西方新自由主义经济学对俄罗斯转型产生重大影响；（3）新自由主义在俄罗斯推行的结果是经济社会全面"休克"。[③] 对于新自由主义的"休克疗法"持基本肯定态度的学者，主要是国外的一些研究者。诸如萨克斯和杨晓凯等学者认为，[④] 向市场经济转型不过是转型的

① 田春生：《"华盛顿共识"及其政策评析》，《南开经济研究》2004年第5期。
② 田春生：《新自由主义学说及其政策在转型国家的失败——以俄罗斯转型前十年的结果为例》，《世界经济与政治》2004年第5期。
③ 田春生：《新自由主义学说及其政策在转型国家的失败——以俄罗斯转型前十年的结果为例》，《世界经济与政治》2004年第5期。
④ 杰弗里·萨克斯（Jeffrey Sachs）、胡永泰、杨小凯：《经济改革和宪政转轨》，《经济学（季刊）》2003年7月第2卷第4期。

一个阶段，新自由主义政策的良性效果，需要一个较长时间才能显现，最终必须要实现宪政才算完成转型；而且他们预言，由于俄罗斯实行了宪政，从长期看会发展更好。在所有转型经济学研究范式里面，新自由主义范式是在实践中运用最多，也是影响最广泛、最深远的一种理论范式。[①]

（三）制度、制度变迁和制度移植视角下的转型经济研究。从制度和制度变迁的视角，对俄罗斯经济转型的路径选择和绩效特征进行分析，是一些学者在 20 世纪末对俄罗斯转型所进行的总结性分析。对于转型初始时期俄罗斯市场经济的过渡，一些学者从制度变迁的约束条件、路径依赖、演进特点等制度变迁的内在机制出发，回顾了迄今为止的俄罗斯经济转轨进程，在理论上说明了俄罗斯经济转轨的目标取向、时机选择和启动方式具有一定的必然性，并且其整个经济转轨将是曲折和漫长的。[②] 还有学者从制度和制度变迁的视角分析，认为俄罗斯经济转轨的路径选择是一系列因素综合作用的结果；俄罗斯由计划经济向市场经济过渡的经济转轨，实质上是一种制度变迁，以改变社会经济活动的激励结构、社会资源与财富的分配结构。俄罗斯的制度变迁之所以会发生，取决于两个条件：第一，在旧有制度下无法获取潜在的更多的利润，这是制度变迁发生的动力和必要条件；第二，通过制度变迁获取的潜在利润大于为获取这种利润而支付的成本。同时，制度变迁的路径依赖性对俄罗斯经济转轨有着影响，制度变迁的演进性质决定了俄经济转轨的长期过程，这指的是：市场经济的法律法规及规则惯例，经过社会学习被俄罗斯民众接受，由社会道德理念、伦理规范、意识形态、风俗习惯等非正式约束细化、扩展，并内化为社会有机体的一部分，是一个长期的渐进过程。[③]

一些学者批评俄罗斯以"移植资本主义"为转型路径的转轨。认为俄罗斯以"移植的资本主义"方式，将市场经济的正式制度嵌入剧变后的俄罗斯。俄罗斯现行的正式制度，诸如国家宪法、三权分立和多党制这样的国家基本制度，在转型后一个较短时期就被确立。然而在初始阶段，

---

① 王永兴：《转型经济学研究范式评述》，《江苏社会科学》2007 年第 5 期。

② 徐坡岭：《俄罗斯经济转轨进程的理论探析——以制度变迁为视角》，《东欧中亚研究》1999 年第 3 期。

③ 徐坡岭：《俄罗斯经济转轨进程的理论探析——以制度变迁为视角》，《东欧中亚研究》1999 年第 3 期；《俄罗斯经济转轨的路径选择与转型性经济危机》，《俄罗斯研究》2003 年第 3 期。

它就偏离了当时仍然起着巨大作用的具有俄罗斯传统的非正式制度，这是俄罗斯当时发生经济危机和衰退的根源之一。普京执政时期，俄罗斯推行适合其国情的转型策略并加强国家治理，为使俄罗斯正式制度与非正式制度的有效叠合开创了一条新路，它不失为俄罗斯迅速走出困境和实现增长的一个重要原因。[①]

（四）经济增长与发展视角下的转型经济研究。经济增长和发展视角下的转型经济研究，被认为是转型国家在转型过程中面临的最主要问题之一，也是学者们始终关注和研究的一个现实问题。20世纪末的转轨以来，我国绝大部分研究者论证的是，正是由于俄罗斯转型前十年经济衰退而不是增长，使得人们对新古典经济学信条基础之上的"华盛顿共识"遭到否定和抨击；而中国正是由于保持了三十年的高速增长，使得"演进—制度观"能够得以被肯定。转型经济的理论认为，只要将产权从政府手中转移到私人手中，实现产权的私有化，同时资源配置方式由政府中央计划转向自由市场配置，就可以促进国民储蓄和资本投资的形成，提高资源配置的效率，从而实现经济的可持续增长。但是，俄罗斯"休克疗法"时期经济衰退的事例说明，并不是仅仅实现制度变迁过程、产权私有化和市场自由配置资源，就能达到更高运行效率和经济增长。

经济增长和发展的实绩之所以被人们频频引证，是因为它们内涵着评价转型绩效的功能作用。在如何评价经济转型绩效方面，经济学家之间存在较大争论。有学者认为，中国经济转型已经取得了成功，如樊纲、科勒德克、博戈莫洛夫等；中国经济创造了"中国奇迹"，如林毅夫、蔡昉、李周等。还有学者对"中国奇迹"的真实性提出质疑，如王小鲁、罗斯基等；西方一些学者认为，中国经济转型本意，是为了恢复社会主义的生机和活力，但实际却越来越走向资本主义；甚至有学者认为，从长期来看，苏联、中东欧国家的经济转型更为成功。对此有分析指出，经济学家之所以会在转型绩效评价方面存在诸多分歧，是因为他们所关注的重点是作为体制转变的经济转型，事实上，由于制度变迁有可能会被锁定在无效率的水平上，仅仅关注体制转变则难对中国和苏东国家的经济转型作出客观评价。这也正是经济学家在中国和苏联、东欧国家的经济转型绩效方面认识混乱的一个根本原因。

[①]　田春生：《关于俄罗斯制度移植的评析》，《俄罗斯中亚东欧研究》2007年第4期。

这就需要将经济体制转变、制度变迁与经济发展结合起来，注重研究体制转变对转型国家实现长期经济发展的促进作用。[1] 国内外大学和研究机构都把转型与发展的研究放在一起，他们一般并不把转型看作一个独立的学科和研究领域，而是视为经济发展的一种特殊类型或者特殊条件。[2] 就经济增长与发展和转型之间的关系而言，俄罗斯与中国存在差异。俄罗斯追求制度的变革，在制度转型与经济增长之间没有必然的联系。俄罗斯实现经济增长的一些主要条件是：相对稳定的政治环境；经济增长的质量逐步提高；优化债务结构取得了一定成效；经济全球化及其制度建设的不断完善；石油价格上涨的刺激作用等。[3] 而中国的转型经济是双重转型，即体制转型和发展转型，中国实现转型的一个主要目的，是为了经济增长和实现发展；为了实现增长与发展，要求经济改革与转型促进增长与发展。双重转型从综合分析方法入手，将中国经济转型的实质概括为相互联系、相互作用的体制转型和发展转型，实际上几乎涵盖了上述单一分析中的所有转型，而且将这些单一的转型统一于双重转型的全过程，因而也符合中国转型经济的实践和要求。[4]

第三节　转型经济学的学科进展与前沿问题

转型经济的研究，是伴随着中国和俄罗斯中东欧国家转型实践发展起来的一个新的经济学研究方向。进入 21 世纪后，随着经济转型的逐渐深入，经济转型已经终结或接近终结的言论不绝于耳。俄罗斯在 21 世纪进入"普京时代"。普京就任俄罗斯总统后，摈弃了俄罗斯在叶利钦时期所实行的以"华盛顿共识"为主导的经济转轨政策，推行其符合俄罗斯国情的治国理念及其政策，构建了与俄罗斯本土价值观念相适应的制度安排。这种制度安排的基本特点体现为"可控的民主"与"可控的市场"，它们被认为是俄罗斯"可控式"制度安排的主要内容。"可控式"制度安排成为俄罗斯民族

① 孙景宇：《论转型经济学的转型》，《经济社会体制比较》2008 年第 5 期。

② 参见周冰：《转型经济学在中国的兴起和学科定位》，《社会科学战线》2009 年第 7 期。

③ 景维民、王永兴：《俄罗斯的经济增长与转型方式有关吗》，《经济研究参考》2007 年第 7 期。

④ 徐峥、权衡：《中国转型经济及其政治经济学意义：中国转型的经验与理论分析》，《学术月刊》2003 年第 3 期。

价值观的体现，并成为俄经济增长及其未来崛起的一个重要推动因素。

在俄罗斯，普京理念的实施表明，俄罗斯基本上完成了大规模的制度变迁。[①] 因此，有的学者将普京"可控的民主"与"可控的市场"称为"制度创新"。[②] 在中东欧国家，21 世纪初已有 10 个国家加入欧盟"回归欧洲"。随着俄罗斯步入正常国家行列、中国的市场经济体制框架初步建立，波兰等中东欧国家加入欧盟，转型终结论屡屡不绝于耳。[③] 其中，让转型经济学回归经济思想史的观点也随之涌现。对于转轨和转型的任务而言，转型经济研究及其学科面临着较大的挑战。即：如何评价转型经济学及其未来发展。

一 "转型"特有的经济与政治的双目标及其实现

转型是否具有明确的目标？怎样看待俄罗斯和中东欧所建立的市场经济制度？这是在大部分转型国家建立市场经济制度后学术界讨论的重要问题。从许多文献来看，苏联和中东欧国家转型的一个最直接的目的，就是要彻底摧毁当时存在的中央计划经济体制。由于这一出发点，苏联和中东欧的转型就具有经济与政治的制度性目标。本节引用热若尔·罗兰的话加以表述，"自 1989 年秋柏林墙倒塌以来，有相当一批经济学家一直在研究前社会主义经济从计划经济向市场经济的转型过程。这个研究领域叫作转型经济学（transition economics）"。[④] 由此可以看出，转型经济学所研究的对象和目标是清晰的，就是前社会主义经济从计划经济向市场经济的转型过程。一旦这个过程完结，转型经济学的历史使命也就终结了。那么，从计划经济向市场经济的转型过程看，转型不仅包括经济而且包括政治的制度变迁和新制度安排，这一新制度安排是建构在市场化与民主化的制度框架下。

从市场化和民主化的目标看，经济市场化只是中东欧独联体国家大规模转型的任务之一，另一个核心任务是政治民主化。在实际转型过程中，

---

① 田春生：《论俄罗斯新制度安排及其特点》，《俄罗斯研究》2006 年第 2 期。

② 李新：《普京时期的俄罗斯经济转型：从制度移植到制度创新》，《俄罗斯研究》2007 年第 6 期。

③ 2009 年 12 月 12—13 日南开大学"转型经济研究新进展与学科建设研讨会"所提出的问题。

④ 热若尔·罗兰：《转型与经济学》，北京大学出版社 2002 年版，第 4 页。

经济市场化和政治民主化两者相互制约，相互影响。① 苏联国家和中东欧国家已经完成市场经济所要求的基本政治和经济制度安排，也就是说，这些国家已经实现了经济市场化与政治民主化。从一般市场制度结构的角度，俄罗斯通过对正式制度的移植，已经建立了市场经济的正式制度，宪政和法律制度框架（三权分立和多党制）已经确定，正式制度运转基本正常，市场经济运行在政治框架下沿着俄罗斯道路发展。也就是说，以1993 年俄罗斯确立起宪政制度为标志，俄国的总统制、联邦制、多党制已经制度化运转，俄罗斯在 90 年代所设定的国家转型的宪政制度和市场目标，理论上已经基本实现。普京治国思想的提出，标志俄罗斯已经形成了其具有自己国情特点的发展思想与道路，其思想体系体现在 1999 年底发表的纲领性文章《千年之交的俄罗斯》中，该文提出的俄罗斯思想的内容是：爱国主义、强国意识、国家观念与社会团结。俄罗斯思想实质上是带有浓厚俄罗斯民族主义色彩的爱国主义，其核心是国家观念：即突出国家的地位与作用，恢复俄罗斯的大国和强国地位。② 可见，俄罗斯经过转型后已然具有 "中等收入国家" 的特点，成为一个正常的国家。③ 这一论述的意义说明，俄罗斯已经结束转型并进入正常的市场经济国家的行列。大部分中东欧国家加入欧盟，而且，他们已经在狭义与广义上实现了市场经济制度。但是，这种市场经济制度与成熟市场经济还有较大的差异。而且，从转型国家的特征看，这些国家毕竟是从计划经济转向市场经济，而市场经济的国家模式也因各国国情的差异而不具有统一的标准模式。因此，转型国家的市场经济也会具有其国家自身的市场经济特征，而不能因此否定其市场经济的性质。

　　从经济市场化和政治民主化的目标看，中国在市场化框架下的改革取得了经济增长的明显绩效，但是政治民主化却进展不大。这就存在一个

---

① 徐坡岭、韩爽：《中东欧独联体转型 20 年——经济市场化任务再思考》，《贵州财经学院学报》2011 年第 1 期。

② 李新：《普京时期的俄罗斯经济转型：从制度移植到制度创新》，《俄罗斯研究》2007 年第 6 期。

③ 田春生：《论俄罗斯市场经济的表现特点与未来定位——兼评俄罗斯是否是市场经济 "正常国家"》，《俄罗斯中亚东欧研究》2012 年第 1 期。美国著名经济学家安德森·施莱弗在2005 年时就提出了这个观点。［美］Andrei Shleifer and Daniel Treisman, "A Normal Country: Russia After Communism", *Journal of Economic Perspectives—Volume 19, Number 1—Winter 2005—Pages 151 – 174.*

"悖论"：一方面，市场经济制度的政治目标通常是西方成熟市场经济所认定的目标，目前对中国社会主义市场经济不能适用；另一方面，中国在市场经济下的增长与发展，越来越受到来自利益集团的阻碍，从而影响到市场经济下的经济发展，例如已被吴敬琏教授所指责的"权贵资本主义"。如果从经济市场化和政治民主化的制度性"双目标"来看，已经实现经济和政治的制度性目标的国家，应该说已经实现了转型的目标；而一些国家仍然需要在经济与政治目标方面进一步调整制度安排，对于转型目标来说，仍然需要继续完成其他相关领域的变革和转型。

二 "转型"与"转型经济学"是否面临终结？

从转型经济实践看，人类社会从计划经济向市场经济的"转型"，已经演进和发展到一个新的历史阶段。转型经济演变史已经显示，作为计划经济向市场经济的大规模体制转型过程已经结束。正是由于人类历史上大规模的转型过程已经终结，我们可以对过去学术界争议的一些问题重新审视。

这是因为，一方面，许多问题现在可以看得更为清楚，诸如过去转型研究中涉及颇多的"休克疗法"，"激进"与"渐进"，"三化"、转型与过渡的秩序与阶段、制度变迁、制度移植与制度创新等问题。如今，市场经济制度、市场经济建设以及市场经济结构或者说市场秩序等，是许多转型国家通用的一些表达方式。这说明，人们对于转型所涉及的许多问题，有了更为深刻的来自转型实践的认知。另一方面，在这个阶段还有许多新的问题需要从学术与学科的角度加以讨论。我们需要对转型（包括中国和俄罗斯在内的改革与转型的政策、路径、方式、目标、理论与道路等问题）进行总结与反思，以便为中国今后发展提供新的动力；同时，自国际金融危机爆发后，由于转型国家经济出现一些问题，有的学者也对"转型是否终结"提出了不同的看法。

我国转型问题的研究者在 2009 年首先提出：处于十字路口的转型经济学研究及其学科建设应当何去何从？学者们关于转型经济学的学科定位与发展前景，主要有三种观点，即："消亡论、暂存论和永存论"[①]。持

---

① 白千文：《转型经济学行将消失、暂时存在还是具有持久的生命力——转型经济研究新进展与学科建设研讨会综述》，《经济社会体制比较》2010 年第 2 期。

"消亡论"观点的学者认为，随着转型国家市场经济地位的确立，转型经济学的历史使命也就应该结束了。该观点还强调，转型经济学不是一门独立的学科，只是比较经济学的一个分支，应该称其归为"新比较经济学的分支"；"暂存论"者则强调，转型经济学自其诞生之日起就一直存在着一个制约其生命力的瓶颈，那就是其研究对象具有历史性和特定性，这个过程既不可逆转，其结束也并非遥遥无期，从这个意义上讲，转型经济学并不是一个有着长久生命力的学科；"永存论"者的主张是，转型实际上是体制转型、社会重构和经济发展相互作用的过程，将转型经济学研究对象或者说研究主题仅仅确定在研究体制转变上是远远不够的，应该把体制转变、社会重构与经济发展结合起来，注重研究体制转变对转型国家长期经济发展的促进作用。①

实际上，在国际金融危机以后时期，"转型是否已经终结"不仅是一个值得探讨的问题，它也关乎转型经济学的命运，成为转型经济学研究所面临的核心问题。归纳中国学者的各种看法，大致有如下的观点：

第一，从转型的目标意义看，作为整体性、历史性、变革性的人类社会的大规模的制度性转型已经基本结束，这是一个对于转型的基本的判断。②

其主要标志体现在以下的方面：（1）中央计划经济向市场经济过渡的制度性大变迁、大动荡已经过去，其当初提出的基本目标：市场经济的政治和社会制度框架，已经在大多数国家建立，各国经济在市场经济的制度框架下运行。（2）各国已经走出"转轨型衰退"的阶段，进入市场经济框架下的经济增长与社会发展，市场的主体与运行、资源的配置与方式、市场制度的法律、规则等都在完善的过程中。（3）多数转型国家的市场经济制度已经与国际经济规则接轨（尽管出现很多问题），例如中国与俄罗斯都已经加入了 WTO（俄罗斯于 2012 年正式加入 WTO），中国俄罗斯等国对于国际性经济事务的参与、主导和话语权不断增强，例如在20 国集团等组织中。（4）中东欧国家的转型已经结束，西方理论界认为，其主要标志就是这些国家"加入欧盟"。（5）在世界银行的统计报告分类

---

① 参见白千文《转型经济学行将消失、暂时存在还是具有持久的生命力——转型经济研究新进展与学科建设研讨会综述》，《经济社会体制比较》2010 年第 2 期。

② 田春生在 2009 年 12 月 13 日南开大学"转型经济研究新进展与学科建设研讨会"上的发言。

中，2004 年就已经将转型国家统称为"其他新兴市场和发展中国家"，从而取代过去的"转轨型国家"的国家类别。

第二，包括中国在内的转型国家从计划经济向市场经济过渡意义上的转型（过程）已经终结，包括俄罗斯、中东欧和中国这样一些国家。

俄罗斯已结束制度转型，进入了全新的发展阶段。一些学者对于俄罗斯的转型是否终结给予回答，明确提出"俄罗斯已经结束制度转型"。[①] 该文引用俄罗斯权威学者自己的论述加以佐证。文中强调，俄罗斯较早提出结束制度转型的分别是，时任俄罗斯转型经济研究所所长的 E. T. 盖达尔和俄联邦总统办公厅副主任 B. 苏尔科夫。2003 年 12 月 8 日统一俄罗斯党在国家杜马选举获胜后 B. 苏尔科夫就表示，选举结果表明"俄罗斯的政治转型时期已经结束"；2003 年 11 月 27 日，E. T. 盖达尔在《转型经济：后共产主义时期的俄罗斯经济政策文集 1998—2002》的首发式上说，"俄罗斯由苏联时期过度集中的计划经济向市场经济的转型已经结束"，该文集的出版"表明我们基本上结束了对转型经济的研究阶段"。俄罗斯联邦政府经济改革工作中心主任马乌更早在 2002 年就提出，俄罗斯在 2001 年已经完成了转型。2003 年后俄罗斯开始的增长具有全新的特点，已经不再是恢复性增长；并说，"尽管转型经济研究所在世界上享有盛誉，但我们还是决定把它更名为经济问题研究所"。但是在 2012 年前，这些学者对于结束制度转型的观点，没有得到俄罗斯国家层面的确认。2012 年随着普京再任俄罗斯总统，普京对于俄罗斯所处的阶段给予了明确的回答。2012 年 1—5 月，普京总统曾经三次表明，俄罗斯已结束制度转型，进入了全新的发展阶段。他在 2012 年 1 月 16 日的《消息报》指出："俄罗斯的重建时期已经过去。俄罗斯和世界发展过程中的后苏联时期已经彻底结束。"在 2012 年 4 月 11 日国家杜马的讲话中，普京又说："俄罗斯人民经历了所有动荡并重建了自己的国家。事实上，我们已经结束了'后苏联时期'，俄罗斯将进入新的发展阶段。"2012 年 5 月 7 日，普京在总统就职演讲中再次强调："俄罗斯进入了国家发展的新阶段。我们未来将面临全新内容和全新意义的任务，这些任务比以往更繁重"。对于俄罗斯来说，后苏联时期和转型时期的两个概念，在内涵和外延上是一致的。

---

① 李福川：《俄罗斯已经结束制度转型》，《俄罗斯中亚东欧市场》2012 年第 12 期。

中东欧国家经济转型的成就与"中东欧尚未完结的转型之路"。我国关于中东欧转型的研究者提出，这些国家"90年代中期市场经济的转型已经不可逆转"；转型二十年后，"中东欧国家的市场经济体制的基础已得到巩固"。（1）私有经济已居主导地位；（2）经济决策的分散化；（3）资源配置实现了市场化；（4）市场经济的制度框架得以建立；"中东欧的经济转型改变了中东欧在世界经济中的地位"。[①] 中东欧经济转型的最大成就是，"彻底摆脱了无效率的中央计划经济，建立了市场经济体制"。但是，2008年国际金融危机，使中东欧一些国家也面临问题。对此有的学者又提出，中东欧转型20年后，这场转型的使命尚未终结。[②] 中东欧的大转型涉及政治、经济、社会以及对外关系诸方面，其变革的深度、广度和速度在人类社会经济史上实属罕见。匈牙利经济学家雅诺什·奈科尔曾将制度改革分为代价低廉的和代价高昂的，中东欧的改革属于后者。一些学者引用欧洲复兴开发银行2010年《转型报告》，认为随着波兰等中东欧10国加入欧盟，"转型终结论"屡屡不绝于耳，一些研究全球经济形势的国家机构已经用"新兴经济体"取代了原来的"转型经济体"，世界银行也把其出版物《转型通讯》更名为《超越转型》。但也有学者以俄罗斯、中东欧国家在2008年国际金融危机中的拙劣表现作为依据，得出这些国家转型远未终结的结论。[③]

中国经济转型已经结束和尚未终结的两种不同看法。中国已经被世界上的许多国家承认为市场经济国家，从这个意义上来说，中国的经济转型已经终结了。但是，如果从经济发展的视角来看，从计划到市场的转型只是政府职能转变的一个阶段而已。很多学者认为，中国的转型经济是指双重转型，即体制转型和发展转型。双重转型是一个动态的历史过程，是指特定历史条件下特定对象的社会经济形态（包括发展阶段和经济体制）的根本性转变过程；同时又是一个非常复杂的、充满各种矛盾和不确定性的阶段。双重转型从综合分析方法入手，将中国经济转型的实质概括为相互联系、相互作用的体制转型和发展转型，实际上几乎涵盖了上述单一分

---

① 孔田平：《中东欧国家是怎样向市场经济体制转型的?》，《苏东剧变之后——对119个问题的思考》，新华出版社2012年版，第1300—1305页。

② 孔田平：《尚未终结的革命—中东欧转型20年》，《南国风》2012年第12期。

③ 白千文：《转型经济学行将消失、暂时存在还是具有持久的生命力——转型经济研究新进展与学科建设研讨会综述》，《经济社会体制比较》2010年第2期。

析中的所有转型，因而也符合中国转型经济的实践和要求。如果从"双重转型"的说法看，中国的转型将是一个漫长的历史发展过程。

第三，在对市场经济本身的认识还在探索阶段的条件下，应"慎言转型经济学的终结"，作出转型经济学已经终结的结论还为时尚早。[①]

南开大学的一些学者认为，转型经济学作为一门独立的经济学学科，不仅依然存在，而且还有成长的空间。这是因为：（1）它有一个特定的研究对象，即一个相对独立和稳定的研究领域，不能被其他学科所覆盖和替代。（2）它具备本学科特有的研究方法。尽管这种研究方法也可能是从其他学科移植或借鉴而来的，或许是为了该领域的研究专门创造的方法，但这些方法都是在这个领域的研究中最具特色和最有效的方法。（3）它具有本学科特有的基本概念和特定范畴，它构成这一研究领域的基本分析单位和分析方法。其中后两个条件结合在一起，也就形成了一个独立的理论研究范式。[②] 20 世纪 80 年代末发生在前社会主义国家的转型，不仅是大规模的制度变迁，也是社会经济自身的组织结构和存在方式的变化，变迁和变化的目的在于重构社会结构，促进经济发展。因此，将转型经济学研究对象或者说研究主题仅仅确定在研究体制转变上，这是远远不够的，应该把体制转变、社会重构与经济发展结合起来，注重研究体制转变对转型国家实现长期经济发展的促进作用。从这个意义上讲，转型经济学研究对象的内涵与外延是非常明确和清晰的。

第四，转型国家的转型已经终结，但是转型经济学的研究远未结束，仍然需要继续深入研究，这是由经济转型过渡性特征所决定的。

转型经济学研究不断深化，与其研究对象的现实发展阶段紧密相关，对转型国家的经济转型而言，这个过程既不可逆转，其结束也并非遥遥无期。[③] 孙景宇率先提出，认为转型经济学会随着转型的终结而逐渐消亡的观点主要是从对策研究或战略研究的角度提出来的，如果从学术研究的角度出发，转型经济学不仅要理解转型背后的内在规律、评估当前的转型绩效、预测和规划转型后的发展方向，更要对转型问题的研究得出具有一般性和普适意义的发展规律，为经济学理论的创新和发展提供有益的借鉴，

---

① 王永兴：《"去范式化"下的转型经济研究》，《东岳论丛》2010 年第 3 期。
② 景维民、黄秋菊：《转型经济学的学科定位与展望》，《东岳论丛》2010 年第 3 期。
③ 孙景宇：《论转型经济学的转型》，《经济社会体制比较》2008 年第 5 期。

而转型经济学的这一学术使命，绝不是在转型终结之时就可以完成的。[①]转型国家随着经济体制转型的深化，出现了很多新的问题。诸如腐败、收入差距扩大、经济结构不合理等等，而这些问题都在转型经济学研究范畴内。

第五，转型经济学面临危机与重构，转型经济学需要转型。

有的学者提出，转型经济学正处在十字路口，如果能够拓展转型经济学的研究对象，转型经济学将大有前途。还有的学者从完善市场经济的角度指出，转型国家的体制转型已经结束，但是这些国家对支撑市场的制度重视不足，从成功的转型是完善的市场经济制度角度来说，继续深化改革，推进经济体制进一步转型，是所有转型国家面临的共同选择。关于转型和转型经济学，研究者的一个共识是，转型国家都将经历一个深化和完善市场经济体制的过程，而转型经济学应该从研究如何建立市场经济体制，转变为研究如何完善市场经济体制。一些学者针对学术界所认为的"经济增长和发展模式的形成，意味着中东欧国家的转型任务已经完成"的看法指出，在2010年欧洲复兴开发银行《转型报告》中提出一个重要观点，即：之前对中东欧国家经济增长和发展模式的研究过于侧重市场的发展，而对支撑市场的制度因素重视不足。成功的转型，不仅仅是提高经济增长的速度，更要提高经济增长的稳定性。在这方面，继续深化改革，推进经济体制的进一步转型，是所有中东欧国家的共同选择。作者指出，欧洲复兴开发银行2010年的《转型报告》，很可能是第一本明确阐明中东欧国家的转型仍未终结的国际机构出版物，这有助于推动对转型的本质、目的和方式的进一步反思。[②]

三 转型效果与转型终结的目标和标准

针对转型国家向市场经济的过渡是否已经终结的问题，一些学者认为，衡量转型是否已经终结，这需要有一个评价标准。正是因为评价的标准不同，所以在界定转型是否完成时，中国学术界没有达成共识。我们认为，经济转轨自初始阶段的目标就是明确的，即：实现制度变迁（从计

[①] 白千文：《转型经济学行将消失、暂时存在还是具有持久的生命力——转型经济研究新进展与学科建设研讨会综述》，《经济社会体制比较》2010年第2期。

[②] 孙景宇：《复苏与改革：中东欧尚未完结的转型之路——欧洲复兴开发银行2010年"转型报告"评述》，《俄罗斯中亚东欧研究》2012年第1期。

划体制到市场体制）并促进经济增长与发展，这是最为重要的评价标准。关于体制目标的实现程度，人们通常使用市场化水平这一指标加以反映。① 对转轨、转型的实际效果的评价，主要应该依据在 20 世纪 90 年代转型之初所提出的基本目标，并根据转轨或转型的实际进程与预期效果加以评价。

目前，中国的学者们在评价中东欧转型是否完成时，以如下三个指标来判定经济转型是否完成，包括经济指标、政治指标和机构指标。首先，经济指标考察是否完成一揽子经济转型任务。1994 年，欧洲复兴开发银行确定了一套衡量转型内容的指标（虽然这些指标在后来被不断细化和修正）。它们是：小私有化、大私有化、治理和企业改造、放开价格、贸易和外汇体制、实行竞争政策、银行体系改革和放开利率、证券市场和建立非银行金融机构、改革基础设施。2004 年加入欧盟的中东欧国家基本完成了经济转型任务，包括企业私有化、放开价格、贸易和外汇管制、实行竞争政策、建立二级银行体系和证券市场、建立非银行金融机构、对基础设施改造等。其次，政治指标以加入欧盟作为经济转轨完成的重要标志。保加利亚第一任总统热列夫说，加入欧盟可以视为从共产主义向民主和市场经济的过渡已经完成。但也有观点反驳说，加入欧盟不足以说明转型已经结束，只是进入转型的巩固阶段，巩固阶段的任务是制度建设、使本国经济与欧盟趋同和追赶。另有观点认为，转型是否结束，应考察经济转型中的"转型意外"是否已消失。换句话说，只有当转型特有的经济现象基本消失后，经济转型才告结束。最后，机构指标指国际金融组织对转型的评价。1996 年，世界银行发表第一份转轨报告，称第一阶段经济转型已经完成，并撤销了世界银行的转轨部。同时，世界银行的转型（Transition）期刊，亦改名为《超越转型》（Beyond Transition）。2008 年 6 月，世界银行撤销了在斯洛伐克工作了七年的办公室，因为世行指导该国进行的九项工作已基本完成。②

---

① 曲文轶：《制度变迁的经济效果——原苏东国家经济转轨 20 年回顾》，《俄罗斯中亚东欧研究》2011 年第 2 期。

② 朱晓忠：《转型九问——写在中东欧转型 20 年之际》，《俄罗斯中亚东欧研究》2009 年第 6 期。

第四节　转型经济学的学科定位与未来发展

一　转型经济学研究的未来定位

关于"转型经济学向何处去"这一问题在我国于 2004 年首次提出，但是它并没有得到研究者的回应。2009 年该问题再次被提及，并在中国学术界得到重视和讨论。2004 年有学者提出"转型经济学向何处去"，指出转型经济学有逐渐与其他经济学分支融合的趋势，[①] 认为转型经济研究对经济学家提出了更高的要求，应将转型经济的起点——计划经济、终点——市场经济，以及两者之间的过渡阶段有机结合起来。因为，从转型经济学研究趋势看，转型经济学并不是一个有着长久生命力的学科，和其他相关学科的融合是其必然选择。但这并不意味着对转型经济的研究是没有意义的。从发展来看，转型经济既不可逆转也不可重复，因而单纯在理论上构建转型经济学所独有的理论框架是没有意义的。[②]

通过对我国转型经济研究方面的文献检索，显示出如下的特征：一是，20 世纪 90 年代至 21 世纪初期，对于"转型"的研究文献最多。这之后，直接以"转型"命题的论文逐渐趋少，研究者将研究主题转向转型国家其他的研究领域。二是，从研究主题和内容看，转型经济的研究对象，已经不再局限于从计划经济向市场经济的转型过程和内容。与转型相关的问题和研究的主题在减少，对转型国家的经济现实问题的研究在增加，更加贴近经济实绩。例如，对于转型国家的经济增长与发展、金融与资本市场、通货膨胀等问题；俄罗斯能源对经济拉动的分析、资源型经济，等等。三是，转型经济研究的范畴在延伸，对于俄罗斯和中东欧的研究趋势更加注重经济形态的分析。诸如，关于俄罗斯"国家资本主义"的研究；[③] 关于俄罗斯主权财富基金的评析；[④] 从经济转型到国家治理模式重构；[⑤] "第二次转型"的理论向度与原社会主义国

[①]　孙景宇：《转型经济学向何处去》，《经济学家》2004 年第 5 期。

[②]　同上。

[③]　田春生：《俄罗斯"国家资本主义"的形成及其特征》，《经济学动态》2010 年第 7 期。

[④]　李建民：《俄罗斯主权财富基金管理评析》，《国际经济评论》2008 年第 2 期。

[⑤]　张慧君、景维民：《从经济转型到国家治理模式重构——转型深化与完善市场经济体制的新议题》，《天津社会科学》2010 年第 2 期。

家转型的多样性问题;① 后危机时代俄罗斯经济现代化问题;② 创新经济
是俄罗斯经济转轨理论与实践的内在逻辑和历史选择;③ 俄罗斯的发展道
路问题;④ 新官僚利益集团的崛起与俄罗斯特色的资本主义,⑤ 等等。

二　中国对于转型经济学学术研究中的不足

转型经济学或者转型政治经济学作为一门新兴学科,由于其研究对
象——经济转轨或经济转型的形成与发展的历史较短,我们认为,迄今为
止并没能形成一个完整的理论体系;受西方经济学中各种不同的理论流派
的影响,学者们对于转型中的各种问题也有着各自不同的认知。在转型经
济研究的理论范式中,一些理论学说是当时流行的西方经济学理论,学者
们用以对转型研究对象加以分析;另一些理论范式,现在看来并不具有实
际理论指导意义。因此,学者们研究视角和理论范式不同,逻辑路线和问
题设定也有很大的差异。

第一,在对转型经济的研究方面,中国学者多以西方经济学理论学说
作为分析的依据,尚未形成具有中国学者视阈与特色的研究体系。(1) 转
型经济学这门新兴学科本身,就没有自己的理论体系。无论西方经济学还
是我国经济学界,与西方经济学所研究的问题相比,转型应该说是新的研
究范畴,没有现成的理论用于解释转型的实践。因此在过去的研究中,一
方面,我们学者往往以西方经济学理论作为分析的支点,以西方经济学相
关学科作为解释转型的基本理论。例如,新自由主义、新制度经济学、新
比较经济学等学科。另一方面,西方主流经济学对于转型经济的认知和解
释,也致使转型过程误入歧途。实践已经证明,新自由主义经济学,以及
新制度经济学中的产权理论等,对于俄罗斯转型前十年和中东欧一些国家
转型的指向产生误导。再有,上述现象不仅表现在大多数转型国家,其实

① 杨成:《"第二次转型"的理论向度与原社会主义国家转型的多样性——以普京时代的
俄罗斯制度转型为例》,《俄罗斯研究》2008 年第 4 期。
② 关雪凌:《后危机时代俄罗斯经济现代化探析》,《经济理论与经济管理》2011 年第 1
期。
③ 戚文海:《创新经济:经济转轨国家经济发展道路的新取向——以俄罗斯为研究重点》,
《俄罗斯中亚东欧研究》2007 年第 6 期。
④ 庞大鹏:《俄罗斯的发展道路》,《俄罗斯研究》2012 年第 2 期。
⑤ 杨成:《新官僚利益集团的崛起与俄罗斯特色的资本主义》,《当代世界》2008 年第 2
期。

就是被认为转型成功的国家例如中国，也受到西方经济理论的影响。（2）中国缺乏能够解释转型经济的理论和体系。现有转型理论对于中国市场经济改革的理论解释基本是空白，作为至今人们所知的"北京共识"不仅缺乏理论概括性，而且有待实践的验证；对"中国模式"的各种解说，在理论对实践的阐释功能上也需要历史的检验。方方面面的原因说明，转型理论体系尚未形成，目前，已有的转型经济学理论不能解释转型的全过程、全内容。（3）中国学术界对于转型经济学的研究比较松散，没有讨论与观点交锋，研究者之间缺乏交流与互动。

第二，在研究范式上，主要以西方经济学为基本范式。不同的理论范式得出不同的结论，但是它们都仅仅涉及一个相关范畴。有的学者提出，国内文献在转型研究中的最大缺陷，则在于对国外转轨经济学所确立的一些研究范式形成了思维定式，甚至学术上的路径依赖。[①] 例如，激进式转轨和渐进式转轨两种基本转轨模式的划分，掩盖了中国转型道路更加丰富的内容和独特性。又如，王永兴教授认为，如果我们从转型的范畴来理解，它不仅是经济学范畴，也涵盖有政治学、社会学、法学、历史学等范畴，因此在研究方法与理论范式上，就需要跨学科、多视角的研究与融合。也就是说，仅仅从经济学视角进行研究是不够的，需要从多个理论视角加以研究。例如，制度的形成和建立与一个国家的历史路径是分不开的，我们从新制度经济学和诺斯对于制度的演变分析中就可以看出。

第三，在研究方法上，对转型经济学的研究方法比较单一。转型经济学作为一门新兴的学科，其所运用的理论和研究范式本身似乎也在不断地"转型"。国际经济学中已经存在的各种经济学派的研究方法和范式，都在向转型经济学这一新兴领域渗透，这些研究范式具有不同的方法论基础，其强调的侧重点也存在巨大的差别。这种研究范式的交叉是经济学中所独特的现象，即在转型经济学这个统一的名词下，涵盖了更多的研究范式，具体包括新制度经济学、新自由主义、演进制度学派、发展经济学和比较经济学等的研究范式。[②] 迄今为止，在对转型和转型国家的研究中，并没有形成一个相对统一的研究范式。而且，无论哪种范式都存在这样或

---

① 张建君：《中国转型经济研究的文献回顾与理论发展》，《山东社会科学》2007年第7期。

② 王永兴：《转型经济学研究范式评述》，《江苏社会科学》2007年第5期。

那样的缺陷，在对转型的研究中无法排除其他研究范式的影响。

三 转型经济学面临创新的探索

一方面，转型经济学是一门新兴学科，这也意味着对转型经济学给予关注。另一方面，转型是否具有阶段性，每个阶段的任务是什么？转型过程是否终结，经济学解释是否随着转型的终结而告终？转型经济学的发展趋势在哪里，能够与其他学科融合吗？如果脱离了转型的本意，作为一门学科的转型经济学的研究对象还能够成立吗？对于这些问题，还需要学术界进一步加以研究。

（一）探索创建自己的理论体系。对于涉及改革、转型和转型经济学在内的一些理论与现实问题，特别是对经济转型以及作为学科的转型经济学的现状与发展，我们认为还需要进一步地探讨，以便能够推动学术研究与学科发展。事实上，迄今为止，在我国的研究中，转型经济学是否可以作为一门独特的经济形态加以研究，目前不仅没有取得共识，而且分歧较大。这说明，转型经济学是否是一门独立的经济学学科，还处在艰难的探索中。其学科体系、研究范畴等都没有得到认可。[①]

赞成将转型经济学作为一门独立学科的观点认为，转型经济学有自己特定的研究对象、研究方法和一套基本的概念和范畴，这足以证明转型经济学就是一门独立的学科。[②] 将转型经济学称为一门学科的依据在于：（1）在短短20—30年里，关于转型研究的文献迅猛增长，使转型经济学这一研究领域开辟、巩固并成为现代经济学中最活跃的前沿领域之一；（2）国内外已有一批相对固定的主要从事转型经济学研究的学者，也有相应的学术机构并出版其学术著作和刊物；[③]（3）一些著名经济学家创立了相应的转型经济学学科体系。其中包括：罗兰体系（Roland's System）、斯蒂格利茨体系（Stiglitz's System）、科勒德克体系（Kolodko's System）和

---

① 冒天启：《转型经济学研究的创新与发展》，《山东社会科学》2009 年第 10 期。

② 周冰的观点。参见白千文《转型经济学行将消失、暂时存在还是具有持久的生命力——转型经济研究新进展与学科建设研讨会综述》，《经济社会体制比较》2010 年第 2 期。

③ 国际组织机构中，最为重要的机构是欧洲复兴与开发银行（EBRD），该机构每年出版《转轨报告》（Transition Report），研究俄罗斯、中东欧等国家的转型进展，国际货币基金组织（IMF）、世界银行（World Bank）也曾出版各种转型经济专题报告。其他机构包括国内从事转型经济学研究的专门机构包括：南开大学的转型经济研究中心、华东师范大学俄罗斯研究中心、辽宁大学比较经济体制研究中心等。

科尔奈体系（Kornai's System）。[1]

对此持反对的观点则认为：（1）不同转轨动因、政治力量、利益集团的介入，使得转型的初始目的、手段和过程充满冲突和矛盾。各国不同的转型实践模式，不是服从于某种共识的包含与被包含关系、正统与例外的矛盾关系，而是并列的关系。因此很难将这些转型模式归纳到一个有效而一以贯之的理论体系之中；（2）转型不是没有终结的。随着中东欧10国加入欧盟，[2]俄罗斯走上"普京路线"以及中国政府宣布在2020年建成更加完善的社会主义市场经济体制之后，[3]经济转型过程迟早会成为历史。[4]

（二）尝试采用多学科的研究方法。多数学者认为，过去仅从经济和经济学视角的研究是不足的，应拓宽转型经济学的研究领域与观察视角。一些学者强调，转型经济学与其他学科的融合，不是被其他学科"同化"，而是吸收其他学科的先进研究方法，形成一套自己的研究范式。[5]有的学者还提出了发展转型经济学的构想，即：可以通过构建"转型—发展—社会重构"的三位一体的分析框架，将现有的、零散的转型经济学研究成果进行综合，建立区别于其他经济学科的、自成一体的转型经济学理论体系。[6]转型经济学的成熟需要经济学各学派更深入的融合，同时进行跨学科研究。单从经济学的角度来研究转型，或者只对转型国家的体制转型的进程进行比较，这是不全面的。因为，转型研究不仅是经济转型，它还涉及政治、文化、民族、历史、宗教等全方位的问题，需要多学科协同进行综合研究。

---

① 这些学者关于转型经济学研究的代表性著述包括：热若尔·罗兰：《转型与经济学》，北京大学出版社2002年版；约瑟夫·斯蒂格利茨：《社会主义向何处去——经济体制转型的理论与证据》，吉林人民出版社1998年版，2011年版；科勒德克：《从休克到治疗：后社会主义转轨的政治经济》；上海远东出版社2000年版；科尔奈：《社会主义体制》，中央编译出版社2007年版；《后社会主义转轨的思索》，吉林人民出版社2003年版；等等。他们对于中央计划经济向市场经济的过渡与转型具有自己独特而系统的解说，并且在转型经济的研究中具有很大的影响。

② 这10个国家分别是：波兰、匈牙利、捷克、斯洛伐克、斯洛文尼亚、爱沙尼亚、拉脱维亚、立陶宛、罗马尼亚以及保加利亚。

③ 江泽民：《全面建设小康社会，开创中国特色社会主义事业新局面》，在中国共产党第十六次全国代表大会上的报告，人民出版社2002年版，第19页。

④ 吴垠、刘灿：《转型经济学的研究范式与发展方向》，《经济评论》2009年第4期。

⑤ 王永兴：《转型经济学研究范式评述》，《江苏社会科学》2007年第5期。

⑥ 白千文：《转型经济学行将消失、暂时存在还是具有持久的生命力——转型经济研究新进展与学科建设研讨会综述》，《经济社会体制比较》2010年第2期。

　　（三）转型经济研究需要"超越转型"（Beyond Transition），实现转型经济学的转型。一些学者提出了转型经济学与比较经济学、发展经济学、制度经济学的关联与分野；还有的学者提出，如果仅仅关注经济转型的特殊性，那么转型经济学的前景是不容乐观的。对于转型经济学的研究，更应该把经济转型看作是后发国家追求社会进步、经济发展的道路的一种探索。有的观点从经济发展的视角看中国的经济转型，认为对于经济转型的思考应该放到经济发展这个更大的背景中去，这就需要建立一个转型的发展经济学理论，拓展传统的转型经济学的研究。中国只是阶段性地完成了市场经济体制的建立，随着经济发展水平的提高，为市场经济建立规则，使政府职能更多地从微观干预转变到宏观管理是未来的方向。因此，应当从经济转型的一般性上来重新定位转型经济学的研究主题，实现转型经济学的转型。[1]　在这方面，转型经济学还有很大的发展空间，它应该在研究体制转变对转型国家实现长期经济发展的促进作用方面有所突破。

　　我们认为，作为计划经济向市场经济过渡的转型过程已经终结，但是作为经济学的转型经济研究还需要进一步发展与深化，至于转型经济学能否作为一门独立的学科继续得到发展，这不仅取决于转型、转型经济学和转型国家经济的发展，更有待于转型经济研究能否形成自己的理论体系，也有待于我国及国际学术界的共同努力。

　　（本章作者：田春生，中国青年政治学院教授、国务院发展研究中心欧亚社会发展研究所和华东师范大学俄罗斯研究中心特聘研究员。）

---

　　[1]　孙景宇：《论转型经济学的转型》，《经济社会体制比较》2008 年第 5 期。

第 八 章

世界经济史

改革开放以来，包括经济学在内的各门社会学科在中国得到了长足的发展。作为经济学和经济史的一个分支，世界经济史作为一门学科也成长起来。或许我们可以说，这门学科在三十多年中的最大成就之一，就是在早期的学术带头人们的共同努力下形成了一个相对稳定、视野开阔的基本框架。世界经济史作为一门相对独立的学科得到了研究界和高等教育界的认可。而作为一门交叉学科，有许许多多后来的研究者们从不同侧面为世界经济史研究增添新成果，更新研究方法，进一步拓展视野，针对重大理论和现实问题发掘世界经济史研究成果的现实意义。

第一节 从"外国经济史"到"世界经济史"：学科的出现和奠基

改革开放以前，许多国内高等院校经济系和财经院校开设了"外国经济史"课程，当时使用的教材主要是苏联作者编写的同名著作。一些教师也使用自编油印教材。当时教材和著作（包括中译本）的一大特点，是挑选少数有代表性的外国，讲述其近代以来（主要是工业革命以来）经济发展情况和经济制度的重大变化。若追溯再早些时候，这种情况实际上在 20 世纪前半期就出现了。"欧洲经济史"是那时的重点。[①]

20 世纪 80 年代以前，甚至在 50 年代以前，尽管市面上也有一些译著和国内自著书籍冠名"世界经济史纲"，但作者或使用者都并未在现代

[①] 胡寄窗：《中国近代经济思想史大纲》，中国社会科学出版社 1984 年版，第 477—478 页；孙家红：《通往经世济民之路——北京大学经济学科发展史（1898—1949）》（北京大学经济学院（系）100 周年纪念文库），北京大学出版社 2012 年版，第 127—130 页。

意义上严格界定其含义。欧洲学者马克斯·韦伯曾有一本小书被译为中文，书名叫《世界经济通史》，英文名却是 General Economic History。这本应译为"一般经济史"或"普通经济史"，就像 General Physics 译为"普通物理学"一样。

可以说，在 20 世纪 70 年代末以前，现代意义上的"世界经济史"在国内学术界（一定程度上也包括国际学术界）还没有出现。20 世纪初，布哈林写过《世界经济与帝国主义》，但其政治意义大于学术意义。[①]

国内学者从 60 年代开始集体编写多卷本的《外国经济史》。经过几年努力，由樊亢、宋则行主编，池元吉、郭吴新协助主编的《外国经济史（近代现代）》主要部分初版于 1965 年，并形成了后来改版时也沿用的基本框架，即将近代以来的各国各地区经济史划分为三个阶段："资本主义确立和上升发展时期"（第一册），"帝国主义形成时期"（第二册），"资本主义总危机时期"（第三册）。第四册为苏联社会主义经济史，出版于 1990 年。在前面所划分的三个时期中，除了分别将英国、美国、法国、德国和日本作为对象，还涉及印度、拉丁美洲、俄罗斯和非洲等国家或地区。国内许多高校当时采用了这本著作作为教材。[②]

在 70 年代对外不开放的背景下，国内读者了解国际知识包括世界重要国家经济发展历程的兴趣十分强烈。参加编写上述《外国经济史》的几位学者（樊亢、宋则行、池元吉、郭吴新、朱克烺）又应约编写了《主要资本主义国家经济简史》。[③] 这本篇幅 24 万字的书籍分别概述了英国、美国、法国、德国和日本自中世纪晚期以来的经济发展历程，重点叙述工业革命和工业化进程，时间至第二次世界大战，书末附有 32 张统计表格。这本书在当时对普及外国经济史知识发挥了极大的作用。几个国家的出版社分别出版了英译本、法译本和日译本等。该书对工业革命和工业化进程基本特点的概括为后来许多国内同类著作所沿用。

1978 年年底，中国进入改革开放新时期。知识界开始追求更新认识，

---

① ［俄］尼·布哈林著，蒯兆德译：《世界经济和帝国主义》，中国社会科学出版社1983年版。系根据美国每月出版社1973年英文本转译，含列宁为该书1915年所写序言。

② 樊亢、宋则行主编：《外国经济史（近代现代）》第一册，人民出版社965年初版，1980年第2版；第二册，1965年初版，1981年第2版；第三册，1965年初版，1980年第2版；第四册，1990年初版。

③ 樊亢、宋则行、池元吉、郭吴新、朱克烺：《主要资本主义国家经济简史》，人民出版社1973年初版，1997年增订本。

扩大视野,学术研究出现了新的活跃局面。早先参加上述《外国经济史》的许多研究者都认为,按照传统的"国别法"或"地区法"不足以反映近代以来世界经济的总体发展趋势,更不利于认识各国经济在近代以来的互动关系及其规律。有鉴于此,学者们从那时开始提出探寻"世界经济史"的基本思路,并为此经过多年共同努力,编写出共计超过 100 万字的三卷本《世界经济史》。①

作为国家"六五"计划(1981—1985 年)哲学社会科学研究项目,这本著作由中国社会科学院世界经济与政治研究所组织编写,全国有关高等院校和科研机构的学者参加协作。宋则行、樊亢任主编,池元吉、郭吴新、朱克炀任副主编。全书按历史时期分为四篇,各篇分主编依次是朱克炀、樊亢、郭吴新和池元吉。

这部著作最大的特点是将近代以来各国经济发展进程置于一个相互联系和相互作用的总体框架之中。第一篇为"资本主义生产方式确立和世界经济体系形成"(16 世纪至 19 世纪 60 年代);第二篇为"资本主义世界经济发展成为囊括全球的统一的体系"(19 世纪 70 年代至 20 世纪初);第三篇为"社会主义制度建立、囊括全球的资本主义世界经济体系开始解体"(1917—1945 年);第四篇为"世界经济体系内部两种社会经济制度并存、民族独立国家经济兴起"(1945 年以后)。

诚如编写者在"绪论"中所说,"把世界经济作为一个有机整体来研究它的历史,在我国是一项开拓新的研究领域的工作"。在这部著作中,"工业革命和工业化"已不再是分别放进各国经济发展篇章之中,而是作为一个共同主题将有关各国经济发展放进来。类似的论述方法也体现在诸如对"国际贸易"和"国际资本流动"等问题的叙述中。这样的新认识可以说适应了自那时起中国不断扩大对外开放、日益将自身视为世界经济积极参与者的时代背景转变。

事实上,从一个更加宽阔的视角来看,这种转变并不仅仅是出现在中国学术界。美国学者罗斯托早年研究 19 世纪不列颠经济史,中年参与美国政治事务和对外政策决策,退出政界后致力于经济发展问题研究,并随后推出个人巨著《世界经济:历史与展望》(*The World Economy*:*History*

---

① 宋则行、樊亢主编:《世界经济史》(三卷本),经济科学出版社 1993 年初版,1998 年第 2 版。

and Prospect)。这部著作初版于 1978 年，恰逢中国开始改革开放。① 在此前，英文著作中少见有以此为题目者。英语著作界有两位知名经济史学者在其 2007 年书中提到几本 20 世纪 70 年代到 90 年代出版物，② 但查其英文原文为 "Economic History of the World"（世界的经济史），而不是 "History of the World Economy"（世界经济的历史）。后者更接近上述宋则行、樊亢主编著作以及罗斯托 1978 年著作。

　　另外，在国际学术界，两位澳大利亚学者联合编写了《国际经济的成长：1820—1990 年》（*The Growth of the International Economy：1820—1990*）。③ 该书英文版初版于 1971 年，当时论及的时间下限为 1960 年，再版则延伸至 1990 年。从概念上说，"国际经济"与"世界经济"仍有区别，前者侧重表达各国经济的相互关系，例如国际贸易和国际资本流动，而后者则同时包含各国经济的相互关系以及本国经济在此关联中的发展和演变进程。

　　国内方面，若干学者后来也陆续编写了以"世界经济史"为题的著作和高校教材。中国人民大学高德步和王珏合编了大型著作《世界经济史》，该书出版于 2005 年，三卷合计字数达 150 万。上卷为高德步著，卷题为"传统经济的演进"，分七章从"古代东方社会经济"到"资本主义萌芽"；中卷为王珏著，卷题为"经济现代化进程"，分九章从"西欧的商业革命和市场发育"到"自由贸易与世界贸易"；下卷为高德步著，卷题为"现代经济的发展"，分七章从"自由市场经济的危机与转变"到"国际经济关系的演变"以及"中国经济的现代化"。这部著作的显著特点是突出了近代以来世界各国经济现代化的进程。④

　　北京大学萧国亮和隋福民合写的《世界经济史》出版于 2007 年。作为该校"21 世纪经济与管理规划教材"，该书篇幅有 57 万字。作者在序言中说，该书纵论"工业革命前后世界经济六百多年发展的历史"，并强

---

　　① Rostow, W. W.：*The World Economy：History and Prospect*. Austin and London：University of Texas Press，1978.

　　② 中文版参见［美］罗纳德·芬德利、［美］凯文·奥罗克著，华建光译：《强权与富足：第二个千年的贸易、战争和世界经济》（比较译丛），中信出版社 2012 年版，第 XIV—XV 页。

　　③ ［澳大利亚］A. G. 肯伍德、［澳大利亚］A. L. 洛赫德著，王春法译：《国际经济的成长：1820—1990 年》，经济科学出版社 1996 年版。

　　④ 高德步总主编：《世界经济史》，上卷，高德步著；中卷，王珏著；下卷，高德步著，中国人民大学出版社 2005 年版。

调这"不是世界的经济史,而是世界经济的历史"。[①] 其基本思想与前述宋则行、樊亢著作高度一致。

20 世纪 90 年代以来,现实中的世界经济日益展现出若干重要的新趋势。国内外学术界越来越多地使用"全球化"概念来指称这些新趋势。经济史学界对此也作出了反应。"全球化史"得以出现。数十位来自不同国家地区(包括香港)并有不同学科背景的学者于 2003 年倡议成立了"全球经济史网络"(Global Economic History Network,GEHN)。之后,设在伦敦经济学院的《全球史学刊》(*Journal of Global History*) 创刊。分布于世界各地(包括中国大陆)的许多研究者纷纷从不同角度并针对不同的经济史事件或案例展开经济全球化背景下的研究。

近代以来,各国经济陆续以不同的、甚至曲折的方式融入世界经济体系中。20 世纪最后几十年到 21 世纪初,世界经济的全球化在此前基础上又获得了新的发展和提升。全球化的新视角不仅催促着经济史学者对近代以来世界经济历史发展线索进行新的探讨和概括,[②] 而且也让许多历史学者试图重写世界历史,尤其是近代以来的世界历史。[③]

第二节　空前活跃地引进国外经济史著作

20 世纪 50 年代到 60 年代中期,国内出版界不时有翻译国外经济史方面的成果问世。当时的几个特点是,以翻译苏联学者著作居多,间有译自英文和日文的译著;多数翻译作品原文出版时间较早,包括 19 世纪和 20 世纪初期;并以个人单本著作为主。一项统计显示,1949—1965 年,国内出版外国经济史自撰著作数为 24 部,翻译作品数为 63 部;1966—1978 年自撰数为 8 部,翻译数为零;1979—1989 年自撰数为 80 部,翻译数为 77 部。[④] 若看 1978—2013 年这个较长的时期,外国经济史领域中翻

---

① 萧国亮、隋福民:《世界经济史》(21 世纪经济与管理规划教材经济学系列),北京大学出版社 2007 年版。
② 张宇燕等著:《全球化与中国发展》,社会科学文献出版社 2007 年版。
③ 何顺果主编:《全球化的历史考察》,江西人民出版社 2010 年版。
④ 胡寄窗、谈敏主编:《新中国经济思想史纲要(1949—1989)》,上海财经大学出版社 1997 年版,第 471 页表 9—4。

译作品数目估计大大超过自撰作品数目。

可以说，20 世纪 80 年代以来，国内翻译和出版界出现了空前的活跃。数十家国内出版社出版了几百部经济史著作，包括经济史理论、经济史过程、经济史文集和经济史统计等。众多国内学者和知识界人士都参与到国外著作成果的中文翻译工作中。一大批篇幅巨大、集体编写和成序列的国外经济史成果被移译到国内。它们有效地帮助了国内学术界缩小知识和信息差距，有力地推动了国内经济史学术研究工作。

商务印书馆长期致力于国外学术名著移译事业，也曾在经济史领域有显著贡献。后来收入该馆"汉译世界学术名著丛书"中的经济史著作就有多种。较有代表性的包括罗斯托夫采夫《罗马帝国社会经济史》（上下册，51 万字）[1]、汤普逊《中世纪经济社会史》（上下册，88 万字）[2] 和克拉潘《现代英国经济史》（上中下三卷，字数合计超过 150 万字）[3] 等。

不列颠经济史学家克拉潘（J. H. Clapham，1873—1946 年）似乎特别值得一提。他多少是马歇尔的同时代人，他的著作或许也反映了那个时代"古典经济学"思想风格对经济史研究和著述的深刻影响。其个人巨著《现代英国经济史》分为三卷，上卷"早期铁路时代"，覆盖 1820—1850 年；中卷"自由贸易与钢"，覆盖 1850—1886 年；下卷"机器与国家的竞争"，覆盖 1887—1914 年。自称不写"经济意见"，而写"关于经济史实的历史"的克拉潘，在这部著作中，通篇是有关经济事实和经济政策的细节描述，可以说达到了后来一些学者所说的"描叙型经济史学"的顶峰。第二次世界大战以后，国际经济史学界有越来越多的研究者使用计量经济学或量化分析方法，而在专业研究领域中，单纯的描述方法不再通行。

由意大利学者卡洛·M. 齐波拉主编的六卷本《欧洲经济史》或许是

① ［美］M. 罗斯托夫采夫著，马雍、厉以宁译：《罗马帝国社会经济史》（汉译世界学术名著丛书），商务印书馆 1985 年初版，2005 年再版。

② ［美］汤普逊著，耿淡如译：《中世纪经济社会史》（汉译世界学术名著丛书），商务印书馆 1961 年初版，1984 年第 3 次印刷。

③ ［英］克拉潘著，姚曾廙译：《现代英国经济史》（汉译世界学术名著丛书），商务印书馆，上卷：1964 年初版，1974 年第 2 次印刷，1986 年第 3 次印刷；中卷：1975 年初版，1986 年第 2 次印刷；下卷：1977 年初版，1986 年第 2 次印刷。

这个时期国内较早翻译出版的大型系列外国经济史著作。① 连同统计附录和参考书目，全书约有 200 万字。该书由来自多个国家（主要是欧洲大陆国家）的学者集体编写，覆盖时间范围从中世纪到 1970 年。书中的篇章不按照通常的国别来分设，而是按经济专题，例如各个时期中的人口增长趋势，技术革命特征，需求及其结构，贸易和金融，政府经济政策等等。这种对欧洲经济史自中世纪以来的"混合式"的编写方法，很大程度上反映了作者们力图适应第二次世界大战后欧洲经济一体化进程的大趋势，并试图说明这种经济一体化在欧洲地区具有深厚的历史基础。

由不列颠经济史学者 M. M. 波斯坦主编的《剑桥欧洲经济史》如其他"剑桥史"丛书序列一样，堪称超大型学术成果。② 该书第一卷初版于 1941 年，第八卷亦即最后一卷出版于 1989 年。中文译本由经济科学出版社几乎一次性出齐，合计字数超过 800 万。全书一百余章分别由来自世界各地的专家学者撰写，其中一些章的不同节亦由不同国别的学者供稿，甚至有同一章的参考书目也由多位学者分别提供。这充分体现了主编者力图博采众长和精益求精的学术追求，也可以说是经济史研究领域内跨国学术合作的一个典范。近年来大型著作的跨国合作事例越来越多。

《剑桥欧洲经济史》从古代欧洲（罗马时期）开始，直至第二次世界大战结束。各章题目既有跨国的专题，例如欧洲地区的农业技术和国际贸易等，也有国别和地区。在国别覆盖范围，这部著作显然力图做到尽可能详尽，不漏掉小国以及一些已经消失的国度（例如奥匈帝国）。而且，在 19 世纪后半时期以来，几个被认为与欧洲经济发展有密切关系的国家也被涉及，包括美国和日本等。如主译者王春法所说，这部著作显然是"描述性经济史"的一个代表。此外，这部著作毫无疑问也是一部"欧洲

---

① ［意］卡洛·M. 齐波拉主编，徐璇译，吴良健校：《欧洲经济史》，商务印书馆，贝昱等译，第一卷：中世纪时期，吴良健译，第二卷：十六和十七世纪，胡企林等译，第五卷：二十世纪（上下册），1988；吴继淦等译，第三卷：工业革命，1989；李子英等译，汪连豪等校，吴良健总校，第四卷：工业社会的兴起（上下册），第六卷：当代各国经济（上下册），1991。

② ［英］M. M. 波斯坦、［英］H. J. 哈巴库克主编，王春法主译：《剑桥欧洲经济史》，经济科学出版社，第一卷：中世纪的农业生活，第二卷：中世纪的贸易和工业，第三卷：中世纪的经济组织和经济政策，第五卷：近代早期的欧洲经济组织，第六卷：工业革命及其以后的经济发展：收入、人口及技术变迁，2002 年版；第四卷：16 世纪、17 世纪不断扩张的欧洲经济，第七卷：工业经济：资本、劳动力和企业（上下册），2003 年版；第八卷：工业经济：经济政策和社会政策的发展，2004 年版。

经济史百科全书"。

在篇幅上,《剑桥美国经济史》比《剑桥欧洲经济史》略小,但也是一部大型集体性著作。① 该书英文由 S. L. 恩格尔曼和 R. E. 高尔曼主编,分三卷于 1996 到 2000 年出版。中文本由中国人民大学出版社于 2008 年一次出齐,合计字数超过 270 万。如主译者高德步所说,这部著作因其编写时间相对较近,较多地吸收了当代经济史学家运用"新经济史学"或叫"计量经济史学"方法的成果,因此对诸如奴隶制和铁路兴起的经济作用等经济史上常见问题的评价有着不同以往的看法。三卷本的 45 章分别由该题目上有重要学术成果的研究者撰稿,可以说是前沿研究的一个学术荟萃。多少与《剑桥欧洲经济史》一样,《剑桥美国经济史》主编者也有一个宽广的视角,不仅在早期部分辟有专章论述北美殖民地的非洲背景和欧洲背景,而且在后来的 19 世纪和 20 世纪部分中也有专章讲述加拿大经济史。

近几十年来,编写和出版大型工具书和参考书似乎成为国际学术界和知识界的一个时髦。国内曾在 20 世纪 80 年代影印出版了《美利坚经济史百科全书》。该书由 Glenn Porter 主编,英文原版出版于 1980 年,收录 70 余个词条,每个词条均由一位素有研究的专家撰写,译为中文字数在 1 万—2 万。据主编者介绍,这是汇合"新"与"旧"经济史学的成果,只重词目的意义和影响,不重撰写者所用方法。该书词目范围十分宽泛,除了常见的经济史题目如"企业组织"和"反托拉斯"等,还包括通常属于社会史的概念如"家庭"、"妇女"和"黑人"等。国内有出版社选译部分词目分册出版此书,或因未能汇编成卷目前已经难以查寻。

世纪之交,已近高龄的经济史学者樊亢组织翻译了一组题为"他山石"的国外经济史丛书,收录不同国家作者的专题经济史著作六部,在 2000—2002 年由中国经济出版社陆续出版。这六本著作分别是:《生产率竞赛:从国际比较看英国制造业》《日本的技术变革:从 17 世纪到 21 世纪》《新加坡的经济增长:20 世纪的贸易与发展》《独立以来拉丁美洲的经济发展》《家庭在整体经济中的作用:1788—1990 年澳大利亚长期动态

---

① [美] 斯坦利·L. 恩格尔曼、[美] 罗伯特·E. 高尔曼著,高德步、王珏译:《剑桥美国经济史》(经济科学译库),中国人民大学出版社 2008 年版。

的研究》《公司财政史》。① 这些选题独具匠心，其中不少是过去国内经济史研究中忽略的对象。更重要的是，这些著作所阐释的国际经验对当代中国经济发展具有明显的借鉴意义。来自国内多所大学的资深学者及其合作者们参加了这项翻译工程。

　　如同经济研究需要使用统计数据一样，经济史研究通常也离不开历史统计数据，无论是"描述经济史学"还是"分析经济史学"、"旧"经济史学还是"新"经济史学皆是如此。早在 20 世纪 50 年代和 60 年代，国内就出版过几本国外经济历史统计数据集，例如由苏联学者编辑的《苏联与资本主义国家统计集》（统计出版社 1957 年版）、由国内研究者集体编辑的《英法美德日百年统计提要》（统计出版社 1958 年版）以及由中国科学院经济研究所（该机构部分研究人员后转至后来成立的中国社会科学院世界经济与政治研究所）编辑的《主要资本主义国家经济统计集（1848—1960 年)》（世界知识出版社 1962 年版）。后者在 1989 年被更新扩充为《苏联和主要资本主义国家经济历史统计集（1800—1982)》。② 这些成果在当时都起到了填补"空白"的重要作用，尽管在时空覆盖范围以及数据指标的适用性等方面存在不足。英国剑桥大学一位学者几乎倾其毕生精力汇编了囊括五大洲各国的历史统计数据，在 20 世纪 90 年代由 Palgrave 出版公司集中出版（其中的欧洲卷已经数次更新）。该书中文版三卷本《帕尔格雷夫世界历史统计》由经济科学出版社于 2002 年全译出版。③ 这是一部按照现代常规统计口径整理的各国长时间序列的数据汇编，若干欧洲国家的连续性数据起点甚至可追溯到 18 世纪或更早。该书

　　① ［英］布罗德伯里著，李晓东、常欣译：《生产率竞赛：从国际比较看英国制造业 1850—1990》（他山石经济史丛书），中国经济出版社 2001 年版；［日］苔莎·莫里斯·铃木著，马春文等译：《日本的技术变革：从十七世纪到二十一世纪》（他山石经济史丛书），中国经济出版社 2002 年版；［英］赫夫著，牛磊、李洁译：《新加坡的经济增长：20 世纪的贸易与发展》（他山石经济史丛书），中国经济出版社 2001 年版；［英］托马斯著，张凡等译：《独立以来拉丁美洲的经济发展》（他山石经济史丛书），中国经济出版社 2000 年版；［澳大利亚］斯诺克斯著，殷汝祥译：《家庭在整体经济中的作用：1788—1990 年澳大利亚长期动态的研究》（他山石经济史丛书），中国经济出版社 2001 年版；［英］巴斯金、小米兰蒂著，薛伯英译：《公司财政史》（他山石经济史丛书），中国经济出版社 2002 年版。

　　② 中国社会科学院世界经济与政治研究所综合统计研究室编：《苏联和主要资本主义国家经济历史统计集（1800—1982)》，人民出版社 1990 年版。

　　③ ［英］B. R. 米切尔编，贺力平译：《帕尔格雷夫世界历史统计（三卷本)》亚洲、非洲和大洋洲卷 1750—1993 年（第三版）；美洲卷 1750—1993 年（第四版）；欧洲卷 1750—1993 年（第四版），经济科学出版社 2002 年版。

共有十类数据：人口、劳动力、农业、工业、对外贸易、交通运输、财政金融、物价、教育和国民账户。

除了上面列举的一些大型出版物和系列丛书译著外，近三十多年来还有数百本单本的外国经济史或国际经济史著作译介成果问世，涉及范围已远远超出了传统的国别或地区经济通史概念，在贸易、金融、物价、利率、经济危机或经济周期、资本形成和资本流动、国际经济竞争等诸多专题上都分别有专门译著，而且还有专论企业史、金融机构史、国际经济组织史等具体对象的著作移译。

瑞典的诺贝尔委员会于 1969 年开始颁布经济学奖。每年的诺贝尔经济学奖发布消息都为国内经济学界高度关注。自那时以来，凡与经济史研究有关系的诺贝尔经济学奖获得者的著作几乎都能见到中译本的问世。例如，1971 年获奖的西蒙·库兹涅茨及其《各国经济增长》和《现代经济增长》；[①] 1976 年获奖的米尔顿·弗里德曼及其《19 世纪英美货币趋势》和《美国货币史》等；[②] 1993 年获奖的道格拉斯·诺思及其《经济史上的结构和变革》和《西方世界的兴起：新经济史》。[③] 与诺思同年获奖的罗伯特·福格尔虽未见其经济史代表作被译为中文，但有其他著作中文本面世。[④] 1999 年获奖的罗伯特·蒙代尔虽然不算是严格意义上的经济史学者，但他有关国际货币史作品也已被收入全六卷豪华版《蒙代尔经济学

①　［美］西蒙·库兹涅兹著，常勋等译，石景云校：《各国的经济增长：总产值和生产结构》，商务印书馆 1985 年版（重印于 1999 年"经济增长与发展理论丛书"）；［美］西蒙·库兹涅兹著，戴睿、易诚译：《现代经济增长：速度、结构与扩展》（诺贝尔经济学奖获奖者著作丛书），北京经济学院出版社 1989 年版。

②　［美］米尔顿·弗里德曼、［美］安娜·J. 施瓦茨著，范国鹰译：《美国和英国的货币趋势与收入、价格和利率的关系》（国外金融论著译丛），中国金融出版社 1991 年版；［美］米尔顿·弗里德曼等编著，杜丽群译：《货币数量论研究》（国外经济学名著译丛），中国社会科学出版社 2001 年版；［美］米尔顿·弗里德曼著，安佳译：《货币的祸害：货币史片段》，商务印书馆 2006 年版；［美］米尔顿·弗里德曼、［美］安娜·J. 施瓦茨著，巴曙松、王劲松等译，巴曙松、牛播坤等校：《美国货币史：1867—1960》，北京大学出版社 2009 年版。

③　［美］道格拉斯·C. 诺思著，厉以平译：《经济史上的结构和变革》（汉译世界学术名著丛书），商务印书馆 1992 年初版，2005 年第 4 次印刷；［美］道格拉斯·C. 诺思、罗伯特·托马斯著，厉以平、蔡磊译：《西方世界的兴起：新经济史》（二十世纪文库），华夏出版社 1988 年版；［美］道格拉斯·C. 诺思著，钟正生、邢华等译：《理解经济变迁过程》（诺贝尔经济学奖获得者丛书），中国人民大学出版社 2013 年版。

④　［美］罗伯特·威廉·福格尔著，王中华、刘红译：《第四次大觉醒及平等主义的未来》（"诺贝尔经济学奖获奖者学术精品自选集"丛书），首都经济贸易大学出版社 2003 年版。

文集》中文本（其中第四卷：《宏观经济学与国际货币史》；第六卷：《国际货币：过去、现在与未来》）。①

几位国外经济史学者的著作，因其多部作品被译为中文而为国内读者所熟悉。例如，查尔斯·P. 金德尔伯格的《1929—1939 年世界经济萧条》《世界经济霸权：1500—1990》《西欧金融史》以及《经济过热、经济恐慌及经济崩溃：金融危机史》等；② 麦迪逊《世界经济二百年》和《世界经济千年史》等。③

尼尔·弗格森撰写过多部通俗性经济史读物，内容涉及金融家族企业发展史、不列颠帝国演变史以及从古到今的货币史等。这些读物近年来由中信出版社以"弗格森经典系列"（全 13 册）为题译为中文出版。④

国内学术界和知识界对移译国外经济史学的浓厚兴趣还表现在一些名著有不止一个中文版本，例如前述诺思《经济史上的结构和变革》；有的中译本还数次重印和修订再版，例如马克斯·韦伯（又译马克斯·维贝尔）所著《经济通史》（又译《世界经济通史》，如前提及，其英文题目为 General Economic History，意即"普通经济史"）。⑤

卡尔·波兰尼是一位试图从经济史角度和哲学高度来理解世界和平和国际冲突的学者，他写于第二次世界大战期间的著作《巨变》（又译《大

① ［美］蒙代尔著，向松祚译，张之骧校：《蒙代尔经济学文集（六卷本）》第四卷：宏观经济学与国际货币史；第六卷：国际货币：过去、现在与未来，中国金融出版社 2003 年版。

② ［美］查理斯·P. 金德尔伯格著，宋承先、洪文达译：《1929—1939 年世界经济萧条》，上海译文出版社 1986 年版；［美］查理斯·P. 金德尔伯格著，朱隽、叶翔译：《经济过热、经济恐慌及经济崩溃：金融危机史》（经济科学名著译丛），北京大学出版社 2000 年版；［美］查理斯·P. 金德尔伯格著，高祖贵译：《世界经济霸权：1500—1990》，商务印书馆 2003 年版；［美］查理斯·P. 金德尔伯格著，徐子健、何建雄、朱忠译，何建雄校：《西欧金融史》第 2 版（现代金融译丛金融理论系列），中国金融出版社 2010 年版。

③ ［英］安格斯·麦迪逊著，李德伟、盖建玲译，王慧炯、任若恩校：《世界经济二百年回顾》（发展中心研究丛书），改革出版社 1997 年版；［英］安格斯·麦迪逊著，伍晓鹰、许宪春、叶燕斐、施发启译：《世界经济千年史》，北京大学出版社 2003 年版。

④ ［英］尼尔·弗格森著，《尼尔·弗格森经典系列》：1.《文明》；2.《帝国》；3.《虚拟的历史》；4.《顶级金融家》；5.《金钱关系》；6—8.《罗斯才尔德家族》（上中下）；9.《纸与铁》；10.《货币崛起》；11.《西方的衰落》；12.《巨人》；13.《战争的悲怜》，中信出版社 2013 年版。

⑤ ［德］马克斯·维贝尔著，姚曾廙译：《世界经济通史》，上海译文出版社 1981 年版；［德］马克斯·韦伯著，姚曾廙译，韦森校：《经济通史》，生活·读书·新知三联书店 2006 年版。

转折》）在大陆和台湾分别有中译本。① 两岸学术界在过去长久隔离，以至于出现了词汇分化现象。社会科学文献出版社近年将波兰尼作品台湾译本引入大陆，原译者进行了大量词语转换工作，这显然是促进两岸经济史研究交流的一件益事。

从领域上看，外国经济史翻译作品也空前扩大。除传统的"国别经济史"或"地区经济史"，不仅有"世界经济史"、"国际经济史"，还有大量涉及"比较经济史"、"中外经济关系史"等译著问世。而且，也值得一提的是，国外学者有关中国经济史的研究型著作近年来也被大量移译到国内，充分显示了经济史领域中学术引进的风尚。不少经济史翻译作品拥有较多的国内读者群。

如果说过去许多年中，外国经济史的国内教学者和研究者常常苦于不能查阅到有关资料，那么，这种境况现在已大为改观。如同在其他许多领域一样，大量国外学者的经济史作品被译为中文出版，是改革开放以来中国知识界中蔚为壮观的景象，它也归功于国内众多学者和智力人士的浓厚兴趣和倾注精力。但是，也应看到，不少翻译作品在质量和规范处理上仍有严重不足。一些高度学术性作品原文所附的注释、文献引述和词目索引等在中文版中被随意省略，专业术语移译失准，甚至词不达意。一些早期译本重印时也未作新校订。这些都有待于学术界、翻译界和出版界等持续不懈地共同努力逐渐改进。

第三节　学会和研究机构的发展

作为经济学的一门分支，经济史教学和科研在全国许多高等院校都有相对稳定的人员配置，通常会有两到三位专职教员，其中一位或两位负责中国经济史（近代和或古代）教学，另一位负责外国经济史教学。从20世纪50年代到80年代，许多综合性大学和财经院校经济系下设经济史经济思想史教研室，并有少数大学培养这些方面的研究生。

50年代，在当时的政治和国际关系背景下，国内学术界力图排除

① ［英］卡尔·波兰尼著，冯钢译：《大转型：我们时代的政治经济起源》，浙江人民出版社2007年版；又，黄树民译：《巨变：当代政治与经济的起源》，社会科学文献出版社2013年版。

"欧洲中心论"或"欧美中心论"的影响，几乎全盘接受了苏联学术体系，这也影响到外国经济史教学和科研。从 60 年代开始，国内学术界开始有组织地推进有别于苏联学术体系的学科建设。前面提到的由樊亢、宋则行主编的多卷本《外国经济史》于 1965 年出版一事，可以说是中国在这个领域中寻求独立学术发展的一个标志。

20 世纪 70 年代末及以后，中国开始改革开放，学术界、知识界和高等教育界在"解放思想"和"实事求是"方针的鼓励下出现新的活跃局面。随着中国经济发展政策和对外关系政策的重大调整，如何客观和准确地理解外部世界以及中国与世界的关系（包括这种关系的历史和前景）成为许多研究者的新任务，包括外国经济史和正在孕育中的世界经济史在内的各门社会科学研究工作得到了新的重视，社会对新成果的需要也在不断扩大。

中国社会科学院在 1977 年成立后，很快在接收原中国科学院经济研究所世界经济研究室以及后来的世界政治研究所的基础上成立了世界经济与政治研究所（1980 年 12 月）。时任所长钱俊瑞约请当时已在外国经济史研究取得卓著成就的樊亢研究员来所任职，由此诞生了当时全国唯一的专门研究机构——世界经济史研究室。80 年代到 90 年代，中国社会科学院世界经济与政治研究所世界经济史研究室一直是国内世界经济史研究工作的组织者、推动者和重要的实施者之一。该研究室与辽宁大学、吉林大学、武汉大学和北京大学等多位同行共同努力，于 80 年代末完成三卷本《世界经济史》，促成了世界经济史作为一门学科在中国的建设。

该研究室在学科基础建设方面作出的另一个重要贡献，是组织国内众多学者编写出版了《经济大辞典·外国经济史卷》。[①] 该工具书收录词目 2930 条，覆盖的时间范围从原始社会到第二次世界大战结束，空间范围则为世界五大洲，各大洲又按国别排列，并有对 40 余位国外经济史学家的简介，字数合计 102 万字，主要撰稿人多达 80 余位。

世界经济史研究室成立之初就开始开展与国外同行的学术交流。来自加利福尼亚大学戴维斯分校的彼特·林德特（Peter Lindert）是中国改革开放初期较早来华访问的经济史学者，其经济史研究早期对象是 19 世纪

---

① 樊亢、池元吉、郭吴新主编：《经济大辞典·外国经济史卷》，上海辞书出版社 1996 年版。

不列颠实际工资趋势，近来正负责"全球价格与收入1350—1950年"跨国研究课题，联络了多国学者进行对包括中国在内的世界若干重要经济体生活水平的长期趋势比较研究。

世界经济与政治研究所于2000年在原世界经济史研究室基础上设立世界经济史研究中心。与以前的研究室一样，该研究中心自成立以来一直致力于国内世界经济史（外国经济史）研究活动的协调和联络工作，并是中国经济史学会外国经济史分会以及后来的中国经济史学会外国经济史专业委员会的秘书处。该秘书处自2002年起每年发布《学会简报》。

如同在世界各地一样，学科的发展离不开学会活动的开展。中国经济史学会1986年成立时，外国经济史分会也相伴组建。中国经济史学会1991年6月在河南省郑州市召开年会讨论会时，外国经济史分会也在同时举行了首次学术讨论会。出席外国经济史分会这次年会的代表共25人，其中40岁以下的青年学者占半数以上。会议先后收到学术论文28篇，并将它们结集出版。[①] 主编者在文集"序言"中说，参加会议的代表们认为，外国经济史这门学科近年来虽然遭到一定的"冷落"，但许多教学科研工作者坐住了冷板凳。该文集涉及外国经济史综合性问题6篇，涉及美国经济历史和现状11篇，涉及英国、德国、意大利经济近现代史和苏联工业化问题6篇，涉及日本经济近现代史5篇。

中国经济史学会召开2004年年会时，按民政部新要求，原外国经济史分会改为中国经济史学会外国经济史专业委员会，秘书处继续设在中国社会科学院世界经济与政治研究所世界经济史研究中心。外国经济史专业委员会及其秘书处除负责安排定期的年会研讨活动外，还不定期组织学术研讨和交流活动。外国经济史专业委员参与组织编写了由教育部批准立项的《近现代外国经济史》，该书并成为普通高等教育"十一五"国家级规划教材。[②]

由于多方面的原因，包括世界经济史、外国经济史、中外经济关系史和中外比较经济史等在内的经济史研究和教学工作在20世纪90年代及其前后出现了或多或少的"冷落"现象。一些高等院校削减了经济史教学

---

① 宋则行主编：《外国经济史文集：中国外国经济史学会第一次年会论文集》，陕西人民教育出版社1991年版。

② 韩毅主编：《近现代外国经济史》（普通高等教育"十一五"国家级规划教材），高等教育出版社2010年版。

安排，尤其是外国经济史部分，许多研究者转向了"现实经济问题"的领域。国内研究者有关世界经济史、外国经济史和中外经济关系史的研究成果数量上未见明显增加。①

进入 21 世纪以来，国内学术界出现一些重要的积极转变。一些大学相继设立了经济史系科和专门研究机构，② 涉及外国经济史的连续性专业出版物不断涌现，这些都有利于推动世界经济史、外国经济史和中外经济关系史的研究工作。

上海财经大学经济学院于 2011 年成立经济史学系，成为国内大学所设立的第一个经济史学系。按照计划，该系培养经济史专业的本科生和研究生，开设的重点专业课程包括中国经济史、外国经济史和经济思想史，已有专职教师 15 位，其中若干教师已在外国经济史和中外经济关系史等领域中连续发表学术成果。该系还实行中外联席双系主任制度。

天津师范大学早在 1999 年就成立欧洲经济社会史研究中心，并以此为基础成立了"欧洲经济社会发展研究院"。该中心已成为天津市普通高等学校人文社会科学重点研究基地。自成立以来，中心研究人员已在该领域内发表许多有分量有影响的学术成果，其中不少涉及欧洲经济史。中心自 2004 年推出《经济—社会史评论》，至 2013 年已出版 7 辑，所刊文章多有论述世界经济史、欧洲地区经济史以及中外经济关系史等。中心还与若干国外院校和研究机构建立了合作交流关系。

南开大学于 2005 年成立经济史研究中心，集合了校内经济学科和历史学科的几十位教学和研究人员，每年均有显著数目的成果发表。中心认为其研究工作为"中国经济史和外国经济史并重"，注重开展广泛的国内外学术交流，并继承和发扬光大经济史研究工作中的"南开传统"。

广东外语外贸大学于 2007 年成立中国计量经济史研究中心，并将之作为该校人文社会科学重点研究基地。中心前身是该校于 2005 年在国际经贸学院组建的经济史研究所。该中心同时聘有校内专兼职研究人员和校

---

① 中国知网（www. cnki. net）下有学术文献检索引擎（http：//scholar. cnki. net）。输入"世界经济史"、"外国经济史"、"比较经济史"、"中外经济关系史"以及"英国工业革命"等词目后并按年份检索后发现进入 21 世纪后各年份数目比此前年份显著增多。但考虑到现有搜索信息的不完全，这里未具体列表显示检索结果。

② 以下有关国内各个高校设立经济史研究机构的信息主要来自有关高校的公开网页介绍，并着重选择其研究成果和研究计划有覆盖世界经济史和外国经济史者。因近年来许多院校积极新开设研究中心，这里汇集的情况恐有遗漏。

外兼职研究人员，定期发布《中国计量经济史研究通讯》，发表论文多使用计量方法，并涉及外国经济史和中外经济关系史。

清华大学经济学研究所设有中国经济史研究中心，有专职研究人员从事中外经济关系史研究工作，并负责主持《社会经济史译丛》和《清华经济史丛书》等丛书丛刊的编辑出版工作。[①]

作为清华大学晚近成立的一个机构，该校市场与社会研究中心从2013 年开始举办"量化历史讲习班"培训项目。按其说明，这个"量化历史讲习班"的宗旨是推动现代社会科学的分析范式和研究方法在国学、历史研究中的应用（如经济史、金融史、社会史、文化史、政治史等领域）。讲习班邀请来自多国多地的国际学者讲授最新研究成果和方法，以英文授课为主，中文讨论。

复旦大学也有加强对经济史研究支持的举动，于 2009 年成立了经济思想与经济史研究所。那里的学者们认为，近些年来经济思想和经济史两门学科在复旦大学出现了一定的"边缘化"趋势，成立这个研究所的宗旨就是恢复这两个学科的联系。按照设想，这个研究所将主要从事中外经济思想和中外经济史等四个方面的研究。

辽宁大学于 2011 年成立了比较经济史研究中心，并将之作为该校校级人文社会科学研究平台。中心研究工作明确为这几个侧面，即经济史理论和方法及一般性问题研究；中国经济史和世界各国近现代经济史；中外不同国家和地区、不同时段经济史及相关问题的比较。辽宁大学于 2002年设立了世界经济史博士培养点。

北京大学经济学院于 2013 年成立了社会经济史研究所，作为一个"将现有北京大学中国经济史、中国经济思想史、外国经济史、外国经济思想史的研究力量整合起来"的机构或平台，积极推进包括世界经济史和外国经济史等在内多领域内的经济史研究工作。

中国社会科学院经济研究所经济史研究室与中国经济史学会于 1986

---

① ［荷］皮尔·弗里斯著，苗婧译：《在北京回望曼彻斯特：英国、工业革命和中国》（社会经济史译丛），浙江大学出版社 2009 年版；［日］冈崎哲二著，何平译：《经济史上的教训：克服危机的钥匙存在于历史之中》，新华出版社 2004 年版；［美］戈德斯通著，关永强译：《为什么是欧洲？世界史视角下的西方崛起（1500—1850）》（社会经济史译丛），浙江大学出版社 2010 年版；［英］E. A. 里格利著，侯琳琳译，《延续、偶然与变迁：英国工业革命的特质》（社会经济史译丛），浙江大学出版社 2013 年版；高淑娟：《中日对外经济政策比较史纲——以封建末期贸易政策为中心》（清华大学中国经济史学丛书），清华大学出版社 2004 年版。

年创办了《中国经济史研究》季刊。该刊主要刊载中国国内经济史和中外经济关系史方面研究成果，不时也有文章涉及世界经济史、外国经济史和中外比较经济史的学术交流和述评工作。

另外，作为一门交叉学科，世界经济史、外国经济史、比较经济史和中外经济关系史等领域内的研究成果不时出现在诸如《历史研究》和《世界历史》以及《经济研究》和《世界经济》等专业期刊上。一些综合性社会科学期刊和大专院校学报等也不时刊载有关学术成果，例如《社会科学战线》曾设立过"经济史专栏"，刊载上述领域中的学术成果。

网络学术交流方面，近年来已有一些网站开设有外国经济史专页。已知有国学网设有"中国经济史论坛"（http：//economy. guoxue. com/），其中并设有"他山之石"和"外经"（外国经济史）栏目，所载文章大都为外国经济史、中外经济关系史或中外关系史的国内自著和翻译论文及文章。

第四节　日益紧密联系理论和现实，开展经济史重大问题的探讨

在世界经济史、外国经济史、比较经济史或中外经济关系史等领域中，国内有许多先行研究者长期坚持不懈地开展研究工作，不断推出新的有分量的研究成果。除了前面已多次提到的宋则行、樊亢等，北京大学厉以宁和复旦大学汪熙等也是知名的代表性学者。

厉以宁教授在北京大学经济系（以及后来的经济学院和光华管理学院）长期讲授"经济史比较研究"课程，并与陈振汉教授联合为研究生开设"经济史学专题"和"西方经济史名著专题"课程，这些课程内容大多为国外经济史问题。他从 20 世纪 80 年代起在经济史领域就有多本专著问世，较早的一本为与罗志如合著《20 世纪的英国经济》。[①]

2003 年出版的《资本主义的起源：比较经济史研究》是厉以宁教授长期教学和研究工作成果的一个汇编，其中提出了"原生型的和非原生型的资本主义"概念，并结合四个相关概念来展开论述：体制外的权力中心、体制外的异己力量、刚性体制和弹性体制、制度调整。对这些概念

---

① 　罗志如、厉以宁：《二十世纪的英国经济："英国病"研究》，商务印书馆 2013 年版。

的延伸和运用，还涉及中国封建社会及其转型问题。① 2010 年出版的《工业化和制度调整：西欧经济史研究》在时间尺度上是前一专著的继续，侧重论述工业革命和工业化以来的若干重大社会经济问题，包括资本形成（投资和资本积累）、技术创新、社会流动（阶级和阶层的变化）、城市化、中产阶级、工农业关系、制度调整（企业制度和福利社会制度等）。② 此外，厉以宁教授还出版有《罗马—拜占庭经济史》③ 和《希腊古代经济史》④，后一著作长达 75 万字。马克垚教授在后一书"序言"中说它是"一本有分量的、全面论述古希腊的历史书，为国内学界了解古希腊史搭起了方便的桥梁"。

任教于复旦大学的汪熙教授长期从事中外经济关系史、中国近现代经济史、中美关系史和国际关系等学科的教学和研究，2007 年出版《约翰公司——英国东印度公司》专著。⑤ 这部著作在占有大量一手数据的基础上，对不列颠东印度公司（East India Company）在 1600—1858 年的发展历程进行了深入剖析。在那长达近二百六十年的漫长时间中，该公司的所作所为和"骄人业绩"大概会让现在"财富全球 500 强"名单上几乎所有企业都感到嫉妒或羡慕。但这部著作绝不是简单意义上的企业史，而是一部寓意独特而深刻的经济史，或者说是一部力图透过企业史案例来表述的"资本原始积累史"或国际政治经济关系史。东印度公司作为一个意义巨大的历史事物，不列颠研究者几乎每过几年就有新的研究著作问世，已知较近的一本发表于 2010 年。

一定意义上，经济史就是人类社会今天所面临的所有经济问题在昨天的起源。今天的人们只要有兴趣去了解和理解当下经济问题的性质和根源，就会产生出学习和认识经济史的渴望。不仅如此，人们对眼前问题的认识总是受到所使用方法和角度的制约，此种制约同样也表现在对以往问题的认识上。因此，学术的进步理所当然会体现在视野的扩大和方法的更新上。改革开放以来，国内学术界对经济史问题的探讨成果日益丰富和多

---

① 厉以宁：《资本主义的起源：比较经济史研究》，商务印书馆 2003 年版。

② 厉以宁：《工业化和制度调整——西欧经济史研究》，商务印书馆 2010 年版。

③ 厉以宁：《罗马—拜占庭经济史》，商务印书馆 2006 年版，其中部分内容收录于厉以宁：《西方经济史探索（厉以宁自选集）》（北京社科名家文库），首都师范大学出版社 2010 年版。

④ 厉以宁：《希腊古代经济史》（上下编），商务印书馆 2013 年版。

⑤ 汪熙：《约翰公司：英国东印度公司》，上海人民出版社 2007 年版。

样化，并且体现出了与现代经济学基本理论概念和现实经济中重大挑战性问题之间的日益紧密的联系。

下面从众多探讨热点焦点问题中挑选出四个，着重概述在这些探讨对象上近年来的学术成果及其理论和现实意义。

一　新经济史学概念的引进和运用

"新经济史学"（new economic history）现在有多种理解和定义。为许多学者所认同的一个看法是，在英文学术期刊和出版物中，从 20 世纪 50 年代开始，陆续出现了一些在见解上和分析方法上迥然不同于此前的成果。到 70 年代初，一大批当时年轻的学者们已在若干重要经济史问题（主要是美国历史上的经济社会问题）上发表多篇学术成果，一些相互有关联的成果被汇编成册，[①] 并成为学术界有影响的事件。新经济史学首先在北美出现，后来也扩散到欧洲和世界其他地区。[②]

国内外学术界现在比较接近的看法是，新经济史学成果通常有这么几个特征：联系基本经济学概念，针对历史上具有重要影响的事件或事实进行再考察；强调量化的分析方法，不再简单使用常规的统计数据，而是注重对统计数据的分析，尤其重视运用计量检验手段；采用"反事实推理法"，设想历史上某个已知事物或事件倘若未出现或未发生时按照逻辑推理却有可能发生的后果或产生的效应。[③]

上述第二点，即量化分析，有时也被单独提出来作为"新经济史学"的特征。人们给这种经济史研究还取了一个独特名称：Cliometrics（量化

---

① Fogel, Robert W. and Stanley L. Engerman, eds. *The Reinterpretation of American Economic History*. New York, Evanston, San Francisco, and London: Harper & Row Publishers, 1973.

② 由英美两位学者联合主编的两卷本《1700 年以来的不列颠经济史》或许是第一本在"新经济史学"精神指导下出版的有明显"经济通史"色彩的著作（Floud and McCloskey, 1981）。两位主编在该书导论中使用了含义更加广泛的"新经济和社会史"（new economic and social history）概念。

③ "反事实推理法"或"反事实思维法"（Counterfactual Thinking/Counterfactual Reasoning）并非仅出现于新经济史学中。现在学术界公认，这种思维方法或推理方法在柏拉图和亚里士多德那里已见端倪，17 世纪德意志哲学家莱布尼茨对此也已有清楚说明（"只要不违背逻辑的法则，世界的现状有无数多个可能性"）。除经济学外，心理学、国际关系和普通历史学等学科也运用反事实思维法。近年来人们倾向于将突出使用反事实思维法的历史研究称之为"虚拟史学"（Virtual History）。本章后面提到的去追问历史上有可能发生却未发生事物的原因一定程度上也运用了反事实思维法。

历史或计量历史）。该词由 clio［历史女神］和 metrics［计量］复合而成。一批来自北美和西欧的学者于 1983 年还为此成立了专门的量化历史学会（Cliometric Society），该学会后来成为"国际经济史学协会"（International Economic History Association，IEHA）的集体会员之一。2007 年专门的学刊 Cliometrica 开始由 Springer 定期出版。

事实上，运用分析方法而不是描述方法才是新经济史学最根本的特征，而分析方法并不必然都是计量方法。应该说，新经济史学最根本的特征是追求研究工作的创新，不囿于成见，敢于挑战流行观点（conventional wisdom）。尤为重要的是，新经济史学研究一定是结合经济学理论概念，强调对经济学理论概念的鉴别、量化、检验和订正，并因此促使经济史研究与经济学研究更加紧密地结合起来，两者相互促进，相得益彰。从后一个角度看，20 世纪 70 年代后出现的制度经济史学或比较制度经济史学毫无疑问也是新经济史学的重要构成部分；并且，这些经济史研究成果也极大地丰富了理论经济学研究的内容，有时甚至出现再也难以区分经济理论研究和经济史研究的界限。这种情况在前面提到的诺思等学者的著作中十分明显，近年来也开始见于后面将要提到的国内学术界的一些研究成果中。

值得强调的是，新经济史学概念的出现绝不意味着对传统经济史学成果的抛弃或拒绝，描述型经济史学继续有其重要作用和地位。经济史的普通读者和学生们需要首先学习"描述性"经济史著作。经济史重大事件和事物的未知重要细节也总有待于当代研究者及其后续者来发掘，经济史数据的发现和整理也具有不可估量的意义。所有这些都说明，描述性经济史至少就其知识和信息的提供作用而言，是分析性经济史的基础和出发点。追求分析性经济史的学者必须充分利用已有知识和信息，有时还必须同时兼做一定的基础性的描述性工作。

前面提到的一位不列颠经济史学者、八卷本《剑桥欧洲经济史》主编波斯坦（M. M. Postan，1899—1981），可算是 20 世纪"描述型经济史学"的一位重要代表。他自己与许多后来被称为"新经济史学"的年轻研究者们一直保持良好的学术交流关系。他在牛津大学指导过曾在那里访学的罗斯托，后者随后发表了有关 19 世纪末不列颠经济增长和投资率变动的论著，提出了与已有观点迥然不同的见解。不少学者认为罗斯托的那些研究对后来"新经济史学"的出现有一定的推动作用，而波斯坦本人也乐于充分肯定罗斯托的早期经济史研究成果。[①]

当然，狭义上的"新经济史学"即使在国外也遇到严厉的批评。麦克洛斯基（Deirdre McCloskey，在 1995 年即其 53 岁变更性别之前名叫 Donald，之后改现名）早年曾是新经济史学研究群体中十分活跃且著述颇丰的一位学者，后来则对"新经济史学"不断提出严厉批评，甚至认为那不过就是"花言巧语的经济学"。她对福格尔的指责尤为严峻。这种意见自然是提醒人们应对任何新事物新概念都需要抱着科学的怀疑态度和探索精神。

20 世纪 50 年代初以后，国内学术界与国际学术界的交流出现若即若离的关系，1978 年前的十多年时间中更是出现了几乎"与世隔绝"的情形。"新经济史学"的概念也因此在很长时间中不为国内所知。80 年代初以后，许多经济史研究的先行者开始介绍和评论"新经济史学"，并指出了这个概念为国内学术研究的可借鉴之处。他们中包括吴承明、陈振汉、厉以宁等。进入 90 年代以后，新经济史学的研究成果，包括国外作者编写的论著、计量方法导读和教材等，大量引进到国内。国内研究者也开始大量使用有关概念和方法，包括新制度主义、新结构主义、比较方法等，来评说和研究有关经济史和经济理论问题。在外国经济史、比较经济史、中外经济关系史以及中国经济史等领域中也出现了运用新经济史学方法或带有其特征的学术成果。隋福民和武力综述了这方面一些有代表性的情况。[②]

下一分节提到的近年来发表的多篇国内文献也在不同程度上体现了新经济史学的影响、运用和发展。

二   "大分流"新概念所激发的大讨论

"大分流"（Great Divergence，亦译为"大分叉"）这个概念近十来年成为国内学者关注并积极加以探讨的对象。这个术语的字面意思是，欧洲

---

① Kindlerberger, C. P. and Guido di Tella, eds. *Economics in the Long View: Essays in Honour of W. W. Rostow*. New York and London: Macmillan, 1982. Vols. 1 – 3.

② 隋福民：《创新与融合：美国新经济史革命及对中国的影响（1957—2004）》（中国社会经济史研究丛书），天津古籍出版社 2009 年版；武力：《新中国经济史学的发展》，载张卓元等著《新中国经济学史纲（1949—2011）》（中国社会科学院文库·经济研究系列），中国社会科学出版社 2013 年版，第 555—577 页。

和东方（中国）这两大地区，在近代以前的经济社会形态中曾表现出许多相同或相似之处。在人均产出和普通民众的生活水平上，即使不是后者高于前者，两个地区至少是不相上下。但是，自从 18 世纪末在西欧逐渐开始工业革命以来，这两大地区的经济发展水平差距却越来越大。究竟有哪些因素导致了两大地区的社会经济走向呢？

这个概念背后更深刻的思想背景是，在看待世界各国漫长时期中的经济发展和社会转型问题上，客观上存在某个角度的"地区中心论"："欧洲中心论"与"东方中心论"（"中国中心论"）。这种对立有时如同天文学上的"地心论"与"日心论"之争。按照"欧洲中心论"，人类社会从原始社会逐渐过渡到奴隶社会、封建社会和资本主义社会等，工业革命出现在后两个时代之间以及资本主义的早期。这个"不断过渡"的模式似乎在近代以来的欧洲得到了充分验证。但是，在世界其他地区，社会经济演变并没有完全遵从这个模式，而且可以说从 18 世纪或其前后开始与欧洲之间发生了明显的分化。

另外，按照"东方中心论"，世界历史的进程并不一定是某种固定模式。东方社会也有自身从孕育到成熟的发展进程，如果没有外来干预，倘若再加上些幸运因素，东方社会也能走上理想的经济社会发展之路。国内经济史学界许多年前有关明清时代"资本主义萌芽"的讨论多少反映了这种思路。国外（以及一些在港台）的学者（其中有华裔学者）近年来进一步将欧洲工业革命的成功看成是"偶然因素"的作用，多少体现出"东方中心论"或"非欧洲中心论"。

任教于加利福尼亚大学尔湾分校（Irwin，过去常译为"欧文"）的几位学者，从不同侧面都对"大分流"这个新概念作出了贡献。对"欧洲中心论"提出反论的是王国斌，[1] 正面回应的则是彭慕兰（Kenneth Pomeranz），后者于 2000 年出版了以"大分流"为题的综述性专著。[2] 持不同观点的学者近年来在中英文学术期刊中发表了许多争论性论文和文章。

这场争论与以往有过的类似讨论有一些不同之处。首先是比较视角的发展。例如，王和彭慕兰等聚焦于中国的江南地区与英格兰，格瑞夫

----

[1]　王国斌著，李伯重、连玲玲译：《转变的中国：历史变迁与欧洲经济的局限》，江苏人民出版社 1997 年版。

[2]　[美] 彭慕兰著，史建云译：《大分流：欧洲、中国及现代世界经济的发展》，江苏人民出版社 2003 年版。

（Avner Greif）特别地比较了中世纪晚期意大利北部的热那亚和当时已属于阿拉伯文化的马格里布（位于现在北非的摩洛哥、阿尔及利亚、利比亚和突尼斯等）。[1] 而以往的比较则多半是国与国的比较。近来的比较更深入到一个地区甚至一个城市，抽象掉了中央政府及其作用。

其次，在比较分析中运用现代经济学的推理方法，包括制度概念的辨析和博弈论方法等。[2] 这方面特别值得一提的是使用"反事实思维法"。亦如前面已有提到，使用这种方法的研究者会追问，类似于 18 世纪末到 19 世纪初出现在英格兰的工业革命为什么没有在世界其他许多地区发生。

最后，近来的比较经济史学立足于基本经济概念，结合经济史事实来说明其实际环境中的对应情况。例如，王国斌提出，斯密式的分工概念在明清时代中国江南一带的手工业作坊中有很好的实例，而这表明那时的中国经济中既不缺少市场，也不缺少前进的动力。"通过分工和专业化获得生产效率的改进"也常常被学者们称为"斯密动力"。有时，学者们也称之为"斯密定理"或"斯密增长机制"等。

与"斯密增长"相关的概念有"熊彼特型增长"，即社会中连续不断的技术创新和制度创新及其扩散能带来总产出和人均产出的持续增长。有时，人们也说这是"库兹涅茨型增长"或"现代经济增长"。与之相反的是"粗放式增长"，即仅仅依靠生产要素投入的增加而获得总产出的增长，但人均产出不增长甚至下降。[3]

"斯密增长"出现在近代工业革命前夕。它与现代经济增长之间还有段距离，甚至还需要有一个跳跃、过渡或转折。许多学者都认为，工业革命以前的人类社会大都会面临某种"马尔萨斯陷阱"，即在技术约束和制度环境基本不变的状态中，人均产出的任何增加——不管是由什么天时地利人和的任何偶然性或趋势性的因素所带来——都必然导致人口数量的增长，后者的增长或迟或早会超过总产出，从而引起人均产出水平的下降，直至危机爆发。而每一次这样或那样的危机都是以人口减少而告终。换言之，在那样的技术和制度环境中，人类社会无法获得持续性改善自身境况的根本性前景。

① 韩毅：《评〈世界经济史〉》，《中国经济史研究》1996 年第 1 期。
② 韩毅、张兵：《美国赶超经济史》，经济科学出版社 2006 年版。
③ 华民、韦森、张宇燕、文贯中等：《制度变迁与长期经济发展》（当代中国经济理论创新文库），复旦大学出版社 2006 年版，第 119 页。

　　"马尔萨斯陷阱"又被称为"马尔萨斯危机"或"马尔萨斯压力"等。这些在一定程度上也可理解为"贫困的恶性循环"。它们都存在于前工业社会中。对此，近年来还使用另一个有联系的概念来表述："布罗代尔钟罩"。这个术语取名于法兰西历史学者费尔南德·布罗代尔（Fernand Braudel），其著作曾描绘过这样的情形：一个社会在一定时期已出现一定规模的市场经济或其要素的显著成长，但是，伴随市场经济的人类合作秩序却无法得到有效扩张，不能上升成为社会的主导制度。因此，历史上的市场经济就好像被困在一种与世隔绝的"钟罩"之内。世界各地区在近代以前——或者更准确地说，在工业革命或现代经济增长发生之前——都面临不同程度的"马尔萨斯制约"或"布罗代尔钟罩"，但它们随之选择的发展路径却可能迥然不同。①

　　与"马尔萨斯制约"或"布罗塞尔钟罩"相关的还有一些概念。林毅夫在他两篇英文论文中特别针对"李约瑟之谜"提出了自己的分析。②很多年以前，长期研究中国古代文明和技术进步的不列颠学者李约瑟就提出了这样的问题：为什么在公元前 1 世纪到公元 16 世纪，古代中国人在技术发明和创造方面所达到的水平远远超过同时期的欧洲？但在欧洲文艺复兴之后，即 17 世纪以后，为什么中国没有出现像欧洲那样的近代科学？这两个问题现在被广泛称为"李约瑟之谜"或"李约瑟难题"。它们不仅仅是关于历史上的科学与技术进步的问题，而且涉及如何理解经济社会发展转型问题。这两个问题其实从另一个角度看也表达了上述"大分流"概念所蕴含的意思。林毅夫的分析性推导认为，古代中国社会中逐渐定型的科举制和文官晋升制是其中重要原因。

　　沿着多少有些抽象的分析思路，许多国内学者进一步拓展了这个侧面的分析。姚洋认为，中国之所以进入"高农业技术和低工业发展路径"，

---

　　①　华民：《"马尔萨斯制约"与经济发展的路径选择——对世界经济发展的重新认识》，《复旦学报·社会科学版》2005 年第 5 期；韦森：《斯密动力与布罗代尔钟罩——研究西方世界近代兴起和晚清帝国相对停滞之历史原因的一个可能的新视角》，《社会科学战线》2006 年第 1 期。

　　②　Yifu Justin Lin（林毅夫），"The Needham Puzzle：Why the Industrial Revolution did no originate in China?"，*Economic Development and Cultural Change*，Vol. 43，January 1995；Yifu Justin Lin（林毅夫），"The Needham puzzle, the Weber question, and China's miracle：Long-term performance since the Sung dynasty."*China Economic Journal* Volume 1，Issue 1，2008.

主要是因为较高的人地比例引起了土地投资的回报率高于工业投资的回报率。① 就林毅夫所使用的"高水平陷阱"概念而言,两个分析的结论基本相同。

近些年来,国内研究者们针对上述"大分流"和"李约瑟难题"发表了许多文章和论文。大致来说,许多分析基本上沿着两条不同的道路展开。一条是思辨性的,主要从一些相关概念的相互逻辑关系入手。例如,有学者提出用"统一增长理论"② 来解释"李约瑟之谜"或工业革命的发生机制。③ 还有学者将意识形态因素纳入分析,认为古代中国社会结构出现了沿着"意识形态—农本社会—伦理社会"自我强化的方式并因此而不断制约了社会经济朝着市场化方向发展。④

另一条思路较多地体现了历史分析与逻辑分析相结合的特点。这方面的代表有张宇燕与高程合著的几篇论著。张宇燕的研究较早地触及到了李约瑟问题,并将有关论述较充分地展示在后来几篇有关"美洲金银与西方世界的兴起(以及中国社会的落后)"的分析上。⑤ 它们的论述从中世纪晚期开始,以美洲发现白银以及几乎同时大量流入西欧和中国(约在16世纪,当时西欧处于各王朝政权的频繁摩擦和冲突中,而中国正处于庞大的明朝政权统治之下)为切入点,指出白银在这两个地方发挥了非常不同的作用,并扮演了非常不同的角色。在前一地方,白银流入引起了"价格革命",而价格革命又催生了商人阶层的兴起和随后的市场经济的全面兴旺。然而,在后一个地方,虽然中国经济开始了白银货币化进程,但传统官僚制度中固有的产权保护因素,不仅削弱了制度创新的激励,而且又使得产权保护处于高度的不稳定之中。两个地区对同一事件的反应迥

---

① 姚洋:《高水平陷阱:李约瑟之谜再考察》,《经济研究》2003 年第 1 期。

② "统一增长理论"(unified growth theory,国内有文献误传为"united growth model")是近年发展研究领域中提出的新概念。该理论认为,当代经济学中已有的"内生增长论"主要适用于工业化经济体,但难以解释发展中国家的经济增长过程;因此,需要一种新框架同时纳入两者的经济发展过程,即用一个统一的概念框架来说明各国从工业化以前的停滞时期("马尔萨斯停滞")进入到可持续增长阶段的转变。也就是说,在这个新框架中,再没有"例外"。

③ 汪川:《工业革命及其起源:统一增长理论的解释》,《当代经济研究》2010 年第 12 期。汪川、赵亚奎:《重视"李约瑟之谜":"统一增长理论"的视角》,《经济学动态》2011 年第 12 期。

④ 杨勇:《经济演化比较:中国与欧洲》,《学习与探索》2008 年第 3 期。

⑤ 张宇燕、高程:《美洲金银与西方世界的兴起》,中信出版社 2004 年版;张宇燕、高程:《美洲金银与西方世界的兴起》,《社会科学战线》2004 年第 1 期。

然不同，结果就是人们现在看到自那以来的"大分叉"（也是"大分流"的含义）。

很明显，张宇燕与高程的分析算是一种"复合论证"，包含着对白银货币化运动几乎同时在西欧地区和中国开展后所得到的不同后续表现进行分别的考察。这种分析有别于"单一论证"，即前面引述的几篇论文中所使用的围绕某一个模型而进行推理的做法。

与这些讨论有关的一个学术进展是，中国在明朝时期所出现的白银货币化运动及其广泛而重要的影响受到多位学者的高度重视。大陆学者、港澳台学者以及国外学者在这个题目上近来都有成果发表。当然，这些探讨中许多属于中国国内经济史领域。

总之，围绕着"大分流"问题，在广义新经济史学中的现代比较经济史学方法及其早期成果的影响和激励下，许多国内研究者都纷纷开展了对中外经济史上重大问题的新探索。这些探讨都努力运用现代经济学概念，并从新的角度——不再简单地停留在辨认那些"历史上已经发生的事实"，而是追问那些"历史上可能发生的却为何未发生"的事情——去组织和展开研究工作。这是经济史研究中的新境界和新高度。而且，新的比较经济史研究事实上也隐含了这样的新见解：无论经济政策如何，近代以来世界各国都不再处于完全孤独的状态；各国相互之间的贸易关系虽然可能出现中断，但各国经济发展的逻辑总有一定的一致性。

这样的研究也有重要的现实意义。既然东西方的"大分流"开始出现在历史上的某个时期并持续了许久时间，随着后进国经济政策的调整和经济体制的变化，新的"大合流"（Great Convergence）也有可能发生。从这个角度看，新的经济史研究的确可对现实世界中"大合流"或"大趋同"发挥智力促进作用。

三　国际发展经验的借鉴和比较

改革开放以来，国内知识界和学术界的一个共识是，作为一个后进的发展中国家，中国需要努力学习工业化和现代化进程中许多先行者的经验，同时，在经济政策方针上也应坚持符合国情的原则，走"中国特色"的道路。

后进经济体应向先行经济体学习的看法，可以说以明确语言最早出现于马克思1867年为《资本论》第一卷第一版所写的"序言"中。这里再引述一下：

> ……我在理论阐述上主要用英国作为例证。但是，如果德国读者
> 看到英国工农业工人所处的境况而伪善地耸耸肩膀，或者以德国的情
> 况远不是那样坏而乐观地自我安慰，那我就要大声地对他说：这正是
> 说的阁下的事情！……工业较发达的国家向工业较不发达的国家所显
> 示的，只是后者未来的景象。①

马克思显然坚信历史的逻辑或者说普遍的规律性。而且，上述说法多
少也有些"欧洲中心论"甚至"不列颠中心论"的色彩，至少就工业革
命以来的经济发展运动而言是如此。

这种思想极大地影响到后来的研究者们，尤其是 20 世纪后半期的许
多研究者。针对第二次世界大战结束以来的各国经济发展问题，罗斯托在
60 年代提出了一个有广泛影响的"阶段论"：传统社会、为起飞创造条件
的阶段、起飞阶段、向成熟推进阶段、大众消费阶段、追求生活质量阶
段。他认为自己对诸多欧美国家从 19 世纪初以来的经济发展历程的观察
中找到了若干重要的共同特征，例如一个或两个主导部门发挥重要的驱动
作用，投资率的快速和显著上升，技术吸收和创新活动的普及等。

罗斯托的思想在 20 世纪 60 年代到 80 年代的许多经济史研究和发展
经济学研究中产生了巨大回响。国际经济学协会曾在 1960 年为他的起飞
阶段论专门组织了一场国际研讨会，许多来自他在起飞论中所重点论述的
那些国家的经济学者和经济史学者们聚集一堂，展开思想交锋。② 很多讨
论者既肯定了起飞论的新颖性，又表达了与此有别的看法。他们形成的一
个共识是，各国经济增长的经历在许多方面的确难见一致性。

这个地球有数十亿人口，或许除了双胞胎兄弟姊妹，张张面孔都不一
样，个个性格也不相同。难道这是否认人类在人性上具有共同性的证据？
经济史学者们总是禁不住力图从多国发展历程中概括出具有一定普遍性的
经验教条来。长期研究欧洲后进国家经济史的学者亚历山大·格申克龙，

---

① 中共中央编译局：《马克思恩格斯全集》第 23 卷，人民出版社 1972 年版，第 8 页。

② ［美］W. W. 罗斯托著，郭熙保、王松茂译：《经济增长的阶段：非共产党宣言》（国外
经济学名著译丛），中国社会科学出版社 2001 年版。

在那场关于起飞阶段论的国际讨论会上，提出了他自己对后进经济体在追求赶超的进程中经济发展和经济政策的几点观察，他说这些是属于"高度浓缩性的"命题：

1. 一国经济越落后，其工业化就会强烈地、间断地出现制造业高速增长的迸发趋势；

2. 一国经济越落后，其工业化中对工厂和企业大规模的强调就越明显；

3. 一国经济越落后，其工业化就越明显地把重点放在生产品上，而不是放在消费品上；

4. 一国经济越落后，其工业化过程中对居民消费水平的压力就越大；

5. 一国经济越落后，特殊制度因素（共同目的在于增加资本对新生工业的供给，以及给予企业家较集中的消息较开通的指导）在工业化中起的作用就越大；一国经济越落后，上述因素的强制性和内容的广泛性就越显著；

6. 一国经济越落后，其农业就越不容易在工业化过程，通过使新生工业得到日益发展的内部市场的好处（这又以不断提高的农业劳动生产率为基础）而起到积极的作用。[①]

这些概括的基本意思是，由于内外条件的差别，后进经济体在追赶进程中所实施的经济政策方针，一定会迥然不同于先行经济体；同时，后进经济体的国内经济结构也会表现出与先行经济体的显著差别。

20 世纪 80 年代以来，国内学者针对中国工业化现代化进程借鉴国际历史经验问题，尤其从经济史研究角度来看待历史上的先行经济体的发展经济以及各国发展进程的共性与个性等问题，开展了多方面的研究。而且，属于这个视角的研究成果在发表论文和文章的数量上可能是外国经济史领域中最多者。单册出版的专著数目可能不算很多，这里略做枚举如下。

19 世纪的欧洲及其英法工业革命等相关议题或许仍然是成果数量相对集中者。王章辉、孙娴著《工业社会的勃兴：欧美五国工业革命比较

[①] 参见［美］W. W. 罗斯托著，郭熙保、王松茂译：《经济增长的阶段：非共产党宣言》（国外经济学名著译丛），中国社会科学出版社 2001 年版，第 186—187 页；又见［美］亚历山大·格申克龙著，张凤林译：《经济落后的历史透视（论文集）》（汉译世界学术名著丛书），商务印书馆 2009 年版，第 428—429 页。

研究》概述了英、法、德、俄、美五国工业革命和工业化发展进程，特别强调了前四个欧洲国家面临"扫除大工业发展的封建障碍"以及美国当时没有面临类似障碍的情况。① 沈坚著《近代法国工业化新论》侧重概述法国工业化进程不同于英国的若干特点，包括经济增长的"渐进性"和国内的"二元结构"等。② 侯建新著《社会转型时期的西欧与中国》从一个较宽的视角提供了工业革命前后西欧地区发生的经济社会转型面面观，尤其指出了转型前夕已存在的多种积极因素，并十分"关注农本和强调主体权利"。③ 王加丰、张卫良合著《西欧原工业化的兴起》围绕"原工业化"概念论述了早期阶段（17 世纪和 18 世纪）尼德兰、英国和意大利的工业经济发展情况，特别就工农关系的演变以及工业自身的演变特点进行了讨论④（这里的"原工业化"概念与前面提及的厉以宁"原生型资本主义"概念不相同⑤）。沈汉著《英国土地制度史》从中世纪的土地制度开始，勾勒出直至工业革命时期的土地立法和土地关系的演变进程，从一个侧面说明了工业革命发生的农村和土地背景。⑥ 高德步著《英国的工业革命与工业化：制度变迁与劳动力转移》论述了英国工业革命和工业化进程中的技术创新机制、工农业关系、劳动力转移和城市化等问题。⑦ 徐滨著《英国工业革命中的资本投资与社会机制》引用大量统计数据概述了那时英国经济中农业、制造业、交通运输业和金融业中投资情况。⑧

---

① 王章辉、孙娴：《工业社会的勃兴：欧美五国工业革命比较研究》，人民出版社 1995 年版。

② 沈坚：《近代法国工业化新论》，中国社会科学出版社 1999 年版。

③ 侯建新：《社会转型时期的西欧与中国》第 2 版（教育部学位管理与研究生教育司推荐研究生教学用书），高等教育出版社 2005 年版。

④ 王加丰、张卫良：《西欧原工业化的兴起》（世界史学术书系），中国社会科学出版社 2004 年版。

⑤ 英文文献中从 20 世纪 70 年代开始出现 Proto-industrialization（"原工业化"），意指农户接受商人资本家订单开始进行家庭手工业生产或加工。有学者认为这是工业革命早期阶段的标志，因为这代表了农村经济进一步的商业化和市场化（农村经济早期的商业化在粮食和其他农作物的生产和交换中已开始）。农户与商人资本家之间的这种加工贸易关系（putting-out system）甚至与 20 世纪末国际经济贸易中流行开来的外包制（out-sourcing）有类似之处。

⑥ 沈汉：《英国土地制度史》，学林出版社 2005 年版。

⑦ 高德步：《英国的工业革命与工业化：制度变迁与劳动力转移》，中国人民大学出版社 2006 年版。

⑧ 徐滨：《英国工业革命中的资本投资与社会机制》，天津社会科学院出版社 2012 年版。

欧洲之外，国内学者对 19 世纪美国工业化进程以及 19 世纪后半以来日本工业化和再工业化进程的研究也有颇多成果。其中有代表性的包括韩毅、张兵著《美国赶超经济史》①，韩毅著《美国工业现代化的历史进程（1607—1988）》② 以及徐平著《苦涩的日本：从"赶超"时代到"后赶超"时代》③。后两本著作的时间覆盖范围扩大到了当代。

在综合性的比较和借鉴方面，也有不少成果。谭崇台主编、马颖、叶初升副主编《发达国家发展初期与当今发展中国家经济发展比较研究》是较近出版的一本大部头专著，近 60 万字。④ 这项研究立意新颖，研究方法上采用了国别、要素和发展模式三大比较。此外，一些长期关注现代化问题的研究者也对 19 世纪以来世界范围内（包括先行经济体和后进经济体在内）的发展经验有诸多概述和总结。

四 总结经济危机和金融危机的历史经验教训

学术界的一个看法是，先行经济体进入工业化社会后便遭遇周期性的经济波动或经济危机。有数据记载的最早年份是拿破仑战争结束后的 1825 年，当年不列颠若干宏观经济指标出现显著下滑。另外，人们也确认金融危机早在 17 世纪和 18 世纪就已发生，例如荷兰爆发过郁金香危机，英法两国都几乎同时出现南海泡沫危机。

一百多年来，研究界一直在不断地从各个角度总结经济危机和金融危机的经验教训。有些时候，人们关注的重点概念是"经济波动"或"经济周期"，认为危机不过是经济体系自我调节的一种方式或表现。另一些时候，人们认为，经济危机或金融危机已经超出了正常波动的范围；危机意味着经济金融结构中存在严重问题；它们需要政策调整来应对，有时甚至还需要国际关系的调整。

在探讨经济危机和金融危机经验教训方面，英文著作界有几本代表性成果，它们也都对国内研究界和政策层产生了不小的影响。

---

① 韩毅、张兵：《美国赶超经济史》，经济科学出版社 2006 年版。
② 韩毅：《美国工业现代化的历史进程（1607—1988）》，经济科学出版社 2007 年版。
③ 徐平：《苦涩的日本：从"赶超"时代到"后赶超"时代》，北京大学出版社 2012 年版。
④ 谭崇台主编、马颖、叶初升副主编：《发达国家发展初期与当今发展中国家经济发展比较研究》（武汉大学学术丛书），武汉大学出版社 2008 年版。

　　加尔布雷斯著《1929 年大崩盘》初版于 1955 年，此后多次再版重印。[①] 这本小册子详尽刻画了从纽约股市暴跌到一系列后续事件的演变进程。他在书末总结了那场危机的五点教训：收入分配不均，公司结构不合理，银行结构不合理，对外收支有问题，经济知识贫乏。

　　对那场危机的原因，许多经济学者表示了不同看法。米尔顿·弗里德曼坚持认为美联储那时过于保守的货币政策是主因，保罗·萨缪尔森则认为危机是由"一系列偶然事件"所引发。不管怎样，事后的情况表明，继纽约股市暴跌后，美国金融市场和银行体系出现全面动荡，国内经济和对外贸易全面衰退。而且，世界其他许多国家和地区的经济都先后遭受严重挫折，这已是一场世界性的大萧条。对此，长期研究经济史的查理斯·金德尔伯格在其专著《1929—1939 世界经济萧条》中论证说，导致那场在国际范围内广泛传播的大危机的主要原因，是"不列颠已没有能力发挥其世界经济体系的保险者的作用，而合众国迄至 1936 年又拒绝扮演这一角色"。[②] 这显然是从更加宽阔的国际视角来解释经济危机的跨国传染性。

　　金德尔伯格在其《金融危机史》（1978 年初版）一书中，对历史上多次金融危机的发生机制和演变阶段进行了探讨，并就金融危机的应对政策（例如中央银行发挥"最后贷款人"之作用）进行了分析。他认为，金融危机是投机冲动及其蔓延的必然后果，现有的应对措施都有副作用和局限性。[③]

　　20 世纪最后二十年中，世界范围内的金融危机似乎出现了更加频繁的趋势。80 年代有多个发展中经济体遭遇外债危机，1994 年墨西哥出现货币危机，1997 年若干个东亚经济体爆发金融危机，世纪之交时俄罗斯和阿根廷等国又发生外债和货币危机。进入 21 世纪后，当许多人还在庆幸世界经济中的"大温和"（Great Moderation）时，美利坚投资银行巨头雷曼兄弟公司宣布倒闭。2008—2009 年国际金融危机以前所未见的势头

---

　　① ［美］约翰·肯尼斯·加尔布雷斯著：《1929 年大崩盘》（华安基金·世界资本经典译丛），上海财经大学出版社 2006 年版。

　　② ［美］查理斯·P. 金德尔伯格著，宋承先、洪文达译：《1929—1939 年世界经济萧条》，上海译文出版社 1986 年版。

　　③ ［美］查理斯·P. 金德尔伯格著，朱隽、叶翔译：《经济过热、经济恐慌及经济崩溃：金融危机史》（经济科学名著译丛），北京大学出版社 2000 年版。.

席卷全球几乎所有重要经济体。2010 年年末，正当一些国家举步维艰，刚刚走出危机阴影时，国际市场又传来希腊等欧元区经济体开始遭受主权债务危机冲击的消息。

两位研究者的合著《这次不一样：八百年金融危机史》似乎是一场"及时雨"。[①] 该书采用了不同于传统"描述型经济史"的方法，重在对历次主权债务危机和银行危机的统计数据展开分析。他们聚焦于债务累积和不良资产发生的原因及严重后果，并认为这是所有金融危机的共性。

国内学术界长期以来就十分关注国外经济周期和经济危机问题。20 世纪 80 年代及以前主要关注对象是"资本主义世界的经济危机"问题。之后，视野逐渐扩大到发展中国家的经济波动和金融危机问题。随着中国经济与世界经济的关系日益紧密，90 年代末以来，国外经济周期与金融危机问题不再被视为"与我无关"的事情。国内学术界对经济危机和金融危机的关注度极大地提高了，各种研究成果和报刊文章也大量增多。

2008 年国际金融危机爆发后，许多研究者都开展了对这次危机与 20 世纪 30 年代那场危机的比较。以此为题的文章仅在 2010—2011 年就多达数十篇甚至上百篇。刘鹤主编的《两次全球大危机的比较研究》是一部展开全面系统研究的成果，具有代表性。[②]

这部成果汇集了来自若干机构课题组研究人员的专题分析，包括中共中央财经领导小组办公室课题组"从经济金融理论视角看两次危机"；中国人民银行课题组"从货币金融角度看两次危机"；中国银行业监督管理委员会课题组"从金融监管角度看两次危机"；中国社会科学院金融研究所课题组"从国际经济政治格局视角看两次危机"；国务院发展研究中心课题组"从宏观视角看两次危机"；北京大学光华管理学院课题组"从微观机制视角看两次危机"。

第一个课题组视野宽阔，从技术长周期到国际关系调整均有概括。他们作出的十点判断是：经济经历由技术长周期推动的繁荣后必然进入深度调整阶段，乃至发生大的危机；过度举债刺激需求是在维持"虚假繁荣"，只是推迟了危机的发生；经济繁荣期收入分配不公等社会问题为危

①　[美] 卡门·M. 莱因哈特、肯尼斯·S. 罗格夫著，綦相、刘晓峰、刘丽娜译：《这次不一样：八百年金融危机史》，机械工业出版社 2012 年版。
②　刘鹤主编：《两次全球大危机的比较研究》，中国经济出版社 2013 年版。

机的发生和过度举债提供了土壤；防范和化解危机的根本办法是技术变革、产业转型和社会政策调整；货币金融环境可能助长债务经济，放大"繁荣—萧条"周期；市场参与者非理性行为和西方竞选政治的"短视化、资本化"倾向为危机孕育和发展推波助澜；应对全球性危机必然经过国家间激烈博弈和较量；全球性危机加速大国更替、重塑全球治理架构；重大经济危机导致政局剧烈动荡、地缘冲突激化乃至战争等极端事件发生；危机催生政策和理论创新。

在综合研究的基础上，总课题组提炼出两次危机的区别点和共同特点，它们分别有多方面的表现。研究成果还就政策应对提出三点纲领性意见：树立底线思维方法，对危机可能出现的最坏场景做出预案；把握我国战略机遇期内涵的重大变化，谋求中国利益与全球利益的最大交集；集中力量办好自己的事，抓好重大课题的务实超前研究。这篇成果充分说明经济史探讨可为现实提供卓有成效的服务。世界经济史研究不仅有助于理解我们今天所面对的世界经济现实问题，而且可帮助形成正确的重大政治经济政策决策。

第五节　世界经济史研究前景展望

以上概述世界经济史学科自 1978 年改革开放以来在国内的发展，我们可以看到诸多方面的变化和进步。

首先，作为一门学科，世界经济史在概念框架和时空范围基本确定，而且，随着最近二十年来国内外学术界对经济全球化的讨论，世界经济史学科的内容也在逐渐深入。

其次，不管是使用世界经济史还是外国经济史的名称，国内外学术同行的交流在逐渐增加。大量有关外文著述文献引进国内，不仅极大地丰富了国内一般读者的阅读，而且也推动了国内研究者的知识和方法更新。

复次，包括世界经济史在内的经济史学科虽在前些年一度出现过低落局面，但近年来已见复苏和振兴。不仅已有诸多高校开设经济史学系和组建研究中心，而且社会各界对中外经济史研究成果也显现出极大的关注兴趣。经济史研究与经济理论和经济现实的联系越来越紧密。

此外，随着知识的普及，不仅经济学界有越来越多的研究者涉猎经济史研究，来自其他背景的智力人士更有加入到经济史读物写作和经济史知识的传播事业中。世界经济史、外国经济史、比较经济史或中外经济关系史等都出现众多热点，诸如世界金融史、国际贸易史、中外历史物价比较史等，都在不同程度上成为大众阅读的兴趣点。

特别值得一提的是，在专业研究中，随着研究者所用概念和方法的趋同，学者们之间出现了更多的交流和争论。较近的一个事例是，有研究者发表了关于 19 世纪下半叶中国银钱并用背景下的双汇率制对当时国内物价走势的不利影响，[①] 另有研究者随后也运用理论模型和量化分析法，进行了辨析并指出了前者的局限。[②] 这种交流显然非常有利于提升学术事业的质量，让研究者们更加准确地把握知识及其运用。

当然，不能否认的是，对比国内经济社会发展的需要，对比国际学术同行的发展水平，包括世界经济史或外国经济史在内的国内经济史学科的现状尚有显著差距。这里简略列举经济史系在欧洲一些大学开设情况。伦敦经济学院于 1926 年开设，现有教职人员 40 余位。爱丁堡大学于 1884 年开设，现有教职人员 20 余位。另外，格拉斯哥大学、牛津大学和伯明翰大学分别设有经济与社会史系。此外，欧洲大陆国家中有西班牙、意大利、荷兰、瑞典和德意志等分别有大学开设经济史系。

在专业性学术期刊方面，仅就英文而言，有代表性者包括不列颠经济史学会（Economic History Society）于 1927 年创刊的《经济史评论》季刊（*Economic History Review*），每期有书评专栏；由美利坚经济史学协会（Economic History Association）于 1941 年创刊的《经济史学刊》季刊（*Journal of Economic History*），每期有书评专栏；由一些主张量化方法的学者于 1963 年推动创刊的《经济史探索》季刊（*Explorations in Economic History*）；由欧洲历史经济学学会（European Historical Economics Society[③]）于 1997 年创刊的《欧罗巴经济史评论》（*European Review of Economic History*），每年 3 期。上述学会中，经济史学协会还创立了 EH. Net 网站，发

---

① 管汉晖：《浮动本位兑换、双重汇率与中国经济：1870—1900》，《经济研究》2008 年第 8 期。

② 刘巍：《统计约束下中国的汇率、贸易收支与复本位制（1870—1900）》，《中国计量经济史研究动态》2013 年第 2 期。

③ 欧洲大陆的经济学乃至社会科学研究一直深受 19 世纪德意志历史学派的影响。这或会是他们的学会名称中包含 "historical economics" 而不是 "economic history" 的缘故。

布并积累了大量研究资料，包括许多高时间频率的历史统计数据。创立
这些学刊的学会与来自世界其他许多地区和国家的类似学会，共同组成
了成立于 1960 年的"国际经济史学协会"（International Economic History
Association，IEHA）。国际学术界在经济史学领域内长期以来一直保持活
跃局面。

改革开放以来，中国经济取得了多年的持续快速增长，学术研究的基
础条件在许多方面已有显著改善，包括世界经济史在内的经济史研究领域
不断有年轻学者加入。可以预见，中国世界经济史领域的研究成果一定会
在数量上和质量上都有加快发展的趋势，学术影响和社会效益也都将会得
到提高。

展望未来，包括世界经济史在内的经济史专业研究者们应当更加勇于
担当学术责任和社会义务，不仅与经济学和社会科学理论研究界展开更多
互动，① 促使经济史研究成为经济理论的检验场所和发源地之一，培养出
质量更高的研究生，而且应当积极回应现实社会提出的经济史问题，发挥
自身专业知识优势，帮助优化社会对重大经济史问题的认识，减少误读
误解。

同时，应当加强对比较经济史和中外经济关系史研究，深化对世界经
济历史发展线索和轨迹的探讨。中国经济的发展就如同一辆不断高速行进
的列车，世界经济史研究者们也是这趟列车上的乘客。观察以往历史发展
和演变景象的角度，显然也会而且必须随着列车的前进而不断调整。这种
调整就是与时俱进，能帮助我们更正确、更精准地定位当下的自身与历史
和未来的关系。

（本章执笔人：贺力平，北京师范大学经济与工商管理学院金融系教
授，博士生导师，国际金融研究所所长。作者感谢本章形成过程中得到的
多位人士的支持和帮助：中国社会科学院世界经济与政治研究所张宇燕研

---

① 严中平先生在 1986 年中国经济史学会成立大会的开幕词中曾指出："我们的经济史工作
者，包括中外经济史教学和科研人员在内，人数是不多的，可又分别属于许多个系统……以及古
代、近代、现代、外国经济史工作者相互之间，不通声气，很少工作上的交往，这对于发展经济
史这门学科显然是很不利的。"（严中平：《在中国经济史学会成立大会上的开幕词》，《中国经济
史研究》1987 年第 1 期，重印于经君健编，《严中平文集》，中国社会科学出版社 1996 年版，第
60 页。）这里主要是说经济史学内部各领域内的交流。从发展趋势看，相互交流的领域和界别显
然还需要不断拓展。

究员、孙杰研究员和李毅研究员等。特别感谢研究生助理陈凤不辞艰辛所提供的资料搜寻汇编整理帮助。来自联合王国并在那里历史系毕业的研究生 Rory Green 也提供了搜寻英文信息查询核实的支持。衷心感谢友人张小青先生帮助斧正字句。文中任何错误或遗漏由作者负责。)

第 九 章

全球经济治理

第一节 全球经济治理研究总论

一 全球经济治理理念在我国的萌芽与演变

借助各种国际组织作为治理平台，在全球范围内进行经济治理有着很长的历史渊源，全球经济治理作为一个重要的独立研究主题被提出是在 2006 年左右。全球经济治理理念是随着经济全球化进程的深入而出现的，它与国际经济秩序的改革进程密切相关。概括起来，全球经济治理研究经历了前期、萌芽、逐渐成形等几个阶段。

20 世纪 80 年代至冷战结束期间的研究具有很强的时代背景，主要的文献都集中在南北差异和发展中国家为了建立公平、公正的世界新秩序而进行的斗争方面。在文献检索中，国际货币基金改革等治理行为被作为研究对象出现开始于改革开放初期，研究的重心在于改革不合理的国际经济秩序①。这些文献分析了国际经济旧秩序的弊端，从而论述了建立国际经济新秩序的必要性。首先，国际经济旧秩序建立在不平等的基础上，它使发展中国家国内积累资金的能力遭受破坏，经济结构单一，对外贸易受控。这些弊端导致了发展中国家的失业、饥饿、民族企业倒闭等。为了建立国际经济新秩序，发展中国家也作出了诸多努力。

---

① 巫宁耕：《论建立国际经济新秩序的斗争》，《世界经济》1980 年第 9 期；段承璞：《建立国际经济新秩序斗争的回顾和展望》，《世界经济》1983 年第 11 期；谷源洋：《建立国际经济新秩序斗争的发展及其前景》，《世界经济》1981 年第 7 期；凌星光：《南北问题理论和国际经济新秩序》，《世界经济》1983 年第 11 期；唐克芬：《最不发达国家和国际经济新秩序》，《世界经济》1982 年第 5 期；张士元：《试论建立国际经济新秩序斗争》，《世界经济》1983 年第 10 期；李树桥：《建立国际经济新秩序斗争性质浅析》，《世界经济》1983 年第 11 期。

　　冷战结束后的十几年内，国际关系的内容发生了诸多变化。首先，以往意识形态的政治斗争色彩淡化，世界经济的重要性凸显。将经济划为低级政治的排序方法，已经无法准确显示国际关系的主要内容变化。其次，多极化也成为冷战后国际经济格局的重要特征。李述仁总结了 20 世纪 90 年代国际经济关系的三个三极。其中发达资本主义国家、社会主义国家和发展中国家构成了三个世界；北美、西欧和西太平洋构成了三个板块；美国、欧洲共同体和日本构成了三个国家。在此基础上，他分析了未来二三十年里，即到 2010 至 2020 年的时候，世界多极可能正式形成。而推动多极化形成的因素包括从发展中国家分化出来的新兴工业化国家和欧佩克国家等，以及西欧北美和西太平洋之外的新经济发达板块可能形成。[1]　其次，南南合作、南北合作，强调对话和求同存异并举成为新的时代特色。学者认为南北关系成为全球经济关系的核心问题。特别是在经济全球化的时代中，南北方国家对于国家主权具有不同的处境和认识。北方国家主张超越主权；而南方国家主张保护主权。全球化的趋势不可避免地削弱了国家主权。削弱的方式也有差异：一是通过全球主义和地区主义；二是通过部落主义和分离主义。因此，如何在国际经济秩序中处理南北国家关系成为问题的核心。讨论主权问题不能回避当时南北国家的处境。南北国家在经济新秩序中处境不平等，包括国际贸易分工与交换、国际资本流动、技术转让、国际经济与货币组织中地位的不平等。因此，学者主张要通过加强南北对话，改变不平等的局面。[2][3]　保护发展中国家利益仍然是关注点，而南南合作是实现发展中国家共同利益的重要方式。发展中国家参与国际制度中面临的困境有：现行国际制度的非公平性，参与国际制度与维护国家主权的冲突，国内制度与国际制度的非兼容性，国际制度的复杂性与制度知识的贫乏和实践欠缺的矛盾。面对这些困境，刘青建认为发展中国家要参与到经济全球化，正视自身面临的在国际制度中示弱的问题，积极寻求摆脱困境的方式。（刘青建，2002[4]）

---

　　[1]　李述仁：《九十年代国际经济关系的基本格局及其发展趋势》，《世界经济》1991 年第 12 期。

　　[2]　张洪贵：《全球化与南北关系》，《世界经济与政治》2000 年第 9 期。

　　[3]　王和兴：《论当代南北关系十大问题》，《国际问题研究》2003 年第 1 期。

　　[4]　刘青建：《发展中国家国际制度选择的困境及其理性思考》，《世界经济与政治》2002 年第 12 期。

随着经济全球化的深入、相互依存度加深、全球性危机的爆发，全球经济治理在 21 世纪作为一个独立的研究主题被广泛讨论。

在综述整个全球经济治理研究的发展脉络之前，有必要理解一下经济全球化的内涵。张宇燕等人在"器物—制度"的框架内为经济全球化提供经验支持。器物层面上测量全球化存在很大争议，因此作者重点探讨了全球化的测量指标。其中，国际货物贸易全球化强度、国际服务贸易流量全球化强度和国际收支流量的全球化强度都增强了。此外，经济全球化的速度也是一个重要的测度标准。以上几个指标都指向了更强的经济全球化趋势。制度层面上的全球化表现为几个方面，主要有：国际组织的数量越来越多，国际规则覆盖面日益见广，国际规则的内容日渐繁多，规则约束效力增强，中性制度更易全球化。（张宇燕，2007[①]）

如何对全球化时代的世界形势进行评估也是研究的重点。张宇燕总结了国际金融危机爆发以来的世界新趋势：多极化，中国发展影响现行国际秩序，经济全球化进程不可逆，全球分工格局仍待调整，新型产业萌发机遇，国际货币金融体系略改，应对全球问题需要国际规则。此外，新形势下的挑战有哪些呢？他认为，西方分化图谋仍然威胁稳定，受限于非中性国际制度，能源资源成为发展瓶颈，危机后经济复苏迹象显露但风险仍存，全球经济波折影响我国市场安全，需要规避国际分工陷阱。（张宇燕，2012[②]）

针对全球化及其对世界形势的影响，部分学者提出了部分政策建议。张蕴岭等人认为，全球化大势所趋，中国经济的转型与发展需要开放的国际环境。我们不应该消极被动，而应该更为主动地参与、改变和创造国际环境。作为一个发展中国家，中国目前的首要任务是把自己的事情办好。经济全球化包含了贸易增长、资本流动、技术进步与扩散、全球问题凸显、国际规则适用性提高等几个层次的内涵。（张蕴岭，2011[③]；2013[④]）余永定等学者通过五类理论来理解经济全球化的本质：马克思主义关于资

---

① 张宇燕：《全球化与中国发展》，社会科学文献出版社 2007 年版。

② 张宇燕：《国际金融危机后中国的国际环境与因应战略》，《中大管理研究》2012 年第 7 卷（2）。

③ 张蕴岭：《中国与世界：新变化、新认识与新定位》，中国社会科学出版社 2011 年版，第 40—46 页。

④ 张蕴岭：《建构开放合作的国际环境》，中国社会科学出版社 2013 年版，第 11—13 页。

本主义发展的理论、依附理论关于全球经济关系、世界体系论、自由经济学关于生产国际化的理论、国际政治经济学和国际关系。全球化经济包含了区域等级结构、商品链、南北等级结构、社会等级结构等几个层次。（余永定、路爱国、高海红，2010①）

围绕后危机时代的经济形势，学界也展开了相关讨论，究竟何种治理理念将进一步主导未来的世界呢？有学者认为，首先，新自由主义饱受质疑，应对危机需适当考虑政府对市场的干预与规制；其次，新自由主义仍是主导的经济治理理念；最后，东亚发展型国家在危机中表现不错，影响力提升。（吴澄秋，2013②；孙伊然，2011③）

霸权衰落和新兴经济体国家的群体性崛起是前面介绍的重要历史背景。在这种背景之下，学界对于新兴经济体国家的研究大量出现。新兴经济体国家呼吁打破原来非中性的全球经济治理制度结构，使自己的权益得到更全面的反映。相当一部分著述认为原有全球经济治理的合法性不足，新兴国家在参与全球经济治理贡献大量的全球公共产品时，应该发出自己的声音更为积极地参与到全球经济治理当中来，推动全球经济治理走向更为合理、民主和公正的方向。（何帆、冯维江、徐进，2013；徐秀军，2012；黄仁伟，2011；韦宗友，2011；吴志成，杨娜，2012④）

新兴经济体国家的界定是目前研究不可回避的一个课题。迄今为止，仍然没有一个确定的标准给予界定。张宇燕、田丰总结了已有的六种划分标准，分别是经济增长速度、政府倾向于市场导向的机制、特定时期出口增长、金融市场发展与开放程度、信息化发展水平、政治影响力。（张宇燕、田丰，2013⑤）黄仁伟认为金砖国家提升话语权不仅体现在外部能力上，比如提高在 IMF 的份额和投票权；也体现在提升本国实力上，包括综合国力和软实力的提高。金砖国家需要相互协作共同提升国际话语权、维护本国利益。但是，目前来说，各国的经验欠缺，实现金砖国家的内部

---

①　余永定、路爱国、高海红：《全球化与中国：理论与发展趋势》，经济管理出版社 2011 年版，第 48—58 页。

②　吴骋秋：《后危机时代的经济治理理念结构》，《国际论坛》2013 年第 1 期。

③　孙伊然：《全球化、失衡的双层运动与"内嵌的自由主义"》，《世界经济与政治》2010 年第 5 期。

④　徐秀军：《新兴经济体与全球经济治理结构转型》，《世界经济与政治》2012 年第 10 期。

⑤　张宇燕、田丰：《新兴经济体的界定及其在世界经济格局中的地位》，张蕴岭主编：《建构开放合作的国际环境》，中国社会科学出版社 2013 年版，第 136—152 页。

协同，还需要时间。（黄仁伟，2011①）

王国兴、成靖分析了美国的全球经济治理改革路线图，包括重建美国影响力、让新兴国家提供更多的国际公共产品、在改革中控制议程设置权。在此背景之下，中国的对策选择当是充分利用 G20 平台，积极参与全球经济治理结构的改革。就 G20 的未来规划来说，作者建议将其限定在金融协调平台上，而非议题泛化。此外，加强成员国协调和增强议题设置能力，也是 G20 需要面临的重要议题。（王国兴、成靖，2010②）

樊勇明、沈陈认为全球经济治理结构的重组为中国延长一段时间战略机遇期提供了条件。原有的以 IMF 等国际组织为核心的国际经济治理机制仍然起着主导作用，一个新的可以体现新兴经济体国家和发展中国家诉求的全球经济治理机制的形成绝非一蹴而就。即使在发展中国家之间也存在着差异性的诉求。如何在全球范围内促成一个具有包容性的全球经济治理机制，需要中国的参与。在这种背景下，如何把握好这个战略机遇期，对中国未来的发展具有重大意义。（樊勇明、沈陈，2013③）

张宇燕总结了八条全球化时代里中国未来的战略选择。一是制定对外政策时协调韬光养晦与有所作为的关系；二是由于 G20 的作用日益显著，应当积极借助 G20 平台参与全球治理；三是中美战略伙伴关系仍是全球战略重点；四是争夺国际话语权，提供全球公共产品；五是实践公平开放的贸易规则；六是实行选择性开放；七是看准人民币国际化的战略机遇期；八是提升软实力。（张宇燕，2012④）

二 全球经济治理机制改革与平台建设

全球经济治理研究关注的平台经历了一系列转变。研究者的视线逐渐从原有的联合国框架下的 IMF 和世界银行及 G7/G8（萧琛，1996⑤；刘赛

① 黄仁伟：《金砖国家崛起与全球治理体系》，《当代世界》2011 年第 5 期。

② 王国兴、成靖：《G20 机制化与全球经济治理改革》，《国际展望》2010 年第 3 期。

③ 樊勇明、沈陈：《全球经济治理结构重组是中国的新战略机遇》，《国际观察》2013 年第 3 期。

④ 张宇燕：《国际金融危机后中国的国际环境与因应战略》，《中大管理研究》2012 年第 7 卷（2）。

⑤ 萧琛：《全球社会经济一体化的"光"和"影"：评里昂七国首脑会议》，《世界经济与政治》1996 年第 10 期。

力，1997[①]）等旧的治理机构转而关注一系列以 G20、金砖国家为代表的新兴全球经济治理平台。

何帆、冯维江、徐进总结了目前全球治理所面临的图景：美国主导的霸权稳定体系示弱、金融危机肆虐全球、新兴大国的崛起。在以上背景之下，文章分析了全球治理结构作出的适应性调整。由此形成了全球治理机制的三层结构：一是以联合国、布雷顿森林体系为代表的现行主导机制；二是演进中的新兴治理机制；三是具有未来系统重要性潜力的治理机制。文章最后重心落在了中国参与今后全球治理的几个核心原则上，包括权责适应、包容利益、有区别的共同责任。（何帆、冯维江、徐进，2013[②]）

改革原有的治理机制的呼声较高。以国际货币基金组织改革为例，其改革内容归纳如下：首先，缺陷包括合法性和有效性的缺失，特别是新兴市场大国的份额严重不足。其次，危机贷款审批周期漫长。最后，可贷资金不足。（张蕴岭，2011[③]）

李扬向我们展示了未来世界全球治理可能出现的模式：首先，货币互换预示了危机仍然可能深化或者各国准备推出量宽；其次，以美联储为核心向发达国家辐射的货币供求网络逐渐形成；再次，TPP 等举措开始编制一张高标准和歧视性的发达经济体经济网络；最后，全球经济治理中以世贸组织为代表的全球多边谈判可能被架空。另外，除了这些挑战，重建再平衡也带来了新的机遇。在金融领域内深陷债务危机的发达经济体国家一己之力已经难以应对，于是有了囊括发达经济体国家和新兴国家的二十国集团协调机制。在这一难得的历史机遇期，以中国为代表的新兴国家在努力壮大自己实力的同时，也需要努力增强参与全球治理的能力（李扬，2013[④]）。

一些新兴的治理机制，例如 G20 的产生具有客观性。（张建新，

①　刘赛力：《七国首脑会议的演变》，《世界经济与政治》1997 年第 9 期。
②　何帆、冯维江、徐进：《全球治理机制面临的挑战及中国的对策》，《世界经济与政治》2013 年第 4 期。
③　本文由田慧芳统稿，任琳负责第一部分撰写；熊爱宗负责第二部分撰写；田慧芳负责第三部分撰写。
④　李扬、张晓晶：《失衡与再平衡：塑造全球治理新框架》，中国社会科学出版社 2013 年版。

2012①；黄仁伟，2009②；徐秀军，2012③；姚枝仲，2011④）崔志楠、邢悦认为，国际货币基金组织的合法性衰退、治理效能下降、合法性不足。国际货币基金组织应对危机的能力不足，并且提出了针对新兴经济体国家的苛刻条件。因此，治理平台发生了由"G7 时代"到"G20 时代"的转移。（崔志楠、邢悦，2011⑤）蔡春林梳理了全球经济治理机制的转型：WTO 为平台的全球自由贸易谈判停滞；IMF 职能弱化、合法性欠缺、投票权和份额亟须改革；世界银行职能有待提升、决策与操作层脱离、针对发展中国家政策需要反思改善；G20 跃升为重要的全球经济治理平台；金砖国家协作共赢、积极参与全球经济治理进程、倡导全球经济治理体制改革。（蔡春林，2013⑥）

张宇燕、田丰认为，把新兴经济体界定为少数几个国家的特定集团也是近年以来的一种划分标准，例如"金砖四国"、"新钻 11 国家"、"基础四国"（张宇燕、田丰，2013⑦）。其中，金砖国家的作用最为显著。黄仁伟认为全球经济治理的四个层次包括联合国体系、G20、金砖国家、区域机制。他认为 G20 中金砖国家和 G7 并存成为全球经济治理的新现象。金砖国家在全球治理领域的话语权增强将是一个长期的过程。

三   区域经济一体化与区域经济治理

区域一体化是一种重要的全球治理表现形态。关注全球层面经济治理的同时，一部分文献集中研究了区域经济一体化和区域治理。欧盟、北美自由贸易区、东盟、非洲联盟、APEC 等区域一体化组织活跃在全球经济治理的舞台上（陈耀庭，1996⑧；邓子基、邓力平，1994⑨，赵曙明、朱

① 张建新：《后西方国际体系与东方的兴起》，《世界经济与政治》2012 年第 5 期。

② 黄仁伟：《新兴大国参与全球治理的利弊》，《现代国际关系》2009 年第 11 期。

③ 徐秀军：《新兴经济体与全球经济治理结构转型》，《世界经济与政治》2012 年第 10 期。

④ 姚枝仲：《金砖国家在全球经济治理中的作用》，《经济》2011 年第 5 期。

⑤ 崔志楠、邢悦：《从"G7 时代"到"G20 时代"》，《世界经济与政治》2011 年第 1 期。

⑥ 蔡春林：《金砖国家推动全球经济治理变革与转型》，《亚太经济》2013 年第 5 期。

⑦ 张宇燕、田丰：《新兴经济体的界定及其在世界经济格局中的地位》，张蕴岭主编：《建构开放合作的国际环境》，中国社会科学出版社 2013 年版，第 136—152 页。

⑧ 陈耀庭：《论世界经济区域集团化和亚太经济合作组织》，《世界经济》1996 年第 4 期。

⑨ 邓子基、邓力平：《北美自由贸易区与税收一体化》，《世界经济》1994 年第 6 期。

农飞，1993①）。围绕区域化到底是全球化的一部分还是反全球化的一个进程，争论持续至今。有学者认为，区域化从动机、协调机制和效应方面都说明它是全球化的阻力。（薛誉华，2003②）与之相对，也有学者认为，区域经济合作是与全球化相伴而生的，大国之间的竞争被区域集团之间的竞争所替代。在一定意义上区域经济一体化是各国应对经济全球化的一种重要选择。（李向阳，2002③）

　　欧盟一体化进程是全球经济治理中的一个典型案例。但是针对欧盟是否作为全球经济治理的一个典范模型而一直存在争议。尽管欧盟已经作为多极化中的重要一极而存在，学者对于它的内在运作机制褒贬不一。有学者在20世纪初认为欧盟是经济治理的典范，有利于区域内经济的长期稳定发展。欧盟的财政协调政策具有一定的可行性和非常乐观的预期效应。（成新轩，2003④）陈志昂认为，欧洲货币一体化并没有看起来那么顺畅，内部危机四伏。其中货币财政纪律苛刻与欧盟区域内高失业率之间、货币财政政策之间、各国经济实力和欧盟总体财力之间存在着长期矛盾。（陈志昂，1998⑤）

　　亚太地区的区域经济治理架构成为一个关注焦点。东亚建立起来的一系列双边和多边地区经济合作机制包括了"东盟10+3"、中国—东盟自由贸易区、清迈协议、亚洲债券基金、上海合作组织等都吸引了不少学者的目光。系统梳理这些多边机制，庞中英总结了四个多边制度的类型：东南亚机制、太平洋机制、东亚机制以及介于东亚和太平洋之间的机制。多样化的地区合作机制反映了不同地区和国家在参与全球经济治理的过程中，仍然无法回避其政治经济的多样性和复杂性。地区合作在应对危机方面发挥了重要作用，但是也具有其局限性。首先，经济合作的深度和广度受限于双边政治和地缘政治；其次，部分关键东亚国家仍然将与美国的双边合作置于比地区合作更重要的地位上。（庞中英，2012⑥）

---

　　① 赵曙明、朱农飞：《北美自由贸易区的建立对我国经济的影响以及采取的对策》，《世界经济》1993年第11期。

　　② 薛誉华：《区域化：全球化的阻力》，《世界经济》2003年第2期。

　　③ 李向阳：《全球化时代的区域经济合作》，《世界经济》2002年第5期。

　　④ 成新轩：《欧盟财政政策协调分析》，《世界经济》2003年第5期。

　　⑤ 陈志昂：《欧盟货币一体化的内在矛盾》，《世界经济》1998年第3期。

　　⑥ 庞中英：《全球治理与世界秩序》，北京大学出版社2012年版，第91—180页。

四　全球经济治理议题变迁

全球经济治理涉猎的议题广泛，包括金融、贸易投资、气候变化、大宗商品包括能源治理，① 各议题领域内的治理都体现出了对更为公平、公正、透明的全球治理机制的诉求。

每个议题领域内的治理都具有历史阶段性，相关理论研究随着各类治理实践中的标志性事件的发生而开展。例如，国际货币金融治理是全球经济治理的重要组成部分，而我国学术界的研究跟踪了国际货币金融治理的不同阶段。布雷顿森林体系解体之后，国际货币金融治理处于暂时的"空白期"，发达国家和发展中国家都遇到了一定的问题。（余壮东，1981②；李述仁，1986③）东南亚金融危机的出现再次体现了当今世界金融监管不足的问题（刘巍中、施军，1998④；孙杰，1998⑤）。全球金融危机的爆发引发了全球经济结构的变化，对全球经济治理平台提出了新的要求，在这一背景下，G20 应运而生。（崔志楠、邢悦，2011⑥；徐秀军，2012⑦）

在一些议题领域内，我们发现全球经济治理研究不是一个单学科的研究范畴，它体现出了充分的跨学科性，涵盖了经济学、政治学、管理学甚至一些自然科学学科。其中，气候变化治理就是这样一个问题领域。在经济学领域内，气候变化治理表现出了其独特的研究形态，即气候变化经济学。（陈卓淳、方齐云，2008⑧；郑秦容，2010⑨；刘昌义，2012⑩）。

---

① 罗杰英：《全球能源治理机制建设仍呈"碎片化"》，《世界知识》2013 年第 16 期。

② 余壮东：《国际货币改革展望》，《金融研究》1981 年第 10 期。

③ 李述仁：《关于国际货币制度改革的展望》，《世界经济》1986 年第 8 期。

④ 刘巍中、施军：《从结构现实主义看国际金融体系》，《世界经济与政治》1998 年第 10 期。

⑤ 孙杰：《从东亚金融危机看国际货币基金组织和国际货币合作》，《世界经济与政治》1998 年第 4 期。

⑥ 崔志楠、邢悦：《从"G7 时代"到"G20 时代"》，《世界经济与政治》2011 年第 1 期。

⑦ 徐秀军：《新兴经济体与全球经济治理结构转型》，《世界经济与政治》2012 年第 10 期。

⑧ 陈卓淳、方齐云：《气候变化经济学研究进展》，《经济学动态》2008 年第 6 期。

⑨ 郑秦容：《气候变化经济学的影响与适应》，《中国水利》2010 年第 8 期。

⑩ 刘昌义：《气候变化经济学中贴现率问题的最新研究进展》，《经济学动态》2012 年第 3 期。

鉴于篇幅有限，本章将重点研究全球气候治理和国际货币金融治理两个典型的全球经济治理议题。从中阐述研究中它们呈现出来的独立的理论体系和实践情况。

第二节　中国与全球气候治理

全球气候变化问题是当今全球治理议程上最为重大的问题之一，是近二十多年来全球范围内影响最为广泛、深刻的多边进程之一。气候变化被称为"有史以来最严重的市场失灵"，通过减少碳排放降低全球变暖的速度，这是全球气候治理努力的基本目标。气候作为一种特殊属性的全球公共物品，要有效控制温室气体的排放，必须构建具有约束力的国际气候治理框架。从 20 世纪 70 年代起，西方的社会科学学者就与自然科学学者一道并驾齐驱地研究气候治理问题。我国学术界应对气候变化的研究起步则较晚，最初也只局限于环境领域而由自然科学家讨论。随着联合国主导的气候治理机制的日益完善和推进，应对气候变化的研究也逐渐从我国社会学术界的"边缘"进入当前的"中心"位置。

一　20 世纪 80 年代至 90 年代中后期：对全球气候治理科学认识的深化与讨论

早在 20 世纪 70 年代末，科学家们在第一次世界气候大会宣言（1979年）中指出，如果大气中 CO_2 浓度持续增加，20 世纪末全球气温上升将达到可测的程度，21 世纪中叶出现显著增温现象，全球气候变暖问题开始引起科学界乃至国际社会的关注。

作为典型的全球公共物品，气候变化问题是全球市场失灵的最显著体现。因此应对气候变化研究首先引起了国际经济学界的关切。国际上对气候变化的经济学研究的系统展开出现在 20 世纪 90 年代，Cline（1992）、Nordhaus（1994）、Carraro 和 Siniscalco（1993）以及 Barrett（1994）是这一时期气候变化经济学研究领域被广泛引用的标志性论著。

我国自然科学界对气候变化的研究一直没有中断过。20 世纪 80 年代到 90 年代中期的研究主要侧重三方面：气候诊断、气候模拟与预测以及气候变化对农业等的经济和社会影响（赵宗慈，1986①；晓峰，1989②；王馥棠，1996③；金之庆等，1997④；徐斌，1999⑤）。但这一阶段，温室气体（GHG）排放还是一个自然科学问题，没有进入我国经济学界的研究视野。

1988 年 11 月，联合国世界气象组织和环境规划署联合建立政府间气候变化委员会（Intergovernmental Panel on Climate Change，IPCC），整合全球相关领域的科学家对全球气候变化进行评估，并于 1990、1996、2001 年分别发布了第一、第二和第三次全球气候变化评估报告，指出全球变暖是不争的事实，且与人类活动密切相关，成为国际社会认知和应对气候变化的重要科学依据，也直接推动了社会科学界对气候变化问题的研究和重视。

我国经济学界应对气候变化的研究，首先从翻译、介绍国外的研究成果开始。1992 年出版的《气候危机：温室效应与我们的对策》⑥ 属国内较早翻译出版的应对气候变化研究的西方著作之一。美国原副总统阿尔·戈尔的《难以忽视的真相》《我们的选择：气候危机方案》也先后被我国学者译介。姜克隽等（1998⑦）系统介绍了全球气候变化模型中自上而下的经济学模型和自下而上的技术模型的研究与进展。何建坤等（1995⑧）则针对全球气候变化评价研究中的几个热点问题，包括公平准则及评价方法、减排技术的成本分析方法、温室气体排放基准方案（BAU）的确定、联合履约（JI）项目等进行了归纳评述。陈迎（2000⑨）对当时西方经济学在气候变化领域的主要内容、研究方法和重要成果等进行了系统归纳和概括。

① 赵宗慈：《气候模式模拟气候变化的研究进展》，《气象科技》1986 年第 4 期。
② 晓峰：《当前气候变化及其发展趋势》，《世界气象月报》1989 年 2 月。
③ 王馥棠：《气候变化与我国的粮食生产》，《中国农村经济》1996 年第 11 期。
④ 金之庆等：《我国东部样带适应全球气候变化的若干粮食生产对策的模拟研究》，《中国农业科学》1997 年第 31 卷第 4 期。
⑤ 徐斌、辛晓平等：《气候变化对我国农业地理分布的影响及对策》，《地理科学进展》1999 年 12 月号。
⑥ 美国 A. K. 贝茨著：《气候危机：温室效应与我们的对策》，苗润生、成志勤译，中国环境科学出版社 1992 年版。
⑦ 姜克隽、胡秀莲：《全球气候变化模型的研究与进展》，《中国能源》1998 年第 8 期。
⑧ 何建坤等：《全球气候变化评价研究中的几个热点问题》，《预测》1995 年第 6 期。
⑨ 陈迎：《气候变化的经济分析》，《世界经济》2000 年第 1 期。

二　1997—2006 年：全球气候治理研究在中国的逐步升温

1990 年第 45 届联合国大会启动《联合国气候变化框架公约》谈判进程，国际气候谈判正式启动，到 1994 年 3 月，《联合国气候变化框架公约（UNFCCC）》正式生效，国际社会拥有了应对气候变化的第一部根本大法。1995 年《联合国气候变化框架公约》第一次缔约方大会（COP1）又授权讨论制订议定书，并于 1997 年 12 月第三次缔约方大会（COP3）上签署了《京都议定书》，首次引入排放贸易（ET）、联合履约（JI）和清洁发展机制（CDM）三种排放交易机制，对发达国家和经济转型国家（即附件一国家）设定了具有法律约束力的温室气体减排目标（主要经济发达国家承诺 2008—2012 年温室气体排放在 1990 年基础上平均减少 5.2%），从而使得全球温室气体减排行动真正开始付诸实施。温室气体减排问题从此成为国际气候外交的核心议题，成为经济发达国家和发展中国家对话的重要内容。

这一时期，作为非附件一国家的中国也积极的参与到全球气候谈判的大框架中来，积极解读《京都议定书》，并探讨这一新的国际气候治理机制对中国的潜在影响。

中国社会科学院和相关政府研究部门成为中国应对气候变化问题的主要宣传阵地。如潘家华（1997[①]）分析了削减二氧化碳（CO_2）排放量的国际经济含义及各国或国家集团在全球变暖问题上所表现的立场和策略背后的经济利益。陈迎等（2001[②]）分析和归纳了《京都议定书》一旦批准生效可能带来的国际经济和政治影响，对国际气候谈判的前景进行了展望。鲁传一等（2001[③]）深入分析了《京都议定书》三种灵活机制的经济合理性，讨论了有关 CDM 的价格弹性、市场力、交易成本及信息不对称等问题，并对中国参与清洁发展机制提出相关的政策建议。刘东民（2001[④]）探讨了《京都议定书》实施对世界能源技术的创

[①]　潘家华：《控制全球变暖的国际经济分析》，《世界经济与政治》1997 年第 9 期。

[②]　陈迎、庄贵阳：《〈京都议定书〉的前途及其国际经济和政治影响》，《世界经济与政治》2001 年第 6 期。

[③]　鲁传一、刘德顺：《减缓全球气候变化的京都机制的经济学分析》，《世界经济》2002 年第 8 期。

[④]　刘东民：《〈京都议定书〉对能源技术创新与扩散的影响及企业的战略回应》，《世界经济与政治》2001 年第 5 期。

新和扩散产生及企业竞争力产生的影响，对中国企业如何参与技术创新提出了建议。国家环境保护总局周新等（1999[①]）利用行业综合评价模型，针对我国家用电冰箱行业进行了定量的模拟分析，再结合对新飞电冰箱厂的典型案例研究，具体说明执行《蒙特利尔议定书》对中国经济的影响。

应付气候变化行动中的公平和效率问题从一开始就成为各国经济学者关注并争论的焦点问题（朱兴珊等，1998[②]）。靳云汇等（1997[③]、1998[④]）在对中国参与 AIJ 国际合作的前提、利弊和基本策略进行探讨后，提出在公平的基础上分担环境责任和义务是中国参与 AIJ 合作的前提，并提出 AIJ 建设的三阶段，即从附件一缔约方国内减排信用市场建设阶段，向缔约方国家之间的国际减排信用市场建设阶段，最后向全球减排信用市场建设阶段逐步过渡。中国气象局缪旭明（1998[⑤]）首次探讨了人均累积 CO_2 排放的科学公平性。庄贵阳（2001[⑥]）应用效率和公平两条原则对 CDM 的实施前景进行了分析。王徽（1996[⑦]）探讨了气候公约执行中的冲突协商处理问题。刘江永（2003[⑧]）分析了日本对气候变化问题的基本认识及日本的温室气体减排战略目标与措施，并探讨了日本在应对气候变化中面临的问题与困难。

这一阶段，我国学术界一方面对如何减缓气候变化从经济学视角对气候变化的经济影响、气候适应的成本和收益、国际合作机制和公平等问题进行了初步的理论探索。

---

① 周新、曹凤中：《执行〈蒙特利尔议定书〉对中国经济的影响——对电冰箱行业经济与环境双赢的定量分析及典型案例研究》，《环境保护》1999 年第 11 期。

② 朱兴珊：《应付气候变化行动中的公平和效率问题》，《环境科学动态》1998 年第 3 期。

③ 靳云汇、刘学：《中国实施 ALl 的利弊分析》，《数量经济技术经济研究》1997 年第 11 期。

④ 靳云汇、刘学：《中国参与 NIJ 国际合作的前提与基本策略》，《数量经济技术经济研究》1998 年第 1 期。

⑤ 缪旭明：《人均 CO_2 累积排放和按贡献值》，《中国软科学》1998 年第 9 期。

⑥ 庄贵阳：《从公平与效率原则看清洁发展机制及其实施前景》，《世界经济与政治》2001 年第 2 期。

⑦ 王徽：《全球气候变化框架公约执行中的协商性谈判探讨》，《中国人口·资源与环境》第 6 卷第 2 期，1996 年 6 月。

⑧ 刘江永：《日本应对气候变化的战略、措施与困难》，《世界经济与政治》2003 年第 6 期。

徐玉高等（2000①）估测在未来全球碳排放态势中具有重要意义的几个时点，并据此提出发展中国家在谈判策略上的一些考虑。蒋金荷等（2002②）分析当前温室气体减排技术模型的两种建模方法——top-down和bottom-up的特点的基础上，提出了构建混合型经济—能源系统模型的开发目标和开发思路。庄贵阳（2001③）回顾了气候变化问题从科学评价向国际政策协调阶段转换的历史发展过程，从南北关系的角度，分析了气候变化领域南北矛盾斗争的焦点问题，以及南北利益调整的基本原则和发展趋势，随后从经济、社会和环境角度验证了气候变化与可持续发展的关系（庄贵阳，2004④）。

另一方面的研究则从国际政治经济考察了全球气候治理合作的困境。崔大鹏（2003⑤）在其《国际气候合作的政治经济学分析》中综合运用了博弈论等理论工具，分析了防止气候变暖的国际合作成败的机理。李东燕（2000⑥）则从国际政治角度剖析了气候变化领域的国际合作之所以难度大、进展慢、效率低的原因，指出气候变化问题的解决主要依赖于国家行为者，提出要关注国内不同利益集团和非政府组织在决策中的作用。

对其他治理平台的研究也略有涉及。潘家华等（2005⑦）评述了"气候变化20国领导人会议"的战略设计，分析了"气候变化20国领导人会议"的法律地位和发展中国家的政治意愿，提出了中国在后京都谈判中的战略选择。

三　2007年至今：全球气候治理研究从边缘向"中心"的飞跃

2006年，英国的斯特恩出版的《斯特恩报告》首次系统全面地对全球气候变化的经济影响作了证明，并用经济模型分析了采取措施的成本和

①　徐玉高、徐篙龄、贺菊煌：《全球温室气体减排态势的时点分析与发展中国家在气候变化谈判中的策略选择》，《数量经济技术经济研究》2000年第12期。
②　蒋金荷、姚愉芳：《气候变化政策研究中经济—能源系统模型的构建》，《数量经济技术经济研究》2002年第7期。
③　庄贵阳：《温室气体减排的南北对立与利益调整》，《世界经济与政治》2000年第4期。
④　庄贵阳：《气候变化与可持续发展》，《世界经济与政治》2004年第4期。
⑤　崔大鹏：《国际气候合作的政治经济学分析》，商务印书馆2005年版。
⑥　李东燕：《对气候变化问题的若干政治分析》，《世界经济与政治》2000年第8期。
⑦　潘家华、庄贵阳、陈迎：《"气候变化20国领导人会议"模式与发展中国家的参与》，《世界经济与政治》2005年第10期。

收益，引起了国际社会的高度关注（Stern，2007[①]）。2007 年，IPCC 的第四次气候变化评估报告把对于人类活动影响全球气候变化的因果关系的判断，由原来的 60% 信度提高到当前的 90% 信度，进一步推动了全球对减缓和适应气候变化问题的重视和研究热潮。经济学界积极倡导采取强有力的、大幅度减排措施的声音逐渐占据了主流。

我国社会科学文献出版社在 2009 年的哥本哈根会议前后，推出了一套"气候变化与人类发展译丛"，译介了国外 6 本相关著作，包括《气候变化的挑战与民主的失灵》《全球大气变暖：气候经济、政治与伦理》《气候变化的政治》《气候伦理：全球变暖的道德规范》《均衡问题：全球变暖的政策选择》《地球安全愿景：如何管理气候变化，创建一个繁荣进步的新时代》，极大地激发了国内决策层、学术界、出版社、媒体对全球气候问题的关注。

这一时期，国内有关国际气候治理的研究可归为两派：一派主要是从经济学角度展开研究，内容主要集中在以下方面：气候变化的经济影响及评估、气候变化的公平与正义原则论证、温室气体减排政策工具的分析和选择，以及对国际气候谈判进程及议题等进行分析和评估等方面；另一派则主要是从国际政治经济学角度出发，研究各国政治体制、民主程度等政治制度和利益集团博弈过程对各国参与国际气候治理行为的影响。

（一）气候变化的经济影响评估及应对

从经济学的角度来看，气候变化对传统经济学的研究边界以及分析范式都提出了严峻的挑战。气候变化问题解决之复杂使得经济学家不得不对如风险、不确定性以及贴现等一些最基本的经济学概念进行重新的审视，Muller et al. （2011）建立了将环境外部性纳入国民经济核算体系的模型框架。Nordhaus（2010）先后推出了 RICE - 1999、DICE - 2007、RICE - 2010、DICE - 2013 等不同改进版本以评估气候变化。MullerTol et al. （2013）讨论了如何运用拉姆齐式为组织原则，如何确定成本—收益的长期贴现率，折现率是否应该随着时间的推移而下降，以及贴现率如何在代内和代际间兼容等重要议题。研究方法上国外研究将灰色关联分析法、数据包络分析法、投入产出法以及对人口经济学中 Lotka-Volterra 模型创新性的应用到气候变化经济学的框架中。

[①] Stern：*Stern report*.

　　国内研究也在这一阶段取得较大的成就。王军、陈迎等对气候变化经济学做了文献综述，尤其对斯特恩报告（stern report）中的一些模型、方法和政策进行了解读，并对气候争论的焦点问题进行了解释。袁富华（2010）建立了一个针对中国特征的含有环境要素的增长核算框架，研究了温室气体减排对未来中国经济增长的冲击。孙宁、罗慧等人使用多种计量模型论证了气候变化确实对中国社会经济产生了显著的影响，并采用投入产出模型、C—D生产模型等方法对经济影响进行量化。岳书敬（2011）[①] 以节约能源、减少排放、促进绿色技术的进步为经济低碳化基本内涵，建立了低碳经济发展与资本流动之间的联系，探讨了中国资本配置效率及其影响因素。徐盈之等（2010[②]）从投入产出的视角出发，通过构建投入产出模型从产业层面分析我国27个产业部门在其生产与消费活动过程中产生的内涵碳排放的间接效应及其部分转移机制。

　　温室气体减缓路径方面的重点是低碳经济。近几年，国内围绕低碳经济的实现路径、低碳能源、低碳城市规划等课题进行研究，取得了较多的成果。

　　首先，在国外理论研究基础上，国内不少研究者继续从新的角度探索了低碳与经济增长的关系。潘家华等（2010[③]）对低碳经济的概念辨识及核心要素进行了分析。陈端计、杭丽（2010[④]）从生态足迹理论、"脱钩"理论、库兹涅茨曲线、"城市矿山"理论等方面对低碳经济的理论基础进行了探寻和归纳。薛进军（2011[⑤]）用"隧道效应"理论来描述低碳经济发展模式，并指出一个经济体可以通过隧道来走捷径达到环境库兹涅茨曲线的三个阶段。还有一些研究者将发展动力学理论、跨区域合作理论以及城市规划理论等纳入到低碳研究中，其基本结论包括：人口、消费模式、能源消耗、技术水平以及贸易都是影响碳排放的重要因素；不同行业的碳排放量存在显著差异；降低能源强度和碳强度，由化石能源向清洁能源过

---

　　① 岳书敬：《基于低碳经济视角的资本配置效率研究——来自中国工业的分析与检验》，《数量经济技术经济研究》2011年第4期。

　　② 徐盈之、邹芳：《基于投入产出分析法的我国各产业部门碳减排责任研究》，《产业经济学研究》2010年第5期。

　　③ 潘家华、庄贵阳、郑艳等：《低碳经济的概念辨识及核心要素分析》，《国际经济评论》2010年第4期。

　　④ 陈端计、杭丽：《低碳经济理论研究的文献回顾与展望》，《生态经济》2010年第11期。

　　⑤ 薛进军：《低碳经济增长理论》，《中国低碳经济发展报告》，2011年。

度、加大新技术研发力度、提升产业结构是实现低碳增长的可能路径（李向阳，2010①）。

低碳能源方面，2011 年年底针对中国太阳能产品的双反战争引发了国内对中国光伏产业出路的探索，包括如何整合现在产业链、克服技术软肋等（陈金宝，2012；谢光亚，2012)②。围绕美国的"能源独立"战略，展开了有关全球经济格局演变与国际能源战略合作（世界经济论坛，2011)、清洁能源与再生能源利用（国电能源研究院，2012)、中国能源需求的长期趋势与能源安全形势分析（魏一鸣等，2012；崔楠楠，2012）等系列研究。③

低碳城市方面的研究在中国还处在探索阶段。清华大学和麦肯锡公司从基本需求、资源充足性、环境健康、建筑环境、对可持续性的承诺五个方面 18 个指标衡量中国城市总体可持续状况。④ 中国社会科学院城市与环境研究所从产出、消费、资源、政策四层面构建了低碳经济发展水平综合评价指标体系（潘家华等，2010)。⑤

（二）对气候治理"公平"与"正义"原则的广泛讨论

"公平"是国际气候治理中的一个关键问题。在《京都议定书》生效前，对公平原则的讨论主要是方法学的尝试，分配的对象是减排量。随着气候变化科学认知的深入，碳排放权作为一种新的分配对象进入了经济学者的视野。碳排放权分配方案实际上是一种所有权分配方案，其基本构成要素有分配总量、分配标准和分配结果。对总量的计算方法、分配标准的

①　李向阳：《全球气候变化规则与世界经济的发展趋势》，《国际经济评论》2010 年第 1 期。

②　陈金宝：《美国对我国光伏产业采取反倾销、反补贴调查可能带来的影响分析》，《时代金融》2012 年第 3 期下旬刊。

③　李建伟：《中国经济的中长期发展前景与能源需求》，《发展研究》2011 年第 11 期世界经济论坛（WEF），2011，以能源促增长——2012 年最新能源展望报告（世界经济论坛 IEA），http://www3.weforum.org/docs/IP/2012/EN/WEF_EN_IndustryVision_CN.pdf；国电能源研究院，2012，《新能源产业发展趋势研究报告》，国家能源局 2012.2.10 魏一鸣，吴刚，梁巧梅，廖华，2012，《中国能源报告（2012)：能源安全研究》，科学出版社；第 1 版（2012 年 6 月 1 日）崔楠楠，2012，《奥巴马政府的"能源独立"战略及中国的对策》，《红旗文摘》，2012.13 中商经济研究院，2012，2012—2016 年中国低碳经济市场前景规划及投资可行性研究，中商经济研究院 No.61926。

④　哥伦比亚大学清华大学麦肯锡公司：《城市可持续性发展指数：衡量中国城市的新工具》，2010 年。

⑤　潘家华等：《低碳经济的概述辨识及核心要素分析》，《国际经济评论》2010 年第 4 期。

设定不同，会直接影响到分配结果，其中，保证分配标准的公平性是影响分配方案的重要环节。

各国对国家发展空间和碳排放权的争夺，以及崛起中的新兴大国与欧美日等发达国家作为关键的气候治理主体在国际上如何公平地分摊应对气候变化的责任和义务方面存在的巨大分歧，全球气候治理的进程遭遇到极大挑战。因此，对气候变化中的"公平"、"正义"原则的分析比较，对于理解发达国家与发展中国家在气候谈判问题上的立场，消除分歧，具有重要的参考价值。

杨通进（2009[①]）对目前国际社会上影响较大的几个温室气体减排伦理原则（主要包括历史基础数原则、历史责任原则、功利主义原则、平等主义原则和正义原则）进行比较研究后，提出要推动国际气候合作，最根本的办法是培育以世界主义理念为核心的全球公共政治文化。钟茂初等（2010[②]）则在梳理气候合作中关于公平性问题的学术讨论后，发现影响合作的主要矛盾可归纳为两点：一是公平原则的南北分歧，二是公平与效率的分歧。黄之栋等（2010[③]）进一步探讨了南方国家与北方国家在气候谈判中的价值取向差异问题，认为南方国家是以道德（权利）为价值取向，希望通过强调历史责任、补偿原则以及程序正义来诠释气候争议，而北方国家以目标（结果）为价值取向，着眼于非历史的成本效益分析，尽可能避免谈历史排放与历史性的分配不均，从而使得国际气候谈判无法取得有效进展。为此，钱皓（2010[④]）提出国际社会在应对气候变化的问题上必须打破国界、制度和信仰，达成共识。田慧芳等（2012[⑤]）进一步拓宽了当前对全球"碳公平"的认识，并通过数值模拟技术，分析了印

[①]　杨通进：《通向哥本哈根的伦理共识》，《中国教育报》2009 年 12 月 14 日 A4 版。

[②]　钟茂初、史亚东、宋树仁：《国际气候合作中的公平性问题研究评述》，《江西社会科学》2010 年第 3 期。

[③]　黄之栋、黄瑞祺：《全球暖化与气候正义：一项科技与社会的分析——环境正义面面观之二》，《鄱阳湖学刊》2010 年第 5 期，第 27 页。

[④]　钱皓：《正义、权利和责任——关于气候变化问题的伦理思考》，《世界经济与政治》2010 年第 10 期，第 58 页。

[⑤]　Tian Huifang & John Whalley：*Cross Country Fairness Considerations and Country Implications of Alternative Approaches to a Global Emission Reduction Regime*，NBER Working Paper18443，2012.10.

度和中国等新兴温室气体排放大国在国际环境治理中的处境和角色。①

　　除比较研究外，国内不少文献（如陈文颖等，2005②）对如何在各国间公平地分配温室气体排放配额也进行了理论探索和创新。何建坤（2004③）从《联合国气候变化框架公约》出发，从不同角度对人类社会应对气候变化行动中的"公平"性问题进行了系统讨论，对发展中国家和发达国家在公平原则下责任、义务及优先事项的差别进行了分析，提出到目标年各国人均碳排放量及过渡期内人均累积碳排放量两个趋同的碳排放权分配原则。潘家华等（2008④，2009a⑤，2009b⑥）区分了国际公平与人际公平的碳排放概念，比较测算了不同国家人均累积碳排放在全球历史和未来排放总量中所占的比重，指出减排责任的分担，必须综合考虑各国的历史责任、现实发展阶段和未来发展需求。并提出了碳预算的概念和方法，研究和分析了碳预算作为国际气候制度设计的公平和可持续含义。樊纲等（2010⑦）将国际社会应对气候变化的"共同但有区别的责任"原则扩展为"共同但有区别的碳消费权"原则，从福利角度讨论了以消费排放作为公平分配指标的重要性，提出根据最终消费来衡量各国碳排放责任的理论。国务院发展研究中心课题组（2009⑧）提出了一个在全球范围公平有效解决温室气体问题的理论框架，即"碳排放账户方案"。该方案按人均相等原则对全球碳排放预算在国别间进行了公平的初始分配核算，还基于可得数据核算了各国账户当前可用预算。发展中国家排放的"基

　　① Huifang Tian etc：*China and India's participation in global climate negotiations*，International Environmental Agreements：Politics and Int Environ Agreements，ISSN 1567 - 9764，Volume 11，Number 3，2011. 7.

　　② 陈文颖、吴宗鑫、何建坤：《全球未来碳排放权"两个趋同"的分配方法》，《清华大学学报（自然科学版）》2005 年第 6 期。

　　③ 何建坤：《有关全球气候变化问题上的公平性分析》，《中国人口·资源与环境》2004 年第 6 期。

　　④ 潘家华：《满足基本需求的碳预算及其国际公平与可持续涵义》，《世界经济与政治》2008 年第 1 期。

　　⑤ 潘家华、郑艳：《基于人际公平的碳排放概念及其理论涵义》，《世界经济与政治》2009 年第 10 期。

　　⑥ 潘家华、陈迎：《碳预算方案：一个公平、可持续的国际气候制度构架》，《中国社会科学》2009 年第 5 期。

　　⑦ 樊纲等：《最终消费与碳减排责任的经济学分析》，《经济研究》2010 年第 1 期。

　　⑧ 国务院发展研究中心课题组：《二氧化碳国别排放账户：应对气候变化和实现绿色增长的治理框架》，《经济研究》2011 年第 12 期。

准情景"也是气候变化研究及谈判中的焦点问题，尤其是"基年"问题。腾飞（2012）发现，部分国际机构采取的"基准情景"定义低估了发展中国家在"基准情景"下的排放路径，建议采用固定基年的"无措施情景"来定义"基准情景"，以设定客观的评价基准，公平地评价发展中国家的减缓努力。

2011 年 12 月的德班气候大会上，"金砖四国"的学者联合发表了一份报告，对来自发展中国家有关碳排放权分配的主要观点和方法进行了提炼和整合，提出碳排放权分配的"公平性"是未来国际气候制度的核心。可以想见，被广泛接受的公平原则将是解决目前气候谈判困境的研究方向。

（三）对温室气体减排的政策工具的选择和分析

温室气体减排的手段有两大类：命令—控制手段和经济手段。市场型政策工具主要有基于价格机制的碳税和基于总量控制的排放权交易。国际经济学家对于市场交易手段和税收手段孰优孰劣的讨论十分热烈，比如斯特恩（Stern）认为二者各有优势，碳市场的优势是排放量的确定性以及国际合作的有效性，而税收手段的优势是价格的确定性及实施的便利性。而诺德豪斯则认为以《京都议定书》为代表的市场交易手段没有可资借鉴的历史经验，未来发展具有很大的不确定性；而税收是个历史悠久的、成熟的政策手段。谢来辉（2011）在对经济学文献进行系统回顾后，发现"碳税是经济学家们认为更加适合于规制温室气体排放的政策工具，许多发达国家的经济学家在现实中之所以非常推崇碳排放交易，主要是出于政治可行性的考虑"。

对碳税和碳市场两种治理气候变化的经典市场化政策工具在中国现阶段的适用性和操作性也是国内学术探讨的热点，同样存在较大争议。吴巧生和成金华（2009）认为"碳税不能有效解决中国的碳减排问题，征收碳税将会导致较大的 GDP 损失"。边永民（2009）提出，碳排放交易能够灵活包容发展中国家的特殊利益而且对全球减排量予以稳定控制的模式。而王慧、曹明德（2011）通过信号传递、行政管理、国际协调、经济成本、诈骗和腐败等方面比较了碳市场交易和碳税的优劣，提出借助碳税而不是排污权交易来应对气候变化问题符合中国的政治、经济和外交利益。

而许光、曾鸣等学者从减排成本和减排效果两方面比较研究碳税与碳交易，提出碳税和碳交易是基于不同经济理论之上的政策演绎，二者本质上并不对立（曾鸣，2011；许光，2010）。杨晓妹（2011）分长、短期讨论了碳市场和碳税对中国经济的适用性，提出中国经济社会发展水平的相对落后、排污权交易制度的不健全、相关政策和法律的缺失，都阻碍中国短期内碳交易方式的实行。建议中国可以先开征碳税，促进企业技术更新和产业结构调整。

碳关税的研究自 2008 年以来，也成为国内学术界关注的重点。谢来辉等（2010[1]）分析碳关税相关建议的由来与发展，及其对中国潜在影响的评估。田慧芳等（2010[2]，2010[3]）则通过 CGM 模型进行数值模拟分析，发现资金转移激励远比碳关税等制裁手段更容易吸引发展中国家加入到气候谈判的行列。王俊（2011[4]）回顾了碳关税理论研究，从国内和国际两个层面对碳关税从制度设想蜕变为美国贸易政策面临的障碍进行了分析。2011 年年底开始蔓延至今并且愈演愈烈的中美太阳能产品"反倾销、反补贴"事件，导致中国太阳能光伏产业陷入了前所未有的困境：产能过剩，市场需求萎缩。国内研究提出要促进我国光伏产业的可持续发展，必须对现有产业链进行整合，克服技术软肋，改变"两头在外"的格局，提高我国光伏企业的竞争力，同时扩大内需，降低出口依赖等（陈金宝，2012[5]；谢光亚，2012[6]）。

这一阶段，国内学界对碳金融市场的研究也进入了一个新的阶段。相比较而言，国外碳金融市场已经具有相当规模，国外学者在碳金融领域的研究不仅在时间上领先一步，而且在研究内容的广度和深度上也优于国内。国内由于碳金融传播时间较短，相关主体对碳金融的认知深度还不

---

[1]　谢来辉、陈迎：《中国对碳关税问题过度担忧了吗?》，《国际经济评论》2010 年第 4 期。

[2]　Tian Huifang & John Whalley：*Trade Sanctions*，*Financial Transfers and BRIC's Participation in Global Climate Change Negotiations*，Journal of Policy Modeling，Volume 32，Issue 1，pp. 47 - 63.

[3]　Huifang Tian &John Whalley：*The Potential Global and Developing Country Impacts of Alternative Emission Cuts and Accompanying Mechanisms for the Post Copenhagen Process*，NBER working paper 16090，2010. 6.

[4]　王俊：《从制度设想到贸易政策：美国碳关税蜕变之路障碍分析》，《世界经济与政治》2011 年第 1 期。

[5]　陈金宝：《美国对我国光伏产业采取反倾销、反补贴调查可能带来的影响分析》，《时代金融》2012 年第 3 期下旬刊（总第 475 期）。

[6]　谢光亚、李晓光：《中国太阳能光伏产业的国际竞争力研究》，《对外经贸实务》2012 年第 2 期。

够，加之国内金融制度、金融体系和市场机制等方面与国外相比还不健全，有关碳金融的理论和实证研究均比较滞后。大多学者从我国碳金融发展的现状、问题及对策角度对碳金融展开研究，较少涉足碳金融的系统性理论研究，比如碳金融定价、碳金融运行机理、风险识别与管理等（易霞仔，2012；娄欢欢，2011；乔海曙，2011；Gao，2012；杨小玲，2012）。

资金与低碳技术转让既是气候谈判中的重要议题，也是学术界研究的焦点问题。潘家华、姜克隽等牵头的"中国与欧洲能源和气候安全相互依存性"课题组（2008[①]），研究了中国和欧盟在电力、建筑、交通、贸易投资等领域的合作机遇。乔晓楠和张欣（2012[②]）借助古诺竞争模型，讨论了市场机制下东道国的环境税政策及补贴政策对外资企业的低碳技术转让的影响。房建鑫（2012[③]）研究如何充分利用外资，吸收 FDI 所带来的先进低碳技术，促进我国低碳技术进步。张发树等的研究发现，在国家层面，技术转让主要受国际气候义务、减缓气候变化、技术势差和附带利益影响；在企业层面，技术转让主要受技术差距、转移成本、转移价格、转移风险和转移补贴等因素影响（张发树等，2010）。

（四）对国际气候治理机制的政治经济学分析

国内学者还将政治和经济角度相结合探讨低碳发展全球治理的政治决策架构、法律制度框架、碳减排利益平衡、不同层次主体关系等问题，检验了减缓成本、生态环境脆弱程度、民主及贸易等变量的影响力。

刘昌义构建一个包含减排成本、环境脆弱性等因素在内的计量模型，分析发现减排成本仍然是影响各国减排意愿和行动的决定性因素。[④] 张海滨则认为减缓成本、生态脆弱性和公平原则是影响中国国际气候变化谈判

[①] "中国与欧洲能源和气候安全相互依存性"课题组：《中国与欧洲在能源和气候安全领域的相互依存性》，《世界经济与政治》2008 年第 8 期。

[②] 乔晓楠和张欣：《东道国的环境税与低碳技术跨国转让》，《经济学（季刊）》2012 年第 3 期。

[③] 房建鑫：《我国 FDI 低碳技术外溢与吸收能力研究》，哈尔滨工程大学硕士论文，2012 年。

[④] 刘昌义：《各国参与国际气候合作影响因素的实证分析》，《世界经济与政治》2012 年第 4 期。

立场的三个基本变量。[①] 于宏源的研究则认为（2008[②]；2010[③]；2012[④]），
选择性激励、集体结构/制度建设和大国贡献三种因素的多维互动决定了
气候谈判中集体行动的成败，其中大国贡献发挥了最为关键的作用，必须
加强集体内部合作协调、协调南北关系和公平发展，并通过集体行动模型
寻求全球集体行动困境的解决方案。而当前的谈判格局凸显了大国与小国
的矛盾，同时并存欧盟、美国和"77 国集团 + 中国"三股制衡力量，以
及发达与发展中国家两大阵营。

　　此外，陈迎从国际关系决策角度，庄贵阳从国际气候制度的历史演进
角度，张胜军从气候与政治之间关系角度，李慧明等从结构现实主义视
角，纪玉山等运用公共选择学派的利益集团和集体选择理论研究了影响全
球气候治理进程的各要素，并探讨了中国等发展中国家在后京都时代国际
气候治理过程中的战略选择（陈迎，2007[⑤]；庄贵阳，2008[⑥]；张胜军，
2010[⑦]，张海滨，2010[⑧]；李慧明，2010[⑨]；纪玉山等，2012[⑩]）。

第三节　中国与国际货币金融治理

　　国际货币金融治理是全球经济治理的重要组成部分。作为世界经济热
点问题，我国学术界对其研究紧随着我国参与国际货币金融治理的实践。

---

　　① 张海滨：《中国在国际气候变化谈判中的立场：连续性与变化及其原因探析》，《世界经
济与政治》2006 年第 10 期。

　　② 于宏源：《国际制度和中国气候变化软能力建设》，《世界经济与政治》2008 年第 8 期。

　　③ 于宏源：《气候变化与全球安全治理：基于问卷的思考》，《世界经济与政治》2010 年第
6 期。

　　④ 于宏源：《试析全球气候变化谈判格局的新变化》，《现代国际关系》2012 年第 6 期。

　　⑤ 陈迎：《国际气候制度的演进及对中国谈判立场的分析》，《世界经济与政治》2007 年第
2 期。

　　⑥ 庄贵阳：《后京都时代国际气候治理与中国的战略选择》，《世界经济与政治》2008 年第
8 期。

　　⑦ 张胜军：《全球气候政治的变革与中国面临的三角难题》，《世界经济与政治》2010 年第
10 期。

　　⑧ 张海滨：《关于哥本哈根气候变化大会之后国际气候合作的若干思考》，《国际经济评
论》2010 年第 4 期。

　　⑨ 李慧明：《欧盟在国际气候谈判中的政策立场分析》，《世界经济与政治》2010 年第 2
期。

　　⑩ 纪玉山、刘洋、赵洪亮：《发展中国家在国际气候谈判中的地位与策略研究——基于新
制度经济学与公共选择理论的视角》，《工业技术经济》2012 年第 8 期。

根据所处的国际经济环境不同，每一阶段的研究重点也有所差异，从 20 世纪 80 年代起，我国学术界对国际货币金融治理的研究大致可以分为三个阶段。

一　20 世纪 80 年代至 90 年代中期

从 20 世纪 80 年代，中国开始逐步参与国际货币金融治理进程，尽管这种参与还很"初步"。改革开放政策的实施，使得中国经济与世界经济融合程度日益深入，同时在 1980 年中国分别恢复了在国际货币基金组织（IMF）和世界银行（WB）的合法席位。这都为中国参与全球货币金融治理奠定了基础。在学术讨论上，这一时期有关国际货币金融治理的讨论主要受到布雷顿森林体系解体和拉美债务危机的影响，国际货币金融治理的讨论主要集中在国际货币体系改革相关问题。

这一时期，学者已开始认识到当时国际货币金融体系存在严重的缺陷。余壮东（1981[1]）指出，自从 1973 年布雷顿森林体系完全瓦解以后，国际货币关系几乎处于一种"无制度"的状态，这既不利于发达国家的经济和贸易，对发展中国家也带来不少困难。李述仁（1986[2]）指出当前国际货币金融状况异常混乱，主要问题包括：美元的霸权地位并未消除，浮动汇率制度加剧了国际货币金融形势的动荡，国际收支问题依然严峻，发展中国家在国际货币体系中仍然处于无权地位等。而任映国（1987[3]）则指出 20 世纪 80 年代以来的债务问题，暴露了现行国际货币秩序的严重缺陷。面对这些问题，我国学者大都建议从国际储备货币制度、汇率制度、国际收支调整、向发展中国家提供资金融通等方面对国际货币金融体系进行改革（周林，1981[4]）。

（一）国际储备货币：储备货币多元化与复合货币

布雷顿森林体系崩溃后，美元在国际货币体系中的地位有所下降，但仍在国际储备体系中占据重要地位。姜波克（1985[5]）总结 1960 年以来

---

[1]　余壮东：《国际货币改革展望》，《金融研究》1981 年第 10 期。

[2]　李述仁：《关于国际货币制度改革的展望》，《世界经济》1986 年第 8 期。

[3]　任映国：《从发展中国家债务问题看国际金融体系的变革趋势》，《世界经济》1987 年第 9 期。

[4]　周林：《国际货币制度的改革及其前景》，《金融研究》1981 年第 12 期。

[5]　姜波克：《关于国际货币体系的演变与改革》，《世界经济》1985 年第 1 期。

国际货币体系的历史进程指出，从长期看，美元的国际货币作用主要取决于美国的政治经济实力、美国的国际投资地位和美国的对外清偿能力。由于美国在今后相当一个时期内仍将是世界头号经济大国，因而以其经济实力为基础的美元在当今世界货币体系中的地位一时难以被替代（陈向东、杨兆，1986[①]）。

但随着美国经济实力的削弱，学者认识到国际储备将出现分散化的趋势（陈彪如，1982[②]）。易梦虹（1983[③]）指出未来的国际货币体制不应以某一国货币作为关键通货，很可能是由一些与黄金脱离关系的国家的通货组成的"篮子"（Basket），或是一个多种货币的复合体（Composite）作为关键通货。梁晓滨（1987[④]）指出，在 20 世纪 20 年代和 70 年代，两种以主导货币为中心的国际货币体系先后解体了，为实现国际货币体系的稳定目标，国际货币体系可能会按照复合国际货币的方向，建立起由若干个资本主义发达国家货币的复合体——复合主导货币为中心的国际货币体系。

创立复合货币或储备货币多元化仍需要诸多条件保障。梁晓滨（1987[⑤]）认为要真正创立一种复合国际化货币，为各国所接受并保证它的信用和稳定，要求各国经济密切合作，在经济货币政策上协调一致；要求各国服从统一的国际货币管理和调节，承担义务并用本国资产支持国际货币的信用。为保证多元国际货币体系的顺利运行，至少要做到以下两点（陈彪如，1982[⑥]）：第一，各国中央银行特别是承担储备中心的中央银行要担负起协调管理多种货币储备体系的责任，它们必须采取协调的行动，来促进有条不紊的储备分散化。第二，主要资本主义国家要适当承认非储备中心国家特别是石油国家的利益和要求，争取它们的合作，使它们愿意为这个储备体系的正常运转而分担一部分责任。

作为复合货币的一种，特别提款权在国际储备货币体系的作用得到热

---

① 陈向东、杨兆：《"布雷顿森林"以后的国际货币制度》，《国际金融研究》1986 年第 6 期。
② 陈彪如：《国际货币体系的最新发展》，《世界经济》1982 年第 4 期。
③ 易梦虹：《关于国际货币体制的前景问题》，《世界经济》1983 年第 1 期。
④ 梁晓滨：《论资本主义国际货币体系中的主导货币》，《世界经济》1987 年第 3 期。
⑤ 同上。
⑥ 陈彪如：《国际货币体系的最新发展》，《世界经济》1982 年第 4 期。

烈讨论。李述仁（1986[①]）指出，国际货币制度的改革面临的一个重大难题是，未来的国际货币体系既不能完全排除美元，又不能完全依靠美元。从现状出发，国际货币制度改革最可能的趋势是实行特别提款权——美元本位制，即把特别提款权与美元有机地结合起来，作为今后一定时期内国际货币体系的基础。在这其中，特别提款权替代账户在国际货币制度改革中有不可忽视的重要性（周建明，1981[②]），通过设立替代账户能吸收部分过剩美元，缓和储备多样化的压力，提高特别提款权的地位。然而，大多数学者也清醒认识到，特别提款权包括替代账户并不能从根本上解决国际货币体系的问题。一个鲜明的观点来自唐海燕（1990[③]），其认为特别提款权自身的不完善性和不可克服的矛盾性，决定了它不具备本位货币的条件，不可能成为未来稳定的国际货币体系的本位货币，任何以特别提款权为基础的国际货币改革方案都是不可取的。但是这一观点未免过于绝对。孙杰（1991[④]）对此并不认同，其指出尽管特别提款权不可能原封不动地成为未来国际货币的本位货币，但是可以预见的是，以特别提款权为基础，继承其已有的运行机制，可以成为未来国际货币体系中本位货币的雏形。连平（1992[⑤]）指出，鉴于美元仍在世界经济中起着关键货币的作用，在未来一定时期内，可能形成特别提款权——美元本位制，并随着日本经济和欧共体的进一步发展和壮大，将会进一步向特别提款权——多种关键货币本位制方向发展，最终可能向特别提款权（或类似的货币）本位制靠拢。

（二）货币协调：汇率制度改革

布雷顿森林体系解体之后，浮动汇率合法化。在这种情况下，学者开始关注汇率制度方面的议题。余壮东（1981[⑥]）认为西方主要货币将继续实行有管理的浮动汇率制。只要主要工业大国之间的管理浮动汇率能够较

---

①　李述仁：《关于国际货币制度改革的展望》，《世界经济》1986 年第 8 期。

②　周建明：《替代账户——国际货币制度改革的一个新步骤》，《世界经济》1981 年第 12 期。

③　唐海燕：《特别提款权能够成为国际货币体系的本位货币吗?》，《世界经济与政治》1990 年第 8 期。

④　孙杰：《本位货币信用化是国际货币制度发展的历史必然——兼与唐海燕同志商榷》，《世界经济与政治》1991 年第 8 期。

⑤　连平：《关于国际货币体系改革的若干问题》，《国际金融研究》1992 年第 6 期。

⑥　余壮东：《国际货币改革展望》，《金融研究》1981 年第 10 期。

有效地对付当前世界范围内存在的强烈的离散趋势，这种管理浮动汇率就会存在下去（姜波克，1985①）。考虑到国际储备货币制度不同的改革方向，浮动汇率的管理方式可能会有所不同。如以主要国家货币篮子或国际复合货币作为国际货币体系的本位货币，在这种情况下，所有国家的纸币应与货币篮子挂钩，并与之保持可调整的法定比价，形成篮子汇率体系，最终形成各个国家之间的汇率体系，并在此基础上发展广泛的国际信贷关系（易梦虹，1983②）。

随后，我国学者开始对主要工业国家间货币的汇率协调与管理方式进行介绍与分析。李述仁（1986③）认为应当在西方五国集团（英美法德日）货币间（五种货币都是构成特别提款权的货币），参照欧洲货币体系的汇率机制建立货币篮体系和平价网体系的汇率关系。杨为民（1988④）认为在当时改革国际货币体制的探索中，"经济指标"⑤和"汇率指标区"⑥是国际社会广泛注意的两个方案。马之骃（1990⑦）认为，汇率制度改革是国际货币体系改革的核心问题，改革趋势可能是在维持现行汇率制度的前提下，把目标区制度⑧和政策目标指示器⑨的内容结合起来，使管理浮动汇率制进一步完善。今后国际汇率制度基本上应是在浮动汇率和考虑各国宏观经济政策的基础上国家干预、多国联合干预和基金组织的国际监督三位一体的管理浮动汇率制度。

（三）国际收支：资金融通与国际金融机构改革

虽然布雷顿森林体系崩溃致使世界范围内的货币金融合作遭遇失败，但是作为布雷顿森林体系产物的国际货币基金组织和世界银行仍将继续存

---

① 姜波克：《关于国际货币体系的演变与改革》，《世界经济》1985年第1期。

② 易梦虹：《关于国际货币体制的前景问题》，《世界经济》1983年第1期。

③ 李述仁：《关于国际货币制度改革的展望》，《世界经济》1986年第8期。

④ 杨为民：《关于国际货币体制改革的问题》，《金融研究》1988年第3期。

⑤ 经济指标（Economie Indicator）是指选择一系列能否反映一个国家经济实绩和经济政策的指标，用以考察该国经济政策对其他国家的影响，汇率的稳定性应是经济指标考察重点。

⑥ 汇率指标区（Target Zone）是通过协商，规定主要储备货币汇率的浮动幅度，即"指标区"，如果市场汇率超过规定的幅度，有关国家就需要采取相应的政策措施，使市场汇率回复到指标区内，其由可以进一步分为"硬性指标区"和"软性指标区"。

⑦ 马之骃：《当代国际货币体系改革的核心》，《世界经济文汇》1990年第2期。

⑧ 汇率目标区制度与汇率指标区概念相同。

⑨ 政策目标指示器（Objective Indicators）是由主要储备货币发行国通过谈判和协商，对宏观经济政策规定一套"目标指示器"或"目标"。如果所执行的政策和预定目标有了出入，各有关国家的政府当局应采取适当措施加以纠正。

在并发挥重要作用（刘生峰，1992①）。在 20 世纪 80 年代的背景下，国际收支调整和资金融通则为进一步发挥国际货币基金组织和世界银行作用提供了用武之地（余壮东，1981②）。

　　任映国（1987③）指出，面对酝酿中的新的债务问题，国际金融体系出现一些值得注意的发展趋势。在这种背景下，应加强国际货币基金组织、世界银行等国际金融机构在国际金融调节中的作用，与此同时以国家和超国家干预调节相结合加强银行监督。连平（1992④）则强调应从国内层面和国际层面两方面着手进行国际收支失衡调节，在国际收支调整方面，其指出可在基金组织范围内建立一个专门的常设机构，对世界各国国际收支指标进行观察并作出判断，针对有关国家提出强制措施并评估其效果，就全球国际收支失衡问题提出咨询报告等等。为进一步发挥布雷顿森林体系机构的作用，必须对其进行改革，这包括增加成员国的基金份额，必须得到各成员国的积极支持，提高贷款能力等（刘生峰，1992⑤）。

　　（四）区域合作：欧洲货币体系的讨论

　　这一时期，我国学者也注意到了以欧洲货币体系为代表的区域货币合作的发展。姜波克（1985⑥）指出，过去的历史证明，经济上彼此高度依存的国家在货币汇率和收支调节方面首先实行较密切的合作，既是区域经济一体化的要求，又是多种通货储备体制的产物，预计区域货币合作将会继续发展下去。作为区域货币合作的典范，周新民（1989⑦）认为欧洲货币体系能够作为未来国际货币体系的一个可能的模式。其认为一个切实可行的国际货币新体系应遵循的原则包括：建立一个合理的汇率体制；世界上没有一个处于支配地位的通货或国家；建立一个有效的、对等的和适当的调整体系；应将黄金保留在新体系内，使之继续发挥世界储备的作用；加强国际合作并把硬性规定和相机处理结合起来；保证成员国通货可以兑

　　① 刘生峰：《布雷顿森林体系的历史地位》，《世界经济》1992 年第 6 期。
　　② 余壮东：《国际货币改革展望》，《金融研究》1981 年第 10 期。
　　③ 任映国：《从发展中国家债务问题看国际金融体系的变革趋势》，《世界经济》1987 年第 9 期。
　　④ 连平：《关于国际货币体系改革的若干问题》，《国际金融研究》1992 年第 6 期。
　　⑤ 刘生峰：《布雷顿森林体系的历史地位》，《世界经济》1992 年第 6 期。
　　⑥ 姜波克：《关于国际货币体系的演变与改革》，《世界经济》1985 年第 1 期。
　　⑦ 周新民：《欧洲货币体系——未来国际货币体系的一个可能模式》，《国际金融研究》1989 年第 1 期。

换为国际通货；同时，体系须具有简单易行的特点。作者认为欧洲货币体系符合以上提到的准则要求，能够作为未来国际货币体系的一个可能的模式。

总体来看，从 20 世纪 80 年代至 90 年代中期之前，随着中国参与国际货币金融治理实践的不断开展，我国学者对国际货币金融体系改革的讨论与研究日益升温。但是这一时期，一方面由于我国参与全球经济的一体化程度还不高，另一方面以发展中国家债务危机为主要扰动的世界经济冲击对我国造成的影响并不大，因此，这一时期我国对于国际货币金融治理的改革需求并不大。我国学界对国际货币金融体系治理的研究更多是有关改革方案的介绍与对比分析，对我国参与国际货币金融仅仅是给予一些原则性的建议与对策。但是这一时期的研究基本囊括了国际货币金融治理的内容，为后续研究奠定了良好的基础，这一时期讨论的很多问题在以后时期曾被反复提及。

二 20 世纪 90 年代中期至 21 世纪前十年中期

20 世纪 90 年代开始，中国参与国际货币金融治理逐步深入，这一时期世界经济领域两件大事影响着国际和我国学术界对于国际货币金融治理的讨论：第一，20 世纪 90 年代中期开始，新兴和发展中经济体接连爆发危机，特别是东亚金融危机的爆发导致了对国际货币金融体系改革新一轮的激烈讨论；第二，1999 年年初欧元正式诞生，这成为布雷顿森林体系崩溃之后国际金融史上最重大的事件，并对国际货币体系造成巨大影响。

欧元诞生以及东南亚金融危机凸显出国际货币金融体系的种种内在缺陷。欧元对国际货币体系的挑战主要是通过对国际货币基金组织的协调能力、国际储备体系的挑战以及对世界货币发展的示范作用表现出来（童威等，1999[①]）。而东亚金融危机的爆发则再一次将国际货币金融体系推到风口浪尖。刘巍中、施军（1998[②]）指出，从 20 世纪 80 年代中期美国股市的暴跌到后来日本泡沫经济的崩溃、墨西哥金融危机以及东南亚金融危机，最先暴露出来的都是金融问题，这些表明，国际金融体系存在着诸

---

① 童威、路颖、廖发达：《当前国际货币体系面临的挑战》，《世界经济与政治》1999 年第 3 期。

② 刘巍中、施军：《从结构现实主义看国际金融体系》，《世界经济与政治》1998 年第 10 期。

多弊端。宋玉华、徐忆琳（1998①）认为东亚金融危机的真正原因在于当今世界所面临的缺乏有效监管机制的国际金融体系。信息技术和信息革命的发展、长期实行的浮动汇率制、近二十年的放松管制和金融自由化孕育了一个规模巨大、实力雄厚的国际金融垄断资本，营造了一个真正自由放任、高速运转、充满投机因而极不稳定的国际金融市场。东亚金融危机已经给我们提出了在国际资本大规模自由流动的新形势下建立一种不会影响多元化国际贸易发展的新型国际货币制度的问题（孙杰，1998②）。

（一）国际储备货币：欧元与人民币

多数学者对欧元的出现满怀信心，并认为欧元将会推动国际货币体系格局演变。李述仁（1998③）指出，欧元的面世将使国际货币体系面临重大调整，国际货币格局将出现两极化趋势，国际汇率制度改革将受到欧元的影响，欧元在商业金融领域将逐渐成为主导货币。总体上，欧元的问世将会削弱美元的霸权地位，并督促美国货币当局更加严厉地执行稳定美元的政策，从而可能有利于国际货币汇率的稳定。连平、廖新军（1998④）也认为欧元地位将逐步提高并对美元的霸主地位形成挑战，从长期看，不能排除欧元超越美元而最终成为关键货币的可能。陈志昂（1999⑤）则认为，欧洲货币一体化的成功展示了国际货币体系的演进方向，即欧元将成为与美元抗衡的关键货币，通过货币竞争加强多元储备体系的稳定性。全球将形成美元和欧元两大货币区，并将影响到全球储备结构和交易支付结构的变动，促进目标汇率区的建立。

不过，也有学者对欧元的情况持谨慎态度。高海红（1998⑥）指出，虽然从中长期看，欧元无疑将成为仅次于美元的国际货币，但在整个过渡期以至更长的时期内，仍存在许多不确定性，包括欧元汇率的易变性、欧

---

①　宋玉华、徐忆琳：《当代国际金融资本运动规律初探》，《中国社会科学》1998 年第 6 期。

②　孙杰：《从东亚金融危机看国际货币基金组织和国际货币合作》，《世界经济与政治》1998 年第 4 期。

③　李述仁：《欧盟货币一体化与国际货币体系》，《世界经济》1998 年第 1 期。

④　连平、廖新军：《评欧元的国际货币地位》，《国际经济评论》1998 年第 7—8 期。

⑤　陈志昂：《从欧洲货币一体化的经验看欧元对国际货币体系的影响》，《欧洲》1999 年第 1 期。

⑥　高海红：《欧元承担国际货币角色进程中的几个不确定性因素》，《国际经济评论》1998 年第 11—12 期。

元的国际地位获得等。同时，尽管欧元的产生可能迫使国际储备货币的增加不再过度依赖美国的国际收支逆差来实现，世界范围内国际收支失衡现象可能得到缓解。但如果不改革国际储备货币的创造和运行机制，不建立国际收支自动调节机制或类似更为全面、彻底的解决办法，未来由新的国际收支失衡引发的国际金融危机仍然难以完全避免（金中夏，1999①）。

这一时期，有关人民币国际化的讨论开始出现。郭世贤（1994②）指出鉴于我国正向市场经济体制过渡，人民币国际化已势在必行。胡定核（1995③）通过模拟结果，指出坚持改革开放政策，积极发展外向型经济，将会促进我国经济开放程度的进一步提高，人民币国际化进程将会逐步加快。然而，以上对于人民币国际化的讨论还较为初步，有些结论过于乐观。姜凌（1997④）指出人民币国际化有其必要性和现实基础，但是作为我国外汇管理体制改革的长远目标，是一个庞大而复杂的系统工程，最终实现要经历一个渐进的过程。在步骤上，应经历由管制较严到逐步放宽，分阶段逐步实现人民币自由兑换和国际化；在空间上，可考虑首先从港、澳、东南亚国家或地区以及与我国边境贸易较为密切的其他周边国家着手；在时间上，则准备三十至五十年，最晚在 21 世纪中叶完成。

陈虹（2004⑤）通过借鉴和吸收日元国际化的经验与教训，指出在推进人民币国际化的进程中，应完善国内金融体系，保持国内金融稳定，通过深化国内经济改革消化压力，同时应从加强人民币交易结算网络系统入手，注重发展中国家在亚洲区域内贸易和直接投资的比较优势，扩大人民币计值定价在进出口贸易中的比例，逐步争取人民币应该具有的、与我国经济和政治地位相匹配的国际地位。李晓等（2004⑥）则提出"人民币亚洲化"的主张，其认为在现有国际货币体系中，一国货币必须通过区域性制度合作的"集体行动"来实现完全的国际化，中国应将经济政策的制定同区域货币金融合作目标结合起来，通过多维度、多层次的努力推动人民币的亚洲化。

---

① 金中夏：《国际金融体系改革方案比较》，《国际经济评论》1999 年第 5—6 期。
② 郭世贤：《未来五年美元趋势预测及我们的对策》，《世界经济与政治》1994 年第 4 期。
③ 胡定核：《货币国际化与经济开放的相互关系及其系统动力学模型》，《数量经济技术经济研究》1995 年第 4 期。
④ 姜凌：《人民币国际化理论与实践的若干问题》，《世界经济》1997 年第 4 期。
⑤ 陈虹：《日元国际化之路》，《世界经济与政治》2004 年第 5 期。
⑥ 李晓、李俊久、丁一兵：《论人民币的亚洲化》，《世界经济》2004 年第 2 期。

（二）货币协调：金融政策协调

张宝珍（1999[1]）指出，为稳定国际金融，还应推动各国金融政策的合作和协调，以缓解国际资本流动和国际金融运行中的矛盾和冲突。这包括国际金融经营环境的国际合作和协调、国际金融内部控制的国际合作和协调、国际金融市场约束的国际合作和协调、国际金融监管的国际合作和协调。这种协调既可以是全球性的，也可以是区域性的，可考虑在条件成熟时建立区域金融合作机构，使全球性金融稳定真正落实在区域性金融稳定的基础上，从而减弱国际金融动荡产生的可能性，增强国际金融动荡产生后的救助能力。李晓西（1999[2]）进一步将协调主体分为以下几类：一是发达国家与发展中国家的协调，要在支持发达国家经济增长的同时，更多地考虑如何保护和支持发展中国家和地区。二是发达国家之间的协调，协调主要发达经济体建立新的国际金融秩序的立场。三是国际金融组织与私人银行之间在处理金融危机时的协调，发挥私人金融机构在抵御金融冲击和危害方面的作用。此外，其指出还应协调美元与欧元的关系，这将对稳定世界金融秩序产生重大影响。

（三）国际收支：布雷顿森林机构改革与国际金融监管

布雷顿森林机构特别是国际货币基金组织在东亚金融危机中的糟糕表现，致使对其改革的呼声日益强烈。孙杰（1998[3]）指出国际货币基金组织提出的调整方案，或者说贷款条件性，侧重对外部经济平衡方面，而不可能完全立足于各国内部经济均衡以及增长和发展的需要，因此，这些调整方案对东亚各国并不一定适用，反而可能加剧危机。徐忠、孙青（1999[4]）指出，东亚金融危机表明国际货币基金组织还难以承担国际最后贷款人的作用，国际金融危机的爆发是与国际货币体系的问题紧密相连的。

对国际货币基金组织等布雷顿森林机构的改革主要集中在两个方面，一是治理结构的改革，二是运转职能的改革。治理结构改革主要是提高发

---

① 张宝珍：《改革国际金融体制　建立国际金融新秩序》，《世界经济》1999 年第 5 期。

② 李晓西：《评国际金融体系改革的目标和内容》，《国际经济评论》1999 年第 5—6 期。

③ 孙杰：《从汇率决定和国际收支调节理论看国际货币基金组织的贷款条件性》，《世界经济》1998 年第 7 期。

④ 徐忠、孙青：《金融危机、国际货币体系改革及中国的选择》，《世界经济》1999 年第 4 期。

展中国家在国际金融中的地位和作用，使发达国家和发展中国家平等参与国际金融运行规则的制定（张宝珍，1999①）。徐忠、孙青（1999②）指出，在新的国际货币体系建立之前，我国可建议在资金、职权和人力等多方面加强国际货币基金组织，更新该组织的机构和职能，使之更加适应经济和金融全球化进程迅猛发展的需要，同时，在决策时程序要更开放，透明度要更高。邹佳怡（2005③）指出，增强发展中国家的声音是布雷顿森林机构改革的根本前提，但是在这个问题上的悖论是：改革决策机制也必须由现行的决策机制来决定。发达国家不可能自愿放弃在投票权等问题上的既得利益，这就决定了治理机构的改革很难在短期内取得实质性的进展。

运转职能改革方面。张宝珍（1999④）指出可建立"世界金融组织"，统领国际金融秩序。在新的"世界金融组织"中，国际货币基金组织转变职能，成为国际金融监管机构；世界银行除原来任务外，承担国际货币基金组织贷款业务，成为唯一国际援助和贷款机构；以国际清算银行为中心，建立国际金融风险预警系统；同时组建国际金融评级机构。李晓西（1999⑤）认为国际货币基金组织应建立全球资本流动的监测和预警系统，同时扩大其防范和支持当事国化解金融危机的能力，同时也应加强和改善世界银行、国际清算银行以及区域银行的功能和作用，同时可考虑建立一个多边紧急的磋商组织和机制，专门研究出事国发生问题时的解救办法。邹佳怡（2005⑥）认为，布雷顿森林机构是国际经济秩序改革的重要组成部分。改革的基本方向应当是以多边主义原则指导全球经济治理，强化多边机制的职能，促进世界经济平衡有序发展。国际货币基金组织应当致力于建立更加平衡稳定的国际货币体系，世界银行应当成为国际发展融资和发展合作的主要平台。针对国际货币基金在东亚金融危机中广受诟病的救援条件性，李振全、陈霞（2001⑦）认为，国际货币基金组织在实行资金

① 张宝珍：《改革国际金融体制　建立国际金融新秩序》，《世界经济》1999 年第 5 期。
② 徐忠、孙青：《金融危机、国际货币体系改革及中国的选择》，《世界经济》1999 年第 4 期。
③ 邹佳怡：《关于布雷顿森林机构改革的几点观察》，《世界经济与政治》2005 年第 5 期。
④ 张宝珍：《改革国际金融体制　建立国际金融新秩序》，《世界经济》1999 年第 5 期。
⑤ 李晓西：《评国际金融体系改革的目标和内容》，《国际经济评论》1999 年第 5—6 期。
⑥ 邹佳怡：《关于布雷顿森林机构改革的几点观察》，《世界经济与政治》2005 年第 5 期。
⑦ 李振全、陈霞：《现行国际货币体系的机制性缺陷》，《当代亚太》2001 年第 7 期。

援助时，不仅要考虑恢复对外清偿能力，还要考虑促进受援国的经济发展，并加强其国际最终贷款者的功能。

同时，东亚金融危机之后，几乎所有的国际金融体系改革方案都提及了加强金融监管的必要性（萨奇，1999[1]）。刘劲松（1998[2]）指出，对冲基金投机性强，负债经营，自身包含高度风险，对世界经济的冲击越来越大，应该在世界范围内建立一种反投机机制，对其进行严格国际监管。李晓西（1999[3]）则指出建立国际金融规则是建立新的金融秩序的主要内容，这些规则包括：金融活动要有透明度以便监管的规则；对对冲基金进行间接管理的规则；允许受冲击国家和地区自我保护的规则；制定金融机构有效的破产机制等。张宝珍（1999[4]）指出，正是由于许多国家银行管理不善、银行财务状况信息不透明、监督机构不独立等原因，引发金融过度风险，并造成风险的延误发现和解决。因此，建立和完善国际金融监督机制已成为国际金融体制改革的当务之急，改革包括：提高信息透明度，公开披露有关信息；严格实施市场纪律、限制公共部门担保扭曲，监管成员金融机构的运行；保障监管机构的自主权；加强对银行的跨境监管等。

受世界经济形势的影响，这一时期我国学术界对国际货币金融治理的讨论重点与前一阶段有所不同，具体表现在：第一，传统的国际货币体系内容如国际储备货币、汇率制度、国际收支调节等，讨论相对较少，同时原有讨论对象如国际金融组织改革问题在这一阶段也主要集中在危机预警、贷款救援等功能改革上；第二，一些新的内容如国际金融监管、人民币国际化、国际经济协调与合作等问题，在国际货币金融治理领域开始受到关注与讨论，从而使得国际货币金融治理的研究日益丰富。

三　全球金融危机后的国际货币金融治理

这一时期，有关国际货币金融治理的世界经济背景是美国次贷危机的爆发。危机再次暴露了现行国际货币金融体系的缺陷。我国学术界和国际学术界一道，通过深度挖掘美国金融危机爆发的深层次原因，提出了一系

---

①　萨奇：《有关国际金融体系改造的若干困惑》，《国际经济评论》1999 年第 5—6 期。

②　刘劲松：《国际金融改革的趋向、实质和我们应采取的政策》，《世界经济与政治》1998 年第 11 期。

③　李晓西：《评国际金融体系改革的目标和内容》，《国际经济评论》1999 年第 5—6 期。

④　张宝珍：《改革国际金融体制　建立国际金融新秩序》，《世界经济》1999 年第 5 期。

列改革和完善国际货币金融治理的设想与建议。

美国金融危机的爆发再一次表明国际货币金融体系改革的必要性。高海红（2008①）指出，当前的国际金融体系在全球机构有效功能缺失和美元全球本位存在脆弱性的条件下，无法应对金融全球化带来的不稳定性。持续的全球失衡、新近爆发的美国次贷危机、全球金融市场的剧烈动荡以及金融危机的传染效应，都表明金融全球化对全球金融体系的稳定性带来重大影响。为维护国际金融的稳定性，国际金融框架改革已迫在眉睫。

我国学者从不同角度论证了当前国际货币体系与金融危机之间的关系。黄晓龙（2007②）指出，在非均衡的国际货币体系下，由于美元占据支配地位和美元在外汇市场上占据主要份额，美元汇率高估是美国理性的、合意的选择。在美元汇率高估的情形下，美国更倾向于增加进口，减少出口，结果存在经常项目逆差，从而导致全球经济失衡。但当强势美元实施一段时期，经常项目逆差积累到相当程度时，部分来自市场的压力和自发调整，美国往往间歇性地采取弱势美元政策。美元这种贬值—升值循环往往会对其他一些经济体，特别是美国经济联系比较密切、或者货币与美元挂钩的经济体造成冲击，并最终引发货币危机和金融危机。

王道平、范小云（2011③）分析表明，现行的国际货币体系不仅是全球经济失衡的重要原因，而且是过去三十年间频繁发生的众多金融危机的原因之一。在该体系安排下，汇率调整很难解决储备货币发行国国际收支赤字和全球失衡问题，无论储备货币国选择国际收支盈余、赤字还是平衡的政策，都难以避免引发全球金融危机和不稳定。因此，缓解全球失衡、防范和减少金融危机的发生，改革现行的国际货币体系显得尤为关键。

陈建奇（2012④）则从"特里芬难题"这一国际货币体系的经典问题入手，通过模型证明了在现代国际货币体系下，主权信用货币充当国际储备保持稳定性的条件是国际储备货币发行国实际经济增长率大于或者等于通货膨胀率与国际储备货币收益率之和。以美元为例的实证研究表明，布雷顿森林体系的崩溃归咎于黄金储备增长率与美元收益率的不匹配引致的

①　高海红：《金融全球化与国际金融体系：对东亚的挑战》，《当代亚太》2008 年第 2 期。
②　黄晓龙：《全球失衡、流动性过剩与货币危机》，《金融研究》2007 年第 8 期。
③　王道平、范小云：《现行的国际货币体系是否是全球经济失衡和金融危机的原因》，《世界经济》2011 年第 1 期。
④　陈建奇：《破解"特里芬"难题》，《经济研究》2012 年第 4 期。

美元国际储备资产的不稳定，而布雷顿森林体系崩溃后至今，美元相关指标已经严重偏离美元国际储备稳定的条件，美元主导的国际货币体系的前景不容乐观。

大体来看，本次国际金融体系的改革讨论主要涉及三个方面：国际储备货币体系改革、国际货币基金组织改革与国际金融监管改革（高海红等，2013[①]）。

（一）国际储备货币：超主权货币与储备货币多元化

美国金融危机将会极大削弱美元的国际货币地位。张明（2009[②]）指出次贷危机的爆发与深化加剧了国际社会对于美元本位制能否继续维持的担忧。危机的爆发加快了处于美元本位制外围的新兴市场国家的货币区域化与国际化进程，这很可能进一步削弱美元在国际货币体系中的主导地位，进一步加快美元本位制的调整，甚至可能加剧美元本位制的崩溃。黄益平（2009[③]）则认为美国金融危机以后，无论是美元还是联储都很难再恢复到危机以前的地位，金融危机结束以后，美元独霸天下的局面将会发生改变。不过国际经济的客观现实决定了美元不会很快退出历史舞台。美元很难被彻底替代，只是被迫放弃独霸天下的地位。李稻葵、尹中兴（2010[④]）认为，国际金融危机之后，现行国际货币体系难以为继，尤其是因为美元信用基础发生了根本性的动摇，其超级国际货币的地位必然丧失。

为提高国际货币体系的稳定性，必须进一步削弱、限制美元霸权。应对美元霸权的方式，李巍（2012[⑤]）提出要么使用新的更有信誉的国际货币彻底取代美元作为统治性国际货币的地位，要么培育新的、富有竞争力的国际货币，削弱美元的垄断性。具体来看，可以有四种路径：（1）缔造世界货币来替代美元；（2）建立国际货币制度来约束美元；（3）重新启用实物货币（特别是黄金）来削弱美元；（4）培育竞争货币来制衡美元。

---

①　高海红、张明、刘东民、徐奇渊：《国际金融体系：改革与重建》，中国社会科学出版社2013年版。

②　张明：《次贷危机对当前国际货币体系的冲击》，《世界经济与政治》2009年第6期。

③　黄益平：《国际货币体系变迁与人民币国际化》，《国际经济评论》2009年第5—6期。

④　李稻葵、尹中兴：《国际货币体系新架构：后金融危机时代的研究》，《金融研究》2010年第2期。

⑤　李巍：《制衡美元的政治基础》，《世界经济与政治》2012年第5期。

美国金融危机之后，创建超主权储备货币再次成为热门讨论话题。2009 年 3 月，中国人民银行行长周小川撰文指出，"创造一种与主权国家脱钩、并能保持币值长期稳定的国际储备货币，从而避免主权信用货币作为储备货币的内在缺陷，是国际货币体系改革的理想目标"。其特别提到特别提款权（SDR）的存在为国际货币体系改革提供了一线希望。这使得特别提款权在时隔近二十年之后再次受到热烈讨论。乔依德、徐明棋（2011[①]）指出，改革现存国际货币体系的终极目标是"全球信用全球管理"。在目前尚无法设立世界中央银行、创建世界货币的情况下，可以采取渐进的改革路线，核心内容是在多元化国际储备货币体系中增强 SDR 的作用，通过扩大 SDR 的发行规模、增强其国际货币职能来推动改革。

除特别提款权外，一种新的国际货币形式——碳货币受到了学术界的关注。王颖、管清友（2009[②]）从碳排放权作为一般等价物的商品属性出发，提出碳的"商品信用本位"，对"碳本位"国际货币体系的合理性进行阐述，并进一步展开碳货币本位的系统设想，包括碳货币总量和碳货币发行权，碳货币完整的流通域与现行系统兼容的可能性以及碳货币本位下的汇率制度和超国界管理机构等。他们还认为，碳交易的兴起将是助推货币多元化格局的绝好契机，与"货币稳定三岛"的演进方向趋同，也顺应了重塑全球货币体系的改革诉求（王颖、管清友，2009[③]）。

另一个提升国际货币体系稳定有效的手段是促进储备货币的多元化。这主要是因为，第一，美元衰落是一个长期的过程，而超主权储备货币的诞生也必然是市场演进而非政策取得的过程，因此，更为现实的情景是，欧元以及亚洲货币逐步成长为同美元分庭抗礼的竞争对手；第二，世界经济多极化的趋势决定了国际货币体系多极化的趋势；第三，多极化的国际货币体系有助于引入约束储备货币发行的纪律（高海红等，2013[④]）。在这其中，欧元以及人民币将会发挥重要作用。

[①]   乔依德、徐明棋：《加强 SDR 在国际货币体系中的地位和作用》，《国际经济评论》2011年第 3 期。

[②]   王颖、管清友：《碳货币本位设想：基于全新的体系建构》，《世界经济与政治》2009 年第 12 期。

[③]   王颖、管清友：《碳交易计价结算货币：理论、现实与选择》，《当代亚太》2009 年第 1期。

[④]   高海红、张明、刘东民、徐奇渊：《国际金融体系：改革与重建》，中国社会科学出版社2013 年版。

从人民币角度看，尽管人民币国际化是我国对外经济战略的一部分，但是从国际层面来看，也是国际储备货币体系改革的重要部分。张明（2009①）指出从国际货币体系的演进来看，在中期内，美元作为中心货币的地位将被逐渐削弱，欧元与亚洲货币（人民币、日元或者 ACU）的地位将会逐渐上升。美元独大的国际货币体系可能被美、欧、亚三种货币共同充当全球储备货币的格局所取代。因此，人民币国际化也是我国积极参与国际货币金融治理、积极承担稳定国际货币金融体系责任的重要体现。

美国金融危机为人民币国际化提供了外在机遇。赵柯（2012②）通过考察美元危机之下德国马克的崛起，指出后进国家的货币要想真正实现国际化需要在宏观层面有一个"机会窗口"，这主要表现为"在位"国际货币发行国的经济政策出现严重失误，或者因遭受重大冲击而国力衰落。因此，当下的美国金融危机正好为人民币国际化提供了机遇。

然而，在这种外在机遇下，人民币国际化并不能一味乐观。何帆（2009③）指出人民币国际化很可能不是政策推动的结果，而是水到渠成的结果。在人民币国际化时机不成熟的时候不要贸然推进，因为，一旦在货币国际化进程中受到挫折，出现停顿，可能随后就是长时期的倒退。高海红、余永定（2010④）指出国际经验表明，货币国际化主要是市场力量决定的结果，而不是人为力量所能实现的。因此，人民币国际化最好不作为一个政府政策目标，而是通过创造人民币国际化的条件，促进国内的金融自由化、金融改革和开放，根据市场需要，顺应市场规律，辅之以政策手段加以推动货币的国际使用。

大多数学者认为，人民币国际化的路径应该从区域化开始。张宇燕、张静春（2008⑤）认为，中国迫切需要建立起人民币在国际货币体系中的国际地位，以维护本国的政治经济利益。然而就目前来看，中国尚不具备走人民币直接国际化的条件，而选择符合亚洲共同利益的区域货币合作路

---

① 张明：《次贷危机对当前国际货币体系的冲击》，《世界经济与政治》2009 年第 6 期。
② 赵柯：《货币国际化的政治逻辑》，《世界经济与政治》2012 年第 5 期。
③ 何帆：《人民币国际化的现实选择》，《国际经济评论》2009 年第 7—8 期。
④ 高海红、余永定：《人民币国际化的含义与条件》，《国际经济评论》2010 年第 1 期。
⑤ 张宇燕、张静春：《货币的性质与人民币的未来选择》，《当代亚太》2008 年第 2 期。

线更具有现实意义。高海红（2010①）也认为，在中长期阶段，人民币区域范围使用将成为人民币覆盖中国邻国更多区域的自然结果，人民币区域化将是人民币走向国际化不可避免的一步。

学者提出了不同人民币国际化推进策略。李稻葵、刘霖林（2008②）根据中国经济的特点，认为应采取一种双轨制、渐进式的人民币国际化步骤。双轨制的第一个轨，是在中国境内实行有步骤、渐进式的资本账户下可兑换，同时加强中国金融体系效率，鼓励和推动外贸企业以人民币结算，并提供调期服务。双轨制的第二个轨是在境外，主要是在香港，由于香港作为成熟的金融市场和相对独立的金融中心，可以充分发挥境内、境外两个市场的作用，一旦条件成熟，人民币将成为世界上的主要货币，与美元、欧元形成三足鼎立的局面。潘英丽、吴君（2012③）将未来十五年人民币国际化的推进策略定义为"积蓄能量、伺机出击"。具体而言，即前期稳健创造人民币的国际需求，后期激进释放人民币的海外供给。稳健创造需求的着力点在：资本账户管制条件下快速推进和强化海外商业存在；加快经济和金融转型；同时为后期激进释放人民币供给创造合适的国际货币金融环境，从亚洲着手推进国际社会加强对国际汇率波动和国际短期资本流动的管理。与此同时，国内的一系列发展对实现人民币国际化的推进至关重要（高海红，2010④）。这些发展包括：实现人民币完全可兑换；开放国内金融市场；实现人民币汇率的灵活性；加强中国金融体系建设；进一步发展国内货币、债券和股票市场；建立一个先进的结算系统；改善法律体系等。

（二）货币协调：从 G7 到 G20

受美国金融危机影响，世界经济格局对比发生变化，全球经济治理格局也随之改变。二十国集团正好适应了这一变化趋势，从而成为全球经济治理的重要平台。崔志楠、邢悦（2011⑤）指出，美国金融危机的爆发对始于 1975 年以七国集团（G7）为核心的国际金融治理模式提出了严峻挑

---

①　高海红：《人民币成为国际货币的前景》，《世界经济与政治》2010 年第 9 期。

②　李稻葵、刘霖林：《人民币国际化：计量研究及政策分析》，《金融研究》2008 年第 11 期。

③　潘英丽、吴君：《体现国家核心利益的人民币国际化推进路径》，《国际经济评论》2012 年第 3 期。

④　高海红：《人民币成为国际货币的前景》，《世界经济与政治》2010 年第 9 期。

⑤　崔志楠、邢悦：《从"G7 时代"到"G20 时代"》，《世界经济与政治》2011 年第 1 期。

战，国际金融治理机制发生了从"G7 时代"向"G20 时代"的重大转变。作为一种新的制度模式，二十国集团适应了国际经济权力结构的变迁，而且在节约制度建设成本上具有相当大的优势。徐秀军（2012①）认为，尽管目前二十国集团仍只是一个非正式的对话机制，但它已成为全球经济治理的主导机制，无论对于推动发达经济体与新型经济体之间的协商和合作，还是促进国际金融稳定和全球经济增长来说，起着其他机制无可替代的作用。在二十国集团这一全球经济治理平台上，新型经济体通过与发达经济体进行对话和协商，提出和通过了国际货币基金组织和世界银行治理结构改革、《巴塞尔协议 III》、全球金融机构（SIFI）的国际标准和原则等一系列重大议题。

在国际货币金融治理中，未来应进一步发挥二十国集团的作用。李晓、冯永琦（2012②）指出，目前二十国集团（G20）机制已成为推进国际货币体系改革的重要平台，未来 G20 机制应当充分挖掘和扩大 G20 成员之间的共同利益，通过国际经济政策协调以及改革传统国际经济组织等途径，推动国际货币体系改革。从国内层面来看，中国应避免单独直接面对或挑战美国的核心利益，而是应更多地利用 G20 这个重要平台实现自身的利益诉求，增强自身在推动国际货币体系改革进程中的地位与影响力。从国际层面，加强二十国集团的作用则可包括如成立应急小组，应对突发性金融事件和稳定世界金融市场；充分发挥 G20 创立的"金融稳定论坛（FSF）"及"金融稳定委员会（FSB）"等新机制的作用，探索创立一个崭新的国际货币新体系（黄范章，2010③）。

（三）国际收支：国际金融监管与国际货币基金组织改革

全球金融危机的爆发揭示了全球范围内跨境金融监管机制的缺失。本次金融监管改革与东亚金融危机之后金融监管改革不同，其更加强调跨国金融监管。黄范章（2010④）指出，各国应扩大对本国金融监管的范围，对所有金融机构（银行、证券、保险、基金）、金融产品和衍生产品及金融市场实行全面监管。同时，为了积极推进金融监管的国际化，应就金融

---

① 徐秀军：《新兴经济体与全球经济治理结构转型》，《世界经济与政治》2012 年第 10 期。

② 李晓、冯永琦：《国际货币体系改革的集团行动与二十国集团的作用》，《世界经济与政治》2012 年第 2 期。

③ 黄范章：《G20 集团与国际货币体系改革》，《金融研究》2010 年第 2 期。

④ 同上。

监管合作的理念、原则、监管谁、谁来监管以及如何监管达成共识和作出承诺，形成有力而又具有一致性的跨国监管合作机制。张明（2010①）指出，作为一个逐渐融入金融全球化、金融体系处于不断开放过程中的发展中国家，中国应积极参与国际金融监管体系改革。作为二十国集团成员与金融稳定委员会成员，中国政府应积极参与未来国际金融监管标准的制定与实施，并在标准制定的过程中发挥应有的影响力。在国际层面，应积极推动金融稳定委员会发挥更大的作用，将其打造为各国政府、国际组织、机构的金融监管信息沟通与交流平台，各类监管者能否在金融稳定委员会的框架下互通有无、统一监管理念与监管实践，从而在最大限度上抑制监管套利、通过在全球范围内推行宏观审慎监管来防范系统性风险的爆发（高海红等，2013②）。

这一时期的国际货币基金组织改革主要集中在治理结构改革。这主要是因为，美国金融危机以及随后欧洲主权债务危机的爆发，导致全球经济格局发生重大改变，发达经济体经济地位相对下降，新兴市场经济地位不断提升，但是在全球经济治理领域，这种实力变化却没有得到合理反映。李向阳（2009③）指出，应不断提高新兴市场国家的份额，将对国际货币基金的增资与其治理结构改革相挂钩。黄范章（2010④）认为，改革国际货币体系和传统世界经济秩序中的决策结构，主要是提高中国等发展中国家在国际货币基金组织和世界银行等国际组织中的代表权，二十国集团（G20）已经在这方面取得了一些进展，今后将会进一步改革决策权或投票权的分配原则及分配结构，彻底改革"一票否决权"的局面。

职能改革方面，李向阳（2009⑤）指出，有关国际货币基金组织的职能改革主要包括三个方面：一是扩展国际货币基金的多边监测功能，

① 张明：《国际货币体系改革：背景、原因、措施及中国的参与》，《国际经济评论》2010年第1期。
② 高海红、张明、刘东民、徐奇渊：《国际金融体系：改革与重建》，中国社会科学出版社2013年版。
③ 李向阳：《国际金融危机与国际贸易、国际金融秩序的发展方向》，《经济研究》2009年第11期。
④ 黄范章：《G20集团与国际货币体系改革》，《金融研究》2010年第2期。
⑤ 李向阳：《国际金融危机与国际贸易、国际金融秩序的发展方向》，《经济研究》2009年第11期。

增强其监测对发达国家的约束力，同时加强与国际清算银行、巴塞尔委员会以及金融稳定论坛等国际相关机构的合作；二是改变国际货币基金贷款条件性，提高其贷款的反应速度；三是扩大特别提款权的使用范围，为创造超主权储备货币创造条件。张明（2010①）从三个方面对基金组织职能完善提出了建议：监测功能方面，基金组织应将更多的资源投入到多边监测功能上来；贷款条件性与反应速度方面，基金组织应该改变而非取消贷款条件性，应该与华盛顿共识脱钩，变得更从借款者的实际情况出发。同时应该提高基金组织的危机反应能力，提高贷款的支付速度。增加资源方面，中国政府应鼓励基金组织增发特别提款权，支持基金组织发行以特别提款权计价的债券，支持基金组织激活替代账户等。

作为世界经济热点问题，国际货币金融治理随着世界经济形势的变化而变化，这也使得每一阶段的讨论重点不尽相同。美国金融危机爆发后的情况也不例外。这一时期，我国参与经济全球化的程度进一步加深，不但中国经济受到世界经济的影响越来越大，而且世界经济也开始受到中国经济的影响。在这一背景下，中国对于国际货币金融治理的参与也从之前的被动转为更加主动。在这一过程中，我国学术界的讨论日益深入，为我国参与国际货币金融治理提供了很好的理论支撑。

［本章执笔人：中国社会科学院世界经济与政治研究所全球治理研究室任琳博士（第一节）、田慧芳副研究员（第二节）、熊爱宗博士（第三节）。］

---

① 张明：《国际货币体系改革：背景、原因、措施及中国的参与》，《国际经济评论》2010年第1期。

第十章

世界能源

世界能源（特别是以煤炭、石油和天然气为主的化石能源）在过去三十多年世界经济发展中一直发挥着重要作用，尤其是在 1997 年亚洲金融危机和 2008 年全球性金融危机前后以及在美国能源独立，世界石油和天然气的价格变化、供需关系和全球能源供需板块化等趋势的形成，对世界经济发展速度、发展结构和方向形成了系列重大的冲击，也对各经济体的能源政策调整构成重大影响。

世界能源研究一直是世界经济研究的组成部分，过去三十多年来的地区性和全球性能源供需变化、产业调整和市场变迁均成为国内世界经济研究的重要内容。纵观 1978 年改革开放以来，国内关于世界能源和石油等大宗商品的研究涵盖了石油危机和世界能源形势、能源供应和价格、能源需求展望、能源政策、能源革命与美国能源独立、地缘政治和能源安全、全球能源治理等多个专题，经过探索、争议和提升，世界能源研究学科的研究内容、研究方法、研究宽度和广度不断拓展和深化，学科建设水平也逐步提升。

本章按照时间序列着重评述和比较改革开放以来这些专题的研究脉络和进程。

第一节 世界石油危机和能源形势

中国的世界经济学科对能源（尤其是石油）的研究多数是从石油危机入手的。因为西方工业化国家长期利用其跨国石油公司控制国际石油价格，维持低价，从中东、非洲和拉美地区掠取大量廉价的石油资源，这也是西方国家战后经济较快发展的一个重要原因。从 1960 年中东主要产油国和委内瑞拉建立"石油输出国组织"后，经过与西方主要跨国石油公司的尖锐斗争以致"石油禁运"，中东主要产油国从 70 年代初期逐步掌握了石油定价权和对石油市场的控制，标志着廉价石油时代的结束。这种变化的高潮正是 1973 年第一次石油危机和 1979 年第二次石油危机，20世纪 80 年代有关石油危机的研究更多是从能源危机的来临，探讨帝国主义的危机，使当时的研究具有冷战时代的鲜明烙印。

从 20 世纪 80 年代开始，世界经济研究学者开始关注能源在世界经济发展中的重要作用，开始了能源研究。1980 年沈华嵩在《关于能源危机实质的分析》一文中，从世界石油市场的价格形成和石油输出国组织反对国际垄断资本的斗争的角度，探讨了石油危机形成的原因，认为能源危机正是世界石油市场多元结构矛盾运动的产物，是由世界经济发展的新形势决定的。同时，它又反过来给世界经济以深刻的影响。还指出，如果不研究帝国主义的最新经济事实，不研究世界经济的新形势，就不可能正确理解能源危机问题的研究方法和思路。[①] 这一反论观点至今对世界经济研究依然有效。该文还探讨了能源危机对发达资本主义国家经济发展和一系列社会问题带来的严重影响；石油输出国组织为弥补美元贬值和进口商品提价所受到的损失，使油价上涨和通货膨胀率并驾齐驱，结果使成本与价格交互上升，从而使通货膨胀更难控制；石油输出国组织巨大的石油美元储备的变动对世界货币市场产生的巨大冲击。[②]

20 世纪 70 年代两次石油危机使得 20 世纪 80 年代的世界石油供应问题一直成为学者预测和研究世界经济的一个重大课题。袁丁望和刘庆芳发表文章指出，20 世纪 70 年代，能源问题是世界瞩目的中心，给今后的世界经济和政治带来严重的影响。他们在论述世界能源问题时认为，当时的石油危机并不是真正的石油短缺，而是由资本主义国家制度和错误的能源政策造成的。因此，解决能源危机的根本途径是合理开发和使用现有能源资源，大力节约石油，增加煤炭的利用，积极研究和发展合成油、煤液化气化、原子能、太阳能等替代能源。能源危机宣告西方靠中东等地的廉价石油来维持繁荣的时代已经结束。这一巨变使西方经济一度陷于混乱，经

---

① 沈华嵩：《关于能源危机实质的分析》，《世界经济》1980 年第 1 期。
② 同上。

济停滞。他们认为，不管愿意不愿意，西方正面临着第三次能源转换。[①]

而对于世界石油价格与世界经济的关系发展特征，魏燕慎认为主要包括：（1）世界经济的发展是能源生产与消费增长的决定因素，在能源消费弹性系数不变的情况下，世界经济迅速发展时期容易产生能源短缺现象；相反地，当经济发展迟缓与停滞时，则可出现一定程度的供过于求局面。（2）战后世界能源生产与消费结构的变化，石油在世界能源中的主导地位，决定了其在能源生产、消费与供求中的重要地位。（3）石油输出国组织的成立，特别是收回石油价格决定权斗争胜利后，石油输出国组织在世界石油市场中的地位与作用，使得它对世界石油乃至世界能源的生产、消费与供求平衡有着相当大的影响。（4）在以石油为主导的世界能源结构的格局下，石油价格对能源供求及世界经济的发展有着重要作用。应该避免油价暴涨和暴跌，油价实行合理的、渐进性调整，才能对世界经济的发展起着良好的调节作用。在 20 世纪结束前，石油仍然是主要的世界能源，供求基本平衡，但从长期看，石油价格仍会上涨，但不会暴跌。在未来的石油供给中，石油输出国组织依然是决定世界石油价格的重要力量；今后石油价格的变动主要取决于石油供求状况、石油输出国组织的政策、通货膨胀率和汇率的变动以及替代能源的进展诸因素。[②]

事实上，20 世纪 70 年代以前西方国家对石油的依赖没有对世界石油供应产生明显的影响，因为那时发展中产油国的石油生产、运输和销售网络基本掌握在西方石油公司手里。进入 70 年代以后，由于打破了西方石油公司对石油生产和价格的控制，改变了原来的石油生产格局，出现了新的石油供应形势。比如自 1973 年后，消费国绕过国际石油公司与产油国直接订立石油贸易协定，国家与国家间的直接石油贸易量占比从 1973 年的 5% 上升至 1979 年的 16.5%。与此同时，由于产油国废除了旧的租让制，实行国有化，接管外国石油公司资产和增加参与股权，由产油国直接交付市场的商业性出口比重从 1973 年的 2.9% 猛增至 1979 年的 25.7%。而国际石油公司所掌握的石油贸易量占比从 1973 年的 92% 下降至 1979 年的 57.8%。以石油输出国组织为核心的发展中产油国在世界经济、政治和外交事务中日益成为一支举足轻重的力量。但是，在产油国掌握着生产

①　袁丁望、刘庆芳：《略论世界能源问题》，《世界经济》1979 年第 12 期。
②　魏燕慎：《八十年代油价趋势和世界经济》，《世界石油问题》1984 年第 2 期。

和价格大权的情况下，如果主要产油地区出现动荡，石油现货市场就必然出现抢购原油的现象，促使石油价格上涨，进一步增加世界石油供应的脆弱性。此外，影响石油供应的主要因素包括阿以冲突和石油作为政治武器、苏美争霸与中东动荡、区域性的内部冲突、产油国国内的政治和社会动荡。20 世纪 80 年代的石油供应是一种十分暗淡的前景，不仅存在着影响供应的明显的资源因素和经济因素，还存在着带有浓厚政治性质的潜在的突发性因素。

在国际石油价格上涨的形势推动下，从 20 世纪 70 年代中期开始各个国家都相继制订了相应的能源开发、寻找替代能源和节能等政策，同时也对石油价格的未来发展趋势给予了很大关注。

张大艺则从另一角度认为，世界能源资源是极其丰富的，仅现存化石燃料资源就可开采三百多年。还有很多取之不尽用之不竭的其他自然能源，如太阳能、风能、水能、地热能、原子能等，"能源危机"说法实际上无根据。从理论上说，人类永远不会有能源危机。从现实而言，所谓"能源危机"实质上是人为因素在供求关系上造成的暂时假象。今后世界各国环绕能源的斗争势将更加尖锐复杂，各国出于自身利益制定和修订本国的能源政策，同时对于能源形势进行预测；西方主要国家出于政治、经济形势的需要，举行各种类型的国际性能源会议，建立国际性能源组织。根据国内外的动向，张大艺的结论是：新能源在 20 世纪内难成主力，油气开采难以长久，煤炭将再受重视；未来除发电、冶金和发展中国家一部分民用以外，不可能再燃烧原煤，煤炭逐渐向气化液化方向过渡。[①] 这些研究和预见至今具有参考价值。

郭志仪则分析了 1960 年到 1979 年的世界能源消费状况，认为第二次世界大战以后，世界能源消费及结构发生了很大的变化，主要表现为能源总消费量在迅速增加，煤炭减少，石油、天然气消费增加；发达资本主义国家的能源消费量比发展中国家的能源消费量增长快得多，他们消费了大量的石油、天然气资源。[②] 只要任何一个主要产油国的石油生产因某种原因而突然下降，十分可能触发第三次乃至于第四次石油危机。这一点是在

① 张大艺：《世界能源形势的展望和煤炭的前景》，《世界经济》1979 年第 4 期。
② 郭志仪：《战后世界能源问题初探》，《兰州大学学报》（社会科学版）1983 年第 3 期。

估计 20 世纪 80 年代石油供应形势时所不应忽略的重大因素。[①]

第二节　石油供应与价格问题

石油危机的一个重要指标是石油价格的剧烈波动，油价变化又直接影响着各国经济发展，乃至国家安全。石油价格研究包括石油价格形成研究、石油价格波动周期研究和石油价格的影响研究等方面。

国内学者对石油价格形成的研究多集中在石油生产成本分析、石油供需及其背后的政治经济因素分析。

苏似锦在 1986 年对石油价格问题的研究中认为，从当时看，石油生产成本、石油质量和供需状况是影响国际石油定价的主要因素。石油价格的波动还受"上限"的制约和"下限"的限制。所谓油价的下限：一是指石油生产成本（也有研究认为是生产条件最差、生产成本最高、生产效能最低的油井所生产出来的石油成本）；二是指煤炭替代成本。所谓油价的"上限"是指替代能源的最低生产成本。石油输出国组织把替代能源的生产成本作为长期的价格战略目标。该组织在 1980 年制定的石油长期战略中规定："石油价格从长期看应该逐渐接近于替代能源的成本水平。"[②] 国际石油价格一般在上述上下限的范围内波动，但是供应和需求作为决定市场价格的基本力量，有可能使价格在一段时期内超越上下限的界线。

石油价格波动分为长周期性分析和特定时期的波动因素分析。陈江生通过对国际油价波动长周期的研究，认为可分为平稳期—上升期—高台期—下降期—新的平稳期几个阶段，显示出石油价格波动的规律性。[③] 2006 年，蒲志仲在《国际油价波动长周期现象探讨》一文中把 1861—2005 年以来国际油价的波动划分为六个长周期，认为在国际油价变动中存在着较为明显的长期高油价均衡与长期低油价均衡相互交替现象。他将一个高油价时期及其后的低油价时期定义为一个油价波动的长周期，在 1861—2005 年的 144 年中，国际油价变动存在着五个完整的油价波动长周期，

---

① 温柏森：《八十年代的世界石油供应问题》，《世界经济》1981 年第 5 期。
② 苏似锦：《世界石油价格变化趋势初探》，《世界石油问题》1986 年第 1 期。
③ 陈江生：《未来世界石油价格波动趋势分析》，《现代国际关系》2005 年第 9 期。

分别为 1861—1891 年、1892—1914 年、1915—1945 年、1946—1970 年、1971—1999 年 2 月，1999 年至 2006 年处于第六次长周期波动的上升阶段或高油价阶段。[①]

但是，要全面探讨石油价格的变化，需要从石油生产和供应格局的变化、能源结构变化、市场结构变化、经济增长率、科学技术进步、能源弹性系数变化等角度全面把握。一些学者认为，国际油价走势是"跌是暂时的，稳是必然的，涨是长期的"。[②]

国际石油的供求状况和价格变化直接关系着世界经济的走势。20 世纪 70 年代的两次石油危机中油价急剧变化，直接决定着世界经济的盛衰，20 世纪 80 年代，人们关心油价下跌以及稳定油价的原因分析。从 80 年代末一直到 1999 年，国际原油价格基本稳定在 20 美元/桶左右，在 15—25 美元/桶的范围内波动，这一时期石油市场基本处于供大于求的形势，产油国与石油消费国双方对油价的态度趋向一致，石油现货市场、准现货市场以及期货市场发展迅速，石油贸易方式逐渐市场化、规范化。这些特点是这一时期研究国际石油市场和国际油价变化的基础。

20 世纪 70 年代是石油价格上涨期。从 1973 年到 1982 年阿拉伯轻质油名义价格由每桶 3.3 美元上涨到 43 美元，十年内上涨了 10 倍。石油输出国组织在每次石油涨价中起着决定性的作用。但是，石油毕竟是一个大宗商品，石油价格最终还是要受价值规律的制约。高油价迫使西方国家调整产业结构，采取节能政策，发展代用能源，从而压缩石油消费量。与此同时，高油价也刺激了石油输出国组织以外地区的石油勘探和开发，相应地削弱了石油输出国控制石油价格的力量。1982 年以来，石油市场供应过剩，油价下跌的趋势明显，同时西方石油公司竞相抛售库存，石油输出国组织的一些成员国也低价销售，加速了石油价格下跌的势头。面对这种严峻的形势，石油输出国组织于 1983 年 3 月决定将基准油价降低到每桶 9.2 美元。这是石油输出国组织正视现实，采用适当降价办法使石油价格与价值相接近，以达到长期稳定石油价格的战略措施。

20 世纪 80 年代，世界经济面临两次石油危机过后的油价大幅下跌，人们关心油价是继续下跌，还是会稳定或回升。从长期的观点来看，一个

① 蒲志仲：《国际油价波动长周期现象探讨》，《国际石油经济》2006 年第 6 期。
② 张允芳：《世界石油价格若干问题初探》，《世界经济研究》1987 年第 5 期。

相对稳定和合理的价格将由哪些因素决定。万春侯当时认为国际石油价格由两个主要因素决定：需求量和石油输出组织的垄断能力。这两个因素的竞争结果使得石油的国际市场价格在上下极限之间变化。

实际上，石油市场价格更多的成分是由谈判能力和垄断性所决定的政治价格。自从 1973 年"能源危机"以来，各国执行一系列能源调整政策，使本身的产业结构得到了调整。无论是"卖主"或"买主"都从突然被"冲击的状态"逐渐走向"平静状态"。通过"能源危机"的冲击，使人们清醒地看到石油作为一种不可再生的资源不应该无节制地利用或浪费。同时，产油国也更深深地感到要很好地利用自己拥有的这种宝贵的资源财富。

当时对石油供应及价格的变化的一般认识是：通过价格调整，以保持供求关系大体平衡，国际油价趋向稳定。尽管还会有小的波动，但主要影响因素是西方工业化国家的经济复苏和发展速度，另一方面是石油输出国组织的状态，沙特阿拉伯在其中起着非常重要的作用。中东等地区的政治动乱必然给油价带来意外变动的因素。[①]

凌星光则在 1982 年撰文认为，原油价格的大波动与它所包含的级差地租和垄断地租密切相关，同时，石油的生产特点和需求特点决定了石油价格弹性小。20 世纪 70 年代前半期，石油输出国组织利用石油供不应求和在短期内价格弹性小这一有利形势，依靠其石油垄断地位大幅度提高油价，使它们能够获得大量级差地租和垄断地租。使 1973 年以前价格过于低廉且不合理的石油骤然变成为过于昂贵而不合理的东西。他认为，这是自 1981 年下半年以来油价大幅度下降的根本原因。[②]

1983 年，陈启达撰文指出，廉价掠夺石油的时代已经结束：60 年代及以前，国际石油资本人为压低油价的现象，在产油国夺回石油定价权以后不复存在；今后一定时期内油价将根据市场情况出现起伏：随着西方经济的回升，对石油的需求增加；而油价下跌则可能减弱节能和发展替代能源的推动力；除欧佩克外的产油国产量不可能大幅上升、国际大石油公司动用库存不可能持久。他认为，石油的中长期价格可能出现稳中有涨的趋势：其一，石油需求很难下降，未来几十年仍然是能源消费的主体；其

---

① 万春侯等：《世界石油价格变化的趋势》，《能源》1983 年第 5 期。
② 凌星光：《石油价格大涨大落的理论分析》，《世界经济》1982 年第 7 期。

二，石油供应在中长期内还会出现紧张；其三，欧佩克在20世纪内仍能对石油市场保持一定的影响力；其四，西方开始认识到今后再长期压低油价不符合他们的长远利益。因为油价低不但减弱西方抑制能源需求增长的能力，从而使西方更多地依靠进口石油，而且将减弱对发展替代能源的刺激，甚至"破坏西方全面的能源政策的基础"；国际石油资本也不愿油价暴跌，因为这会使它们的高价库存失去价值，并给它们已投下巨资的替代能源开发以巨大打击。[①]

茅于轼在《国际石油市场的结构变化和市场前景》一文中也提到，石油价格的变化有其长期的趋势和短期的起伏。长期的变化趋势由于受资源的限制，可供应的量越来越少，油价必定是逐渐上升。短期的起伏则有世界经济周期的影响，节能措施的推广，新的勘探和开采的结果等经济和技术的因素所决定。[②]

关于80年代石油价格暴跌的原因，众说纷纭，包括：世界石油产量供过于求，产油国不断增多，使石油产量增加；能源消费结构出现新变化，70年代的两次石油危机，使得多数发达国家加快了能源替代的步伐，同时提高了国际上的节能意识；西方石油公司趁机调整石油库存，以石油库清仓为名竞相抛售石油。

油价暴跌不但会使西方工业国特别是石油进口国的国民生产总值增长率有所提高，而且也会使通货膨胀和失业率有所下降。世界经济增长加快，又会使各国对石油的需求量增加，从而导致油价的回升；石油输出国组织为制止油价继续暴跌也不得不决定实行减产保价政策。从长期看，石油价格是生产成本决定的，随着油田采用二次采油增产措施，各国原油的开采成本都不断提高；石油的自然分布极不平衡和易于垄断决定了价格不会一直处于低位。而石油输出国组织的政策和世界经济增长速度特别是发展中国家的增长速度也决定了未来石油价格的走势。[③] 而茅于轼在《能源危机后的美国能源与经济》一文中发现，以当时的价格作为依据来调整经济行为是对付油价剧烈变化的唯一原则。对付不可预测的未来的最有把握的办法是使经济结构灵活可塑，而不是寄希望于市场本身能够排除掉自

---

① 陈启达：《世界石油价格的发展趋势》，《现代国际关系》1983年第5期。
② 茅于轼：《国际石油市场的结构变化和市场前景》，《世界石油市场》1986年第1期。
③ 曹献荣：《世界石油价格暴跌的成因与展望》，《华东石油学院学报（社会科学版）》1986年第3期。

己的"盲目性",或者人们有能力控制市场的变化。他还认为美国由于建立了一个反应灵活、渠道畅通的市场结构,使得资本、劳力、自然资源这些生产要素的利用以及产业结构的组合,能够自如地随着价格信号而调整,经常保持着整个经济在比较高的效率点上运行。可以说,美国经济的实力来自其经济结构的灵活性。[1]

1987 年,史敏的观点是,由于 80 年代末和 90 年代上半期,世界几大油田(如秋明油田、北海油田、阿拉斯加油田)先后越过生产峰期,到 90 年代下半期可能重新出现石油供不应求的局面。届时由于已探明的石油储量集中于中东阿拉伯国家和拉丁美洲地区,石油输出国组织将重新获得在世界石油生产和销售中的控制地位。[2] 油价暴跌的同时,也会影响对新油田勘探的投资。虽然发展中国家的经济增长速度高于发达国家,但由于购买力有限,对石油的需求不会太大,同时,由于石油价格下降,发达国家的产出会减少,进口增加,又会相对增加石油输出国组织的作用。

油价暴跌对世界经济产生复杂和深远的影响。对发达国家来说总体是利大于弊,他们可以节省进口石油的费用,有利于降低通货膨胀率和利率,刺激投资和消费。对发展中国家来说,需要具体分析。油价暴跌可以使进口石油的发展中国家减少进口费用,同时利率下降也可使债务国的利息负担减轻;但是油价暴跌沉重打击了发展中国家中的石油出口国,出口收入锐减,资金流入进一步减少。此外,油价下跌还影响到国际金融,首先是出口石油的债务国收入剧降,债务形势再度恶化,有可能出现偿债危机。尽管油价下跌使利率下降,减轻了债务国的利息负担,但发展中国家债务会继续上升;同时会使欧佩克国家的收入大幅降低;从国际贸易的影响看,油价下跌,促进投资和消费,使世界经济增长加快,也将推动国际贸易的增长,使国际商品市场呈现一定的活跃,无形贸易中受油价下降刺激上升较快的是运输和旅游业以及金融和通信等信息服务部门。

苏似锦认为,世界石油市场的供求状况、世界经济的状况、石油输出国组织在世界石油市场中占有率的变化、国际石油垄断资本的影响、主要石油生产国、出口国和消费国石油政策的变化等都会对未来石油的走势产生影响。至于未来石油价格发展趋势,从需求方面看,随着西方国家经济

---

① 茅于轼:《能源危机后的美国能源与经济》,《美国研究》1988 年第 4 期。
② 史敏:《国际油价与世界经济发展形势》,《经济纵横》1987 年第 2 期。

的回升，石油消费逐渐趋于增加；同时国际大石油公司在经长时间抛售库存之后，将转向补充库存，也将会增加进货，总的需求将有所增长。从供给方面看，石油输出国组织会根据情况执行生产限额协议，同时，其他石油生产国的增产能力有限；且西方国家抛售库存已近极限，总供应不会有大的增加。因此，整个供需将趋相对稳定，这将是有利于石油输出国组织维持基准油价。同时，产油国也积极维持相对平衡的石油价格。长期来看，石油价格受生产的边际成本加上税收和平均利润等因素以后的价格可以为生产国和消费国接受，也是未来石油价格波动的中心。[①]

石油危机的刺激，使世界各地出现了石油勘探高潮，勘探公司的足迹遍布东南亚、非洲、拉美、北海及高寒的阿拉斯加，石油工业也逐步摆脱欧佩克的单独垄断和控制，而走向全球化时代。20 世纪末，中亚里海地区与非洲几内亚湾地区成为最有吸引力的两大产油区域，成为 21 世纪能源供给研究的重点之一。

进入 21 世纪后，油价持续上涨，并于 2008 年创下历史新高，尽管随后的金融危机使油价涨势短期逆转，但总体的上涨趋势一直维持在 100 美元/桶以上，下跌变得越来越困难。因此，国内有关研究主要针对油价上涨而展开。

多数学者认为，油价上涨的原因主要包括世界经济复苏、欧佩克削减原油日产量、成品油生产能力不能满足市场需求、金融投机活动和西方石油消费国燃油税过高、美元贬值、气候和天灾等不一而足。这期间国内学者对石油的价格变动进行了跟踪研究。根据刘明分析，推动油价暴涨的实质性因素是需求快速膨胀：既有原油需求增长过快，也有成品油需求量过度增加，是"需求拉动型"的价格提升。另一种观点把国际大石油公司视为推动国际油价飙升的"罪魁"：它们为牟取暴利，故意削减石油产量，制造石油供应短缺，引起市场动荡和恐慌。油价上涨对世界经济造成各种影响：欧盟和欧元区国家通胀率上升，从利率上调和企业收益恶化两个方面对股票市场产生不良影响。同时，直接冲击运输业、石油加工业及以原油为原料的石化业，导致企业利润降低，向这些部门的投资热情大大下降。经常项目收入减少或逆差，削弱了发展中国家的偿债能力。而世界原油价格高涨对美国、欧洲等西方主要石油消费国的影响明显地波及政治

---

① 苏似锦：《世界石油价格变化趋势初探》，《世界石油问题》1986 年第 1 期。

和社会领域，而中东的冲突会使油价持续维持在高位。[①]

张宇燕和管清友则进一步通过对油价波动和世界能源格局演变历史的总结和回顾，认为油价波动既是国际市场供求双方博弈的结果，也是"大国"关于石油利益分配的政治安排。油价波动既反映了国际市场的供求结构，也反映了国际关系的权力结构。世界能源格局的演进反映了两大国家集团之间"权力"的消长。他们也提出除了实际供求关系基本面的变化外，石油供应品种的变化也是油价上涨的重要原因。因为以往的油品当中绝大多数是轻质油和中质油，而后来重油（重质稠油）成分大量增加。由于最近几十年炼油行业的技术进步没有明显改善，重油的增多导致炼油能力相对下降了。因此成品油供应出现紧张态势。由于信息不对称和预期所导致的风险溢价提高，成品油供应紧张反而带动了上游原油供应的紧张。[②]

支持国际油价上涨的另一个原因是供应短缺。2005 年 6 月 13—14 日在马来西亚吉隆坡召开的第十届亚洲石油和天然气大会上，石油供应衰减论再次抬头，其理由主要是：（1）过去数年里，除俄罗斯和中亚地区以外的非石油输出国组织产油国常规原油可采储量和生产量递减，每年产出量大于新增储量；（2）在主要产油国中，产量增长的国家数目开始递减；（3）大多数产油国特别是非石油输出国组织产油国已进入或接近产量下滑期；（4）近年全球勘探领域的突破性发现寥寥无几，产能提高的技术难度和投资越来越大，等等。[③]

面对日益上涨的石油价格，世界各国必然加快油田开发和生产，减少对进口石油的依赖。同时加快可再生资源的开发，加快节能技术研发，注重可替代能源的开发，减少对石油的依赖。面对 21 世纪可能出现的常规石油短缺，加快开发高成本石油和非常规石油资源勘探和替代能源技术开发成为 21 世纪前十年的研究重点，但是，石油价格波动依然是一个支点。

2000 年李优树认为，石油价格波动主要原因在于：石油资源量和可采储量的不确定性；没有一种天然资源能够直接替代石油；外在力量干预世界石油市场使优先开采顺序理论遭到破坏；石油资源控制主体目标各

① 刘明：《国际石油价格的变动趋势及其影响》，《国际经济评论》2000 年第 12 期。
② 张宇燕、管清友：《世界能源格局与中国的能源安全》，《世界经济》2007 年第 9 期。
③ 卢怀宾：《应对世界新秩序：油气行业面临新挑战》，《国际石油经济》2005 年第 9 期。

异，使国际石油市场行为不可能"循规蹈矩"；石油工业投资中沉没成本概念造成传统投资理论失败；各国政府对石油市场的干预问题。未来中长期石油价格将保持在比较稳定的水平上。持续的高价既不利于石油消费国，也影响石油生产国的长远利益，价格适当对双方均有利可图和容易接受；全球石油生产能力严重过剩，石油价格偏高，会直接引发石油产量的增加，从而引起价格的大降。而且欧佩克内部意见合少分多，决定了不可能长时间遵守减少协议，而油价不会长期走高；一些产油国由于与美英等主要石油消费国存在着政治和经济上的密切关系，在美国的压力下及从自身多方利益考虑，肯定会调整产油政策。[①] 而谭雅玲则从国际金融市场因素分析，国际石油价格高涨与国际外汇市场因素紧密相关，其中主要货币汇率基本面和前景的变化对比，以及利率预期的作用，是形成国际石油价格再度走高的基础因素，同时石油投机因素运用环境与条件变化，加大投资组合风险与技术盘整，也是石油价格高涨的重要因素之一。[②]

　　进入 21 世纪后，世界经济对高油价的承受力也明显增强。在 2008 年金融危机前，国内学者认为，高油价对世界经济冲击弱化的主要原因是，自 70 年代两次石油危机后，发达国家有效实施了产业结构调整和有力的节能战略，特别是高科技的普遍运用，使能源利用效率明显提高，加上核能等替代能源的开发，使经济发展对石油的依赖大为降低，全球工业生产对油价上涨而形成的生产成本增加具有更强的吸收消化能力。[③] 同时，沙特阿拉伯等国家拥有 1000 万桶/日的剩余生产能力，能够调节市场供求关系。从中可以看出，石油供需双方需要合作，维持石油价格的相对稳定对生产国和消费国，乃至世界经济都有重要的意义。

第三节　主要国家能源政策研究

　　20 世纪 70 年代的两次石油危机以及八九十年代石油价格的持续低迷，促使主要能源消费国重新考虑能源政策，国内学者对各国能源政策的研究逐渐活跃。保障能源供应和环境污染成为能源政策研究的中心议题，

---

① 李优树：《国际石油价格波动分析》，《财经科学》2000 年第 6 期。
② 谭雅玲：《国际石油价格上涨的原因和资源战略竞争的探究》，《国际金融》2006 年第 1 期。
③ 余建华：《世界石油供需态势与油价高位问题》，《社会科学》2008 年第 5 期。

涉及各国能源供需现状和所采取的政策措施。

一　美国能源政策

能源消耗过高一直是美国经济社会发展面临的重大挑战。早在 1978 年，就有学者对美国的能源问题及对外政策进行研究。郭洁松认为，20 世纪 70 年代以来，石油和天然气在美国的能源消费中长期占据 75%，但是，需求扩大、浪费严重，是能源消费急剧上升和国内石油供应下降的原因，使得进口石油大增，会使美国外贸逆差剧增，美元地位虚弱，国内经济状况恶化，与盟国矛盾加深；同时，可能受制于第三世界产油国的压力，与苏联争霸中面临战略态势的劣势，从而对美国经济、政治、对外关系和军事态势带来严重问题。[①] 面对这些问题，卡特政府提出了新的能源计划，试图通过加重石油税、确定汽油消费定额、对耗油率超过规定的汽车按级增收罚款；提高天然气价格，刺激天然气开发；鼓励使用太阳能、增加煤炭生产等措施来减少对石油的依赖。但是这些措施执行起来困难重重。只能通过政策调整，比如增加石油战略储备、调整对中东的政策等保证石油的供给，其根本目的还是针对美苏在中东地区的霸权，以保证石油供应基地和运输路线的安全。

董秀成对克林顿政府的能源政策也进行过研究，他认为，能源是维持美国经济与社会发展的重要基础，能源利用对美国环境质量产生重大影响，能源供应过度依赖国外对美国国家安全构成潜在威胁等事实，指出克林顿政府能源政策的核心思想是"可持续发展"，既关注美国和世界现实情况，更着眼于世界和美国未来发展趋势。其能源政策的目标是提高能源利用效率，抑制能源需求过快增长、降低环境保护成本，保持良好环境质量、保证能源稳定供应，确保国家安全。主要内容包括：通过强化市场力、促进技术研究开发、提高交通效率、发展替代燃料、增加投资、提高建筑物能源利用效率、鼓励开发和利用节能技术、提高劳动生产率等措施提高能源利用效率；通过强化国内石油生产能力、提高天然气利用效率、同产业部门合作，开发和研制先进的天然气开发、生产和应用技术、促进电力工业竞争、增加对可再生能源投资、降低煤炭对环境影响，支持开发和研制清洁煤技术、增加核能安全性等综合发展各种能源，平衡能源资源

---

① 　郭洁松：《美国的能源问题及其对内外政策的影响》，《世界经济》1978 年第 1 期。

利用；同时还通过加强能源科技工作，维持在世界优势地位，能源政策和
环境政策密切结合，在不破坏环境的情况下保持经济增长，同其他国家紧
密合作，积极参与国际能源市场调节行动等措施来确保经济增长，保证能
源安全。

　　2001 年，时任美国总统布什公布了一项综合性的新能源政策，这个
以增加能源供应为核心的能源政策提出了 105 项建议，主要内容包括：增
加石油、天然气、煤炭的产量和发电量，加强能源基础设施建设，在今后
十年内投入 100 多亿美元鼓励节能和能源开发，减税 40 亿美元来鼓励消
费者购买节能汽车等。其中煤炭作为主要能源的地位十分突出，甚至有人
认为美国新能源政策的核心就是煤炭。[①] 虽然以煤炭作为主要能源最易
造成环境污染，但是世界和美国煤炭资源相对丰富，价格优势明显。进
入 21 世纪以来，世界各国又再度运用"替代"手段，以减小油价飙升
对世界经济增长带来的影响，煤炭成为最主要的替代物。低油价时代
"油代煤"出现反转趋势，燃油为主的电力、冶金、陶瓷、化肥等企业
大受打击，"煤代油"、"煤洁净化利用技术"重新成为能源发展的重
头戏。

　　2008 年奥巴马上任面临着更多的能源问题，世界原油供求矛盾进一
步加剧，国际油价持续高位运行，美国能源消费负担沉重；而 2008 年下
半年爆发的全球性金融危机，促使奥巴马政府上任伊始就把能源改革放在
其政策制定的优先地位，把全球变暖作为最为紧迫的挑战。2009 年奥巴
马政府推出的能源计划是在未来十年中投资 1500 亿美元，以实现刺激经
济、减少温室气体排放、提高能源安全三大目标。随后，美国能源部发布
了 2011 年能源战略规划蓝图，运用科技创新手段应对能源、环境以及核
安全的挑战，确保国家安全。这可以看作是奥巴马政府能源政策的延续。
该计划首先着眼于发展绿色能源产业，通过对清洁能源和可再生能源的开
发，增加就业，创造新的工作岗位，带动其他产业兴旺，最终达到刺激并
推动经济发展的目的；其次，变革能源系统，减少污染排放。通过建立多
样化的国内能源结构，积极探索太阳能、生物能、风能等多种可再生能
源，降低对化石能源的需求，减少 CO_2 的排放；再次，强化安全管理，
扶持核能发展。注重对可再生能源、煤炭的清洁利用，智能电网、核能的

---

　　① 任德新：《美国新能源政策及其对我国的启示》，《现代经济探讨》2001 年第 10 期。

安全管理，特别强调对核能的支持；最后，保持技术优势，维护领导地位。

褚王涛研究认为，美国历次重要能源政策的出台都与石油危机所引发的国际原油价格相对高位运行有着密切关系，危机与问题的出现正是改革发展的重要动力。通过对历次美国能源政策的分析，他认为，美国能源政策的实施体现出以下几个规律：其一，能源政策始终没有改变美国能源消费的主流模式。从历史上看，替代能源仅对供给产生了一定的补充作用而无法根本改变能源结构，石油等化石能源始终占据美国能源结构中的主体地位，而替代能源的发展相对缓慢，在美国能源结构中的比例较小。其二，政策目标实现是一个阶段性过程，政策措施兼顾近期和远期。长期来看，发展可再生能源是实现环境友好的方式，实现能源的可靠供应的根本途径。但是不能完全解决现阶段美国能源安全问题，可再生能源只可能在远期发挥主导作用。因此，解决能源安全问题不能完全脱离传统主流能源消费模式，例如强化煤炭和核能的利用，美国煤炭和核能原料供应充足，通过扩大煤炭的生产利用以及恢复和加强核能利用容易满足美国的现实需求。此外，节能降耗措施虽然不能从根本上解决能源安全问题，但是它的实施既无负面效应且见效快，因此是能源政策措施的重要组成部分。煤炭、核能以及节能降耗作为可再生能源发展的有利缓冲，为后者的广泛利用提供了准备时间，从而实现了近期和远期的兼顾。其三，能源政策的执行力度和效果受到能源市场变化的影响。美国能源政策的出台具有"危机推动"的特点，因为能源政策带有改革的性质，在危机时刻不同利益群体才更容易达成共识，同样，能源政策的执行力度和效果也同样受到能源市场变化的影响。[①]

张抗等人分析了2000年以来美国能源进口依存度和进口来源的变化及对世界能源市场的影响。文中指出，美国石油进口的首要来源是北美自由贸易区的邻国（即加拿大和墨西哥），特别是加拿大。但是从欧洲、南北美洲、北非、西非的大西洋地区的石油总进口比例高达78.28%。无论从地缘油气还是从经济政治乃至军事上看，大西洋供销区对美国的石油供应是既有发展潜力且相当稳定的地区。而2009年来自中东的石油仅占

① 褚王涛：《从美国能源政策演进看奥巴马能源政策宣言》，《生产力研究》2010年第1期。

15.38％，且近年来呈下降趋势。按照目前的发展势头，近几年西非占美国的进口份额可能超过中东。美国石油进口来源相对分散，且离本土较近，运输便捷安全。在进口来源多元化和供应安全上，中国和欧洲皆逊于美国。由此可能造成世界石油贸易的重点继续向东亚南亚转移。美欧对石油进口的需求持续走低，将迫使中东以及非洲南美的石油输出国向东亚南亚地区开拓新的出口目的地。①

二　欧盟能源政策

自 20 世纪 80 年代以来，欧洲经济共同体（欧盟前身，以下简称"欧共体"）的石油进口严重依赖海湾地区，多年来从海湾的石油进口占其石油总进口的 60％ 以上，每次海湾局势动荡，都使欧洲经济共同体经济遭受巨大损失。他们采取的主要措施包括：积极参与中东事务，扩大自己在中东的政治影响；增加对海湾国家的武器出口，加强该地区的军事实力；与海湾产油国扩大商品贸易，加强经济合作等，保证稳定的能源供应途径。80 年代欧共体的能源政策主要体现在：（1）建立"内部能源市场"是欧共体能源政策优先考虑的问题。但是保障能源供应仍然是最关注的问题。欧共体努力保持能源供应的多样性，避免单纯依赖某种单一资源。同时，欧共体继续研究对付未来能源供应危机的方法和手段。（2）欧共体正在考虑替代能源战略，以便全面考虑保护和改善环境问题。（3）能源技术必须能够保证能源的安全使用和环境的清洁。当时欧共体制定了一个"五年能源计划发展计划"，该计划涉及了能源系统效率、可再生能源与水电的发展以及煤炭的无污染使用等各个领域。（4）能源政策应考虑国际间的相互联系，加强外部发展贸易，增进了解，建立必要的国际合作意识。（5）能源政策委员会强调能源政策只有经过广泛咨询之后才能出台实施。其中实现"内部能源市场"是欧共体能源政策研究的中心问题。②

许勤华认为，目前，实现能源一体化是欧盟的战略目标，通过实施共同的能源政策，建立统一的能源机构，整合内部能源市场，逐步实现共同

---

① 张抗、周芳：《美国石油进口依存度和来源构成变化及启示》，《中外能源》2011 年第 2 期。

② 蔡福安：《世界各国能源政策的新动向》，《石油大学学报（社会科学版）》1991 年第 1 期。

能源外交政策是其能源政策的主要内容。今后，欧盟能源一体化将不断迈向历史新高，在共同能源战略、共同能源市场和共同能源外交等方面实现新的突破。[①]

三 日本能源政策

日本是一个能源缺乏的国家，其石油和天然气资源几乎全部依赖进口。战后日本经济快速发展对能源特别是石油需求大幅增加，能否保证石油的稳定供应，是 20 世纪 80 年代日本经济是否能达到中速增长目标的一个关键因素，成为日本政府急待解决的一个重大难题。由于石油大部分来自中东地区，而 1973 年的石油禁运，使日本经济遭受巨大冲击。日本主要担心的不仅是油价上涨问题（即可以把油价上涨转嫁到发展中国家去），而是石油的供给问题。为此，日本采取了一系列措施，保证能源供给，包括：广泛开展能源外交，以求保证能源的稳定供应；逐步改变能源构成，实现能源的多样化；改变产业结构，减少能源的消耗；千方百计节省能源；开发近海石油和增加石油储备。[②] 日本政府为解决能源问题而采取的对策收到了积极的效果。但是，如果世界政治经济形势不稳定发展，尤其是中东、海湾地区发生有超级大国卷入的局部战争，或发生持续时间较长的战争，必然使日本经济遭受毁灭性的打击。

俞培果认为，日本制定能源政策的目标是谋求能源的稳定供应，降低能源成本，并做到二者之间的平衡，争取国民经济的稳定发展。日本的主要能源政策的首要目标是确保能源的稳定供应。积极开展能源外交，搞好与中东产油国家之间的关系，力争在石油供应不中断的同时，努力开辟新的渠道；其次，增加石油储备；减少对石油的过分依赖。日本在这方面已经取得了巨大成功；继续开发国内能源资源，加快开发利用石油的替代能源，特别是核能；积极推进节能降耗；积极参与国际合作，利用国际合作来解决其能源问题。2011 年福岛核泄漏以后，日本的能源政策出现了重大调整：（1）不再新建核反应堆，加强对现有核反应堆的安全监管，运行到设计期满便退役；（2）提高可再生能源生产的产业地位，促进以太阳能、地热能为主的可再生能源的利用；（3）努力促进核电技术输出，

---

① 许勤华：《欧盟能源一体化进程及前景》，《现代国际关系》2012 年第 5 期。
② 张宝珍：《日本的能源问题及政府的对策》，《世界经济》1980 年第 6 期。

将自己的核电技术优势转化为经济优势。[①]

从上述国家和地区能源政策研究情况看，虽然这些能源政策的目标、侧重点不同，但是都有共同的发展趋势，这些共同的趋势反映了今后世界能源发展的动向以及能源政策的新变化。其一，谋求石油的稳定供应，逐步减少对石油的依赖程度；其二，扩大煤炭的生产能力，提高煤炭的利用技术；其三，推进核能开发，积极发展新能源；其四，全面推进节能、降低经济增长对能源的依赖；其五，能源供应实行多极化，不再单纯依赖于某种能源；其六，解除能源市场的管制，形成自由的能源市场；其七，努力开发本土资源，减少对进口资源的依籁；其八，实现能源定价的合理化；其九，更加强调能源与环境的关系，注重环境保护；其十，积极推进国际合作。此外，在制定能源政策时，主要消费国均趋向于把定性分析和定量分析相结合，建立模型，进行政策模拟和政策评估，以及广泛的咨询研究。[②]

第四节 能源消费研究与能源替代预测

一个社会经济越发达，优质能源消耗越多。相对于煤及薪柴而言，优质能源是石油、天然气和电力，它们燃烧和使用过程易于控制，产生的污染较少。从第二次世界大战结束以后的二十年内，美国完成了从以煤为主到以油气为主的能源消费结构的改变。1973 年中东产油国家对美国实行石油禁运，引起美国巨大恐慌，于 1973 年通过了"石油紧急分配法案"，一直执行到 1981 年 1 月。这个法案的细节虽然经过多次修改，但基本精神是对国产石油价格加以管制，使其低于国际油价。为了满足国内需要而进口高价石油的负担按全国统一的比例由各个炼厂平均负担，即用国产低价油比较多的炼油厂须负担较多的高价进口油。成品油的价格则由成本核定。由于政府对油价的管制，美国国内的油价比国际市场低很多。

在针对国际能源市场的供需分析中，侯邦安认为，（1）国际能源市场供需格局与世界经济贸易格局密切相关；（2）国际市场上主要能源产

---

① 俞培果：《日本能源政策抉择及其对我国的启示》，《现代日本经济》2012 年第 6 期。

② 蔡福安：《世界各国能源政策的新动向》，《石油大学学报（社会科学版）》1991 年第 1 期。

品总体上呈现供需基本平衡，供给略大于需求的局面；（3）国际市场上能源价格不断下跌；（4）世界能源生产与消费及贸易具有相对集中性；（5）煤炭出口出现多元化格局。在未来能源供需的主要趋势包括：一是能源需求和供给量将持续增长，二是国际市场天然气需求将不断增加，市场份额将越来越大。在对世界能源需求和消费的预测中，他认为，亚洲和南美地区的发展中国家相对较快的经济发展，将导致这两个地区石油需求增长速度高出世界平均水平的一倍；全球煤炭需求增长较快的地区主要是经济发展较快的亚洲和南美地区，未来煤炭消费量增加的主要领域是工业，增加的部分主要用于发电；天然气是增长最快的一次能源，需求和消费主要来自发展较快的发展中国家；核能发展将维持目前的发展速度，但核废料对人类的威胁使不少国家对发展核电采取比较谨慎的态度。[①]

姜忠尽则从能源替代的角度，探讨了未来能源发展的方向，石油将不可逆转地逐渐让位于煤炭、天然气和核能；可再生的水能、太阳能、生物质能、风能、地热能、海洋能等的开发利用仍将继续受到重视，但在满足全球能源需求上仅能发挥一定的作用，而不可能起到替代性的作用。[②]

对世界能源发展的中长期展望可能是从 1977 年在伊斯坦布尔召开的世界能源大会第十次会议开始。当时的世界能源保护委员会向这个会议提交了第一个 2020 年世界能源平衡报告。在过去三十年内，国内针对全球能源消费趋势的预测或展望的研究极少。到 20 世纪 90 年代初，国内的类似研究主要是对国外研究成果的介绍及相关分析。比如宋惠生、宋坤隆等对这一报告进行了介绍和分析。这次预测把能源消费、需求、生产和贸易的增长速度建立在人口和经济增长速度的预测上面，他们认为世界能源的消费和生产将由以石油为主体向依赖多种能源的多元化方向发展，石油的比例会逐步下降，而煤炭和核能将是石油的第一个替代和第二个替代，煤的世界贸易将逐步取代石油的世界贸易；天然气会较快发展，由于受自然环境的影响较大，水能和可再生能源则发展相对较慢；他们提出了诸如"三大能源消费中心"和"三大能源生产中心"，或许还有"第四能源生

---

①　侯邦安：《国际能源市场供需形势及我国的选择》，《国际贸易》1995 年第 1 期。
②　姜忠尽：《世界能源结构变革的特点与趋势》，《世界石油经济》1991 年第 4 期。

产中心"和"三大能源贸易赤字区"等概念。[1]

如何有效地预测世界石油消费水平,一直是世界经济领域的一个重要研究课题。国内对于这个问题的研究大多是结论性的,对预测方法本身的研究很少。陈余生曾建立数学模型,通过石油消费特点分析,从国际油价、经济增长、节能、替代能源开发以及各国石油消费政策等主要影响因素分析,选用 1961—1988 年的历史数据作为样本对模型参数进行调整,最后从预测结果可以看出,发展中国家的石油消费增长较快,经济合作与发展组织(OECD)国家的石油消费增长缓慢,如果油价偏低,世界石油消费将以较快速度增长。[2]

从 20 世纪 80 年代开始,由于两次石油危机,使人们更加重视替代能源。在这一阶段对石油替代的研究提到了煤炭是第一替代品,从环境保护的角度认为,煤炭氧化、气化和液化的发展将使煤炭工业的发展更有发展前途。

20 世纪 90 年代,人们对煤炭继续给予了高度的关注。很多研究认为,煤炭将是 21 世纪替代石油的最好品种。石油依然是 21 世纪前五十年的主要能源,石油的供应和使用仍然对世界的政治经济产生重大影响。但是,人们更普遍认为煤炭是通向世界持久能源系统的桥梁,今后煤炭需求是持续强劲增长还是发生变化,取决于低排放能源的政策力度和更高效煤电技术的推广,特别是碳捕捉和封存技术的推广,或其他综合利用技术的推进。蔡福安于 1995 年认为,到 21 世纪后半叶,煤炭将重新成为世界的主要能源,这主要是由于煤炭是大规模发电的最可靠的燃料(目前全世界 45% 以上的电力是燃煤生产的),而且煤炭是最丰富、分布最广的化石燃料,但是煤炭的开采和使用却受到环境问题的强力制约。在这一点上,煤炭的发展前景存在不确定性。天然气是一种优质干净的能源,因此天然气在世界能源供应中的地位将日益提高。水电、核能的前景看好,但发展缓慢。非常规能源、可再生能源的开发将受到人们越来越多的关注和重

---

[1]　"三大能源消费中心"是北美、西欧和东欧,并预计拉美、中东/北非、东南亚将有可能形成"新三大能源消费中心";"三大能源生产中心"是北美、东欧和中东/北非;"三大能源贸易赤字区"是北美、西欧和亚太新兴工业化国家;而"第四能源生产中心"则主要指拉美。

[2]　陈余生:《世界石油消费预测方法探讨》,《石油大学学报(社会科学版)》1992 年第 3期。

视，从长远看，将取代化石燃料成为世界主要的能源供应源。①

20 世纪最后几年，有学者对 21 世纪能源和消费进行了预测，主要结论包括：（1）经济增长将带动能源消费的区域结构发生重大变化，发展中国家占世界能源消费的比例将上升；（2）世界石油消费增长速度将放缓，但仍居主导地位；（3）世界天然气需求保持强劲势头，其中亚洲、东欧和中南美洲增加最快；（4）世界煤炭消费量占能源消费的比重将缓慢下降，面临巨大的环境压力；（5）电力消费快速增长，可再生能源发展会有更好的市场条件，比重会上升。②

进入 21 世纪后，学界对能源生产和消费的研究更加细化，利用模型对能源的生产和消费进行定量分析。相关研究认为，全球能源生产和消费一直保持平衡状态，但存在地区差异。亚太、北美、欧洲和苏联一直占有主要份额。近几十年，能源消费格局发生较大变化，亚太地区消费大幅增长；无论是全球层次还是国家层面，能源流动都集中体现为石油的流动；能源空间的收敛特征、能源消费结构演进和城市化发展都是能源产销差异和空间流动的重要影响因素。③

廖华、魏一鸣通过回归分析，认为世界能源消费的差异性和不平衡性，既体现在时间上和空间上，也体现在水平上和变化速度上，还体现在总量上和人均量上；发达国家能源消费占全球消费比重总体上呈现下降趋势，而发展中国家的能源贫困问题依然相当严重，突出表现在人均用能水平较低、无法获得电力服务、煤炭和传统固体生物质能使用比较广泛等方面。④

2010 年以后，国内外学者都认为，今后经济和能源需求增长主要集中在发展中国家，特别是亚洲和大洋洲发展中国家，以及中东、北非和拉丁美洲。21 世纪以来，在一次能耗消费构成中煤炭和天然气所占比例上升，石油和一次电力（主要是核能）所占比例有所下降。目前水电和核能仍是最大的非化石能源，两者合计占一次能源消费比例约为 12%。尽管风能、太阳能、生物质能等来势迅猛，但基数很小，在 21 世纪前半叶

① 蔡福安：《世界未来的能源图景》，《石油大学学报（社会科学版）》1995 年第 3 期。
② 曹文红、董秀成：《未来世界能源消费趋势综述》，《国际石油经济》1998 年第 2 期。
③ 黄园淅等：《世界能源产销与流动分析》，《世界地理研究》2009 年第 1 期。
④ 廖华、魏一鸣：《世界能源消费的差异性与不平衡性及其变化研究》，《中国软科学》2010 年第 10 期。

化石能源仍将居主导地位。其中，张德义等认为，由于煤层气、页岩气勘探开发技术日趋成熟，使得非常规天然气的储量和产量迅速增长，2035年天然气可能占到世界能源消费总量的 25%，从而成为仅次于石油的第二大能源。[①]

第五节　页岩气革命和美国"能源独立"研究

2010 年后，国际诸多能源研究机构认为，天然气不仅是化石能源结构向非化石能源转变的"桥梁"，而且还可能是世界能源消费的终端资源。2011 年，国际能源署的《世界能源展望》对天然气的发展情景进行了专门分析，出版了《我们进入天然气的黄金时代了吗?》特别报告。2012 年 12 月，国际能源署在 2012 年的《世界能源展望》中又发表了《天然气黄金时代的黄金规则》特别报告，对天然气发展作出了更加全面的分析。该报告认为，天然气即将进入发展的黄金时期，但只有在盈利的情况下并以环境可接受的方式对世界上储量巨大的非常规天然气（页岩气、致密气和煤层气）中的大多数资源进行开发时方可实现。但非常规天然气的未来发展道路上存在无数的障碍，特别是与其开采相关的社会和环境的担忧。为此，国际能源署开发了一套"黄金规则"，建议了一些原则，让政策制定者、监管机构、运营商和其他单位依次处理这些环境和社会方面的影响。这些"黄金规则"强调，实现完全透明开发与管理、对环境影响进行测量和监测、与当地社区进行接洽是解决公众关切的关键所在。美国的页岩气革命进一步证实了这一趋势。国外的研究也带动了国内对页岩气研究的重视，页岩气革命和由此带来的美国"能源独立"命题，成为 2010 年后国内世界能源学科研究的热点。

美国是页岩气革命的发祥地，从 1982 年开始探索性开采到 2003 年实现水平井开采，经过二十多年的勘探，2000 年后勘探开发技术趋于成熟，虽然当年的页岩气产量仅为 110 亿立方米，在天然气总产量中仅占1.6%。到 2010 年，美国页岩气产量跃升至 1378 亿立方米，占比达到了23%。由于页岩气产量的增加，2009 年美国的天然气产量超越俄罗斯，成为世界第一天然气生产国。这场页岩气革命对北美天然气发展和全球能

---

① 　张德义：《世界能源消费形势刍议》，《中外能源》2012 年第 3 期。

源发展形成巨大冲击，推动了世界经济和世界能源研究学者的研究。高辉清认为，页岩气革命对世界能源市场的发展具有如下重大影响：

其一，对美国经济的影响。主要表现在加速美国"再工业化"进程；降低美国石油对外依存度；推动经济与就业增长；改善美国能源消费结构，降低对石油的依赖。

其二，对国际能源市场的影响更大，北美地区可能成为匹比中东的新的油气供应基地。首先，北美地区非常规天然气储量居世界首位；其次，北美地区非常规天然气的技术可采量为世界第一；最后，除了非常规天然气之外，美国生物质能源和加拿大油砂矿都呈现快速增长之势；而中东地区能源战略地位相对下降。长期以来，中东都是世界能源版图的中心。然而随着北美能源地位的提高，中东未来将退居为亚洲的石油供应中心，而不再是世界石油供应中心。近几年来，美国一方面借助整个美洲能源供应增多的有利形势，加大从周边地区的石油进口；另一方面依托页岩气的快速发展，进一步减少进口中东石油。在 1977—2010 年，美国来自美洲进口原油占总进口规模的比例由 10.7% 大幅增至 71.1%，而来自中东原油进口比例由 27.8% 下降到 14.9%。预计到 21 世纪 30 年代中期，美国经济可以与中东石油脱钩。随着美国能源供应渐渐回归美洲，欧洲能源供应越来越趋于多元化来源，中东越来越像是亚洲人的中东，以中印为代表的发展中国家将越来越明显地成为中东石油消费的主力。

其三，美国的页岩气革命不仅影响了美国经济与世界能源市场，而且影响了国际政治。随着时间推移，这些影响将越来越显著：（1）能源将成为军事力量之外美国推进全球霸权的第二个武器；（2）俄罗斯在欧洲天然气市场的统治地位将被削弱，战略重心东移速度将加快；（3）天然气生产者卡特尔组织难以形成。[①]

从第一次石油危机以来，历届美国政府承诺采取措施实现"能源独立"，但普遍进展不利。然而，随着 2005 年后美国水平井钻井技术和分段压裂技术的广泛使用，页岩气产量大幅增长，使得美国天然气供应不仅实现了自给自足，而且具有出口能力，同时，致密油产量快速提升。美国确实经历着二十年来油气产量的最快增长。这是所谓美国"能源独立"的主要背景。

---

① 高辉清：《美国页岩气革命及其对我国的影响》，《发展研究》2012 年第 12 期。

　　周云亨、杨震则从能源独立的动力、能源独立方案和能源独立的限度
等方面阐述了美国能源独立的可能性和面临的问题。当时"页岩气革命"
概念刚刚兴起，因此，他们认为能源来源多样化是扩大供给的关键，同样
也意味着开发非常规液体燃料的多样化。在扩大国内常规石油供给方面，
美国所要解决的问题是如何将国内的石油生产潜力转变为现实。在扩大国
内非常规液体燃料供给方面，美国有页岩油、煤制油、生物制油等多个选
项，当时未提到日后大放异彩的页岩气开发，而气态能源特别是非常规天
然气的发展（页岩气、煤层气和致密气）和油砂可能是未来解决能源危
机的关键。

　　该文认为，美国人所追求的"能源独立"战略是在三个彼此竞争的
目标之间作出选择：供应的稳定性、环境的可持续性以及价格的可承受
性——追求海外能源的稳定供给会对美国的外交与安全战略构成一定的制
约；强调能源自给自足意味着本国的石油、煤炭等资源的开采受到推动，
这有悖于环境保护与温室气体减排目标；强调环境的可持续性将会增加能
源供应的经济成本，以致削弱美国经济的竞争力；维持低廉的价格将会鼓
励能源的过度消费，同样不利于环境保护，并可能导致未来供应短缺。因
此，是一个较难满足的目标。同时，在一个日益走向相互依赖的时代，美
国寻求"能源独立"的举动显得有些不合时宜。世界石油市场是一个有
机的统一体，即便美国实现了能源自给自足，世界其他地方发生的供应中
断同样会影响美国的石油价格。因此，与其说"能源独立"是一个经过
深思熟虑的能源政策目标，还不如说它是一个大箩筐，美国人民则根据自
己的喜好往里面装东西。其实质只是一个不切实际的能源政策宣言。①

　　朱凯将美国能源政策的演变分为三个阶段：第一阶段是 20 世纪 70 年
代到 20 世纪末，能源政策是"石油需求管理"，以节能为主。主要目的
是在石油危机时期实施价格管制以稳定经济，危机后鼓励国民节约石油消
费、提高石油能效标准、减少石油发电、通过重建石油市场管理石油供
需，辅以财税补贴、发展替代能源来降低石油消费总量；第二阶段是 21
世纪初的八年，能源战略的重点放在"能源供给扩张"。主要是在提高战
略石油储备的同时严格控制使用战略石油储备，鼓励本国石油公司到海外

---

① 周云亨、杨震：《美国"能源独立"：动力、方案及限度》，《现代国际关系》2010 年第
8 期。

进行油气开采和投资，全面推进替代能源/新新能源的研发和商业化；第三
阶段则是奥巴马上任以后，主要政策是"发展替代能源"，引领一场安
全、绿色、经济的"绿色工业革命"。主要措施包括：（1）在美国国土上
寻找和生产更多的油气；（2）通过更清洁的替代燃料和更高的能源效率，
全面减少美国对石油的依赖。而页岩气革命和可再生能源的快速发展，为
美国"能源独立"提供了强大的支撑。

美国页岩气从开发到成功，经过了近二百年历史，特别是过去三十年
的艰苦发展过程。页岩气革命在美国的成功一定程度上受益于政府的政策
支持，包括立法、税收支持、资金支持等方面。据估计，美国政府先后投
入了 60 多亿美元进行非常规气勘探开发活动，用于培训和研究的费用达
10 多亿美元，包括拨款、贷款和担保、培训资助、科研资助和勘探直接
投入。但即使这样，也曾一度因开采困难而被放弃。在市场竞争的环境
中，发挥关键作用的是企业家精神和鼓励竞争的宏观体制，围绕页岩气开
采，美国形成了一个技术创新特征明显的新兴产业，带动了就业和税收，
并已开始向全球进行技术和装备输出。[1]

张茉楠判断，美国石油对外依存度已出现拐点，随着近海油气田的开
采，能源利用效率的提高和新能源的开发，美国对石油的过度依赖程度逐
步降低。2010 年美国石油对外依存度为 49.2%，自 1997 年以来首次降到
50% 以下，并且有进一步降低的趋势。其中以页岩气为代表的非常规油气
的成功开发则是美国石油对外依存度出现拐点的重要突破口。其次，1949
年以来美国首次成为世界成品油净出口国。再次，随着能源使用效率不断
提高，加之经济衰退引发的消费乏力，使美国石油需求量和人均能源消费
量持续下降。最后，逐步摆脱对中东地区的石油依赖。近年来美国石油供
应呈现出向本土及周边地区收缩的态势，墨西哥湾等海上石油产量增加，
从美洲进口石油的力度加大，从而逐步减少了对中东石油的依赖。因此，
美国的"能源独立"取得了重大进展。[2]

2011 年国内关于美国页岩气革命和"能源独立"研讨活动和研究文
献迅速扩大。有人认为，美国页岩气革命可能是类似房地产的一场"泡
沫论"，或类似里根政府时期星球大战的"阴谋论"，但是，能源领域的

---

①　朱凯：《美国能源独立的构想与努力及其启示》，《国际石油经济》2011 年第 10 期。
②　张茉楠：《美国能源独立战略及影响分析》，《中外能源》2012 年第 6 期。

专家始终认为，页岩气大发展，无论从地质理论突破、开发技术与经验、商业模式创新和调控角度看，都是一场革命。

2012 年，徐小杰关于美国"能源独立"的研究认识在国内报刊发表，其中，他的《美国能源独立趋势和全球影响》一文从美国石油、天然气的供需变化、技术进步和政策调整等多方面，深入分析了美国"页岩气革命"的原因和对美国、北美和全球经济带来的影响；同时从美国油气自身产量的未来趋势和原油进口来源国家的变化，特别是随着美国页岩气、致密气、加拿大油砂和墨西哥深海油气开发的推进，他认为，到 2020 年美国不仅将发展成为世界最大的天然气生产国和更大的石油生产国，而且可能推动北美地区发展成为世界石油供应的"新中东"（即石油产量占据世界总产量 25% 左右）；他坚持，美国页岩气的发展是一场革命，而不是"泡沫"和阴谋。他在文中认为，"能源独立"是美国国内能源自给率上升（或对外依存度下降）趋势的一种反映，不代表未来美国能源战略走向独立的倾向和政策方向。但是，美国的"能源独立"发展趋势，对美国经济复苏、对北美地区和全球石油供应、全球能源经济、全球地缘政治及未来制定能源政策都产生重大影响。[①]

第六节　石油地缘政治研究

在世界能源研究过程中，地缘政治因素和地缘政治分析在其中发挥着重要的作用。地缘政治学家一直强调的，世界是一个紧密关联的整体，是"一个巧妙结合而成的机制"。[②] 油气资源具有鲜明的地域和空间分布特征，必然与地缘政治的视角、方法和有关理论结合，特别是石油权力的争夺、维护和均衡具有鲜明的地缘政治特征。这是地缘政治走向"油气地缘政治"的基本原因。徐小杰根据 1995—1997 年在北美地区和 2002 年在欧洲对油气地缘政治的访问研究，于 1998 年和 2002 年分别出版了《新世纪的油气地缘政治》（中文版）和《石油龙的崛起：对中国和世界意味着什么》（英文版），初建了研究能源/油气地缘政治的基本体系。其基本观

---

①　徐小杰：《美国能源独立趋势和全球影响》，载王洛林、张宇燕主编：《2012 年世界经济形势分析与预测》，社会科学文献出版社 2013 年版。

②　杰弗里·帕克：《二十世纪的西方地理政治思想》（李亦鸣、徐小杰、张荣忠译），解放军出版社 1992 年版，第 2—3 页。

点是：

从地理上说，世界若干油气供应中心（即从马格里布以东到波斯湾、里海、西西伯利亚、东西伯利亚，直至俄罗斯的远东地区）是一个巨大的油气资源蕴藏带与供应带。这一地带的天然气的剩余探明储量占世界总量73%，石油的剩余探明储量占65%以上，堪称欧亚非大陆"石油心脏地带"。[①] 这一地理特征对于常规油气资源来说依然不变。

在冷战时期，上述"石油心脏地带"被东西方势力分割成为若干个地区性的供应中心，如中东地区被西方势力控制，里海中亚成为原苏联的"南方"原料供应地。冷战结束后，特别是中亚和高加索国家的独立以及俄罗斯自身的对外合作，这些地区成为世界新的油气供应中心，并与波斯湾和西伯利亚连成了一个巨大的石油供应地理带，组成"石油心脏地带"。这是第二次世界大战以来世界油气地缘政治格局的第一次重大变化。这一变化对世界油气投资、贸易、价格具有重大影响，实际上确定了冷战结束后欧亚油气地缘政治的基本格局。可以说，俄罗斯、中国、欧洲以及美国等世界大国和地区势力与这个"石油心脏地带"紧密相关，并且这一地带具有越来越大的依赖和影响。

围绕着这一心脏地带，在其东边和南边的中国、印度、日本以及东南亚地区形成了一个巨大的石油"需求月牙形地带"，也就是亚太地区油气需求地区市场；而在心脏地带的西边，即欧洲地区形成了西边的"需求月牙形地带"。中国既是东边"需求月牙形地带"的核心，又直接连接着心脏地带，是心脏地带油气通往亚太地区的陆桥，处于一个极为重要的地理位置和重要的地缘政治角色。[②]

进入21世纪第二个十年后，徐小杰认为，以上油气地缘政治版图发生了如下新的变化，在其2012年出版的新书《石油啊，石油——全球油气竞赛和中国的选择》中，对此有了新的阐述：[③]

一是，石油心脏地带中的波斯湾地区依然具有最突出的油气资源地位，常规油气储采比最高，而且具有突出的剩余产能（主要集中在沙特阿拉伯、伊拉克、伊朗、科威特和阿拉伯联合酋长国等）。根据有关专家

---

① 徐小杰：《新世纪的油气地缘政治》，社会科学文献出版社1998年版，第34页。
② 同上书，第35页。
③ 徐小杰：《石油啊，石油——全球油气竞赛和中国的选择》，中国社会科学出版社2012年版。

的分析，2025 年前欧佩克的石油增长空间比非欧佩克国家具有明显的优势。在今后五至十年内最明显的增长将来自伊拉克。按照目前该国对外招标和合作计划，至少在今后的五至六年内年产量将由目前的 1 亿吨提高到 3 亿吨。但是，在非欧佩克地区，里海地区、巴西海域和几内亚湾也展现了良好的发展势头。在今后五年内，巴西的石油产量翻番到 300 万桶/日甚至更高的水平是有资源保障的。

二是，需求月牙形地带中的欧洲对石油的需求趋于成熟和下降。近十年该地区的石油消费增长速度为 −0.16%，而同期中国和印度的石油需求增长为 6% 和 4%，天然气消费增长率为 16% 和 8% 以上。有关专家预计，在未来十年内，中国石油消费需求将增加 50 万桶/日，即每年 2500 万吨。印度石油需求每年大约增加 12.6 万桶/日，约为 600 万吨。其他的亚洲国家每年大约也增加 600 万吨。中东地区本身也是一个较大的石油需求中心，约 30 万桶/日，每年约增加 1500 万吨。这四个国家和地区加起来，相当于 100 万桶/日，即每年要增加 5000 万吨的石油消费量，其中中国约占 50%。相比之下，在过去十年左右的时间里，日本的年均石油需求量下降了 6000 万吨，消费总量由最高峰的 2.8 亿吨降到 2010 年预计的 2.2 亿吨。[①]

三是，处于需求外月牙形地带的北美对石油的需求处于饱和，近十年石油消费下降 0.17%。金融危机以后需求明显下降。美国的对外石油依存度逐步下降。

四是，除了以上常规油气供需变化外，近十年来，北美地区的非常规天然气开发速度明显加速。2000 年美国的页岩气产量仅为 101 亿立方米，2009 年却达到了 900 亿立方米，2010 年上升到了 1378 亿立方米。这一产量增长趋势不仅改变了美国的天然气供应状况和能源结构，而且使北美成为全球非常规天然气开发和生产中心，挑战传统的石油心脏地带，特别是俄罗斯的天然气地位。

五是，深海和极地地位上升。目前美国墨西哥湾的石油产量达 1 亿吨以上，占国内总产量的三分之一以上。在今后五年内，由于盐下资源的贡献，巴西深海石油产量可能出现翻番，达到 300 万桶/日，甚至更高的水

---

① 吴康：《全球能源展望：欧佩克仍将主导全球石油供给》，《第一财经日报》2011 年 6 月 13 日。

平。同时，里海、西非和北极海域的油气资源潜力巨大。深海和超深海的油气开发已经成为势不可当的方向。

这些油气地缘政治版图的变迁使得诸多油气资源国和消费国不得不调整各自的油气发展战略和政策。首先，俄罗斯作为最大的非欧佩克产油气大国，处于石油心脏地带的核心区，正在极力维持和提高本国的油气产量，同时向海域，特别是北极海域延伸；中亚地区在确保周边油气供应安全的同时，加强石油外交力度，为油气出口合作创造良好的双边和多边关系。其次，中国和印度的油气勘探开发方向在由中东地区边缘向波斯湾地区的核心区（特别是伊拉克和伊朗等）突破，同时由北非地区向西非地区，由南美的委内瑞拉向巴西延伸发展。通过油气合作，中国逐步提高获取国际油气资源的能力。而美国正在争取减少对石油的过分依赖，减少石油需求增长，积极推动非常规油气开发的步伐。总之，石油心脏地带内部资源集中化，全球油气资源出现板块化，深海、非常规资源挑战传统油气供应和消费结构。这一趋势向人们展示了冷战结束后的第二次重大变化。

上述基本观点在国内石油地缘政治研究中被多次引用。张抗在徐小杰1998 年地缘政治研究基础上，提出了从 20 世纪后半期到 21 世纪初期世界油气"供应中轴"的概念。所谓"供应中轴"是指在欧亚大陆中部从中东经中亚（里海及两侧）到俄罗斯伏尔加—乌拉尔油气区和西西伯利亚的北东向地带。展望 21 世纪中后期，这一地带将向东扩展到俄罗斯亚洲部分东部及其相邻的北冰洋（北极海）和西太平洋的边缘海盆地，并进一步与北美洲北部及相邻海域的油气区相连，届时的油气供应区将呈现"中东—中亚—俄亚洲部分—北美北部"的一个新月形地带。目前的油气供应中轴向其两侧输出油气，构成了世界油气贸易的主要流向，并与西侧组成大西洋油气供销区，与东侧组成亚洲和太平洋供销区。油气供应中轴向西的大西洋油气供销区的特点是：（1）区内油气自给性强；（2）油气来源相对分散且对中东的依赖程度降低；亚太油气供销区的特点是：油气对中东的依赖性较大；石油消费需由外区的补充供应得到满足。①

2003 年，中国社会科学院国际能源战略研究咨询小组的报告就曾指出，从地缘政治学的角度看，世界能源中心的每一次转移都导致世界地缘

---

① 张抗：《世界地缘油气宏观格局及中国的战略选择》，《国际石油经济》2008 年第 3 期。

政治格局的相应变化。目前，世界能源地缘政治格局呈现美国力图确立主导地位、能源供应的"三分天下"、东北亚地区能源需求量明显增加的总态势。石油生产、运输、储存的安全保障，石油供需、石油市场价格波动对经济的影响，将成为未来世界能源地缘政治的核心问题。他们认为，欧佩克、非欧佩克产油国和伊拉克石油将是未来石油供应的三大主要来源。虽然伊拉克局势的动荡使其恢复石油产量的预期不明朗，但美国仍会力促伊拉克重返国际油市，以便达到取代沙特、打压石油输出国组织、制约俄罗斯的多重目的。

美国和俄罗斯是石油地缘政治中的大国，美国用以确立新的世界能源地缘政治秩序，并在其中发挥主导作用的石油战略主要内容是：抢占石油地缘战略支点，打压、削弱甚至终结石油输出国组织，强化美俄能源合作，全面控制中亚、高加索、里海石油区，抢滩非洲石油，开发北美加拿大和阿拉斯加石油资源，扩大战略储备，控制国际石油运输线，干扰其他石油消费大国对世界石油储藏区域的投资、开发以及输油管线的建设，扼制有损美国石油利益的恐怖活动。在世界油气市场巩固俄的地位也具有战略意义。①

陈枫楠等运用系统分析方法，建立了能源出口国—过境运输国—进口国的能源利益双循环模型和以跨国公司、政府、国际组织为载体的地缘政治体双循环模型，最后将两者叠加，得出了能源与地缘政治互动模型。该模型显示，出口国、进口国、过境运输国分别通过提供国际公共品、获取能源的手段、受控制程度来影响地缘政治体系；而跨国公司、政府、国际组织分别以投资、外交主动权、国际话语权作用于能源体系，形成了能源和地缘政治的互动。②

第七节　能源安全和能源治理研究

能源安全是各国能源政策的重要目标。不同的国家处于不同的能源供需环境，具有不同的能源安全诉求。三十年来，国内学者对于能源安全的认识逐步更新和发展。

---

① 吴广义等：《世界能源地缘政治格局的新态势》，《亚非纵横》2004 年第 3 期。
② 陈枫楠、王礼茂：《能源和地缘政治的互动模型》，《世界地理研究》2011 年第 2 期。

　　我国能源安全的早期认识来自西方能源消费国家。传统的能源安全观侧重能源的稳定供应，因为稳定供应对于能源消费国或能源进口国来说具有重要的意义，能源安全也具体体现在稳定供应源、稳定供应通道和稳定供应价格上，防止供应波动或供应中断。这些诉求在 1973 年第一次石油危机后变得更加突出。为此，1974 年应美国基辛格提议，OECD 成立了以建立和协调石油战略储备、防止供应中断为初期目的的国际能源署（IEA），同时通过他们的研究和舆论，将供应安全视为能源安全的核心。国内学者基本接受这一观点，并作为研究基础。2003 年吴磊等国内学者对中国能源（特别是石油）安全现状和趋势作了国际关系理论分析，重点在于确保稳定供应。①

　　20 世纪 90 年代末以来，尤其是 1997 年亚洲金融危机以后，由于短期内亚洲石油需求迅速萎缩，超乎中东石油输出国的预料，使得中东石油输出国蒙受了意外的巨大损失，即使是沙特阿拉伯的外汇收入也迅速递减。石油输出国开始感受到了市场迅速缩减带来的压力，准确来说自消费国或进口国石油需求不稳定引发的危机。这一危机冲击了传统的能源安全观，推动了传统能源安全认识的转变，即为了确保石油输出国的石油安全，石油消费国必须确保石油需求的稳定，而且这种需求稳定，是确保稳定供应的前提。为了确保供需双方的能源安全，徐小杰在 1997—1998 年将能源安全认识由单纯的供应安全转向供需互保的安全，并在 2002 年的研究中进一步发展为 21 世纪以后全球能源安全观的基本内容。② 2012 年，史丹主编了《中国能源安全的国际环境》一书，书中对北美、欧洲、中东非洲、俄罗斯中亚、东北亚、亚太、拉美等地区的能源局势变化进行分析，认为，"建立广泛的、正常的能源经贸关系是维护能源安全的基础，但是能源安全的内涵要与时俱进，能源安全不仅意味着供应安全，更包含了资源掌控、生产供应、消费需求、价格主导、运输安全、高效清洁使用等多个方面"，对能源安全作了较为详尽的阐述。

　　近二十年来，随着国际贸易和国际投资规模的不断扩大，特别是发展中国家经济的国际化，国际能源合作领域不断拓展，一国的能源安全与他

---

① 吴磊：《中国石油安全》，中国社会科学出版社 2003 年版。
② 徐小杰：《新世纪的油气地缘政治——中国面临的机遇与挑战》，社会科学文献出版社 1998 年版；《石油龙的崛起：对中国和世界意味着什么》，欧洲学术出版社（European Academic Press）2002 年版。

国的能源安全相互连接，成为地区性和全球性能源安全体系的重要方面。这一趋势与各国不断参与国际竞争与合作，加强互信、互利、平等和协作越来越成为地区安全和全球安全的重要内容是一致的。地区能源安全和全球能源安全涉及在能源合作中的多方合作利益。这些内容发展于 90 年代初，包括亚太国家国有能源企业的跨国经营成为国际竞争与合作的新兴力量，参与双边和多边合作成为地区和全球能源安全的重要内容。为此，2009 年和 2011 年国内学者和政策研究专家陆续将上述"合作安全"的理念输入到参与的国际合作研究过程中，成为建立新型的国际合作关系，确立共同安全的理念与关系准则的重要补充。①

在 2001 年上海合作组织成立之时，中国就把这种"合作安全观"写到了上海合作组织成立的法律文件之中。这是中国继 50 年代提出"和平共处五项原则"之后，再次向世界表明了中国对外合作的积极姿态和认识。在 2012 年中国共产党的十八大报告上，明确采纳了"合作安全"的理念，体现了中国学者对现代能源安全认识的贡献。这些认识也是对西方国家和其他发展中国家的国际合作理论的重大贡献。

目前，国内学者对于能源治理的研究始于 20 世纪 90 年代，但是较大深度的研究是在 21 世纪第一个十年的后半段开始。2012 年徐小杰牵头所做的国家能源局"多边能源合作机制"课题研究认为，能源治理从行为体角度看，体现为多边能源合作，从层次上看，有地区层次的能源治理（如中非合作、上合组织合作、亚太地区合作都是地区性合作）和全球层面的能源治理（如联合国层面和 G20 层面的治理）。目前，一些西方国家或国家集团主导的能源组织具有全球性，如国际能源署、能源宪章。这些组织间的全球对话日益发展，非西方国家也积极参与，全球性日益增强，比如国际能源论坛是中国等许多国家积极参与的全球能源对话与交流平台。

从制度建设类型看，有制度性和非制度性的两种治理类型。制度性治理是有形的治理，有固定和明确的组织形式和运作要求，有些多边组织受制于条约或宪章（如能源宪章），有些多边治理体系仅为会晤性的、非条约约束但层次较高的组织或合作机制（如 G20），有些暂为松散型的会晤机制（如金砖国家），有些甚至仅为一些国际组织或非政府组织推动、有

---

① 宫玉涛、赵丽：《合作安全是中国的战略选择》，《国际关系学院学报》2011 年第 2 期。

关国家认可的规则或原则（如承认"采掘业透明度倡议"的国家群体等）。

从运作方式看，有政府主导的政府间的区域性组织（如上合组织），也有国际机构、公司或非政府组织推动的地区合作组织（如上合组织下的能源俱乐部等）。

从合作机制及其发育程度看，地区合作易产生约束性的能源条约、规则和制度，也会形成不同约定力的共识、认同和规则。这些成果构成能源治理的内容。所以，能源治理机制是对地区合作关系和运行的约定，是推动交流、对话和资源、经验与利益共享的做法、规则、惯例，也包括解决可能的冲突或应对危机等情况的办法和规程。这些治理机制在不同层面和类型的能源治理中发挥作用，逐步形成能源治理体系。

徐小杰认为，现有的全球性和地区性能源治理秩序多形成于 20 世纪七八十年代，盛行于 90 年代。在全球性金融危机后，面对新的国际政治经济形势，这些能源治理体系进入了调整期。中国参与全球能源治理的目的基于本国能源发展利益与国际合作责任和承诺，促进中国与世界能源对话、互动，提升全球能源治理能力。

（本章执笔人：徐小杰、魏蔚，为中国社会科学院世界经济与政治研究所世界能源研究室研究员、副研究员。）

参考文献

陈彪如：《国际货币体系》，华东师范大学出版社 1990 年版。

崔大鹏：《国际气候合作的政治经济学分析》，商务印书馆 2005 年版。

冯舜华、杨哲英、徐坡岭等：《经济转轨的国际比较》，经济科学出版社 2001 年版。

高德步总主编：《世界经济史》，上卷，高德步著；中卷，王珏著；下卷，高德步著，中国人民大学出版社 2005 年版。

郭连成、唐朱昌：《俄罗斯：经济转轨路径与效应》，东北财经大学出版社 2009 年版。

韩毅：《美国工业现代化的历史进程（1607—1988）》，经济科学出版社 2007 年版。

韩毅、张兵：《美国赶超经济史》，经济科学出版社 2006 年版。

胡寄窗：《中国近代经济思想史大纲》，中国社会科学出版社 1984 年版。

华民、韦森、张宇燕、文贯中等：《制度变迁与长期经济发展》，复旦大学出版社 2006 年版。

杰弗里·帕克：《二十世纪的西方地理政治思想》，李亦鸣、徐小杰、张荣忠译，解放军出版社 1992 年版。

景维民、孙景宇等：《经济转型的阶段性演进与评估》，经济科学出版社 2008 年版。

李天德主编：《世界经济学》，四川大学出版社 2008 年版。

李扬主编：《"金砖四国"与国际转型》，社会科学文献出版社 2011 年版。

林毅夫、蔡昉、李周：《中国的奇迹：发展战略与经济改革》，上海人民出版社 1994 年版。

林跃勤、周文：《金砖国家发展报告》（2011、2012、2013），社会科学文献出版社 2011、2012、2013 年版。

陆南泉：《俄罗斯缘何推行激进"休克疗法"经济体制转型?》，《苏东剧变之后——对 119 个问题的思考》（中），新华出版社 2012 年版。

罗志如、厉以宁：《二十世纪的英国经济："英国病"研究》，商务印书馆 2013 年版。

庞中英：《全球治理与世界秩序》，北京大学出版社 2012 年版。

热若尔·罗兰：《转型与经济学》，北京大学出版社 2002 年版。

盛洪：《中国的过渡经济学》，格致出版社、上海三联书店、上海人民出版社 2009 年版。

隋福民：《创新与融合：美国新经济史革命及对中国的影响（1957—2004)》，天津古籍出版社 2009 年版。

田德文：《欧盟社会政策与欧洲一体化》，社会科学文献出版社 2005 年版。

王永中：《中国外汇冲销的实践与绩效》，世界图书出版公司 2013 年版。

吴磊：《中国石油安全》，中国社会科学出版社 2003 年版。

吴念鲁、陈全庚：《人民币汇率研究》，中国金融出版社 1989 年版。

吴志成：《治理创新——欧洲治理的历史、理论与实践》，天津人民出版社 2003 年版。

项本武：《中国对外直接投资：决定因素与经济效应的实证研究》，社会科学文献出版社 2005 年版。

徐小杰：《石油啊，石油——全球油气竞赛和中国的选择》，中国社会科学出版社 2012 年版。

徐小杰：《新世纪的油气地缘政治》，社会科学文献出版社 1998 年版。

杨长江：《人民币实际汇率长期调整趋势研究》，上海财经大学出版社 2002 年版。

杨圣明：《走向贸易强国的理论创新》，经济科学出版社 2011 年版。

杨圣明等：《马克思主义国际贸易理论新探》，经济管理出版社 2002 年版。

姚曾荫：《国际贸易概论》，人民出版社 1987 年版。

尹翔硕：《加入 WTO 后的中国对外贸易战略》，复旦大学出版社 2001 年版。

张宇燕、高程：《美洲金银与西方世界的兴起》，中信出版社 2004 年版。

张宇燕等：《博鳌新兴经济体年度报告 2011》，对外经济贸易大学出版社
　　2011 年版。

张蕴岭：《世界市场与中国对外贸易发展的外部环境》，中国社会科学出
　　版社 2007 年版。

［澳大利亚］A. G. 肯伍德、［澳大利亚］A. L. 洛赫德：《国际经济的成
　　长：1820—1990 年》，王春法译，经济科学出版社 1996 年版。

［俄］尼·布哈林：《世界经济和帝国主义》，蒯兆德译，中国社会科学出
　　版社 1983 年版。

［美］道格拉斯·C. 诺思：《经济史上的结构和变革》，厉以平译，商务
　　印书馆 1992 年版。

蔡昉：《人口转变，人口红利与经济增长可持续性——兼论充分就业如何
　　促进经济增长》，《人口研究》2004 年第 2 期。

蔡昉、都阳：《中国地区经济增长的趋同与差异》，《经济研究》2000 年
　　第 10 期。

戴利研：《主权财富基金规模的实际表征：经济要素抑或政府行为》，《财
　　政金融》2011 年第 12 期。

丁一凡：《欧元区债务危机背后的国际政治博弈》，《国际经济评论》2012
　　年第 2 期。

法布里斯·拉哈：《欧洲一体化如何运作？——分析框架之设想》，《欧洲
　　研究》2003 年第 3 期。

高海红：《实际汇率与经济增长：运用边限检验方法检验巴拉萨 – 萨缪尔
　　森假说》，《世界经济》2003 年第 7 期。

郭洁松：《美国的能源问题及其对内外政策的影响》，《世界经济》1978
　　年第 1 期。

郭树清：《关于中国当前外汇储备的几个重要问题》，《中国金融》2005
　　年第 7 期。

胡祖六：《东亚的银行体系与金融危机》，《国际经济评论》1998 年第
　　6 期。

江小涓：《我国出口商品结构的决定因素和变化趋势》，《经济研究》2007
　　年第 5 期。

李福川：《俄罗斯已经结束制度转型》，《俄罗斯中亚东欧市场》2012 年
　　第 12 期。

李向阳：《巴西的技术引进与经济发展》，《管理世界》1990 年第 6 期。

林毅夫：《新结构经济学——重构发展经济学的框架》，《经济学（季刊）》2010 年第 10 期。

林毅夫、李永军：《出口与中国的经济增长：需求导向的分析》，《经济学（季刊）》2003 年 7 月第 2 卷第 4 期。

林毅夫、章奇、刘明兴：《金融结构与经济增长——以制造业为例》，《世界经济》2003 年第 1 期。

卢锋、韩晓亚：《长期经济成长与实际汇率演变》，《经济研究》2006 年第 7 期。

陆南泉：《俄罗斯经济改革中的理论纷争》，《价格与市场》1994 年第 8 期。

茅于轼：《能源危机后的美国能源与经济》，《美国研究》1988 年第 4 期。

裴长洪：《进口贸易结构与经济增长：规律与启示》，《经济研究》2013 年第 7 期。

钱俊瑞：《为创建和发展马克思主义的世界经济学而奋斗》，《世界经济》1980 年第 3 期。

秦晖：《南非经济与社会的转型经验》，《老区建设》2009 年第 11 期。

沈华嵩：《关于能源危机实质的分析》，《世界经济》1980 年第 1 期。

苏振兴、陈作彬：《巴西的外债问题》，《拉丁美洲丛刊》1980 年第 1 期。

孙景宇：《转型经济学向何处去》，《经济学家》2004 年第 5 期。

王金存：《苏联剧变深层原因初探》，《世界经济与政治》1997 年第 7 期。

王洛林、江小涓、卢圣亮：《大型跨国公司投资对中国产业结构、技术进步和经济国际化的影响（上）》，《中国工业经济》2000 年第 4 期。

王小鲁：《中国城市化路径与城市规模的经济学分析》，《经济研究》2010 年第 10 期。

魏燕慎：《八十年代油价趋势和世界经济》，《世界石油问题》1984 年第 2 期。

巫宁耕：《论建立国际经济新秩序的斗争》，《世界经济》1980 年第 9 期。

吴克烈：《世界经济区域一体化与我国区域经济理想模式》，《世界经济研究》2000 年第 1 期。

吴念鲁：《货币、汇率、外汇储备及其风险》，《国际金融研究》1987 年第 5 期。

谢志洪：《跨国公司对发展中国家扩张的基本战略及其实质》，《世界经济》1981 年第 7 期。

徐采果：《世界经济概念及世界经济学研究对象》，《世界经济文汇》1987 年第 3 期。

许勤华：《欧盟能源一体化进程及前景》，《现代国际关系》2012 年第 5 期。

杨伟国：《欧元与欧洲经济增长》，《欧洲研究》2003 年第 1 期。

易纲：《汇率制度的选择》，《金融研究》2000 年第 9 期。

俞坚：《关于马克思主义的国际贸易理论——对国际贸易理论的比较分析》，《社会科学》1985 年第 12 期。

袁丁望、刘庆芳：《略论世界能源问题》，《世界经济》1979 年第 12 期。

袁文棋、戴伦彰、王林生：《国际分工与中国对外经济关系》，《中国社会科学》1980 年第 1 期。

张洪贵：《全球化与南北关系》，《世界经济与政治》2000 年第 9 期。

张晓朴：《人民币均衡汇率的理论与模型》，《经济研究》1999 年第 12 期。

张新乐、王文明、王聪：《我国对外直接投资决定因素的实证研究》，《国际贸易问题》2007 年第 5 期。

张学良：《长三角地区经济收敛及其作用机制：1993—2006》，《世界经济》2010 年第 3 期。

张宇燕：《世界经济形势的回顾与展望》，《求是》2011 年第 3 期。

朱凯：《美国能源独立的构想与努力及其启示》，《国际石油经济》2011 年第 10 期。